图书在版编目（CIP）数据

可怕的科学 : 风靡全球的科学宝典 / 任中原著 . --
天津 : 天津科学技术出版社 , 2021.5（2021.7 重印）

ISBN 978-7-5576-9053-3

Ⅰ . ①可… Ⅱ . ①任… Ⅲ . ①科学知识—普及读物
Ⅳ . ① Z228

中国版本图书馆 CIP 数据核字（2021）第 071031 号

可怕的科学 : 风靡全球的科学宝典
KEPA DE KEXUE FENGMI QUANQIU DE KEXUE BAODIAN
策 划 人：杨 譞
责任编辑：杨 譞
责任印制：兰 毅
出　　版：天津出版传媒集团
　　　　　天津科学技术出版社
地　　址：天津市西康路 35 号
邮　　编：300051
电　　话：（022）23332490
网　　址：www.tjkjcbs.com.cn
发　　行：新华书店经销
印　　刷：三河市万龙印装有限公司

开本 720×1 020　1/16　印张 20　字数 385 000
2021 年 7 月第 1 版第 2 次印刷
定价：75.00 元

前言 Preface

　　如果有人告诉你，科学有着非常神秘、陌生而危险的一面，你相信吗？

　　科学领域是暗藏玄机的，是曲折离奇的，是惊心动魄的，是充满挑战与刺激的，更是充满智慧与想象的。深不可测、无所不吞的黑洞，宇宙中相互"残杀"的星星，神秘的不明飞行物，横空出世、扫荡一切的龙卷风，骇人听闻的生化武器，动物世界里的凶残捕食者，危机四伏的植物王国，显微镜下渺小却能传播病毒的危险怪物，来自身体的绝密报告，曾夺去无数人生命的传染病，专搞破坏和恶作剧的电脑黑客，暗藏玄机的密码王国，惊心动魄的破案现场……林林总总的科学现象看似怪异，背后却无不隐藏着严谨、准确的科学知识。

　　从某种程度上来说，科学因其抽象性、复杂性、神秘性和未知性而显得可怕。首先，科学的力量是强大的，它创造了无数的奇迹，例如人类探索太空的梦想早已变为现实；其次，科学技术是一把双刃剑，在造福人类的同时给人类带来了痛苦，在改造世界的过程中也给世界留下了很多潜在的危机，如核武器的发明给人类生存带来了威胁；此外，还有许许多多人类尚未攻克的科学谜题，在挑战着人类的认知能力和生存极限。然而，一旦我们揭示了种种复杂现象背后隐藏的真相，掌握了足够丰富的科学知识，洞悉了事物运作的原理和规律，很多看似可怕的现象便不攻自破了。

　　面对一本能充分调动你的兴趣、吸引你的眼球、满足你的好奇、拓展你的思维、激发你的想象、颠覆你的认知的科学书，还等什么？翻开来，让我们一起开始一段科学探索之旅吧！

目录
CONTENTS

第一篇　奇妙的科学世界

第一章　神秘的天与地

第一节　宇宙秘密无限 2

广阔无边的宇宙 2

银河系究竟有多大 3

寻找银河系的中心 4

梦幻般的星座 5

河外星系的外形和结构 6

恒星和行星 7

恒星的形成 9

恒星会消失吗 9

我们的太阳系 10

太阳的结构 10

木星 13

水星 13

土星 14

天王星 14

金星 15

小行星 16

火星 16

海王星 17

冥王星 18

美丽的流星雨 18

探寻彗星活动的周期 19

哈雷彗星是一个"脏雪球"吗 21

神秘的月球 22

第二节 地球奥秘 24

地球的大小怎样测定 24

精彩的海洋世界 26

海水是什么颜色的 27

潮涨潮落 28

海啸是怎么产生的 29

冰川和冰山是怎样形成的 30

认识大气层 32

世界主要冰川 33

火山为什么会喷发 33

地震是怎样发生的 35

地球上的煤是怎样形成的 36

地球上的石油是怎样形成的 37

第二章　古怪的生物学

第一节　动物世界的众生百态 39

动物的种类 39

聪明的动物 41

共生与寄生 42

动物就餐 43

可怕的捕食者 44

逃生的本领 45

食物链和食物网 47

养育后代 48

夜行动物 50

第二节　植物王国的精灵 51

植物王国危机四伏 51

绿色植物 52

植物的"老三样" 53

根的秘密 55

食虫植物 56

菌类植物 58

植物的生存竞争 59

花朵里的骗局 60

腐烂的果实 62

第三节　虫子家族的故事 63

丑陋的虫子 63

蜗牛和蛞蝓 64

水下怪物 65

甲虫 66

漂亮的虫子 67

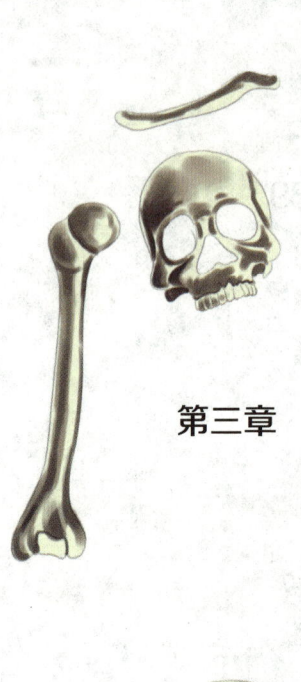

凶猛的蜘蛛 69

虫子叮人 70

伪装 71

虫子与人类 72

第三章 认识我们的身体

第一节 让人费解的大脑 73

大脑的秘密 73

看一看大脑的构造 74

奇妙的感觉 75

大脑在干什么 77

复杂的情感 78

学习可以变得更有趣 80

睡觉和做梦 81

大脑也会自我保护 82

第二节 身体绝密报告 83

自动照相机——眼睛 83

神经系统 84

灵敏的耳 85

具有双重身份的鼻子 86

口腔探秘 87

最合身的衣服——皮肤 88

骨头和肌肉 89

血管和血液 90

活跃的肝脏 91

肺和呼吸 92

废物排泄 94

第三节　人与疾病的抗争 95

可怕的病菌 95

身体的抵抗 97

危险的食物 98

和细菌的战斗 99

医生和救命药 100

鼠疫 101

霍乱 103

天花 104

艾滋病 105

一些新疾病 106

第四章　最前沿的科学新知

第一节　各种各样的机器人 107

我们的机器人朋友 107

仿人机器人 108

机器人在工作 109

工业机器人 110

太空机器人 112

机器人战争 113

电脑化的医生 114

机器人会影响我们的正常生活吗 116

第二节　超能电脑和互联网 117

电脑与我们的生活 117

互联网的诞生 118

精彩绝伦的万维网 119

电脑游戏 120

电脑黑客趣闻 121

互联网大发展 123

第三节　可怕的现代战争 124

人机结合的指挥系统 124

太空千里眼 126

用雷达编制的地网 128

灭绝人性的生化武器 129

核武器的威力 130

第四节　前景莫测的生物技术 131

了解细胞 131

从 DNA 到蛋白质 133

奇妙的基因 134

基因操作 135

克隆技术 136

第五章 让人惊叹的另类科技

第一节 不容置疑的破案术 138

指纹档案 138

用 DNA 破案 139

子弹泄密 140

爆炸与炸弹 142

蛛丝马迹 143

辨别笔迹 146

尸检线索 147

致命的药剂 148

犯罪动机 149

真话、谎言和小侦探 150

第二节 艺术世界魔法秀 151

神奇的魔术 151

特技效果的魔力 152

绝妙的电影制作 154

电影魔术 155

了不起的动画片 156

天气变化随心所欲 157

宏大的战斗场面 159

水，到处都是水 160

制作怪物 162

神奇的电子动画学 164

第二篇　精彩纷呈的科学异想

第一章　灿烂星空的遐想——宇宙

天边的外边是什么 166

星星为什么掉不下来 167

我想知道天到底有多高 168

恒星的颜色从哪来 170

太空为什么是黑的 171

太空中是否有很多垃圾 172

如果太阳突然消失，人类多久才能感知 173

天上没有太阳会怎样 173

月球为什么离我们越来越远 175

居住在火星上会怎样 177

地球上来了外星人会怎样 178

我想到其他星球去安家 180

第二章　地上地下的神奇——地球

如果脚下的地球飞快地旋转会怎样 …………181

只有白天没有黑夜该多好 …………182

一年之中四季不分会怎样 …………184

地心温度为什么如此之高 …………185

能在地上钻洞去美国吗 …………187

站在地球极点会怎样 …………188

站在珠穆朗玛峰上会有什么感觉 …………189

海水把陆地都淹没了会怎样 …………190

第三章　难以捉摸的物理和化学现象

没有空气会怎样 …………191

所有的金属都有磁性会怎样 …………193

冰川冰比普通冰更纯净吗 …………194

东西往上升而不往下掉会怎样 …………194

水为什么不往上流 …………196

尖尖的针为什么容易刺进物体 …………197

气泡为什么是圆的 …………198

能看到声音多有意思 …………199

如果没有阻挡，光会消失吗 …………200

没有光也能看书该多好 …………201

第四章　伟大的人类智慧——科学技术

没有电的生活会怎样 …………202

没有火会怎样 …………203

汽车不加油也能跑该多好 …………204

火车要和火箭一样快该多好 …………206

有没有一种海陆空都能用的交通工具 …………207

我想在空中盖房子 209

为什么金属也会有记忆力 209

能实现天地对话该多好 211

人脑中要是能装块电脑芯片该多好 212

如果什么都是自动的该多好 214

第五章　这就是我们人类——生理与心理

真的有人能做到两只手一样灵巧吗 216

心肌为何能不知疲倦地一直跳动，它有何特殊之处 217

人总也不长大该多好 217

吃多少东西就长多少体重吗 219

有没有和我一模一样的人 220

为什么深海潜水者说话的声音那么有趣 221

倒立着喝水，水会到胃里去吗 222

如果人总也不死该多好 222

吃饱了总也不饿该多好 224

人不知道渴该多好 225

人没有痛感会怎样 226

人可不可以不生病 228

第三篇　离奇的科学未解之谜

第一章　星外传奇

宇宙的诞生 230

黑洞！黑洞！...............233

宇宙中真的存在反物质吗 236

月球是外星人的宇宙站吗 240

小行星会撞击地球吗 241

神秘的 UFO...............245

外星人谜团 247

神奇的麦田怪圈 249

太阳系地外生命探疑 251

第二章　地球揭秘

地球是怎样诞生的 254

地球未来大揭秘 255

地球上的水来自何处 257

巨雹是怎样形成的 258

海上怪火之谜 261

龙卷风成因探秘 262

球形闪电之谜 264

神奇的极光 267

海市蜃楼 270

臭氧层真的会消失殆尽吗 272

厄尔尼诺现象 273

神秘的"多个太阳" 277

第三章　动植物探奇

动物为何冬眠 279

动物肢体再生的奥秘 281

动物治病之谜 283

鲸集体自杀之谜 284

海豚的语言系统为何如此发达 286

蝙蝠夜间"导航"的诀窍 288

猫从高处坠落不死的奥秘 290

希腊毒蛇"朝圣"之谜 291

企鹅为什么不会飞翔 292

珊瑚褪色之谜 295

植物不老之谜 296

为什么果实成熟之后会变甜 298

"巨菜谷"的蔬菜肥硕之谜 299

大树"自杀"之谜 301

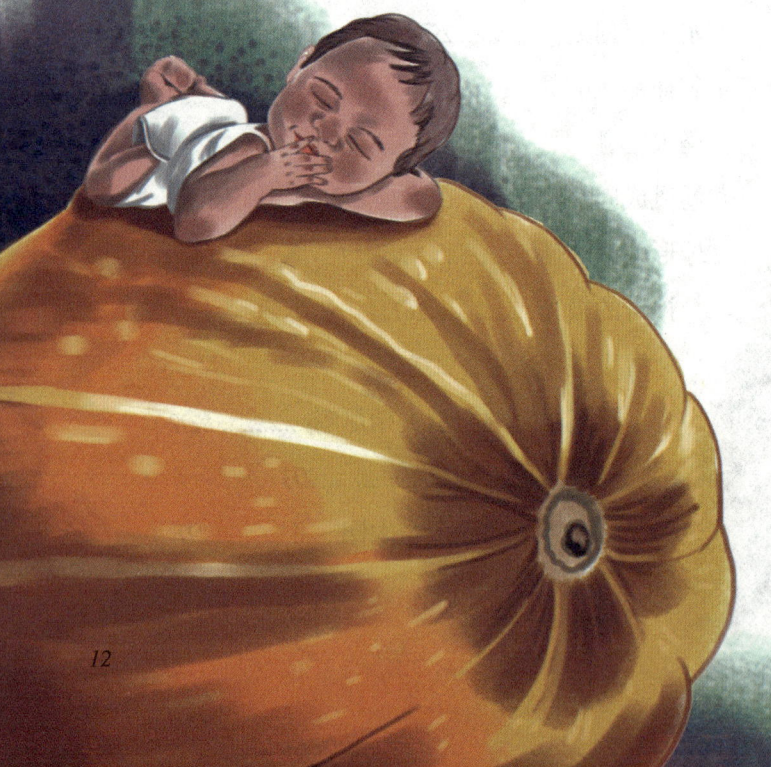

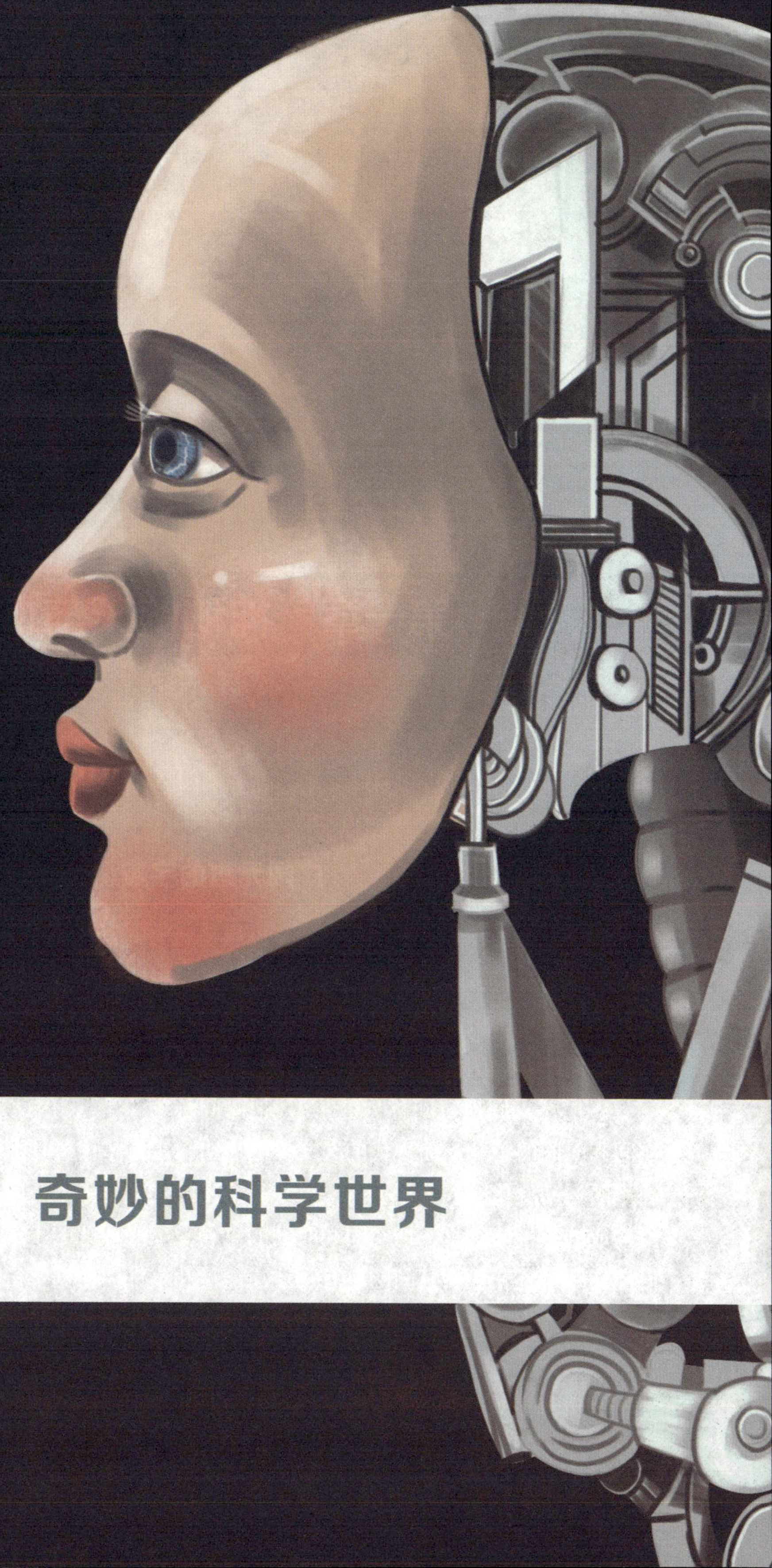

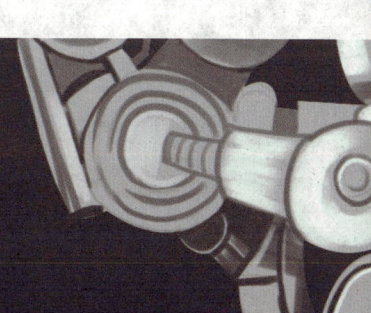

第一篇

奇妙的科学世界

第一章　神秘的天与地

第一节　宇宙秘密无限

广阔无边的宇宙

　　仰望群星璀璨的夜空，我们就足以感受到宇宙的神秘。就连天文学家对宇宙的了解也非常有限，因为我们现有的探测手段对于浩瀚无穷的宇宙来说仍显得较为落后，我们现在认识的宇宙仅仅是我们可以观测到的那部分，而目前观测不到的领域只能借助建立理论模型来加以猜测。

　　古代，人们把空间称为"宇"，把时间称为"宙"，因此，我们可以说宇宙是空间和时间的总和。而现代的天文探测表明，宇宙是由各种形态的物质构成的，是在不断运动变化的。关于宇宙，科学家给出的定义是：由空间、时间、物质和能量所构成的统一体，是一切空间和时间的总和。一般理解的宇宙指我们所存在的一个时空连续系统，包括其间的所有物质、能量和事件。根据宇宙大爆炸模型推算，宇宙年龄大约为200亿年。也就是说，宇宙在大爆炸之后，又过了200亿年，才演化成今天的样子。

　　宇宙有多大？现在我们能观测到的宇宙范围约140亿光年远，这意味着，宇宙尽头的一个天体所发出的光和电波要经过 140 亿年才能到达地球。因此，我们所看到的其实是宇宙 140 亿光年前的样子。它现在又是什么样子？我们得再过 140 亿光年才知道。宇宙是怎样诞生的？又是怎样演变成现在这个样子的？……这些问题一直困扰着人们。或许，宇宙远比我们想象的要奇特得多，它以其神秘性和广阔性吸引着我们不断去探索和发现。

银河系究竟有多大

银河系究竟有多大？这个问题一直困扰着人类。现代的科学研究表明，银河系主要由银盘（包括旋臂）、核球、银晕，以及外围的银冕等部分构成。

银河系的主体为银盘，它的外形呈扁盘状，银河系内的大多数星云和恒星都集中在这个扁盘内，银盘的直径达到 8 万～10 万光年，中间部分较厚，厚度约 12000 光年，周围渐渐变薄，到太阳系附近便只剩一半厚度了。

由于巨大的银河系本身也要进行自转，所以银盘中的亿万颗星球环绕银河系中心做着旋转运动，四条旋臂从银盘中心向外弯曲伸展出来，看上去就像急流中的旋涡。这里所说的旋臂实际上是恒星、尘埃和星际气体的集中区域，但这物质密集的旋臂并不是固定不变的，恒星一直在旋臂上进进出出，只是它们能够在运动中基本做到"收支平衡"，所以，旋臂的形状看上去始终保持不变。

银河系的中央部分是一个核球，核球内密集着恒星，核球的直径在 1.2 万～1.5 万光年，略呈椭圆形。由于大量的星云和气体尘埃阻挡了观测的视线，因而科学家们对核球方向的天文观测十分困难，所以，人们至今对它的了解还比较少，但确信无疑的是，核球内的恒星分布是十分密集的。

银晕是银盘外围的一个巨大包层，由稀疏的恒星和星际介质组成。它的体积至少要比银盘大 50 多倍，但质量却只占银河系的 1/10，由此可见其物质密度非常稀薄。事实上，除了那些极其稀薄的星际气体外，球状星团是银晕中的主要物质。

直到 20 世纪 70 年代中期，科学家们才发现了银冕，银冕处于银河系的最外围，它的范围可远及 50 多万光年以外，比银河系的主体部分还要大。但银冕内基本上没有恒星，而是由极稀薄的气体组成，所以很难准确地测出银冕的真正范围。

寻找银河系的中心

20世纪初，威尔逊天文台有世界上最大的反射式天文望远镜，即"胡克望远镜"，其口径为2.54米。美国著名的天文学家沙普利用它进行探寻球状星团，并且以一种被称为"造父变星"的脉动变星作为研究对象。

沙普利先后对大约100个球状星团进行了观测。他的统计显示，人马座以内有1/3的球状星团；以人马座为中心的半个天球分布了90%以上的球状星团。沙普利根据这一结果推测，在银河系内，球状星团与恒星一样对称分布。但如果太阳是银河系的中心，那么，地球上人们看到的天空中的球状星团就应该是对称分布的，可是观测结果并不与之一致。沙普利猜想可能存在另一种可能，即太阳实际上处于远离银河系中心的地方，这样，地球上人们看到的球状星团才呈现出不对称分布的现象。

沙普利依据上述想法，大胆地把太阳放在偏离银河系中心的地方，那么由球状星团组成的天体系统的中心就是银河系的中心，此中心距太阳约15000秒差距（1秒差距等于3.26光年），位于人马座方向。

沙普利利用周光关系推测，距离太阳较近的球状星团为12000秒差距，由它组成的天体系统范围实际上就是银河系的范围，而著名的武仙座球状星团距太阳30000秒差距。随后50多年的天文观测大体上印证了沙普利的银河系模型的正确性。

梦幻般的星座

很多人都喜欢看星星，因为它总是给人一种梦幻般的感觉。

可是，如果不了解星座的话，恐怕就看不出门道了。

什么是星座呢？人们将天空中的星星，按照它们的位置和方向，划分成不同的区域，每一个区域就是一个星座。由于每一个星座都有自己的形状和特点，人们又给它们起了很多好听的名字，赋予它们美丽的神话传说，这样就形成了一个个鲜活的星座。

现代天文学上共分为 88 个星座。1928 年，国际天文联合会正式公布了这 88 个星座的名称，这其中就包括我们所熟悉的狮子座、天琴座、天鹰座、大熊座、小熊座等星座。

康德曾经说过："世界上只有两样东西能够深深地震撼人们的心灵，一个是我们心中崇高的道德准则，另一个就是我们头顶上的天空。"

天上的星座那么多，我们要怎么识别呢？这可就要费点儿心并充分发挥想象力了。我们说过，星座是人为进行命名的，而命名的根据就是星座本身的形状，如天琴座像一把琴、天鹰座像一只鹰、双子座像两个人，等等。

除此之外，还有一种星座的识别方法。每一个星座里面都有一颗特别亮或者是具有代表性的星星，如天琴座有织女星、天鹰座有牛郎星、小熊座有北斗星等。只要我们认出了这些特别的星星，就可以快速地识别出整个星座了。

河外星系的外形和结构

一般的人在白天或夜晚肉眼所看到的天体，绝大多数都是银河系的成员，那么，是不是说银河系就是宇宙？当然不是！在宇宙中有着数以亿计的星系，简称星系。所以，银河系并不代表宇宙，它只不过是宇宙海洋里的一个小岛，是无限宇宙中很小的一部分。

根据天文学家估计，在银河系以外约有上千亿个河外星系，每一个星系都是由数万乃至数千万颗恒星组成的。河外星系有的是两个结成一对，有的则是几百乃至几千个星系聚成一团。现在能够观测到的星系团已有10000多个，最远的星系团距地球102亿光年。

河外星系的结构和外形也是各种各样。1926年，美国天文学家哈勃根据星系的形态，把星系分为旋涡星系、椭圆星系和不规则星系三大类。后来又细分为旋涡、椭圆、透镜、棒旋和不规则星系五个类型。各种星系中，离银河系较近的星系是麦哲伦云星系和仙女座星系。

麦哲伦云星系包括小麦哲伦云和大麦哲伦云两个星系，它们是离银河系最近的星系，也是银河系的两个伴星，离银河系分别为16万和19万光年。它们在北纬20°以南的地区升出地平面，是银河附近肉眼清晰可见的两个云雾状天体。大麦哲伦云星系在剑鱼座和山案座，张角约为6°，相当于12个月球视直径；小麦哲伦云星系在杜鹃座，张角约为2°，相当于4个月球视直径。两个星系在天球上相距约20.5万光年。

仙女座星系，又被称为仙女座大星云，是位于仙女星座的巨型旋涡星系。它用肉眼能够看到，亮度为4度，看上去仿佛是一颗模糊、暗弱的星系。

1786年，仙女座星系被确认为银河系之外的恒星系统。现经测定它与

地球的距离是 220 万光年（670 千秒差距）。直径
为 16 万光年（50 秒差距），为银河系的 1 倍，是本星系
群中最大的一个。近些年来发现，仙女座星系成员的重元素
含量从外围向中心慢慢增加。1914 年探知它有自转运动。根
据目前的估计，仙女星系的质量应不小于 3.1×10^{11} 倍太阳
质量，是本星系群中质量最大的一个。

旋涡星系也叫旋涡星云，是旋涡形状的河外星系。旋涡星系的
中心区域为透镜状，周围围绕着扁平的圆盘。由隆起的核心球两端延伸
出若干条螺线状旋臂，迭回在星系盘上。旋涡星系又细分为正常旋涡星
系和棒旋星系两种。

河外星系除了上述几种星系外，还存在大量各种类型的星系。天
文学家估计，在最先进的仪器所观测到的这一部分宇宙里，星系的总
数可能达到 1000 亿个之多。前不久，美国天文学家宣布发现了迄今为
止最大的发光结构———一道由星系组成的至少长 5 亿光年、宽约为 2
亿光年、厚约为 1500 光年、离地球 2 亿～3 亿光年的"宇宙长城"。
这座巨大的"宇宙长城"实际上是一个巨大的河外星系。

恒星和行星

什么是恒星？什么是行星呢？

有的人可能会说，恒星是恒久不动的、本身可以发光发热的天体；
行星是围绕恒星运动的、本身不会发光的天体。这样的回答是不够全面的。

首先说恒星。没错，以前人们确实认为恒星的位置是永远都不会变的，所
以取名为恒星。可事实并非如此，恒星也是会运动的，它也会围绕它所在星系的
中心进行运动。我们都知道太阳是恒星，可它不也是围绕着银河系的中心进行运
动吗？

恒星的直径有的小到几千米，有的大到 109 千米以上。正常恒
星的大气化学组成与太阳大气差不多，以氢、氦为主。恒星之所以
能发光发热，是由于它的内部温度高达几百万摄氏度乃至数亿摄氏
度，在那里进行着不同的反应（一般为热核反应），并向外辐射大
量的能量和抛射物质。一般认为恒星是由星云凝缩而成的。恒

红巨星

小质量恒星

原恒星星云

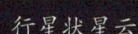
行星状星云

为什么恒星会发光而行星却不会

　　物体只有在达到足够的温度时才可能自行发光。恒星的内部温度高达1000万摄氏度以上，所以那里的物质可以进行热核反应，产生出能量。内部的能量再传到外部，以辐射的形式从恒星表面发射到空间，所以我们可以看到恒星的光辉。行星不仅质量比恒星小得多，而且核心的温度也很低，不可能产生热核反应，这样它们的表面温度就更低了，所以行星都不会发光，它们只能发射微弱的红外光和无线电辐射。

星也都在不停地运动和变化着，由于它们距我们十分遥远，所以这种变化很难觉察，故而古人称它们为恒星。我们在夜空所看到的点点繁星，大多是恒星，肉眼可看到的恒星，全天有6000多颗。借助望远镜目前可看到几十万乃至几百万颗以上的恒星。

　　接下来我们再来说说行星。关于行星的定义近年来又做了调整，所以冥王星才被排挤出太阳系行星之外。行星的新定义规定：行星是围绕太阳运转、自身引力足以克服其刚体力而使天体呈圆球状、并且能够清除其轨道附近其他物体的天体。由于冥王星的轨道与海王星相交，所以并不符合这一定义，被降为了"矮行星"。不过，这个结论还存在着很多的争议。

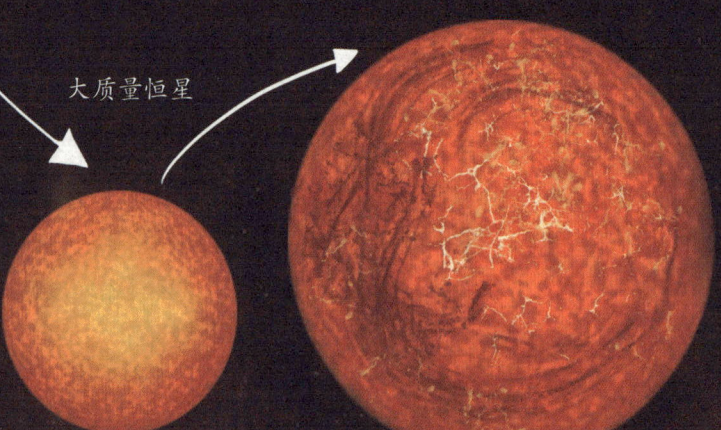
大质量恒星

红超巨星

白矮星

另外，行星一定要有足够的质量，并且应该呈圆球状。如果不符合这些条件，也不能称之为行星。

恒星的形成

17世纪，牛顿提出散布于空间中的弥漫物质可以在引力作用下凝聚为太阳和恒星的设想。历代天文学家经过观测发现，星际空间存在着许多由气体和尘埃组成的巨大分子云。这种气体云中密度较高的部分在自身引力作用下会变得更密一些。当向内的引力强到足以克服向外的压力时，它将迅速收缩落向中心。如果气体云起初有足够的旋转，在中心天体周围就会形成一个如太阳系大小的气尘盘，盘中物质不断落到称为原恒星的中央天体上。在收缩过程中释放出的引力能使原恒星变热，当中心温度上升到1000万摄氏度而引发热核反应时，一颗恒星就诞生了。恒星的质量范围在0.1～100个太阳质量之间。更小的质量不足以触发核反应，更大的质量则会由于产生的辐射压力太大而瓦解。近年来，红外天文卫星探测到成千上万个处于形成过程中的恒星。

恒星会消失吗

恒星既不像我们想象的不会动，也不能永恒存在。随着时间的推移，恒星也会有消失的一天。但是恒星从诞生到消亡的过程通常都比较漫长，可达几百万年甚至上万亿年。当发展到一定阶段以后，恒星就开

中子星

超新星

黑洞

始走下坡路，最后那些质量大的恒星会产生强烈的坍塌，发生爆炸，然后形成超新星。也就是说，我们的太阳也会有消失的一天，但是它不会变成超新星，而是会膨胀变大，比原来还要亮1万多倍，甚至很可能毁灭地球。太阳的寿命是100亿年，现在已经过了50亿年，也就是说，再过50亿年，这些可怕的事情有可能就会发生。

我们的太阳系

太阳系是一个庞大的家庭，它的家庭成员很多，而这个家庭的领导者就是太阳。太阳是整个太阳系的中心，它的引力控制着整个太阳系，其他天体都在围绕它进行公转。我们的地球就是太阳系中的重要成员，它有众多的兄弟姐妹，其中包括水星、金星、木星、火星、土星、天王星和海王星七个近亲，它们都属于行星家族，也包括众多的小行星、卫星、彗星、流星体和其他星际物质等远方亲戚，它们共同组成了伟大的太阳系。

如此庞大的太阳系，它又是如何形成的呢？这个问题让人比较头疼，因为我们谁都没有那个福气见识到它的形成过程。如果真的有时间飞船，我们就可以飞回到50亿年前去一探究竟。只可惜到目前为止，还没有人发明出时间飞船，科学家们也只是凭空猜测，提出了一个又一个假说，但都没有得到公认。也许将来的某一天，这些谜底还要我们来揭开呢！

虽然说现在有关太阳系形成的解释还都是假说，但是有些假说也是有一定的道理的。目前比较普遍的一种说法就是太阳系是由星云形成的，这种星云假说最早是由德国的科学家伊曼努尔·康德提出的。康德在他的著作《自然通史和天体论》中指出，太阳系是由一团星云演变来的。这团星云由大小不等的固体微粒组成，引力最强的中心部位吸收的微粒最多，首先形成了太阳。外面微粒的运动在太阳吸引下向中心体下落时与其他微粒碰撞而改变方向，绕太阳做圆周运动，这些绕太阳运转的微粒逐渐形成几个引力中心，最后凝聚成绕太阳运转的行星。

太阳的结构

太阳是地球上一切生物的能量源泉。它是一颗炽热的发光的恒星，由于太耀眼了，根本无法用肉眼观测其庐山真面目。随着先进的观测仪器问世，人们才开始慢慢地认识太阳。

太阳被分为几个层次来研究。从太阳中心向外依次为日核、辐射层、对流层和太阳大气。太阳大气包括光球、色球和日冕3部分，太阳半径的15%是由日核构成的，是热核反应区。热核反应发生时，释放出巨大能量的主要形式是氢聚变成氦。日核部分的物质密度是 1.6×105 千克 / 米^3，中心压力达 3300 亿大气压，温度也很高，达 1500 万 ~ 2000 万摄氏度。

日核外面就是辐射层，从 0.15 个太阳半径到 0.86 个太阳半径都是辐射层。这里的温度和密度已急剧下降。密度为 18 千克 / 米^3，温度为 70 万摄氏度。辐射层最先接收到日核传来的能量，通过吸收和再辐射来自日核的能量极高的光子而实现能量传递，每进行一次吸收和再辐射，高能光子的波长会变长，频率降低，这种再吸收、再辐射的过程反复地进行多次，逐渐将高能光子变为可见光和其他形式的辐射，经过对流层后，再向太阳的表面传播。

对流层厚度约 14 万千米，其起点在距离太阳中心 0.86 个太阳半径处。这里的物质内部的温度、压力和密度的梯度特别大，处于对流状态。对流运动的特性是非均匀性，这样会产生噪声，机械能就是这样通过对流层上面的光球层传输到太阳的外层大气的。

光球是人们平时看到的光彩夺目的太阳表面，厚度约 500 千米。光球层温度约 6000℃。

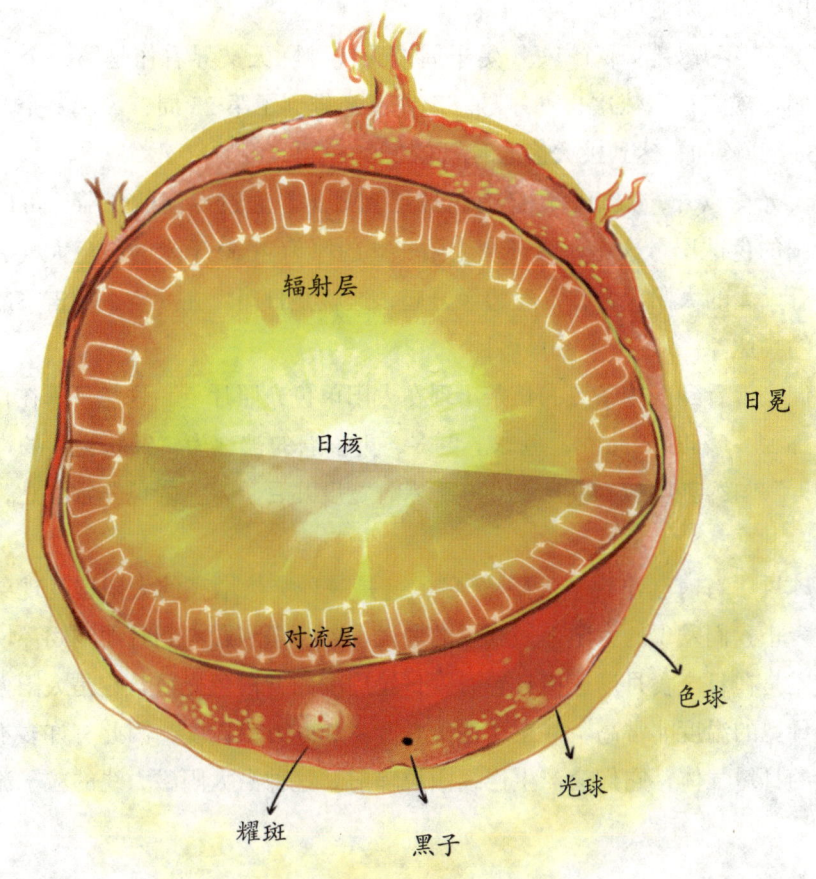

辐射层

日冕

日核

对流层

色球

光球

耀斑　　黑子

太阳光球上经常出没的一些暗黑色斑点叫太阳黑子。它是太阳活动的基本标志之一。由于太阳黑子的温度比它周围光球的温度要低 1500℃左右，因此在明亮的光球表面呈暗黑色斑点状。充分发展的黑子是由较暗的核和围绕它的较亮的部分构成的，形状很像一个浅碟，中间凹陷约 500 千米。太阳黑子在日面上的分布有一定的规律，表现为东西分布的不对称性和纬度分布的不均匀性。关于太阳黑子，我国最早在《淮南子》中就有记载，而欧洲人 1610 年才开始用望远镜观测黑子。

了解太阳的自转运动可以通过太阳黑子。英国天文爱好者卡林顿在从 1853 年起的 8 年间通过观察记录日面黑子数目的变化发现，太阳不同日面纬度旋转周期各不相同，并不是像人们想象中那样整块地运动。观测表明，太阳平均自转周期是 27 天，自转速度最快的是太阳赤道附近。

通过对太阳黑子数的长期观测和计数，我们可以知道，太阳黑子有一定的周期规律性，其平均周期约为 11 年。德国业余天文学家、药剂师施瓦贝是最早发现太阳黑子活动周期的人，他连续 15 年对太阳黑子进行观察和记录，获得了这一重要的科学发现。现在，人们把黑子出现少的年份称为太阳活动极小年，把黑子大量出现的年份称为太阳活动极大年。

从 1755 年开始的那个 11 年黑子周被现代国际天文界看作是第一个太阳黑子周，人们还规定往后依次排列序号。现在已经排到了第 23 周，最后一个黑子周是从 1996 年开始的，达到极大值的时间在 2000—2001 年。

除了光球以外，太阳表层还有色球层和日冕。通过专门的仪器，可以清晰地看到太阳的色球层，这是一圈环绕太阳光球的厚为 2000 千米的红色大气。观测表明，常有巨大的太阳火舌在日轮边缘升起，这就是日珥。在太空，宇宙飞船曾拍摄到巨大的高达 40 多万千米的日珥！

我们经常看到一些暗黑的长条出现在太阳单色光照片上，这是日珥在日面上的投影，称为"暗条"。此外，色球上更多、更普遍的被称为"针状物"的许多细小的"火舌"，其高度在 6000 ~ 17000 千米，宽度几百千米，景色非常壮观，被喻为"燃烧的草原"。

色球层中有时会出现"太阳耀斑"，这是一种突然增亮的太阳爆发现象。耀斑是迄今为止我们发现的太阳上最剧烈的爆发现象，强烈影响到日地空间环境。

日冕是在日全食月球遮掩日轮时，日轮周围的青白色光区，它是太阳大气的最外层。日冕的温度非常高，甚至高达 100 万 ~ 200 万摄氏度，因此有许多不断地向外膨胀的日冕气体，它们会产生连续微粒辐射。这种沿太阳磁力线的粒子流被称为"太阳风"。

木星

木星是太阳系最大
的行星，也是第一颗气体
巨人。谁知道木星有多少颗
卫星？它那巨大的引力意味着
它可能有几百颗卫星！它的绝大多
数卫星都极其微小，因此我们不可能
搞清其真实的数量。木星还有著名的大红
斑，这是一个已经持续了300年的木星风暴。
木星大红斑很大，能够把两个地球装到里面。

木星非常大，能够反射很多太阳光，因此，有时候它
看上去确实是一颗很亮的星星。我们需要使用望远镜才能观测到
木星著名的大气带和大红斑，只需要简易的双目镜就能看到4个小点，
它们是木星的4颗主要卫星。

水星

这个太阳系最靠内的行星公转速度最快，比地球公转的速度快4倍。来自太
阳的高温不允许水星存在任何大气层，没有了这个调控体系的存在，水星白天温
度可高达400℃，而在晚上温度会一下子降到 –170℃。要是那样的话，我们的身
体受得了吗？要么被烤得焦脆，要么被冻成碎片，水星可不是个宜居的度假胜地。

水星是一个相当小的行星，我们常用"难以捉摸"来描绘它。我们很难找到
它，因为它离太阳最近，从来也不会高出黎明或黄昏的地平线。甚至有些天文学
家没看到过水星！但是，如果我们知道在哪里，确切地说知道在什么时候观看

那么还是能够相当容易看到它的。由于太空中存在各种各样的倾角，因此，观测水星的最佳时间是在北半球春季（南半球秋季）的夜空，或者北半球秋季（南半球春季）黎明的天空。

土星

土星是太阳系第二大行星，是一颗带有光环的美丽行星。实际上，4颗气体行星——木星、土星、天王星和海王星都带有光环。正是光环使得土星比较明亮，而且它有好多个光环。土星因为是由气体构成的，所以极其轻。如果有个足够大的浴缸，而且里面能灌满足量的水，我们就会发现，土星在里面会漂浮起来！

土星的光环是由冰冷的岩石微粒构成的。这些微粒有的小如沙粒，有的大如一栋房子，它们就像一颗颗小小的卫星绕着土星转动。

同木星一样，土星也是个相当大的天体。当土星与地球同时处于适当的位置时，它看起来非常明亮。我们需要借助一架望远镜才能观测到土星的光环和卫星。

天王星

这颗行星是人们第一次使用望远镜发现的。应当归功于威廉·赫歇耳，是他在1781年3月13日发现的。虽然此前很多人都看到过这颗星星，但是没有人知道它究竟是什么天体。为了纪念英国国王乔治三世，赫歇耳最初把这个新天体命名为"乔治亚行星"，但是人们最终接受了"天王星"（最早的至上神和天的化身，大地女神的儿子和配偶，提坦神的父亲）这个更为经典的名字。天王星最独特的地方在于它的轴心非常倾斜，以至于整个行星看起来好像在打转，就如同一个圆球在地面上滚动。

当天王星处于最亮的时候，星等为 5.5，肉眼刚好可以看见。这的确具有挑战性，即便对那些能在最为明净、漆黑的夜空观测的人们来说，也颇不容易。

金星

这颗离太阳第二近的行星围绕太阳公转比自转要用更少的时间，意思就是，金星上的一天要比它的一年时间还长！金星比其他任何行星离地球都要近，只有 4050 万千米，刚好是月球到地球距离的 100 倍。

金星可能是天空中除太阳和月球之外第三明亮的天体。这就意味着，有时候我们在大白天也能看到它，而在夜晚它也有可能像月球那样投下阴影。金星之所以这样明亮，是因为它表面覆盖着厚厚的白色云朵，这些云朵是由可以致人死亡的二氧化碳组成的，能够把照在它身上的 65% 的阳光反射出去；再一个原因就是，金星比其他任何行星离地球都要近。无怪乎古人把金星称为长庚星（晚星）或启明星（晨星），当然，这取决于人们什么时候能够看到它。但是，只要人们能看到它，它自然是当之无愧的。

在极少数情况下，我们可以看到（要做好防护措施）金星正在从太阳面前经过。这种所谓的"凌日"现象每隔 100 多年才结对发生一次。上一次的凌日现象出现在 2012 年 6 月 6 日。如果错过了那次，那么就只好等到 2117 年 11 月 11 日了！

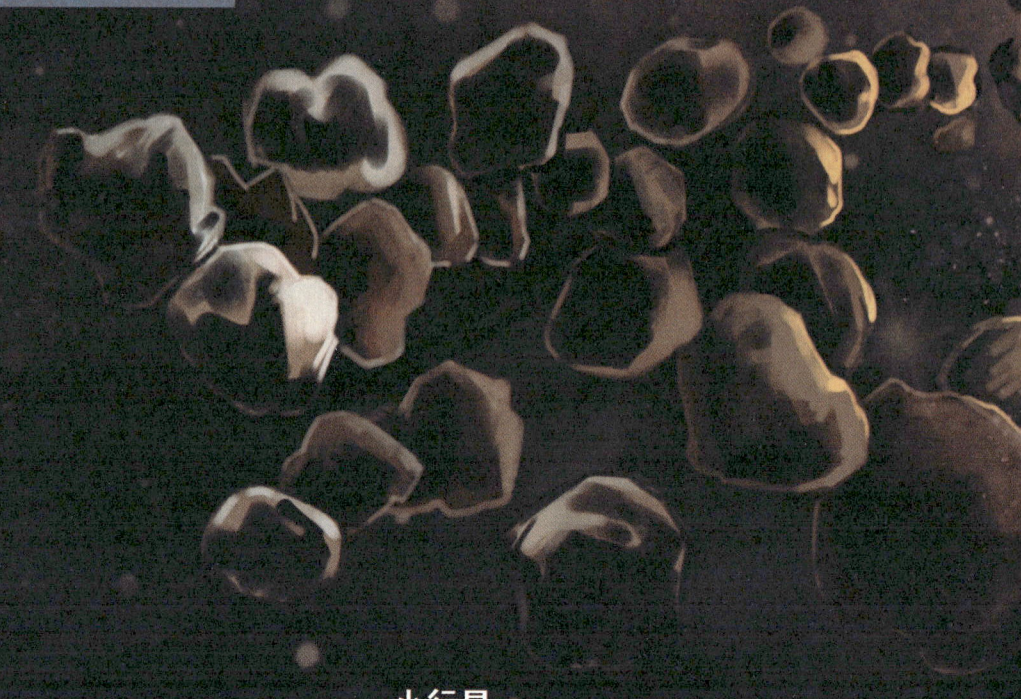

小行星

在火星与木星的公转轨道之间有很多太空岩石，它们被称为小行星，这就是主小行星带。有关它们形成的一个理论认为，这里之所以没能形成一颗行星，是因为受到附近木星强大引力的影响。

谷神星是这个主要地带最大的小行星，直径为 940 千米，也是 1801 年人们发现的第 1 颗小行星。随后发现了智神星、婚神星，以及最亮的小行星灶神星。在这些小行星中，有些是以地球上的普通人名来命名的，如希尔达、阿尔伯特和索拉；有些甚至是以摇滚歌星的名字命名的，包括恩雅、克莱普顿、泽帕和雅尔等。

有一颗小行星我们经常可以用肉眼看到，即灶神星。它看起来就像一颗暗弱的星星，因此需要在比较明净的夜晚才能看到它，但这也是挑战。

火星

火星曾给我们带来无限的遐思，这里有很多原因：火星具有非常鲜艳的红色，天文学家在火星表面标示出了运河状条纹，H.G. 威尔斯写过《星际大战》，还有近年来人们在研究、寻找火星上"消失"的海洋。

1994 年有一项广为报道的研究，内容是说在南极发现了一颗陨石，名字叫作 ALH84001。根据一些人的观点，这颗陨石来自于火星，上面带有变成化石的细菌生物。但是，自那时候起，其他一些报道则对这种所谓的火星生物"证据"表示了

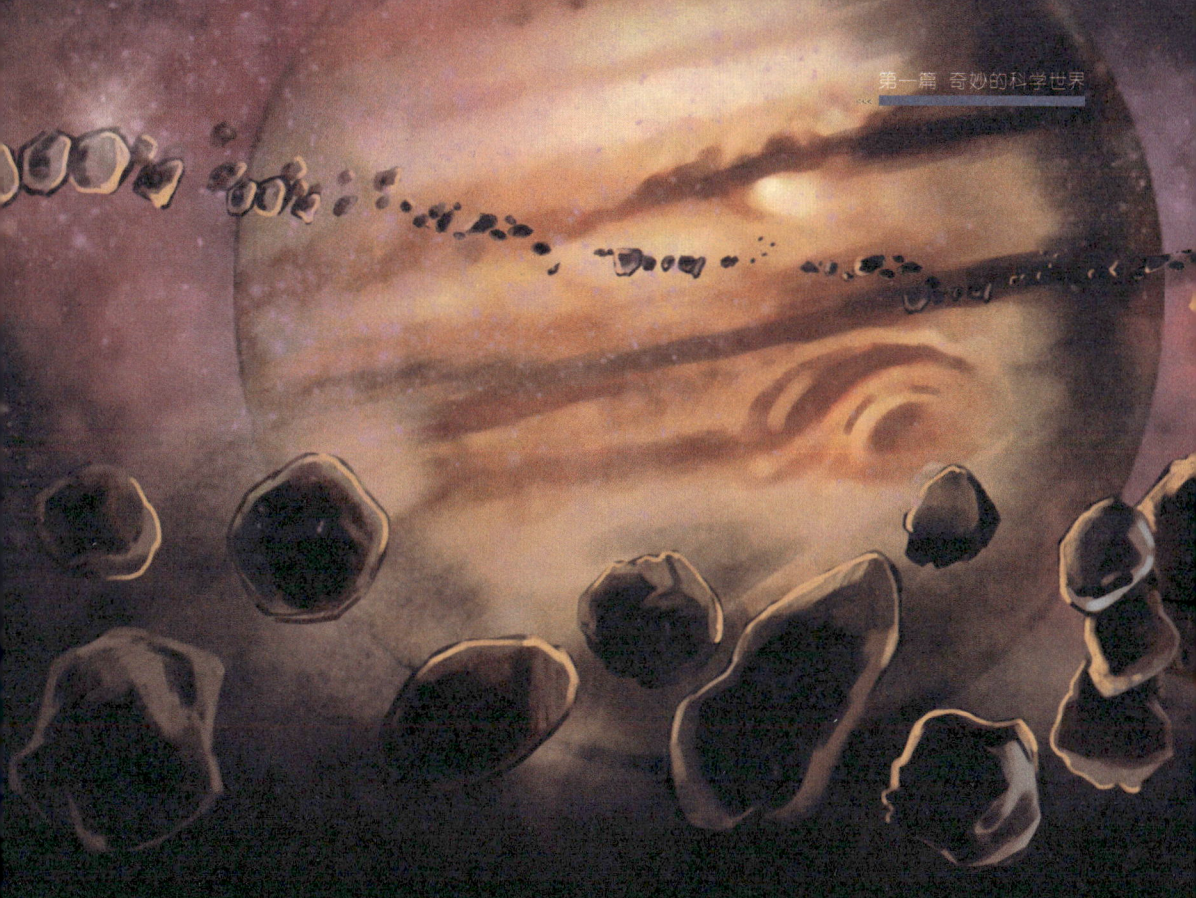

怀疑。随着现在对火星探测活动的展开，有一天我们终将会知道真相，看看我们这个红色的行星邻居上面到底有没有生命存在。

火星有一层薄薄的大气。在火星表面，气流卷起红锈色的火星尘埃。它们被吹浮起来就像沙尘暴一样。

火星可以运行得离地球比较近，距地球 5570 万千米，也可能离开很远，为 4 亿千米。这里同样也需要考虑到火星公转轨道的椭圆性。在 2003 年 8 月 27 日那天，火星运行到离我们最近，这可是近 6 万年以来的第一次！这使得它看上去极为明亮。通常而言，每过 18 个月左右，地球就会赶上并超过火星。此时这个红色的世界就变成了天空中第二明亮的行星（排在金星之后）。

海王星

海王星是 4 个气体球形巨人中最后和最小的一个，但即便如此，它也还是要比地球大 54 倍。由于海王星离地球非常遥远，所以它是一个暗弱的世界，孤零零地待在太阳系冰冷的边缘。因此，直到 1846 年人们才认定它，这也就毫不奇怪了，尽管伽利略可能曾在 1612 年观测过它。

因为海王星离太阳非常远，因此需要使用双目镜才能看到它。它的星等只有 7.7，

冥王星

冰冷的冥王星离太阳的距离极其遥远，所以人们以"地狱之神"来给它命名。2006年，在捷克举行的国际天文学联合会第26届大会上，冥王星被确认为"矮行星"。冥王星比月球要小，再加上它极其遥远，所以直到1930年它才被人们发现。

冥王星环绕太阳公转一周需要248.54年。它的运行轨道非常怪异，它每公转一周，其间有20年是在海王星公转轨道的内侧运行的（最近的一次发生在1979—1999年）。

观测冥王星：冥王星极其遥远，只有使用高倍望远镜才能在天空发现它那微弱（星等为13.8）的小点儿。如果生活在任何有灯光污染的城市，那就不要费神尝试了。

美丽的流星雨

你们看到过流星吗？遇到流星的时候你们有没有许愿呢？你们一定很想知道，对着流星许愿究竟会不会让愿望实现，相信你看完下面的内容就会知道答案了。

流星虽然也叫作星，但它却并不是一般的星体，而是一种现象。在行星际空间，存在着大量的固体物质和尘粒，这些物质就被称为流星体，是流星在进入地球以前的状态。流星体也是围绕太阳运转的，当它们接近地球时，会受到地球引力的作用，这将使它们的轨道发生改变，从而有可能穿过地球的大气层，闯入地球。这就是我们平常所看到的流星现象。另外，当地球穿越流星体的轨道时，也可能发生流星现象。

在各种流星现象中，最美丽、最壮观的当然要数流星雨了。流星雨是怎么形成的呢？如果在行星际空间，存在着许多流星体，它们共同组成了"流星群"，当流星群与地球相遇时，就会有大量的流星进入地球，于是就形成了流星雨的壮观场面。流星雨一般都是用其辐射点所在的星座来命名的，如狮子座流星雨、英仙座流星雨、猎户座流星雨等。

关于流星雨的形成，还有另外一种说法，那就是由彗星的碎屑形成的。彗星在运转的时候会将一些碎屑状的物质撒在自己的轨道上，这些物质逐渐脱离了彗星，从而形成了流星群，当与地球相遇的时候就形成了流星雨。比如说在1872年，天文学家曾预测出将有一颗比拉彗星十分接近地球，可是在地球经过比拉彗星轨道的时候，许多地方的人们却看到了一阵极大的流星雨，于是科学家们判断这场流星雨是比拉彗星的残骸所形成的。当然，事实究竟是不是这样的，还有待考证。

探寻彗星活动的周期

据说在1682年的一天夜里，突然有一颗明亮的大彗星划过欧洲的夜空。许多人被这一奇特的自然现象吓坏了，以为世界末日就要来到，每天心惊胆战地过日子。当时英国有一位天文学家也看到了这颗彗星，他就是哈雷，当然他没有像世人那样惊慌失措。

哈雷从小就对天文现象感兴趣，他曾亲眼看见过1664年和1665年出现的彗星。当时的人都十分迷信，大多数人都认为这两颗彗星的出现是不祥之兆，因为当年欧洲发生了黑死病瘟疫和伦敦大火。在父亲的帮助下，哈雷自己买了一架望远镜来观测天象。17岁时，他进入牛津大学王后学院学习。入学的第二年，哈雷就写信给格林尼治天文台台长、皇家天文学家弗兰提斯德，指出了他绘制的木星图和土星图中的计算错误。弗兰提斯德并没有不高兴，而是虚心接受了哈雷的观测记录。哈雷20岁的时候，依靠印度公司的资助前往圣勒拿岛，他在那里建立了南半球第一座天文台。通过长时间的观测，他编制出了第一个包含341颗南天恒星黄道坐标的南天星表。

哈雷具有良好的科学素养，他不仅勤于观测，而且还善于思考，这些良好品质为他后来研究彗星奠定了坚实的基础。

著名的天文学家开普勒当年曾不辞辛苦地研究火星运动，终于发现了行星运动的三大定律。这件事给了哈雷很大启发。他想，既然行星都按照一定的轨道有规律地运行，那么，彗星运行是否也有什么轨道呢？其中是不是也有某种规律性呢？一想到这些，哈雷就决心解开这个难题。他花了大量时间搜集有关彗星出现的历史记载，并且编制了一张表，把彗星出现的时间、运行路线和在天空中的位置详细地列在表中。由于种种原因，搜集到的资料都很不完整，所以哈雷对每一颗星的记录都要加以整理计算，以便分析研究。

经过反复地计算分析，哈雷发现 1682 年的彗星的轨道很像 1531 年、1607 年出现的彗星的轨道，而且前后出现的时间间隔也比较接近，大约都是 76 年。他根据自己的研究分析，认为这 3 颗彗星很可能是同一颗彗星在不同时间里出现了 3 次。1704 年，哈雷升任为牛津大学教授，第二年他就发表了《彗星天文学论说》，书中详细记述了 1337—1698 年天文学家观测到的 24 颗彗星及其轨道。他在书中指出 1531 年、1607 年、1682 年出现的 3 颗大彗星的轨道十分相似，由此推断它们是同一颗彗星，每隔 75 ~ 76 年飞临地球一次。他甚至预言：1758 年底或 1759 年初这颗彗星将再度回归近日点。令人遗憾的是，哈雷没有亲眼看见这一天文奇观。1742 年，哈雷病逝于格林尼治。

哈雷虽然去世了，但研究彗星的事业还在继续，哈雷彗星开始向世人展示它的秘密。

1743 年，一位名叫克雷洛的法国数学家根据哈雷的预言，运用万有引力定律，进一步计算了遥远的木星和土星对这颗彗星的引力效应。最后他得出结论，说该彗星届时会在土星和木星的引力作用下，稍微偏离原来的轨道，这样它回归时出现的时间要迟于哈雷原先预测的时间，它很有可能是在 1759 年 4 月出现。

1759 年 3 月，这颗人们期待已久的明亮的大彗星终于如期而至。它比哈雷所预报的时间晚了一些。牛顿万有引力定律的可靠性也再一次得到有力证明。后人为了纪念哈雷在彗星轨道计算方面的伟大贡献，就把这颗彗星以他的名字命名。

彗星的中心部分是彗核，呈固体状，构成彗核的冰冻团块、尘埃在彗星绕太阳运动时都有一部分物质会损失掉。因为彗星在高速行进中，从彗核蒸发出来的气体、尘埃等被吹离彗核，进入到行星际空间。这样一来，彗星总有一天也会"寿终正寝"。彗核中所有的尘埃、气体一次次地蒸发，彗核的结构越来越松散，直到有一天它支离破碎，整个地被瓦解，彗星的生命也就终结了。

彗星的外观很庞大，其实它徒有其表，它的密度极小，几乎就是"虚空"的。据说 1000 亿颗彗星的质量合起来才等于地球质量的 1/10，由此可见，它是多么"轻"了。彗核瓦解崩溃后，一部分物质可能成为很小的小行星；另一部分物质变成流星群，游荡在太阳系中。观测表明，地球上常见的流星雨现象和彗星有着十分密切的关系。由于彗星经常游荡在远离太阳的太空中，太阳很少影响到它的活动，许多早期太阳系的信息都保留在它身上，因此彗星在研究天体演化方面具有非常重要的作用。

据史料记载，中国人最早观测到哈雷彗星。中国有一部古书名叫《春秋》，里面清楚地记载着："鲁文公十四年（即公元前613年），秋七月，有星孛入于北斗。"这里的"星孛"就是指哈雷彗星。这是世界上第一次关于哈雷彗星的确切文字记载。中国的另一部史书——西汉的《淮南子》中也有对哈雷彗星的文字记载："武王伐纣……彗星出，而授殷人其柄。"中国现代著名天文学家张钰哲经过推算指出，自公元前240年起，中国的史书记载了每次哈雷彗星的出现，无论是次数还是详细程度，在世界上都是最完备的。

哈雷彗星最近的一次回归是在1986年。现在历史已经跨进了21世纪，我们期待着哈雷彗星再次回归。

哈雷彗星是一个"脏雪球"吗

在世界各国都流传着很多关于彗星的传说。每次彗星光临地球时，人们都会以极大的热情去关注它。

彗星为什么这样引人注目呢？这是因为它有奇异的形状：毛茸茸的彗头中间嵌着闪光的彗核，拖着长而透亮的彗尾。另外彗星突然出现，来也匆匆，去也匆匆，有的则从遥远的行星际尽头奔向太阳，随后又扬长而去，如同浪迹太阳系的漂泊者。

在如此众多的彗星里头，最引人注目的明星是哈雷彗星。

在1986年，天文学家已经认识到，彗星实际上是一个由石块、尘埃、氨、甲

烷所组成的冰块，外形极像一个深黑色的长马铃薯，就像一个"脏雪球"。它与地球上的小山差不多，假如在上面做"环星旅行"，不到半天就可以完成，这样的小个子，远离太阳时在地球上是无法看到的。但当这个"脏雪球"飞向太阳时，太阳的加热作用让其表面的冰蒸发升华成气体，与尘粒子一起围绕彗核成为云雾状的彗发和彗核。彗发又让阳光射散，这样就形成了有着星云般淡淡光亮的长长的彗尾。这时，彗头直径可以达到几十万千米，彗尾长达好几千万千米，变得好像一个庞然大物，但质量却小得出奇。它的绝大部分质量集中在彗核，也只有地球质量的十亿分之一。

那科学家是怎样发现哈雷彗星是一个"脏雪球"的呢？

原来，英法等西欧 10 国科学家花了 5 年时间制造了"乔托"号探测器，用来揭开哈雷彗星的真貌。它深入到离彗核只有 500 多千米的地方，并进入到彗发的深处，从而让人类第一次目睹了彗核的真容。第一，独具特色的喷流高上千千米，喷流核表面粗糙，像煤块般黑，核外都是由非挥发性物质组成的多孔表面层，接近太阳时外表 30 ~ 130℃，里层仍为 -70℃，有裂纹和凹坑多处，从里向外喷射气体尘埃流，煞是好看。第二，回照率 4%，比煤炭还黑。

但哈雷彗星也和宇宙中的其他彗星一样，逃不过衰亡的命运，它将一次比一次暗淡，最后将会耗损殆尽并崩解。但是，每隔一段时间，总会有另一颗光耀的彗星出现，作为"生力军"加入人类所发现的彗星名单中，例如，人们在 20 世纪末发现的百武彗星及海尔—波普彗星，因此人们可以不断目睹彗星的风姿。

神秘的月球

对于月亮，我们是再熟悉不过的了。我们知道，太阳是太阳系里面唯一可以发光的天体，月亮本来就是不会发光的。我们平时所看到的月光，并不是月亮本身发出的，而是太阳光在月球上的反射。也就是说，如果不是太阳把它照亮了，我们是看不到美丽的月亮的。

苏东坡的《水调歌头·明月几时有》中有一句："人有悲欢离合，月有阴晴圆缺。"为什么说"月有阴晴圆缺"呢？

如果你回答说是因为月亮的形状发生了改变，那就大错特错了。事实上，月亮的圆缺变化是由于太阳、月亮和地球之间的相对位置发生变化所形成的。当月亮处在地球和太阳中心的时候，我们就看不到月亮，此时被称之为新月；接下来，月亮沿着它的轨道慢慢地转过来，我们就会看到弯弯的月牙；等到月亮变成一半的时候，就出现了上弦月；随着月亮的逐渐长胖，我们就看到了满月；满月只可维持一

两天，然后就又开始变瘦；剩下一半的时候，即是下弦月；随着月亮越来越瘦，又变成了弯弯的月牙，然后消失不见了，此时的月亮被称为残月。残月过后，就又会开始新一轮的变化，所以我们看到的月亮是每天都在变化着的。

　　尽管我们想象中的月球应该是很美的，但事实却并非如此。月球上基本没有水，没有空气，因此声音也就无法传播，到处是一片荒凉、寂静的景象。而且月球上几乎没有大气，所以月球上面的昼夜温差很大，白天可高达127℃，夜晚则可低至−183℃。不过月球上也有很有趣的事情，我们都知道在太空中会出现失重的现象，在月球上也是如此。月球的引力只有地球的1/6，也就是说，6千克重的物体到了月球上就变成1千克了。我们在月球上行走会变得很轻松，稍微用力就可以跳起来。半跑半跳的前行方式应该会很有趣。

第二节　地球奥秘

地球的大小怎样测定

世界上第一个测量地球大小的人是古代希腊天文学家埃拉托色尼，他是在亚历山大城长大的。在亚历山大城正南方的 785 千米处有一个叫塞尼的城市。塞尼城中有一个非常有趣的现象：每到夏至那天的中午 12 点，阳光都能垂直照到城中一口枯井的底部。也就是说，在夏至那天的正午，太阳正好悬挂在塞尼城的天顶。

虽然塞尼城与亚历山大城大致处于同一子午线上，但亚历山大城在同一时刻却不会出现这样的景象，太阳总是处于稍稍偏离天顶的位置。在一个夏至日的正午，埃拉托色尼在城里竖起一根小木棍，测出太阳光线与天顶方向之间的夹角是 7.2°，相当于 360° 的 1/50。

鉴于太阳与地球之间遥远的距离，太阳的光线可以近似地被看作是彼此平行的。埃拉托色尼根据有关平行的定理得出了 ∠1 = ∠2 的结论。

在几何学里，∠2 被称为圆心角。根据圆心角定理，圆心角的度数等于它所对应的弧的度数。因为 ∠2= ∠1，所以 ∠2 的度数也是 360° 的 1/50，所以，图中表示亚历山大城和塞尼城距离的那段圆弧的长度，应该等于圆周长度的 1/50。也就是说，亚历山大城与塞尼城的实际距离，正好等于地球周长的 1/50。

由此可知，测出亚历山大城与塞尼城的实际距离之后，再乘以 50，就可以得出地球的周长。埃拉托色尼计算的地球周长为 39250 千米。

由于这个计算结果是按照大地是球状的假设来运算的，而且得出的数字大得惊人，所以没有人相信。从此以后，对大地的测量和计算在相当长的一段时间内在欧洲中断了。

公元 8 世纪初，我国唐代天文学家张遂曾亲自指导和组织了一次规模庞大的大地测量。测量的范围北起北纬 51° 附近，南至北纬 17° 附近，围绕黄河南北平地这个中心，在全国 13 个点用传统的圭表测量法对各地冬至、夏至、春分和秋分的正午日影长和漏刻昼夜分差进行了测量。此外，张遂还对各点的北天极高度（即当地的纬度）进行了实地测量。例如，在河南省平原地区，他测得该地一纬度的经线的弧长约为 129.41 千米。它与现代测算的北纬 34° 5′ 地方的子午线一度弧长 110.6 千米相比，相差 20.7 千米，相对误差为 18.7%。

18 世纪时，法国科学院曾派出两个大地测量队，一个队去了南美洲的赤道地区，另一个队到了瑞典的拉普兰，两队分别测定两个区域里的经线一度的长短。结果证实：地球上经线一度的长度在赤道要比在极区略短些，这说明地球是个扁球体。

科学家们从 19 世纪以来又对地球的大小进行了无数次的测量和计算。苏联学者克拉索夫斯基和他的学生在苏联、西欧和美国等地进行弧度重力测量后所得出的数值，在当时是较为精确的。

由于近年来测量技术不断进步，人类已获得了对地球测量的各种方法。特别是利用宇宙飞船和人造卫星进行测量，能够使人们获得更为精确的地球数据：地球的赤道半径是 6378.14 千米，极半径是 6356.755 千米。赤道半径和极半径之差同赤道半径之比是 1：298.25。如果按照这个扁平率做成一个半径为 298.25 毫米的地球仪，极半径与赤道半径只有 1 毫米之差，这样一来，就像一个真正的圆球了。

运用现代科技测量出的相关数据显示：地球的经线圈周长约为 40000.5 千米，赤道周长大约是 40075.5 千米，整个地球的平均密度约为 5.517 克 / 厘米^3，表面积约为 5.1 亿平方千米，体积约为 10832 亿立方千米。

我们所说的重量是指地球作用于某人或某物之上的重力。所以说探究地球的重量有多少基本是没有意义的，因为只有和其他物体相比较时地球才会有重量。

不过，人们可以通过计算地球作用于一个已知质量的物体上的重力效应，估算出地球的质量（地球所包含的物质的量）。大多数科学家计算得到的地球质量大约为 5.98×10^{24} 千克。

在太空时代到来之前，估算地球质量是件相当复杂的事情。1774 年，内维尔·马斯基林第一个计算出了相对准确的地球质量值。他根据一个钟摆在重力作用下的摆动规律，估算出苏格兰境内一座高山的质量并计算出它的重力效应——相对于地球重力。

现在，通过观察围绕地球旋转的人造卫星的运动，人们可以更准确地估算出地球的质量。

地球上存在生命的条件

我们知道，生命的存在是需要非常严格的条件的，而这样的条件，只有地球具备，其他的行星都不具备。所以在太阳系中，生命只能在地球上繁衍生息。如地球与太阳的距离适中，因此它有适宜生命存在的地表温度。另外，地球的外围有一层厚厚的大气层，可以调节白天和夜晚的温度，否则昼夜的温差会更大。地球还是唯一一颗在表面存在液态水的行星，这也是生命存在的重要条件。正是因为有了这些生命存在的必备条件，才使得地球孕育了如此众多的生命，包括拥有着无限智慧的人类。

精彩的海洋世界

　　海洋是地球的主要组成部分，它的面积要远远大于陆地的面积，约占地球表面积的71％。海底究竟是什么样子的呢？恐怕现在还没有人能给出确切的答案。因为海洋实在是太深了，我们人类所到达的深度还是非常有限的，至于那些没有涉足过的地方，科学家们就开始发挥他们丰富的想象力，进行假设推理了。

　　你可千万不要以为海洋就是我们平常所看到的大海。事实上，海和洋并不是一回事，它们之间是不能等同的。洋是海洋的主体，处于海洋的中心部分，它们远离大陆，不受陆地的影响，占海洋总面积的89％。海则是洋的附属部分，位于洋的边缘，靠近大陆，因此要受到大陆的影响，占海洋面积的11％。另外，洋都较深，海则较浅。

　　陆地把广阔的水面分成了四个相通的大洋，它们是太平洋、大西洋、印度洋和北冰洋。太平洋是第一大洋，虽取名太平，但其实并不太平，经常有台风和恶浪兴起；大西洋是第二大洋，它的周围分布着很多发达的国家和地区，因此相关产业也比较发达；印度洋是第三大洋，那里经常发生热带风暴，造成巨大的灾难；北冰洋是第四大洋，位于北极圈内，它的海面和岛屿都被一层厚厚的冰所覆盖。

　　海洋里面究竟有什么呢？当然，一定会有各种各样的鱼，还有很多海洋生物。那么除此之外呢？会不会有传说中的水晶宫和宝藏呢？这个可不好说，也许真有，只是以人类现有的技术，还无法探知罢了。但是海底有着丰富的能源却是可以肯定的，如果我们好好利用，将会受益无穷。总之，海洋世界绝不会像我们所看到的那样

简单，也许在海洋的深处，有着比陆地更为精彩的世界，还有待我们去开发和探索。

去海底探险，绝对是一件刺激而又有趣的事情。在海洋的不同深度，我们可以看到不同的鱼类和海洋生物，它们的分布是很有规律的。下潜得越深，看到珍稀鱼类的可能性就越大。其实，穿着潜水服在海底遨游，看各种各样的鱼从身边游过，本身就是一件很有意思的事情。习惯了陆地的生活，偶尔到海底感受一下鱼的生活，也是很不错的。

在精彩的海洋世界中，我们还可以看到美丽的珊瑚礁。色彩绚丽的珊瑚礁为海洋增添了一道美丽的风景，也为各种鱼类提供了栖息的场所。更让人惊奇的是，这些鱼类会充分利用自身的颜色，与珊瑚礁融为一体，这样我们就很难发现它们。珊瑚礁是海洋中最为复杂的生态系统之一，也是地球上最古老、最珍贵、最多姿多彩的生态系统之一，人们称它为"海洋中的热带雨林""海上长城"等。

珊瑚礁是怎样形成的

虽然我们现在看到的珊瑚礁是一片大礁石，但它却并不是由岩石构成的。事实上，这些美丽的珊瑚礁是由从古至今一直生活在这里的珊瑚虫建造的。珊瑚虫是一种没有内脏的动物，它的身体只有一个空腔，但它可以分泌出石灰石和角质，用来形成珊瑚虫的外骨骼，也就是我们所说的珊瑚。珊瑚虫的生命很短暂，当它死后，它的子孙们又会在它的遗骨上繁殖下去，日积月累，就形成了壮观的珊瑚礁，有些露出水面就形成了珊瑚岛屿。

海水是什么颜色的

蓝色的海水，绿色的海水，无色透明的饮用水……海水到底是什么颜色的呢？

答案出人意料：纯净的海水是蓝色的。但是由于我们喝水的杯子容量有限，很难分辨出海水的颜色来。如果将一个像楼房那么大的杯子装满纯净水，我们就能看到它真正的颜色——蓝色。

海水的颜色取决于水分子对光的反射和吸收情况。白光，比如阳光，是由七色光混合而成的，也叫光谱。在光谱中，红色到绿色波长范围的光比较易于被水分子吸收，蓝色部分的光则被反射出去，所以我们就看见了蓝色。

但海水的颜色并不是一成不变的。在远离海岸的海域中心位置，海水是深蓝色的，甚至有些发紫。然而在靠近陆地的海岸线一带，由远及近，海水的颜色由蓝变绿，再由绿变成黄绿。为什么会发生这样的变化呢？这与水里的浮游物质和水深有关。

在海岸线附近，海水充满了从陆地上冲来的有机物和小植物。其中有一些很小的绿色植物，叫作浮游植物，它们含有一种叫作叶绿素的化学物质。叶绿素能够吸

收大部分的红色光和蓝色光，反射绿色光，于是我们看见的海岸边的海水就是绿颜色的了。

在宇宙空间里，从海洋的颜色我们可以分辨出地球生命的聚集区。绿色的海域好比是陆地上的热带雨林，充满了生命；而深蓝色的水域是很少有生命的地方，这里好比是大陆上无人居住的白色沙漠。

海水和海水里的浮游物对光的吸收方式也决定了水面下的颜色。假设你正在驾驶一辆黄色潜艇，在水面附近，你的潜艇是黄色的，但是随着潜艇慢慢潜入海底，照到潜艇上的光越来越少，当潜艇下降到水下 30 米的深度时，阳光中的黄色、橙色和红色的光几乎都被水分子吸收了，只有蓝色和绿色的光能到达潜艇表面，这时你的潜艇就变成了蓝绿色。如果再往下降，直到绿色光也消失了，潜艇就变成深蓝色了。

浮游物越多、海水越混浊，对光的吸收量就越多。所以越是混浊的海水，你下降时看到周围环境变暗的速度就越快。

潮涨潮落

去过海边的人一定知道，海水每天都会有规律地涨落。一般来说是每天两次，早晚各一次。通常情况下，人们把白天那次潮涨潮落称为潮，而把晚上的那次称为汐，以此来进行区分。潮涨时，海水会迅速地把沙滩淹没，使平坦的沙滩变成一片汪洋；潮落时，海水又会迅速地退去，那片宽敞平坦的沙滩又重新露了出来。海水的涨落就是这样神奇，而且海水也很勤快，它从来都不知疲倦，日复一日，年复一年，永不停息地涨涨落落，从不偷懒。正因为这样，我们才能看到这样壮观的景象。

海水的潮汐现象主要是由于月球的引力作用而形成的。你可能觉得月球的引力没有多大，至少比地球的引力要小得多。但实际上，月球的引力也是很大的，大到足以影响地球上海水的活动。我们都知道，月球是围绕地球运转的，因此它的引力会在不同的时间作用到不同的海域，于是也就出现了不同的潮汐。

海水的潮汐现象确实是神奇而又伟大的。在涨潮时，还有一种更为雄伟壮观的景象，那就是涌潮。不过你们要知道，并不是所有的海域都可以出现涌潮的。涌潮是由于特殊的地理环境所造成的，只有在那些水深逐渐变浅，且海岸陡峭、河口呈喇叭口状的海湾才能出现涌潮。在我国的钱塘江口就可以见到涌潮，潮起之时，潮水像一堵高墙一样咆哮前进，怒浪排空，有如万马奔腾，蔚为壮观。

大潮与小潮

每月的初一或十五，太阳、地球和月亮几乎处在同一条直线上，日月的引力之和共同作用于海水，此时海水的涨幅就比较大，也就是我们所看到的大潮；而到了每月的初八或二十三，太阳、地球和月亮则几乎构成了直角，因此月球的引力被太阳的引力抵消一部分，此时海水的涨幅就比较小，也就是我们所看到的小潮。

海啸是怎么产生的

人们都说"无风不起浪"，但为什么有时没有风的时候也会波涛汹涌，形成几十米高的巨浪呢？这种现象叫作海啸，海啸发生时会造成严重的破坏。那么，海啸是怎么产生的呢？

海底地壳的断裂是造成海啸的最主要原因，地壳断裂时，有的地方下陷，有的地方抬升，震动剧烈，在这种震动中就会有波长特别长的巨大波浪产生，这种巨大的波浪传至港湾或岸边时，水位就会因此而暴涨，向陆地冲击，产生的破坏作用极其巨大。1923年9月1日发生著名的日本大地震时，海浪剧烈地冲击横滨，海水带走了几百所房屋。事后人们发现，那里附近海底的地壳不仅断裂开来，并且发生了巨大的位移，所以会形成270米的隆起与下陷的高度差，进而出现海浪滔天的景象。

有时海啸是由海底的火山喷发造成的。像 1883 年，爪哇附近喀拉喀托岛上的火山喷发时，在海底裂开了一个深坑，深达 300 米，激起高达 30 米以上的海浪，巨浪把 3 万多人卷到海里。火山在水下喷发，海水还会因此沸腾，涌起水柱，难以计数的鱼类和海洋生物死亡，在海面上漂浮。

此外，有时海啸是由海底斜坡上的物质失去平衡而产生海底滑坡造成的。

也有些海啸是由风造成的。当强大的台风从海面通过时，岸边水位会因此而暴涨，波涛汹涌，甚至使海水泛滥成灾，由此造成的损失是巨大的。这种现象被人们称为"风暴海啸"或者"气象海啸"。

但是，并不是所有的海底地震都能导致海啸，一般而言，海啸是否会出现，与沿岸的地貌形态也有很大的关系。

冰川和冰山是怎样形成的

在一些高山地区或是在两极地区，常见到的那一层雪白无瑕的"外衣"是什么？它们即是冰川。那么，冰川又是如何形成的？冰川是冰雪贮存和运动的一种形式，但在不同地区，其成因略有差别。在高山地区的冰川是由于那里地势高、空气稀薄、不保暖，冰雪在这里不易融化而形成。两极地区分布着的冰川则由于太阳辐射弱，热量少，气候终年寒冷，冰雪被一年四季堆积而形成。全世界冰川的总面积约有 2900 万平方千米，而 90% 以上分布在两极地区。

作为固体的冰在重力作用下，从高处向低处缓慢流动，冰川之名由此而来。冰川的流动速度极慢，每昼夜一般只能移动 1 米，个别流速快的冰川能流动 20 多米。冰川的流动速度随冰川厚度增加、坡度变大、气温升高而加快。

冰川不是简单地由普通的水凝结而成，构成冰川的冰又称冰川冰。由于雪花越降越多，即使在阳光照射下稍有融解，但随即又冻结起来，这种情况下结成的颗粒状雪粒使得冰川冰密度略小于普通的冰，其进一步结成冰层即构成冰川。

冰川有高山冰川和大陆冰川两种，高山冰川是指存在于高山上的冰川，大陆冰川则指分布在两极地区的冰川。厚度在 1000 米以上的冰川将整个南极大陆和格陵兰岛的极大部分都掩埋在其下。

南极是世界上冰川分布最广的地区，冰川总面积约占地球上冰川总面积的85％以上，其冰川总体积约有2800万立方千米。坡度不大，只在边缘处向外倾斜，将长长的冰舌伸入海中是南极冰川的最大特点。冰山主要有角锥形和桌形两种形状，大的能在海上漂浮2～10年。浮动的冰川一般只有近100米露出海面，而实际往往长达几千米，其他约占冰川体积6/7的部分就埋在水面下。冰川的漂浮，对极地航行极为危险，是导致极地航行船只沉没的原因之一。

认识大气层

我们知道，空气是我们赖以生存的条件之一，没有了空气，我们就无法呼吸，生命当然也就无法继续。但是你们知道空气是从何而来的吗？

没错，就是令人敬畏的大气层。我们的地球被一层很厚的大气层包围着，它不仅为我们提供生存所必需的空气，而且还为我们提供最适宜生存的温度，并为我们阻挡太阳光中的有害物质。可以说，没有大气层，所有的生命都将消失。看，在地球表面那一层淡蓝色的美丽外衣就是大气层，我们就生活在这个大气层的底部。

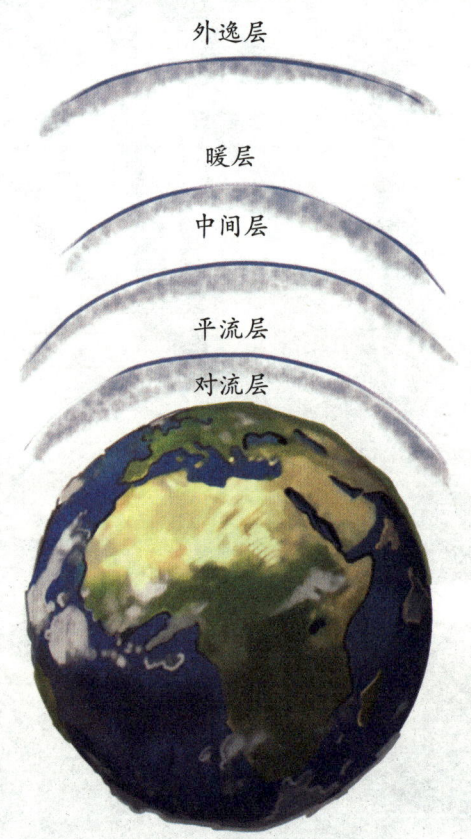

外逸层

暖层

中间层

平流层

对流层

因为有了大气层，我们还可以看到很多有趣的天文现象。还记得儿时的那首歌谣吗："一闪一闪亮晶晶，满天都是小星星。"正如太阳那样，所有的恒星都是能够持续发光的，可为什么我们所看到的星星却会眨眼睛呢？可不要以为真的是星星在闪闪发光，其实这都是大气层搞的鬼。大气是不停地流动着的，而且密度也在不断地变化，因此当星光通过时，就会因为光线折射程度的不断改变而出现闪烁的现象。

根据高度的不同，大气层被分为对流层、平流层、中间层、暖层和外逸层。对流层是最底层，也是人类活动的主要场所；平流层是第二层，这里的空气呈水平流动，总是风平浪静，晴空万里；中间层是第三层，这里可以反射地面发出的无线电波；暖层是第四层，这里的温度可达到1200℃左右，经常会出现极光等光学现象；最外面一层是外逸层，这里的大气已经非常稀少，有的则因为很少有分子和它碰撞而一去不复返了。

世界主要冰川

欧亚大陆——喜马拉雅山地区有纳布冰川等6条冰川，面积达1600平方千米。中国境内的冈底斯山、昆仑山、喀喇昆仑山、唐古拉山、天山山脉、阿尔泰山以及横断山脉也是世界主要高山冰川分布区。帕米尔山脉费德钦科等冰川共有7042平方千米。阿乌尔山、堪察加、科里雅克高原、西伯利亚、乌拉尔、兴都库什山脉、高加索山、阿尔卑斯山脉、比利牛斯山脉、斯堪的纳维亚半岛、格陵兰（180.2万平方千米冰川）、加拿大北极群岛和北极其他岛屿、冰岛等都有冰川。北美洲——阿拉斯加地区有5.2万平方千米的冰川，还有海岸山脉、洛基山和加拿大大陆冰川。南美洲——安第斯山脉有2.5万平方千米的冰川。大洋洲有1000余平方千米，非洲只有22平方千米的冰川。而最大的冰川在南极洲，其他地方跟它的量是不能相提并论的。

火山为什么会喷发

火山喷发是地壳中的岩浆向上喷出地面时的现象。一般情况下，地壳把岩浆紧紧地包住。地球内部有相当高的温度，岩浆不甘寂寞，老是想要逃离出去。然而，由于地下的压力极大，岩浆无法很轻易地冲出去。地下受到的压力在地壳结合得比较脆弱的部分比周围小一些，这里的岩浆中的水和气体就很有可能分离出来，促使岩浆的活动力加强，推动岩浆喷出地面。当岩浆冲出地面时，原来被约束在岩浆中的水蒸气和气体很快分离出来，体积迅速膨胀，火山喷发就此产生。

岩浆冲出来的通道是否畅通与火山喷发的强弱有很大关系。如果岩浆很黏稠，有时再加上火山通道不但狭窄而且紧闭，这时就极易被堵塞，这就需要地下的岩浆聚集非常大的力量才能把它冲破。一旦冲开，伴随而来的就是一场威力极猛的大爆炸。有时候，一次火山喷发过程，就可以喷发出几十亿立方米的火山碎屑物。假如岩浆的黏稠度小，所含气体也不多，通道相对而言比较畅通，经常有喷出活动，那么就不会引起大的爆炸。夏威夷群岛上有一些火山，就属于第二种情况。

火山大都分布在那些地壳运动较为强烈，而且相对而言较为薄弱的地方。这些地方在陆地上和海里都有分布。海底的地壳很薄，一般只有几千米，有些地方还有地壳的裂痕，所以在海洋底部分布着很多火山。例如临近大西洋中部亚速尔群岛的卡别林尤什火山，它位于一条巨大的断裂带之上，当它喷发时，炽热的浪涛从深邃的海洋底部涌出，一时间，洋面会沸腾起来。在开始时人们还以为是一条大鲸吐出的水柱呢！它的火山喷发活动持续了 13 个月，结果导致好几百公顷的新陆地出现了，这块新陆地与亚速尔群岛中的法雅尔岛连接在一起。海洋中有很多像这样的海底火山。

在火山喷发过程中，会有岩浆喷出地面，那些岩浆的活动能力极强，可以时常喷发的火山在地质学中被称为"活火山"。例如，位于太平洋中的夏威夷群岛上的基拉维亚火山，长期以来总有岩浆从中不断地涌出，有时还会发生极为猛烈的爆发，它就属于活火山。有一些火山在喷发之后，需要经过很长一段时间在地下聚集起足够的岩浆才可以再次喷发，当它暂时不再活动的时候，被地质学家称为"休眠火山"。例如在北美洲西部的喀斯喀特山脉中就有很多这样的火山。人类并没有找到它们曾爆发过的历史记载，但根据探测，它们还有活动能力。不过，这一类火山，有的也可能就此一直沉睡下去。还有些火山因为形成时间很早，地下的岩浆已经冷凝固化，不再活动，或是虽然地下还有岩浆存在，但因为那里地壳厚实坚硬，差不多所有的裂缝都被以前挤入的岩浆凝结堵塞住，岩浆无法再喷发出来了。地质学上把这些已失去活动能力的火山叫作"死火山"。例如，非洲坦桑尼亚边境上的乞力马扎罗山，就是一座非常有名的死火山。人们可以从飞机上清晰地看到火山口内堆积着很厚很厚的白雪。

地震是怎样发生的

如果从地球表面看，一切似乎都很平静，因此一说到地震，人们总觉得是比较少见的事。事实上，根本不是这样，地球上经常会发生地震。地震是一种非常普遍的自然现象，就像下雨、刮风一样。据科学家们用精确的仪器观测，地球上每年大约发生500万次地震，并且平均一天会发生1万多次。但是，这些地震大部分都微乎其微，人们不用仪器观测是根本感觉不到的，每一年中这样的小地震大约占当年地震的99%；人们可以感觉到的，只不过占1%。

地球上为什么会常常发生地震呢？

大多数地震是由地壳运动所引发的。刚硬的岩石在运动中受到力的作用，形状发生改变，有时甚至发生断裂，此时就会发生地震。目前人们虽然对推动地壳发生变动的力量从何而来仍持有异议，对地震产生的根本原因也有许许多多的推测，但大家一致认为某一地区的岩石发生了断裂是该地区发生地震的直接原因。地下的岩石产生了新的断裂，或是原来就有裂缝，再次发生错动是绝大多数地震发生的原因。许多威力极大的地震都发生在地下存在断裂的地方。当地下的岩石因为受到力的作用而将要断裂时，月亮和太阳的引力作用，水（水库）或大气对地面的压力的变化，都有可能促使断裂发生，有触发地震的作用。

其次，地震又常常作为火山爆发的伴侣出现，在地球上存在着大量的火山，火山每次爆发，会从地下喷射出大量炽热的岩浆，体积急速膨胀，对地壳有所冲击，因此一定会引起地震。

既然每年地球上发生如此多的地震，我们为什么感觉到的很少呢？

原来，在地球上发生地震时，震动也有强度的大小，释放出来的能量也有多有少，按照它们大小的不同，大致可以分为微震、弱震和强震等三大类。可使器皿叮当作响，使吊钟和电灯、壁上的挂图发生晃动的地震称为弱震。可以使墙开裂、山石崩落、房屋倒塌的地震称为强震。一些非常强烈的地震还能在眨眼之间把整个城镇摧毁，如1976年的唐山地震，在地球上如此强烈的地震平均每年大约发生10次，但有时候并不是发生在像唐山这样人口极为稠密的地区，给人类带来的灾害也不会像唐山地震那样严重。除了强震以外，弱震是不会给人类造成危害的，至于微震，就更没有多大影响了。绝大多数地震都是微震。

地震发生时，也不是所有人都可以感觉得到，在一定范围内的人们才能感觉到。地震时，人们把震动的发源处叫作震源。震动自震源起，以波动的形式向四周发散传出，叫震波。在震源处地震波的能量最大，在传播过程中，地震波能量会逐渐消失，传得越远就越微弱，传到一定距离，就可以弱到人一点也感觉不到。

地球上的煤是怎样形成的

众所周知，煤是从地下开采出来的。可是，为什么地下有这么多煤呢？在回答这一个问题之前，首先需要知道煤是如何形成的。

有人说煤长得像石头，甚至通常把质量不好的煤叫作"石煤"，所以认为煤是由石头变来的。但是，如果你仔细观察就会发现有些煤块上有植物的根茎和叶等形状的痕状。倘若把煤切成薄片，在显微镜下进行观察，有时可以看到相当清晰的植物构造和组织，而且有时像树干一类的东西还保存在煤层之中。在中国著名的抚顺煤矿，大量琥珀含在煤层之中，有的里面甚至包有极为完整的昆虫化石，它是一种相当精美的艺术品。事实上，琥珀就是由树木所分泌出来的树脂演变而成的。这一切都表明煤主要是由植物演变而来的。

古代植物又是如何演变成煤的呢？

原来，在历史上，有一些时期的环境非常有利于煤的形成。由于气候条件适宜，在这些时期，茂密高大的植物到处繁殖，大量高等或低等植物、浮游生物以及水草等生长在沼泽、内陆和海滨地带。由于后来的地壳运动，这些植物就一批一批地被埋藏在地面的低洼地区和海洋或沼泽的边缘地带。这些被泥沙所掩盖的植物，长时间受着压力、细菌和地心热力的作用，原来所含的氮气、氧气以及其他挥发物质等都逐渐地跑掉了，剩下来的大部分就是"炭"（一般称这种作用为"炭化作用"）。这样泥炭就最先形成了，随后泥炭被埋藏得越来越深，碳质的比例在温度和压力的作用之下不断增高，褐煤和无烟煤便逐渐形成了。简单而言，煤就是经过这样的凝胶作用以及炭化作用形成的。

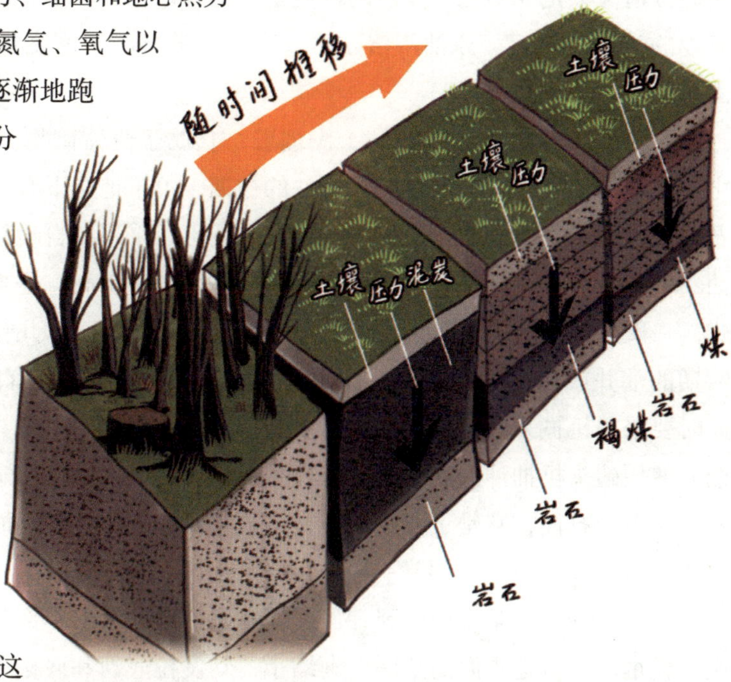

随时间推移

土壤 压力

土壤 压力

土壤 压力 泥炭

煤

褐煤 岩石

岩石

岩石

由于各地都有不同的地壳运动特点，有些地区植物遗体的堆积速度和地壳的下降速度大体一致，保持均衡，很可能形成较厚的煤层；有些地方地壳沉降速度变化非常大，许多薄的煤层可能会在这里形成。

煤形成之后，在漫漫地质年代中，还不断地经受着各种变化和变动。原来水平的煤层可能会因地壳的构造运动而引发断裂和褶皱，有一些煤层被掩藏到地下更深的地方去了，因此至今还在地下沉睡没有被人们发现；而另一些煤层在一些比较浅的地方埋藏着，而且经过后来的侵蚀、风化的作用而露出地表，根据这些露在地表的"煤苗子"，我们找起煤矿来就会相当容易。目前许多埋藏在地下较深的煤田随着人们对于煤的形成规律的进一步掌握以及矿物勘探与开采技术的改进，而不断地被发现、开采及利用。

地球上的石油是怎样形成的

石油被人们称为"黑色的金子"，它对于人类而言是至关重要的能源。

石油是由地质时期的动植物的遗体在地下高压高温及微生物作用下，经过漫长而复杂的化学变化逐渐形成的一种较为黏稠的液体矿藏，它也是原油及原油的加工产品的总称。凡是从油田开采出来还没有经过加工处理的石油叫作原油。原油通常情况下是深褐色、黑色的，但是，也有绿色，甚至无色的原油，这主要由开采地的特质所决定。原油不溶于水，有特殊的气味，密度也比水小，溶、沸点不固定。

石油大多在地下（或海底）深埋着，它属于流体矿物，所以通常只需打竖井之后通过采油管开采。在打一口油井的初期，由于地层下有很大的压力，油层内的石油经常受压力驱使而自动向上喷，这时就可以采用"自喷采油法"采油。自喷采油不但设备简单、管理方便，而且开采经济，产量也高，是当前较为理想的采油方式，一般采用先进技术且条件好的油井可保持几年甚至十几年的自喷形式。已过自喷期的油井或油层压力较低，石油只能够流入井里但却没有能力再往地面上喷射，此时要采用机械采油方法亦即通过安装在井上的俗名叫"磕头机"的抽油泵往上抽油。使用磕头机抽油的油井也可以在相当长的时间内维持一定的产量。现代生活一刻也离不开石油，它是工业的血液，是最重要的能源之一，而西亚则是世界上的最重要的石油产区。

根据大陆漂移学说的解释，西亚原本是古地中海的一部分，经过沧海桑田的多次变化之后，古地中海的范围渐渐缩小，幼发拉底河和底格里斯河带来的泥沙也在不断地缩小波斯湾的面积。以波斯湾为中心的浅海地区是一片古老台地，这些地区主要进行的是升降运动，它们的褶皱运动非常平缓。升降运动形成 4000 ~ 12000 米的非常厚的沉积层。从结构上看，因为褶皱运动不是十分强烈，所以形成一系列平缓而巨大的简单穹隆或背斜构造，这种构造对贮油贮气极为有利。例如举世闻名的沙特加瓦尔背斜构造，长 240 千米，宽 35 千米，这里形成了原油储量达到 100 亿吨以上的闻名遐迩的加瓦尔油田。

西亚的纬度偏低，它的这种纬度偏低的地理条件造成生物数量相当繁多；西亚地区所拥有的"两河"、广阔的浅海的大量泥沙形成相当良好的还原环境；平缓的地质构造和沉积层为原油的储备提供了优良的储油条件，这些就是西亚成为世界储油最丰富的地区的自然原因。

第二章　古怪的生物学

第一节　动物世界的众生百态

动物的种类

　　一般而言，人们一提起动物就会想到哺乳动物，其实动物还包括爬行动物、两栖动物、鱼类、鸟类。科学家按照动物的形态结构，把动物分成脊椎动物和无脊椎动物两大类，然后将动物按门、纲、目、科、属、种等单元一一区别开来。具有最基本、最显著的共同特征的生物被分成若干群，每一群即一门。科学家据此将动物分成原生动物门、海绵动物门、腔肠动物门、线形动物门、扇形动物门、脊椎动物门、环节动物门等20余门。门以下为纲，纲是把同一门的生物按照亲缘关系和彼此相似的特性而分成的群体。同一纲的生物按照彼此相似的特征分为几个群，叫作目。同一目的生物按照彼此相似的特性所形成的群体则为科，如鸡形目有雉科、松鸡科等。科下面是属，是同一科的生物按照彼此相似的程度结合而成的群体，如猫科有猫属、虎属等。属下面是最小的类群——种，又叫物种，是动物分类最基本的单元，如科来特猫是猫属中的一种。

随着科学技术的发展，科学家们

还运用胚胎学、数学、生物化学等方法对动物进行分类，以便更好地研究自然界。

在动物界中，尽管脊椎动物只占一小部分，但却是最高等的类群，主要包括鱼类、圆口类、两栖类、哺乳类和爬行类。大约5亿年前，生活在海底泥层中的一种像虫一样的小型动物逐渐进化成最初的脊椎动物。脊柱、四肢、感觉器官和大脑组成了典型的脊椎动物。脊椎从颈部延伸至尾部，由许多相互连接的块状椎骨组成，可以保护从脑至全身的神经组织。感觉器官集中在头部，其作用是帮助动物觉察危险，寻找食物和配偶。多数脊椎动物有四肢，有的四肢演化成鳍，有的则演化成腿、上肢或翅膀，包括蛇类在内的许多脊椎动物已经没有了外肢的痕迹。脊椎动物的大脑一般都比较发达，其中以哺乳类动物尤为突出。

脊椎动物按照不同的标准，可以分成不同的类别。如果以在胚胎发育中有无羊膜来看，圆口纲、鱼纲和两栖纲为低等动物，其他的为高等动物；若以变温和恒温来区分，鸟纲和哺乳纲等恒温动物属于高等动物，爬行纲以下的变温动物属于低等动物。在大多数情况下，高等动物专指哺乳动物，鸟纲以下的为低等动物。

相对于上述的高等脊椎动物而言，无脊椎动物是低等的，但种类繁多、数量庞大的无脊椎动物形成了一个巨大的多样化的物种体系。从理论上分析，世界上的任何地方都生活着无脊椎动物。在全世界约1000万种生物当中，90%以上是无脊椎动物。许多科学家还提出，目前尚未发现的无脊椎动物大约为1500万种。这类动物并没有什么共同特征，仅仅靠血缘关系而互相结合。有些无脊椎动物是为人们所熟知的，如昆虫、蜗牛等；有些则是难以觉察的，生物学家甚至无法给它们命名。无脊椎动物通常集中在海洋里，它们有的具有庞大的躯体，如巨型枪乌贼有18米长；有的体型则十分微小，随洋流四处漂泊。除海绵外，几乎所有的无脊椎动物的躯体都具有对称性，有的呈辐射对称，有的呈双边对称。另外，许多无脊椎动物的躯体是由一些分离的环节构成的，这就使得它们能改变自己的形状，并以复杂的方式运动。如蚯蚓在每一环节里都有分离的肌肉，它可以通过协调肌肉的收缩在土壤里蠕动。

动物世界中最大的群系是节肢动物，主要包括昆虫、千足虫、蜘蛛、螨、甲壳以及造型古怪的鲎和海蜘蛛。所有的节肢动物的躯干都是由一排节环构成的，外面由一层外生骨骼或角质层覆盖着，并长有带关节的腿。脊椎动物中的海鞘、柱头虫、文昌鱼等，属于中间类型，兼有无脊椎动物和脊椎动物的特点。

一般而言，同一类群的动物具有比较近的血缘关系。而不同类群之间的动物，有的亲缘关系比较近，有的则比较远。例如海绵这种最简单的有机生物，虽然它属于多细胞生物，却有着与单细胞生物相似的行为特征。它们的躯体是由两层细胞构成的，变形细胞很多，体壁细胞具有多种功能，因此可以说多细胞生物与单细胞生物具有较近的亲缘关系。而那些形态差异比较大的生物，其亲缘关系就比较远。动物的亲缘关系，实际上就是动物的演化关系。曾有科学家根据亲缘关系的远近，将各门动物的关系排列成"系统树"，树的上方是高级的哺乳类动物，下方则是原生的单细胞生物。从这棵树上，人们可以清楚地看到物种在历史长河中的进化步伐，有助于我们了解自然界的奥秘。

聪明的动物

动物也有感觉吗？如果你曾经仔细观察过身边的动物，就一定不会产生这样的疑问。事实上，动物不仅有感觉，而且它们的感觉还很灵敏呢！它们甚至可以感觉到人类无法察觉的事情，比如说地震。尽管我们现在有种种精密的测量仪器，但却还是没有办法准确地预报地震。可是一些动物却可以准确地感知地震，在地震发生前，如果你家里有小狗，就会发现它开始躁动不安地乱叫，这就是在向你传达地震将至的信号。

每一种动物都有其独特的感觉，而且都是特别灵敏的。比如说狗的嗅觉特别灵敏，比我们人类要灵敏百万倍；鹰的视觉特别灵敏，它可以在3万多米的高空清楚地看到地面上的一只兔子；蝙蝠的听觉特别灵敏，它甚至可以听到昆虫的脚步声；海豹的触觉特别灵敏，它可以用胡须感受到其他动物的微小运动；鲇鱼的味觉特别灵敏，它的舌头上有10万个味蕾，而我们人类只有区区8000个。

为什么动物有这些奇特的感觉呢？其实，在地球上生存的每一种动物，都必须有适应生活环境的感觉能力，这是自然选择的结果。如果它们不具备这样的能力，就不可能逃脱灭绝的命运。听了这些你是不是有些失望呢？因为所有的一切都证明了我们人类并不是这个世界上最优秀的生存者。但是也不要太失望，至少到目前为止，我们还没有发现比人类更聪明的动物。

动物也有智商吗？它们也具备思考问题和分析问题的能力吗？如果你曾经看过马戏表演，就一定会说这是真的。不过，这些动物其实并没有我们想象中的那么聪明。我们都知道，有些动物可以进行数学运算，可这是它们经过逻辑推理得出的结论吗？事实并不是这样的。它们凭借感觉器官去识别信号，而这几乎都要在它们主人的帮助下才能完成。不过我们仍然要说它们是很聪明的，因为它们可以识别很多信号，包括主人的姿势、图片的内容等。

如果你曾训练过家中的宠物，就一定深有体会。当你要它做一件事的时候，如果它完成得很漂亮，你就会马上赏给它一块蛋糕。而当你再次让它做同样的动作时，它当然会很听话地照做，因为它在等着你的蛋糕呢！不过，曾经有报道说德国的一条狗可以用算盘来进行珠算，而且经过科学家的鉴定它确实有这种能力，很不可思议吧！动物也有感情吗？答案是肯定的。它们虽然没有人类的感情那么丰富，可它们也是有喜怒哀乐的，而且通常都会用行动表现出来。比如说猴子在高兴的时候会唱歌，山羊在高兴的时候会跳舞，有些动物在悲伤的时候甚至会流泪。

共生与寄生

动物的生存方式一直都是我们很感兴趣的话题，它们是如何获取食物的？它们是如何躲避外物的侵袭的？它们又是如何适应环境变化的？在自然界中，有很多动物的独立性是很强的，对于上面的一系列问题，它们通过自己的努力就可以解决。但是，也有一些动物，它们的依赖性很强，必须要借助其他动物的力量才能解决困难。今天，我们就来介绍两种特殊的生存方式——共生和寄生。

共生就是共同生存的意思。共生的双方本着平等自愿、互惠互利的原则进行合

作，在合作的过程中，双方都可以得到益处，但是也都必须要有所付出，为对方服务。共生者之间是非常友好的，它们在为对方提供帮助的同时，也在享受着对方的服务，这样，共生的双方都可以得到真正的实惠，使它们能够更好地生存下去。这有点儿像当今很流行的一个词——"双赢"，是对双方都有利的生存方式。

在自然界中，存在着很多这样的共生者。比如说在海中的虾虎鱼和虾，它们就是很好的合作伙伴。虾负责挖洞穴，营造它们共同的家。要知道，虾是看不见的，而虾虎鱼就会指引它去寻找食物。如果遇到了危险，它们又会一起逃走。虾将触角吸附在虾虎鱼的尾巴上，这样，它们就可以一起行动了。虽然它们看起来不太般配，不过它们确实相处得很好。再比如说寄居蟹和海葵，海葵通过寄居蟹的运动来扩大取食范围，而寄居蟹也可以利用海葵的刺细胞来防御敌害。总的来说，共生的特点就是互相帮助、互相照顾。

如果说共生的生活方式对双方都是有利的，那么寄生就远没有那么公平了。有一些动物是很懒的，它们从来就不会自己去寻找食物，而是从别的动物那里窃取，这些懒惰的家伙我们就叫它们寄生者。那些被它们选中的动物则很不幸地成了宿主，它们无私地为寄生者提供营养物质和居住场所，但是它们本身却得不到任何益处。而寄生者不用付出任何代价，就可以得到自己想要的东西，它们这种不劳而获的行为是非常可耻的，我们现在把一些不能自食其力而总是依靠别人才能生活的人比喻成寄生虫，就是这个道理。

寄生的例子也很多，通常都是原生动物、线形动物等低等动物寄生在高等动物体内。不过也有高等动物寄生的情况，比如说七鳃鳗以外寄生的方式寄生在其他鱼类的体外。还有一种更为特殊的寄生，那就是鱼的雄体可以寄生在雌体的鳃盖内。总之，共生和寄生都是动物体经过长期的进化所选择的最适应自然环境的生存方式，只有通过这样的方式，它们才能安全地生存下去。

动物就餐

动物们的摄食器官可以说是千奇百怪，但可以肯定的是，它们与我们人类的器官有着很大的不同。比如说长颈鹿用它长长的舌头来卷住树叶；南美的食蚁兽用它带有黏液的舌头来舔食蚂蚁；大象用它长长的鼻子来吸水；青蛙用它的黏舌头将飞虫粘住……动物们的舌头好像特别有用，很多动物都把它当成摄食的工具，好像在这一点上我们人类又输给了动物，因为我们的舌头似乎没有那么灵敏。

回想一下你家里的小猫或小狗是怎么喝水的？没错，它们是用舌头舔的。小猫或小狗的舌头都可以卷成铲形，所以它们可以很轻松地把水卷到嘴里。

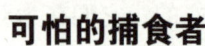

可怕的捕食者

在众生百态的动物世界，生存着很多捕食者。如果你饿了，会怎么办呢？一定是去厨房看看有什么吃的，或者是去外面的饭店用餐，又或者去超市买点儿自己喜欢的东西来吃。可你知道动物们会怎么做吗？它们会出去寻找猎物，然后再用它们来填饱肚子。如果你在树林里遇到了一只饥饿的老虎，那可就惨了，因为它此刻一定在想怎么把你变成午餐，并且会马上付诸行动。

很多动物都是以捕食其他动物为生的，我们将这些动物称为捕食者。这些捕食者是非常凶残，也是非常可怕的，因为它们的存在，那些可怜的小动物整天都处于担心和忧虑之中，随时都要做好逃跑的准备。更为可怕的是，这些捕食者还充满了智慧，它们可以使用种种手段来诱骗你走入它的陷阱，然后再给你致命的一击。幸好那些凶猛的捕食者都生活在人烟稀少的地方，否则我们真不敢想象会发生什么。

不管是在陆地上，还是在海里，都生存着危险的捕食者。如果说陆地上的老虎和狮子已经让你心惊肉跳，那么在海里的大白鲨也绝不会让你放松，它只会让你的神经绷得更紧。鲨鱼的感觉非常灵敏，它可以感受到水下距自己1.6千米远的物体的运动。更为可怕的是，它还可以感觉到猎物的心跳。虽然心跳只会产生微小的电波，但是鲨鱼却可以感受到它。所以一旦被鲨鱼跟踪，就很难逃脱了。

这些捕食者在面对自己的猎物时，都表现得异常凶残。那么在对待自己的同类，尤其是自己的家庭成员时，它们又会怎样表现呢？说一说威猛的狮子吧。我们都知道，雄狮子要比雌狮子强壮，可是你知道吗？在外面追捕猎物的狮子都是雌狮子，而这些雄狮子却只会待在家里晒太阳。当雌狮子把猎物带回来的时候，雄狮子也是一点儿风度都没有，根本就不管自己的妻子有多辛苦，也不管自己的孩子有多饿，拿起猎物就吃，什么时候它吃饱了，剩下的才会给雌狮子和小狮子吃。看，这是多么无情而又懒惰的丈夫和父亲呀！

这些可怕的捕食者真是让人类很头疼。一方面，大自然需要这些捕食者来维持生态的平衡；另一方面，它们又总是给人类制造麻烦，还有很多人都成了狮子和老虎等动物的美餐。面对这些凶残的家伙，我们应该怎么办呢？这真是一件让人尴尬的事情。

目前唯一的办法就是远离它们，给它们足够的生活空间，做到互不打扰，这样它们就不会再袭击我们了。

逃生的本领

如果你是一只小动物，面对随时都可能出现的巨大猛兽，你应该怎样摆脱它们呢？在危机重重的动物世界，你又该如何保证自己的安全呢？当然，任何动物都不会任人宰割，否则它们也不可能活到现在。既然它们能够在这样的环境中生存下来，就说明它们适应了环境，这是大自然选择的结果。也就是说，它们都有着自己的生存法宝，在关键时刻，它们都具备逃生的本领。

说起逃生的招数，动物们可是"八仙过海，各显神通"。面对随时都可能发生的危险情况，它们各有各的绝招，即使没有办法对敌人造成伤害，也会给对方制造很多麻烦，至少让对方觉得这顿午餐并没有那么容易得到。

①坚硬的盔甲

很多动物身上都有坚硬的盔甲，以此来防御敌人的袭击。比如说鼩鼱的体内有一块很硬的脊椎骨，所以即使你用力地踩在它的背上，也不会对它造成任何伤害。还有一种叫作犰狳的动物，它的盔甲更先进，不仅外表如钢铁一般坚硬，而且它的整个盔甲还被分成了三段，如果你的手指不小心进入了它的盔甲缝，那你就可能会被夹到。犰狳们经常以这种方式来教训那些攻击它们的敌人。

②锋利的武器

很多动物还具有锋利的武器装备，不仅可以逃避敌害，而且还可以用来攻击敌人。比如，刺猬的全身都长满了刺，只要它们将身体蜷缩起来，就没有什么敢靠近它们了。有些动物不知道这是什么东西，想要上前去用鼻子闻一下，结果当然是被刺猬的刺扎到了。还有豪猪，它的身上也长满了刺，如果它将刺扎在敌人的身上，就会让敌人很快丧命。

③有力的奔跑

有些动物没有办法对付敌人，但是它们是赛跑的冠军，那些贪婪的捕食者根本就不是它们的对手。只要让它们奔跑起来，你就别想追上它。所以，那些捕食者经常被累得气喘吁吁，却什么都没有得到。比如说羚羊，它们奔跑起来的速度可以达到每小时85千米，只要让它们及时发现捕食者，就可以很快甩开它们。而那些捕食者也经常在追赶的过程中发现距离越来越远，最后就放弃了追赶。

④巧妙的伪装

有些动物既没有防敌的盔甲，也没有攻击的武器，而且还不擅长逃跑，那它们是怎样躲避敌害的呢？原来，它们还有更巧妙的办法，那就是把自己伪装成和所处环境相同的样子，使自己与周围的环境浑然一体，让你根本就发现不了它们。比如说比目鱼就是伪装的高手，它可以根据环境的变化来调整自身的颜色变化，以便能更好地隐藏在环境中。比目鱼之所以能变色，是因为比目鱼的大脑控制着皮肤上色素的扩散和聚集，当外界环境发生变化时，比目鱼为了与环境相融合，就必须要改变身体的颜色搭配，这时大脑就会发出指令，使皮肤的颜色发生变化。正是因为比目鱼的这种特性，才使得它可以成功地避开捕食者的眼球。

动物们还有很多种逃生的本领，比如说在北美洲西部的长角蟾蜍，当遇到敌人袭击的时候，它就会从眼睛往外喷血，以此来吓唬敌人，使其不敢靠近；还有一种虾可以发出刺眼的电光，等敌人的视觉恢复过来时，它已经逃走了。

总之，每一种动物都有它的逃生本领，即使真的要面对面较量，它们也绝不会束手就擒。有时，动物们也会集体攻击敌人，这时它们往往可以取得胜利，所以说团结的力量是巨大的。

食物链和食物网

食物链的原理就是"大鱼吃小鱼，小鱼吃虾米"。它所反映的是生物之间吃与被吃的关系，将这些生物按照食物营养关系排列起来，这样就构成了食物链。很多食物链都是以植物为起点的，然后是食草动物、小型食肉动物，最后再到大型的食肉动物。当然，每种动物的食物都不是单一的，所以各个食物链之间就一定会有所交叉，将相互关联的食物链连接起来，就构成了食物网。

如果你觉得上面的表述让你晕头转向，那也不要急，看了下面的例子，你就会完全清楚了。用下面的几种生物组成食物链，看看你能组成几条？植物，兔子，老鼠，昆虫，蜥蜴，鸟，狐狸，鹰，蛇。

植物──→兔子──→狐狸　　　　　植物──→老鼠──→鹰

植物──→兔子──→蛇──→鹰　　　植物──→老鼠──→蛇──→鹰

植物──→昆虫──→鸟──→蛇　　　植物──→昆虫──→鸟──→鹰

植物──→昆虫──→蜥蜴──→蛇──→鹰

如果我们将这些食物链连接起来，就可以组成食物网。看，下面就是由这几条食物链所组成的食物网。

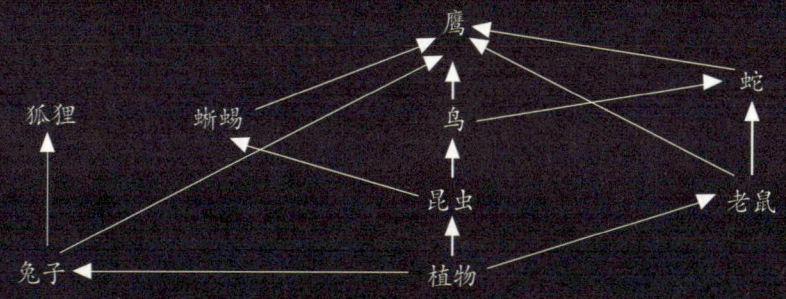

自然界中的食物关系是非常复杂的，如果你认为我们所列的食物网很复杂的话，那可真是小题大做了。实际上，这个食物网是非常简单的，因为它所涉及的生

物非常少，如果将所有的生物都加在一起，那将会组成一个多么庞大的食物网呀！

通过食物网，我们就应该明白，这些捕食者虽然很凶残，但它们的存在是具有非常重要的意义的，因为它们维持了生态的平衡。捕食者通常位于食物链的上层，如果它们消失了，就会使整个食物网都遭到破坏。比如说狐狸如果灭绝了，那么最高兴的当然是兔子，可是兔子的高兴也是暂时的。随着狐狸的消失，兔子的数量开始增加，这就会使植物越来越少，到最后，兔子也会因为没有植物可吃而挨饿。而对于鸟类、昆虫等依靠植物生存的动物来说，这也无疑将是一场巨大的灾难。

所以说，大自然的选择是很英明的，它在无形之中维持了生态的平衡，让各个物种可以不断地繁衍下去。尽管我们都觉得那些捕食小动物的猛兽很残忍，可这是维持生态平衡的需要，是不可避免的。

养育后代

你知道动物是如何养育后代的吗？动物的家庭又是如何建立的？它们的家庭关系如何？如果你是一只动物，你会选择什么样的方式去组建自己的家庭呢？当然，我们首先要找到自己的另一半，也就是找到与我们共同组建家庭的伙伴，只凭我们自己是无法建立一个家的。那么，动物们是怎样去寻找配偶的呢？

不要以为求爱是我们人类的专利，其实，动物们也是懂得求爱的，而且它们的求爱方式更特别。雄性动物会通过各种各样的手段来博得雌性动物的欢心，比如说雄孔雀会展示它美丽的羽毛来讨好对方；雄性的珠颈斑鸠会在雌鸟的周围行走，每走五步就鞠躬一次；雄猕猴会将食物送给自己心仪的雌猴；还有很多雄鸟通过嘹亮的歌声来吸引雌鸟，等等。

有些动物求爱的方式比较野蛮，它们会选择把其他的雄性动物赶走，或者是通过与对方决斗的方式来赢得配偶。

找到了配偶，动物们就可以繁殖后代了。哺乳动物是将幼子直接生下，也有一些动物是通过产蛋或孵卵的方式进行繁殖的。有些动物的幼体与成体之间的差别很大，比如说我们都很熟悉的青蛙。青蛙在小的时候叫作蝌蚪，它长得可一点儿都不像成年的青蛙。

蝌蚪没有腿，而且用鳃呼吸，所以它离不开水。接下来，它会逐渐长出腿来，鳃也被吸收了，而改用肺呼吸，最后尾巴也被吸入身体，这时它才真正长成了一只青蛙。值得一提的是，蝌蚪是很残忍的，它们还会吃掉自己的兄弟姐妹。蝌蚪有植食性和肉食性两种，当植食性的蝌蚪遇上肉食性的蝌蚪，那植食性的蝌蚪就要倒霉了。

幼子在刚出生的一段时间内，会得到父母的照顾，等到它们长大并具备独立生存的能力时，就可以出去独自寻找食物了。不过也不是所有的幼子都可以得到父母的照顾，比如说大象，它们的家庭都是雌性组成的，而雄象在成年以后也都会被赶走，与其他的雄象生活在一起。另外，还有些幼子，出生后得不到任何照顾，很多鱼类都是这样，它们在水中产卵，然后就任由它们自然生长，而很多幼子都在这个时候不幸地被其他动物或鱼类吃掉了。但这也是可以理解的，因为鱼类产卵的数量都是非常多的，比如说鳕鱼，一次就可以产卵 800 万个，要是所有鱼产下的卵都成活，那不把大海给填满才怪呢！

最慈爱的父母——企鹅

企鹅夫妻不仅是非常恩爱的夫妻，而且它们还非常疼爱自己的孩子。通常情况下，都是由雌企鹅到海里面去捕鱼。这时，雄企鹅们就会耐心地站在寒冷的南极大陆上默默地守望着自己的爱人。它们会小心地看管好企鹅蛋，把它放在自己的脚上暖着，并且一动不动地站着，直到配偶回来。因为它们知道，一旦它们将企鹅蛋摔到地上，里面的幼鸟就会死掉。在冰冷的南极，它们可以坚持 40 天不吃不睡地站在那里，只有等它们的配偶回来以后，它们才会被轮换去海洋觅食。

夜行动物

黑漆漆的夜晚，就在我们睡觉的时候，有些动物却开始出动了。也许你会觉得奇怪，这些动物为什么不在白天出行，而偏偏要选择漆黑的夜晚呢？

它们当然有自己的道理，比如说，它们可能觉得白天出去寻找食物的动物太多，它们得到的食物就会比较少。晚上就不一样了，大多数动物都进入了梦乡，这时再出来觅食，真是一个不错的选择。而且白天出行很容易碰上那些凶猛的捕食者，所以趁它们睡觉的时候再出来就可以免受它们的侵袭。

那么，夜晚出行会不会给它们带来不便呢？它们为什么可以适应夜晚的生活呢？

这些夜行的动物既然能适应夜晚的环境，就一定会有一些高强的本领，否则它们也无法生存下去。

首先，它们的眼睛一定要很亮，至少要保证它们在夜里可以看到周围的东西，就像猫头鹰那样；另外，它们还要有超凡的听力，这样即使看不到，它们也可以凭借听力来判断周围所发生的一切，就像蝙蝠那样。

猫头鹰因为长着猫的头和鹰的身体而得名。也许是因为它奇怪的长相，也许是因为它在夜晚活动的生活习惯，人们总是将它与很多诡异的事情联系在一起。当然，这只是一种迷信的看法。

但是，在漆黑的夜晚遇到一只猫头鹰确实是一件很恐怖的事。猫头鹰的视觉在白天很糟糕，因为它们的瞳孔会极度缩小；而到了晚上，它们的视觉又会比人强，所以它们比较适合在夜晚出行。另外，猫头鹰的听觉非常灵敏。在伸手不见五指的深夜，它们主要靠听觉来确定猎物的位置。

蝙蝠长得有点儿像老鼠，所以经常被猫当成老鼠给捉了回来，但它们却长着两个比它们的身体大得多的翅膀，是不是有点儿比例失调呢？蝙蝠不仅长相奇怪，行为也是很另类的，它们大部分时间都是倒挂在天棚上生活的。如果在夜晚有一只蝙蝠从你的身边飞过，并且发出一阵可怕的叫声，你是不是还能够保持现在的平静呢？蝙蝠总是那样神出鬼没，它们就像幽灵一样在夜晚的天空中飞来飞去，但是你却根本无法靠近它们。蝙蝠的视力是极差的。

事实上，它们并不需要眼睛，因为它们敏锐的听力系统就完全可以解决一切问题。

第二节　植物王国的精灵

植物王国危机四伏

　　如果你以前认为植物王国是绝对安全的，那么从今天开始，你就必须要转变这种看法了，否则你就会非常危险。也许你觉得植物不会像动物那样主动攻击你，但是植物给我们造成的麻烦却一点儿都不比动物少。如果你还是不太相信，那就让我们共同来回忆一下：你是不是也曾经被家中的仙人掌扎破手指呢？在茂密的树林中行走，你是不是也曾经被那些长满小刺的树藤绊倒或割伤呢？

　　如果你觉得上面的事情都不算什么，那么植物还有更狠毒的手段，那就是毒素。很多植物都是有毒的，也许正当你惊叹于它美丽的外表并伸出手去爱抚它的时候，它就已经在向你放毒了。而此时的你却是毫无戒备的，自己中了毒还觉得莫名其妙。所以，对于陌生的植物，我们最好离它远点儿，不要被它美丽的外表所迷惑。如果你去品尝它，那就会更加危险，严重者甚至可能会危及性命。

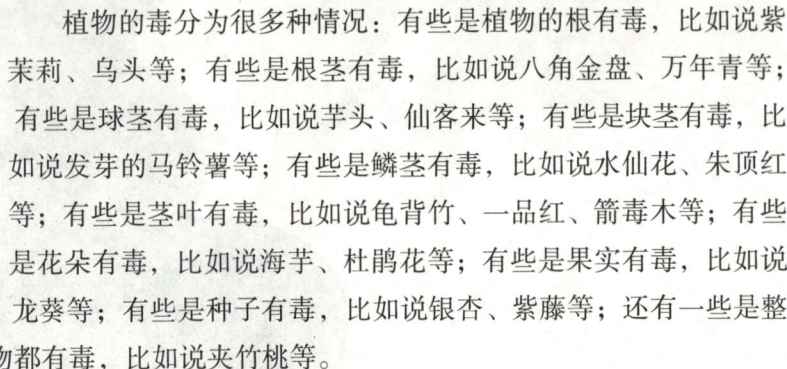

植物的毒分为很多种情况：有些是植物的根有毒，比如说紫茉莉、乌头等；有些是根茎有毒，比如说八角金盘、万年青等；有些是球茎有毒，比如说芋头、仙客来等；有些是块茎有毒，比如说发芽的马铃薯等；有些是鳞茎有毒，比如说水仙花、朱顶红等；有些是茎叶有毒，比如说龟背竹、一品红、箭毒木等；有些是花朵有毒，比如说海芋、杜鹃花等；有些是果实有毒，比如说刺茄、龙葵等；有些是种子有毒，比如说银杏、紫藤等；还有一些是整个植物都有毒，比如说夹竹桃等。

我们在与植物接触的过程中，一定要多加注意，应该首先了解它的性状和特征，以免受到伤害。

植物另外一个可怕的地方，那就是它为很多动物提供了藏身的场所。想一想在茂密的树林或灌木丛中，会隐藏多少可怕的昆虫和野兽呢？也许这些植物对你都是没有危害的，但是在这些植物里面，谁都不知道埋伏着什么，因为它们完全挡住了我们的视线，这让我们无法察觉身边的危机。

所以，在植物生长茂密，尤其是已经到达一定高度的地方，你千万不要贸然前去，以免发生危险。

绿色植物

绿色，是大自然最好的象征，也是和平的使者。所以很多人都非常偏爱绿色，也许是因为他们很向往大自然，也许是因为他们更崇尚宁静、和平的生活。如果你也爱绿色，那你最应该感谢的就是这些绿色的植物，是它们给大地披上了一层绿色的外衣，让我们的世界看起来生机勃勃。

如果你是站在外太空来看我们的地球家园，那么你就会看到一片非常显眼的绿色，而呈现出这片迷人绿色的生物就是那些绿色的植物。你也许会觉得奇怪，为什么我们看不到动物，也看不到人类，但是却能看到植物呢？其实这一点儿都不奇怪，因为植物才是地球上的主要生物，它们广泛地分布在地球上，是地球环境忠实的捍卫者和守护者。

虽然植物的样子各不相同，但是它们却几乎都是绿色的，这与动物有很大的差别。为什么植物都是绿色的呢？这主要是因为在植物的叶子里面含有叶绿体，叶绿体中又含有叶绿素，它是一种绿色的元素。由于在植物的叶子里面含有大量的叶绿素，所以植物的外表才会呈现出绿色。当然，叶绿体中也含有其他的色素，比如说叶黄素等，但是含量都比较少，所以常常会被绿色所覆盖，使叶片呈现出绿色。

为什么地球上有这么多的绿色植物呢？其实，绿色植物是非常重要的，因为它们对于维持生态的平衡起了很关键的作用。

我们都知道，绿色植物是食物链的起点，它们是能量的生产者和制造者，也是整个食物链的营养供给者，其他的食物链成员所消耗的都是由植物提供的营养。如果食物链中少了植物，那么整个食物链的营养源就消失了，生态不再平衡，所有的物种都将面临灭绝的危险。所以我们可以想象一下，没有绿色植物的世界将多么可怕。

另外，绿色植物还是氧气的制造者，而氧气又是我们人类和其他动物生存所必需的。没有了氧气，我们就无法生存。自地球诞生以来，空气的成分之所以能变成适宜生物生存的状态，那都是绿色植物的功劳。也就是说，如果没有绿色植物，空气就会停留在以前的状态，而那种没有氧气的生存环境我们一刻也忍受不了。现在，你该知道绿色植物对我们人类、对整个地球有多重要了吧！我们应该从身边做起，保护绿色植物。

植物的"老三样"

你们知道植物怎么生存吗？它们靠什么维持生命呢？在我们的印象中，植物似乎永远都是那样默默无闻地奉献着。它们拼命地生长，顽强地生存，到头来却难免变成人或动物的一顿美餐。很多动物包括人类都是以植物为食的，而处于食物链起点的植物，它们又以什么为食呢？

如果你觉得植物的食物是不值一提的，那你就大错特错了。事实上，植物的食物可一点儿都不逊色，地球上的所有生物都离不开它们。不过植物的食物是非常单调的，它永远都只吃那三样东西——阳光、水和空气，除此之外，它们对什么都不感兴趣，所以我们也把这三样东西叫作植物的"老三样"。也许这样单调的食物只有植物可以忍受，如果让你每天都吃同样的东西，你觉得自己可以坚持多少天呢？也许第二天你就受不了了，但植物却可以坚持一生。

这样奇怪的食物，植物要怎么吃呢？原来，植物通过叶片上的气孔吸收空气中的二氧化碳，再通过根部吸收土壤中的水分，然后再利用太阳光，将二氧化碳中的碳和水中的氢提取出来，制造出糖储存在体内。这个过程就是植物的光合作用。在光合作用的过程中，植物吸收了二氧化碳，并释放出了氧气，因此对于环境的净化

是非常有利的，这也是在绿色植物较多的场所，空气质量比较好的原因。

植物的光合作用是非常重要的，没有光合作用释放出来的氧气，我们就无法生存。据估计，全世界生物的呼吸和燃料的燃烧所消耗的氧气量每秒钟平均为 1 万吨，以这样的速度来计算，大气中全部的氧气在 3000 年左右就会用完。那 3000 年以后呢？如果在 3000 年以后，没有足够的绿色植物制造出足够的氧气，那么人类就会面临窒息而死的危险。也许你觉得 3000 年对你来说很遥远，但在生物漫长的进化历程中，3000 年不过是个小数字，很快就会过去的，到时候，如果真的没有足够的氧气，那所有的生物都将会面临一场巨大的灾难，后果真是不堪设想。

根的秘密

我们都知道，植物分为根、茎、叶等几个部分，而这其中最神秘的就是根。为什么这么说呢？因为其他的部分我们可以看到，而根却总是深埋在土里，从来都不肯露面让我们见识一下。另外，根又是非常重要的，它可以说是植物的命脉，没有根的植物是没有办法生存的。你可以掐去植物的一片叶子，过两天它又会再长出来；可是如果你掐去植物的根，那就要了它的命了。

俗话说得好："水有源，树有根。"根深才能叶茂，只有发达的根部，才能为植物提供充足的营养，植物才能够更苗壮地成长。根可以分为主根和侧根：垂直于地面向下生长的是主根，从主根内部生出的支根就是侧根。主根和侧根差别很明显的根系，我们就称它为直根系。有些植物的根，主根和侧根没有明显的区别，这样的根系，我们就称它须根系。

植物的根究竟在地下搞什么秘密活动呢？你可千万不要以为它躲在地下偷懒，下去看看就知道了，它可是一刻也没有闲着，这都是为了上面的植株能够更好地生长。首先，它必须牢牢地抓住土壤，这样才能使植株固定住，不会轻易倒下。当然，如果遇上了猛烈的台风，它也是无能为力的；其次，它要从土壤中吸收水分、无机盐等物质，并向上传输

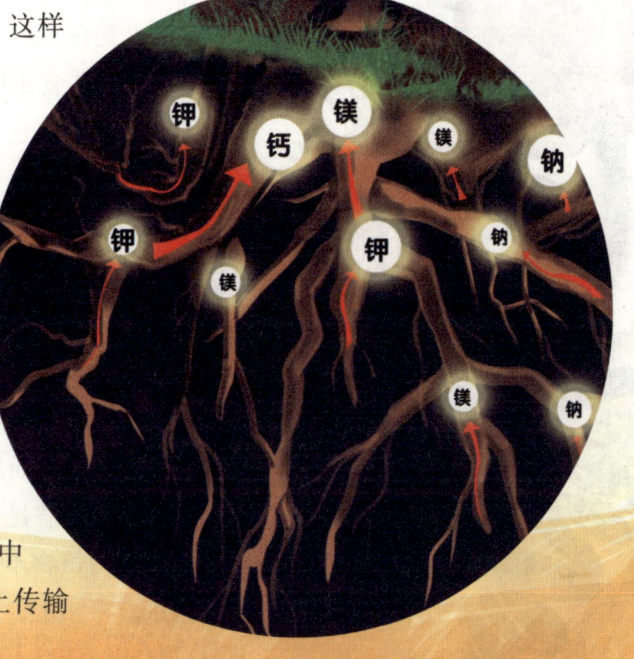

给茎和叶；另外，它还具有储藏和繁殖的功能。所以说，虽然我们看不见根，但通过植物的生长，我们就可以看到根的努力工作。

如果你觉得露在陆地上的植株是植物的主体部分，那你就错了。事实上，植物的根系通常都要比陆地上的植株部分多得多。拿小麦来说，我们所看到的小麦只是一根麦秆，可是你知道吗？在地下，它的根部却拥有7万多条根须，总长度可以达到5000多米！植物的年龄越大，它的根系就越发达。由此我们可以想象，一棵生长多年的老树，它的根部将会延展到什么范围。

食虫植物

昆虫会吃掉植物，这一点儿都不奇怪，因为这本来就是合乎常理的事情，在食物链中，它们的关系也是这样的。可是如果反过来，植物将昆虫吃掉，你是不是觉得难以置信呢？事实上，在自然界中，任何事情都是有可能发生的，包括这种可以吃掉昆虫的植物也是确实存在的。现在你应该相信植物并没有那么温顺了吧！

这些食虫的植物究竟有什么特殊的本领，竟可以吃掉比它们还高等的昆虫呢？其实从表面上看，你并不会觉得这些植物跟其他的植物有什么分别，但是如果你仔细观察，就会发现这其中的奥妙了。原来，这些食虫植物都具有捕捉昆虫的捕虫器，而所谓的捕虫器指的就是植物叶子的变态形式，每种食虫植物的捕虫器都是不同的。捕虫器不仅可以捕捉昆虫，而且还可以分泌一种黏度很大的液体，将昆虫粘住，这样它们就逃不掉了。

食虫植物虽然比一般的植物本领高强，但是它们也没有那么大的本事去捕捉飞行的昆虫。事实上，它们都是通过各自的手段让昆虫在它们的叶茎上停留，然后再掉进它们的陷阱。对于飞行中的昆虫，它们也是毫无办法的。

食虫植物没有消化器官，但是捕虫器内的腺体可以分泌出消化液，它含有分解蛋白质的蛋白酶，可以将昆虫消化解体。虽然它们消化昆虫的速度比较慢，但它们还是具备将昆虫完全消化掉的能力的。

食虫植物的捕虫器可以说是五花八门的，但其功用却都是一样的。比如说毛毡苔长满了黏黏的触须，上面有数千个胶质球，而且毛毡苔的明黄色可以用来吸引昆虫，使它们被黏球粘住；猪笼草的叶子在延长的卷须上部扩大成一个瓶状体，上面还有半开的盖子，在瓶口附近及盖上生有蜜腺，用来引诱昆虫，使它们跌入瓶体；茅膏草的捕虫叶则为匙形或球形，表面长有突出的腺毛，腺毛的顶端能够分泌黏液，当小虫触动叶片上的腺毛时，其他腺毛就会同时卷曲，将猎物团团围住。总之，所有的食虫植物都具备出色的引诱、捕捉以及消化昆虫的本领。

捕蝇草是反应最为迅速的食虫植物，它的叶子分为左右两半，可以像贝壳一样开合。通常情况下，它的叶子是展开的，当有昆虫爬到叶子上面的时候，叶子的两半就会在半秒钟左右迅速闭合，叶子边缘的刺毛互相交错，紧紧地将猎物包裹起来。如果捕到的是一只苍蝇，捕蝇草将会用大约两星期的时间将它消化掉。顺便说一下，达尔文可是非常喜欢捕蝇草的，他称捕蝇草为世界上"最美妙的植物"。其实，食虫的植物也能够自己制造养料。它们全都拥有根、茎、叶，而且都可以进行光合作用，所以它们完全具备自己制造养料的条件。也就是说，即使不吃昆虫，它们也死不了。

它们之所以要吃昆虫，是因为食虫植物一般都生长在土壤贫瘠的土地里，植物们没有办法从土壤中获得充足的矿物质和营养成分，所以它们才会选择通过捕食昆虫来获取必需的营养。这也是食虫的植物生命力比较顽强、可以生长在条件恶劣的环境中的主要原因。

除了昆虫，食虫的植物还可以吃蛙类、小蜥蜴、小鸟等小动物。所以确切地说，我们应该叫它们食肉植物。

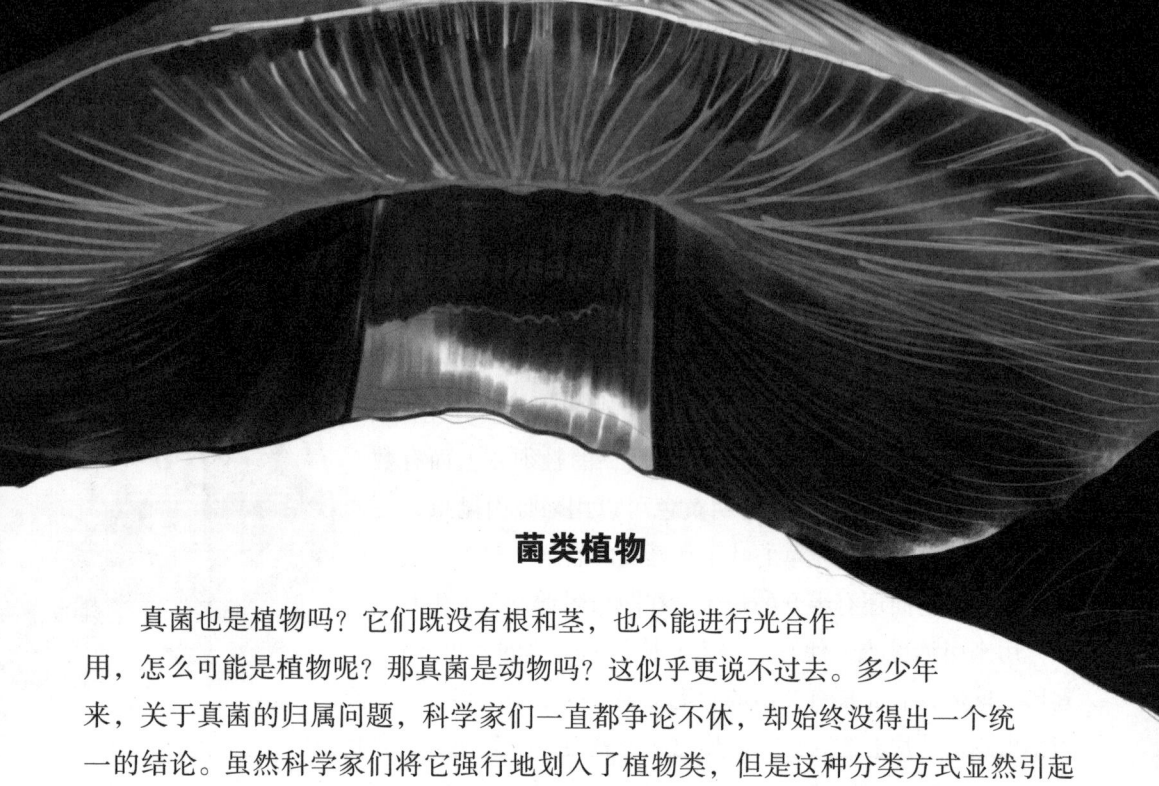

菌类植物

真菌也是植物吗？它们既没有根和茎，也不能进行光合作用，怎么可能是植物呢？那真菌是动物吗？这似乎更说不过去。多少年来，关于真菌的归属问题，科学家们一直都争论不休，却始终没得出一个统一的结论。虽然科学家们将它强行地划入了植物类，但是这种分类方式显然引起了很多人的不满。也许，真菌既不是植物，也不是动物，而是与动植物并列的一个新的分类。

真菌的大小差别是很大的，它们可以非常大，也可以非常小。小的真菌可以在我们的脚趾缝里面生存，你应该知道这里所指的是脚气。稍大的真菌就是我们通常所吃的各种蘑菇，它们都属于大型的真菌。但它们绝对不是最大的，你一定想象不到最大的真菌有多大。事实上，地球上最大的生物就是真菌。1992年，科学家在美国的华盛顿州发现了一枚蜜真菌，它的面积有6平方千米，足有556个足球场那么大，你还能找出比它更大的生物吗？据推测，这枚真菌的年龄已经超过了700岁。

真菌不能自己制造营养物质，那么它们又是如何生存的呢？它们又是怎么获得食物的呢？其实，对于食物，真菌一点儿都不挑剔，可以说是来者不拒，有什么吃什么。它们的进食方式也很简单，就是将它们的菌丝插入到食物中，然后再分泌出一种可以溶解食物的酸，接下来就可以尽情地吸取食物的汁液，好好地美餐一顿了。有些"凶残"的真菌还可以捕食动物，想象不到吧？有一种在地下生长的真菌能够制造出小环，并分泌化学物质来引诱在土壤中生存的鳗形虫，使它们钻进小环，并将它们俘获。

为什么在自然界有这么多的真菌？它们是靠什么进行扩散的呢？原来，真菌可以制造一种叫作孢子的物质，并通过孢子来扩散。每一枚真菌都能够制造出大量的孢子，这些孢子在一定的条件下就可以成长成真菌。孢子几乎是无处不在的，在每0.76立方米的空气中，就至少会有1万个孢子。而且它们的生命力极强，无论是严寒还是酷暑，都奈何不了它们。但是，并不是所有的孢子都能够成长为真菌，因为大多数孢子是不生长的，它们可能被别的微生物吃掉，也可能逃离到地球外面去。

真菌可以引起人类和动植物的多种疾病，这是最让我们深恶痛绝的地方。不过，真菌也有它独特的价值。比如说有些真菌是我们重要的食物组成部分，对于促进我们的健康起着积极的作用；也有些真菌可以用来杀灭细菌，比如说我们现在广泛使用的青霉素；另外，真菌对植物的帮助也很大，大部分植物的根部都附有真菌，它们可以吸收土壤中的水分和矿物质，供植物使用，而且真菌还可以分泌出生长素，促进植物生长。

在自然界中，真菌和微生物以及细菌都是食物链中的分解者，是非常重要的。我们都知道，植物很喜欢腐烂的尸体，因为它们可以从中吸收到更多的矿物质。但是你们知道吗？如果没有这些分解者对尸体的分解，植物是无法获得这些养分的。真菌将死亡的生物分解为各种无机盐，进入土地后再重新被植物所利用。

所以，我们应该知道，食物链的能量是往复循环的，而总能量是保持不变的。如果缺少了分解者，能量就无法再循环下去，这会使能量逐渐减少，生态也就失去了平衡，后果将是非常严重的。

植物的生存竞争

植物王国并不像我们所想的那样安静，对于这一点，你们应该没有什么可怀疑的了。虽然有些植物听起来很可怕，但是相对于动物来说，植物还是要安静得多，毕竟它们是不会走也不会跑的。在更为庞大的植物王国，植物们面临的危险其实要比动物更多。它们随时会沦为动物的美餐，也很有可能被人类践踏，甚至还可能被其他的植物杀死。在如此艰难的生存环境中，植物们是如何生存，并一代代繁衍下去的呢？

动物们为了生存，利用各种手段来对付敌人，植物也不例外，它们也都有着自己的防身术。身上长刺是一种非常有效的防身办法，比如说露兜树的剑形叶子上的倒刺就可以给来犯者一个很好的教训，它甚至可以将所有靠近的动物像肉串一样串起来；有些植物还会发出信号来求救，比如说玫瑰在受到毛虫侵袭的时候，就会排出一种气体来向黄蜂求救，黄蜂看到信号后就会将毛虫抓走，然后好好地美餐一顿。

另外，我们前面所提过的毒也是植物防身的一个好办法。很多植物都可以排出毒液，这使得一些动物不敢靠近它们。但是植物们所放出的毒一般都是为了驱赶昆虫的，所以一般不会对人造成伤害。比如说我们都很喜欢的薄荷，进入嘴中会有一种清清凉凉的感觉，很舒服。可是你知道吗？这种让你感觉清凉的物质其实就是植物叶子中的一种有毒物质，但是它并不会对人类造成伤害。

你相信动物和植物之间可以和平共处，并且互相帮助吗？这听起来好像有些不可思议，不过这确实是真的。南美的蚁树和蚂蚁就是这样的一对好伙伴。蚁树并不介意蚂蚁在它的树干里安家，因为蚂蚁的粪便可以为它提供养分，而且在受到昆虫袭击的时候，蚂蚁会杀死所有接近树干的虫子。所以，它们双方都非常乐意为对方服务，而绝不会伤害对方。

在众生百态的动物世界，动物之间互相残杀是非常正常的，因为很多动物都是靠捕食维持生存的。那么在植物王国，会不会也出现这样的情况呢？应该不会吧，因为没有哪一种植物是需要靠捕食其他植物来维持生存的，更何况它们也不具备捕食的本领。但是，在植物界残害其他植物的"恶棍"却也是屡见不鲜的，它们可以用各种"卑鄙"的手段将其他的植物杀死。比如说无花果树可以用自己的树枝缠绕到其他树的树干上，然后将其勒死。树之所以被勒死，是因为它无法呼吸了。无花果树紧紧地缠绕着它，而且越缠越紧，这会让它逐渐窒息。另外，无花果树的根也会慢慢伸到地下，并开始截取它的水源。最后，这棵可怜的树既不能呼吸，也缺少光照，而且还严重缺水，当然就难逃死亡的厄运了。还有菟丝子，它可以用它带刺的卷须缠住其他植物，然后从多处刺入植物体内，再吸干其内部的营养物质，真是一个吸血鬼。

为什么菟丝子卷须上的刺可以吸收植物的营养成分呢？确切说来，我们应该叫这些刺为寄生根，是这些寄生根进入了其他植物的茎、叶组织里，并吸取养分的。

花朵里的骗局

很多人都喜欢春天，因为春天是万物复苏、百花盛开的季节。也有很多人喜欢鲜花，尤其是那些爱美的女孩子。总之，人们对花的印象都是很美好的，它们不仅用自己的美丽装点了整个大自然，也给人类带来了好心情。不过人类对花的喜爱似乎只是单方面的，因为从另一个角度讲，花并不喜欢我们，各种各样的鲜花争奇斗艳、竞相开放，也绝不是为了取悦我们人类。

自然界生存着各种各样的植物，很多植物都能够开出美丽的花朵。每一种植物的花朵都具有自己的特色，我们说不出来哪一种更美，因为它们各有各的美，全都充满了诱惑。如果你觉得这些努力开放的花朵是为了吸引我们人类的眼球，那你就错了。事实上，植物们争相展示自己美丽的花朵，完全是为了吸引那些可以为它们传授花粉的小动物，以便于繁殖它们的后代。

植物的授粉是怎么回事呢？花朵所产生的花粉，要通过这些小动物传递给其他同类植物的花朵，这个过程就叫作授粉。授粉是非常重要的，没有这个过程，植物的果实就无法形成。当花粉落到植物花朵的柱头上时，花朵就可以分辨出这种花粉是不是属于自己的同类。事实上，花粉只有在授给同种植物以后，才会长成种子。花粉从花朵的柱头，沿着花柱，下滑到花朵的子房里，种子就是在这里形成的。当然，这些小动物有时也会弄错，它们经常把花粉带到其他种类的花朵上，不过不用担心，别忘了花朵可是具有辨别能力的。

很多植物的花朵是很过分的，它们经常捉弄那些前来为它们授粉的小动物。比如说臭名昭著的死马海芋，它看起来就像是一堆腐烂的肉，把你熏倒也是很有可能的。不过这种味道却是苍蝇的最爱，它们以为可以在这里产卵，于是就爬了进去，可是它们却发现自己出不去了，因为它们的出路被上方的尖刺挡住了。直到晚上，雄蕊开始散落花粉，尖刺也开始收缩，苍蝇只有在清晨的时候才能离开。而在它们离开的时候，身上早已沾满了花粉，在它们进入其他植物的花朵时，就会将花粉传递出去了。

那些小动物为什么要给花粉授粉呢？它们首先是受到了这些花朵的诱惑；另外，很多花朵都会为它的授粉者提供可口的食物，并不是每种植物

到处乱飞的花粉

在夏季，各种植物的花朵都会产生花粉，这些花粉不仅停留在花朵上，而且还会弥漫到空气中，并且随着风到处乱跑。事实上，像柳树和草等植物，就是通过风来传递花粉的。可是，这些飞行的花粉却给我们带来了不少麻烦。有些人在夏天的时候会不断地流眼泪、流鼻涕、打喷嚏，整个夏天都像是患了重感冒，可是吃了感冒药却一点儿都不见效。其实，那不是患了感冒，而是花粉过敏，得了花粉热。花粉热给患者带来了很大的痛苦，这都是那些植物惹的祸。

都像死马海芋那样过分的。就在动物们与花朵接触的过程中，花粉就已经沾到它们身上了。当它们再飞向其他的植物时，这些花粉就被传递过去了。

腐烂的果实

果实应该是我们非常喜欢的东西了，因为在很多人的印象中，果实就是甜美可口的水果。不管你是不是了解它的由来，但却一定吃过。不过你可能忽略了一个事实，那就是果实并不一定都是水果，水果也未必都是甜的，有些水果甚至是难以下咽的。想了解真相吗？那就让我们先来认识一下植物的果实吧！什么是果实？这个问题似乎很可笑，有谁会不知道果实是什么呢？我们不是每天都在吃吗？可实际上，很多人都分不清什么是真正的果实。植物的花朵经过授粉以后，种子就会在子房中发育，在种子发育的过程中，子房也会随之膨胀。也就是说，植物的果实是由子房发育而来的。要分辨我们所吃的食物是不是植物的果实，只要看它是不是由子房发育而来的就可以了。

我们经常食用的青椒、黄瓜、西红柿等蔬菜，它们都是植物的果实。而我们一直都以为是果实的菠萝、草莓等水果，实际上却并不是植物的果实，因为它们都不是由单个的子房发育而来的。菠萝是由许多花朵的若干部分发育而来的，所以它并不能算是植物的果实；而草莓也是由花的几部分发育而成的，确切来说，草莓上面所长的小颗粒才是它的果实。另外，我们还应该清楚，所有的坚果都是果实。

植物为什么要结果呢？事实上，这些植物结果的最终目的是繁殖后代。既然果实是由子房发育而来的，那么种子就应该在果实之中，而果实的作用就是在种子的发育过程中保护尚未成熟的种子，并在种子发育完全后协助种子传播。鲜美可口的果实会吸引很多动物前来觅食，这样植物们就可以借助动物将种子传播出去。现在，你知道植物有多聪明了吧！在非洲，有一种叫作沙沙巴的水果，非常娇贵，你根本没有办法去摘它。如果你去摘它，就会撕破它的果皮，第二年也不会再结果；如果你将嫩枝一同折下，又会让树浆滴流不止，真是让人头疼。南美洲的腰果树，它所结的果实有一层硬壳，而里面的果实却像鸡腰子，真是有趣。还有一种叫作佛手柑的植物，它的果实更奇特，果皮竟然裂成了手指的形状。将这些奇异的果实放在你的面前，你有胆量去品尝它们吗？

如果尚未发育完全的种子被动物吃掉了，那它们就没有办法再出来了。不过植物们可没有那么笨，它们才不会让动物吃掉还没有成熟的果实呢！事实上，没有成熟的果实非常难吃，动物们也不喜欢，而且有些未成熟的果实还有毒，动物们吃了以后就会悲惨地死去。所以，大多数动物是不会去动那些尚未成熟的果实的。

第三节　虫子家族的故事

丑陋的虫子

正如很多人认为的那样，虫子都是非常丑陋的。除了那些昆虫学家，没有人喜欢与这些丑陋的虫子打交道。不过也有一些淘气的小朋友，不仅不讨厌这些虫子，还四处寻找它们。他们可能觉得这些千奇百怪的虫子很有趣，可是你们一定要小心，有些虫子不仅样子丑陋，而且还会伤害我们，对于那些不太熟悉的虫子，我们最好离它们远点儿。虫子的家族是十分庞大的，我们所见过的虫子只不过是非常微小的一部分。

其实，不只是我们，就算是真正的昆虫学家，他们所见过的虫子也是有限的。有些虫子我们虽然叫不出名字，但它们确实是存在的，而且这样的虫子应该还有很多。要知道，昆虫所属的节肢动物是动物界物种最多的一类，约占全部物种的85%。所以很多人都很同情那些整天与昆虫打交道的科学家们，他们不仅要忍受这些昆虫的丑陋外表，而且还要对这么多的昆虫分门别类，再去研究它们。这样多的昆虫，他们要研究到何年何月呢？

很多人都把虫子和昆虫混为一谈，但实际上，它们是不能等同的。虫子的概念要比昆虫更大，所有的昆虫我们都可以叫它虫子，但是有些虫子却不是昆虫。昆虫的结构分为三部分，头部、胸部和腹部。头部长有一对触角，胸部长有三对足，具备这样的特点，我们就可以称之为昆虫。目前，自然界已知的昆虫有将近100万种。如果它的脚多于三对，或者根本就没有脚，那么它就不再属于昆虫了，但是我们还可以叫它虫子，比如说我们所熟悉的蜗牛、蜈蚣等都是这样的虫子。

现在，让我们共同来数一数生活在我们身边的虫子。蜘蛛、蟑螂、螳螂、苍蝇、蚊子、蚂蚁、蜻蜓、蝴蝶、蟋蟀、蚯蚓、七星瓢虫……这些奇形怪状的虫子共同组成了虫子家族。

蜗牛和蛞蝓

蜗牛和蛞蝓长得很像，而且还有很多共同的特征。比如说它们都有黏糊糊的身体，都有两个触角，眼睛都长在触角的末端，爬行都十分缓慢，等等。但是它们也有明显的不同，那就是蜗牛的背上有壳，而蛞蝓没有。它们都不太讨人喜欢，如果你家的花园种有莴笋，那你一定会对它们深恶痛绝，因为它们总是趁你不注意的时候，将莴笋偷吃掉。

你一定不知道，蜗牛是世界上牙齿最多的动物。你相信吗？在蜗牛跟针尖一样小的嘴巴里，竟然有25600颗牙齿。蜗牛的舌头也很特别，科学家们叫它齿舌，它的表面特别粗糙，因为上面布满了牙齿。蜗牛就是用齿舌来磨碎食物的。蜗牛是个十足的慢性子，它爬行的速度真是非常慢，所以当有敌害侵袭的时候，它是绝对不会选择逃跑的，那它会怎么做呢？它会将头和足都缩进壳里，并分泌出黏液将壳口封住。蜗牛喜欢潮湿的环境，它害怕太阳，所以它从来都是夜晚行动，属于夜行动物。当天气太冷或太热的时候，它就会休眠。

蜗牛的种类繁多，特征自然也各不相同。世界上最大的非洲巨蜗牛长达30厘米，而一些在北方野生的蜗牛体长则不到1厘米。有一种叫作大蒜草的蜗牛，可以散发出强烈的大蒜味，这足以使前来觅食的鸟窒息。有一种叫作狗海螺的海蜗牛十分残忍，它们的幼体在孵化出来以后，就捕食自己的兄弟姐妹。还有一些蜗牛，它们是食肉的，所以它们也会捕食其他的蜗牛来吃。

找到蛞蝓的方法很简单，因为在它们走过的地方，总会留下银色的痕迹。这些痕迹是哪儿来的呢？其实，这就是蛞蝓通过足部分泌出的黏液，蛞蝓就是通过这些黏液向前移动的。也有人把蛞蝓称为鼻涕虫，可能就是因为它全身都黏糊糊的吧！蛞蝓的食量是非常大的，而且它们一般都以庄稼为食，所以农民们都非常憎恨它。有人说如果蛞蝓不吃马铃薯，那么积攒下来的粮食就足够让400000人吃上一

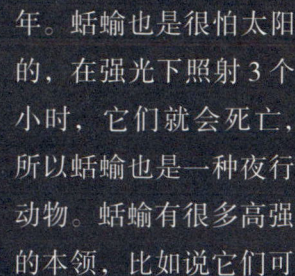

年。蛞蝓也是很怕太阳的，在强光下照射 3 个小时，它们就会死亡，所以蛞蝓也是一种夜行动物。蛞蝓有很多高强的本领，比如说它们可以在光滑的玻璃上行走，还可以从很高的地方安全降落，这些你能做到吗？如果不借助外力，我们肯定是做不到的，那么蛞蝓是怎么做到的呢？这都要归功于其所分泌出的黏液，蛞蝓依靠黏液黏附在玻璃上，并通过波形运动使其足部向前移动，所以它们才不会掉下来。这一点我们是学不来的。另外，蛞蝓还可以准确地判断风向，所以它们总是能逃离风大的地方，这样就保证了它们的身体不会过快地变干。

蛞蝓也会以同类为食。在蛞蝓中，有一种在身体的最顶端带着小壳的盾壳蛞蝓，它们的本性非常凶残，经常捕食其他蛞蝓。

水下怪物

我们所见到的虫子，大部分都生活在陆地上，但是也有一些虫子，它们喜欢在水下生活。这些藏在水下的虫子同样非常丑陋，所以你千万不要以为到池塘边去散步就可以远离那些讨厌的虫子。不过，如果你选择在秋季或冬季来到这里，那绝对是一个不错的选择。因为在秋天的时候，池塘里会堆满落叶，这些落叶将用掉所有的氧气，使得这些虫子根本就无法生存。而在冬天，池塘结了冰，虫子们也就被掩藏在了水底的淤泥中。

这些虫子既然已经适应了在水中的生活，那么它们就一定有自己独特的生存方式。比如说水蝎，它是倒立着悬挂在水面下的，这样它的两个爪子就空闲下来，方便它捕捉路过的虫子。那它是怎么呼吸的呢？原来，它体内有一根管子伸出水面，就可以自由呼吸了。再比如说水蚤，它是以微小的植物为食的，常常被列为其他虫子的捕食对象，但是它的弹跳力很好，可以跳跃着逃跑，所以其他的虫子要捕捉到它可没那么容易。

还有一种在水中生存的虫子，它的本事更大，竟然可以在水上行走。这种虫子叫作水步量虫，之所以有这样的本事，完全是因为它轻盈的身体和宽阔的腿部，这种独特的身体结构不会破坏水的张力，所以它可以很轻松地在水上行走，就如同我们在陆地上行走一般。你可千万别去效仿它，我们人类可没有那样的本事。

在水中，最可怕的虫子恐怕就要属水蛭了。要知道，水蛭是会吸血的，这可是一个非常要命的恶习。它们不仅吸食水中的各种小生物的血液，而且还会吸食人畜的血液，让人胆战心惊。你知道吗？水蛭也可以用来预报天气。早在维多利亚女王时代，就有人发明了水蛭气压计。它的制作方法很简单，只要将一条水蛭放在装有池塘水的瓶子里，然后再将瓶口用布封好扎紧就可以了。观察水蛭的行为，我们就可以看出天气的变化。如果它躺在瓶底，就说明是好天气；如果它爬到瓶口，就说明快要下雨了；如果它在瓶里躁动不安，就说明一场暴风雨即将来临。

甲虫

甲虫占据着昆虫家族极其重要的位置，它不仅是昆虫家族中最大的一个类群，而且也是动物界里最大的一类群体，大约有 30 万种。还记得我们在前面说过的那个小实验吗？仅仅在热带雨林的一棵树上，就有 160 种甲虫是我们没见过的，可见甲虫的种类是非常多的。更为可怕的是，这个类群还在不断地扩大，科学家们总是能发现新的甲虫。看来，要成为一名甲虫学家，还真是不容易！

所有甲虫的长相都是差不多的，它们除了具有昆虫的基本特征以外，还多了一层甲壳，这是用来保护身体的。甲虫的种类和数量都非常多，分布也非常广泛，在除了海洋以外的其他地方，你都可以看到它们的身影。与很多昆虫不同的是，甲虫的翅膀发生了很大的变化。甲虫的翅膀分为前翅和后翅，前翅已经变成了坚硬的翅鞘，失去了飞行的功能，它们存在的目的只是为了保护后翅和身体。当甲虫们决定飞行的时候，会首先举起翅鞘，然后再张开后翅飞行。也有一些甲虫的翅鞘与身体连在了一起，后翅也退化了，所以这些甲虫就失去了飞行的能力，只能在地上爬行了。

在众多的甲虫之中，最常见的应该就是瓢虫了。尤其当夏季来临的时候，如果你穿的衣服颜色很鲜艳，这些甲虫就会不请自来，到你的身上做客。有时，这些甲虫很讨厌，它们会在你的衣服上留下一些液体，将你的衣服弄脏。如果你用手去碰它们，它们很可能会翻过身去装死。你可千万不要太大意，一旦你把它们惹急了，它们可是会咬人的。每种瓢虫的背上都带有小点儿，如果是七个，那你一定不要伤害它们，因为它们是我们人类的朋友——七星瓢虫。除了七星瓢虫以外，其他的瓢虫都是害虫，它们会破坏我们的庄稼。

很多甲虫是以它们的食物来命名的，这一点很有趣。比如说饼干甲虫就是以饼干为食的，不过别担心，它不会去偷吃你的巧克力饼干，它只会吃你不再吃的粗粮饼干；烟草甲虫是以香烟为食的，更让人称奇的是，这些烟草似乎并不会影响它们的健康，这一点可是我们人类羡慕不来的；药店甲虫是以药物为食的，它们生活在药店的药橱里面，更不可思议的是，它们竟然可以吃下毒药而安然无恙；咸肉甲虫是以咸肉为食的；博物馆甲虫是以博物馆里面的标本为食的，它们甚至会吃掉那些虫子的标本。

漂亮的虫子

虽然在我们的印象中，大多数的虫子都是非常丑陋的，但是在自然界中，也存在着一些漂亮的虫子，比如说蝴蝶。蝴蝶最引人注目的就是它那鲜艳的翅膀，五颜六色的蝴蝶把大自然装点得更加绚丽多姿。也许成年的蝴蝶让你非常喜欢，但是在它长成蝴蝶以前，却是一条非常丑陋的毛毛虫，你是不是很难把它们联系到一起呢？可事实就是这样，蝴蝶确实是由毛毛虫变化而来的。

刚从卵里孵化出来的毛毛虫是以树叶为食的，当然它们也很喜欢我们的蔬菜，这是毛毛虫最让人讨厌的地方。虽然它们长大以后很漂亮，不过就是因为它们总是霸占我们的菜园，所以人们经常在它没有长成之前就将其除去了。过了一段时间以后，毛毛虫会变成蝶蛹。大约再经过三周的时间，它们就可以破茧成蝶了。毛毛虫经常借助蚂蚁的巢穴转化成蝶蛹，等到它们长成蝴蝶的时候，再从蚂蚁洞中爬出来。

蚂蚁为什么会让毛毛虫到它们的巢穴中居住呢？这是因为毛毛虫可以分泌出一种像蜂蜜一样的物质，它们以此来讨好蚂蚁。这样，蚂蚁就会把它带回洞中，并和它们的幼虫待在一起。然而，这些毛毛虫在蚂蚁洞中会以蚂蚁的幼虫为食。工蚁们绝对想象不到，它们竟带回来一个祸患。它们本以为毛毛虫可以将那甜甜的东西喂给幼虫，却反而要了幼虫的命。

蝴蝶的童年是不太愉快的，因为没有人喜欢那些可恶的毛毛虫。但是成年的蝴蝶却很受欢迎，因为它们不仅样子很漂亮，而且还帮助鲜花授粉。当然，这并不是绝对的。有些毛毛虫以蚜虫为食，所以它们也是益虫；有些蝴蝶也是果木的主要害虫。可惜的是，蝴蝶的寿命很短。它们在长成蝴蝶以后，一般只有十几天的寿命。雌性的蝴蝶在产完卵或者是卵还没有完全产出的时候就会死去，未进行交配的雄性蝴蝶可以活

蝴蝶和蛾的区别

蝴蝶和蛾都是由毛毛虫变化而来的，在形态上也很相似，那么我们要怎么区分它们呢？通常情况下，蝴蝶一般都是在白天出来活动，晚上休息；而蛾则恰好相反，它们往往白天休息，晚上活动。另外，在它们落下来的时候其形态也是不同的，蝴蝶一般会将翅膀竖起来，而蛾则会将翅膀放平。当然，这里所说的只是一般情况，我们并不排除有特殊的情况出现。要区分它们，有一点是在任何情况下都适用的，那就是蝴蝶的触角上有球形的突出物，而蛾是没有的。

20 ~ 30 天，蝴蝶在完成交配以后就会大大折寿，有的甚至只能活 2 ~ 3 天。

凶猛的蜘蛛

蜘蛛可是一个非常凶猛的家伙，长相看起来就很可怕。更可怕的是，它几乎可以出现在任何地方，然后在那里拉起蜘蛛网，建造它的家园。

蜘蛛并不是昆虫，从它的外形中我们就可以看出来。它有 4 对足，头部和胸部结合在一起，腹部分离。更不可思议的是，小小的蜘蛛竟然有 8 只眼睛。蜘蛛生性凶猛，它以昆虫为食，利用毒液将昆虫麻醉或者用丝将猎物捆住，然后再慢慢食用。有些蜘蛛甚至会进入你的房间，趁你不注意的时候咬你一口。更加不幸的消息是，几乎所有的蜘蛛都是有毒的，只是毒性的强弱不同而已。如此凶狠的蜘蛛，寿命却不短，比如凶狠的狼蛛一般都可以活到 25 年。

蜘蛛种类繁多，在自然界中大约有 4 万种。在这其中，有一些蜘蛛是非常凶猛可怕的，对人类也会产生极大的危害。在南美洲，有一种食鸟蜘蛛，它以鸟和蛙为食，如果被它咬上一口，肯定会疼得你哭鼻子。在美国南部，生活着一种黑寡妇蜘蛛，它的毒性非常大，甚至比一条响尾蛇的毒性还要大上 15 倍，幸好它不太喜欢咬人。而在巴西，有一种流浪的蜘蛛，却会对我们人类产生极大的威胁，它会在你的房间四处游荡，而且随时都可能向你发起进攻，它甚至会藏在你的衣服和鞋里面。这种蜘蛛具有极大的毒性，一旦被它咬伤，就会使人丧命。

不过蜘蛛也并不是一无是处的，在前面我们也曾经提到过，蜘蛛所吐出来的丝具有很好的强度和韧性，是制作防弹衣的理想材料。另外，大多数蜘蛛都是以昆虫为食的，尤其是很多农业害虫，这就使害虫的数量得到控制，间接地保护了我们的

庄稼。

蜘蛛也会同类相残。很多母蜘蛛会把其他孩子的母亲吃掉，而小蜘蛛之间也会相互厮杀。不过母蜘蛛却对自己的孩子很好，有的蜘蛛妈妈经常把小蜘蛛背在背上，表现出它们慈爱的一面。这种温馨的场面，真让人无法想象它们竟是如此的凶残。

虫子叮人

在我们身边，有很多虫子都是叮人的。它们就像吸血鬼一样吸食我们的血液。最让人无法忍受的是，被它们叮过的伤口非常痒，这使得我们都会忍不住去抓挠伤口，最终很可能会导致伤口感染。而且，有些叮人的虫子带有病毒，它们会将病毒通过叮咬的方式传染给我们，很多传染病就是通过虫子的叮咬进行传播的。

你知道哪些虫子会叮人并传播疾病吗？例如，带有立克次氏体病毒的虱子会使人患上一种叫作斑疹伤寒症的致命疾病。在非洲的许多地方，还生长着一种叫作舌蝇的吸血昆虫，它会传染一种使人昏睡的疾病，被咬者会出现发烧、无力等症状，甚至导致死亡。

在南美洲，有一种奔库卡臭虫，它也会吸取人的血液，并传播南美洲锥虫病，这种病也会使人发烧和无力。对我们影响最大的应该算是疟疾蚊了，在世界各地都可以找到它的踪迹，它会传播疟疾，有时还会使我们患上黄热病。不过只有雌性的疟疾蚊才会叮人，雄蚊则只是吸食植物的汁液。

我们最熟悉的叮人虫子应该算是蚊子了，每年的夏天，我们都会受到它们的骚扰。这些讨厌的蚊子不仅让我们浑身发痒，而且还总是在我们的耳边嗡嗡乱叫，让人寝食难安。如果你的运气不好，还有可能遇上一只带有病毒的蚊子，然后你就会莫名其妙地患上某种疾病，直到去医院做了检查，你才明白原来蚊子才是罪魁祸首。很多疾病都是通过蚊虫传播，以前它们还经常引起大面积的传染病发作，也就是我们所说的瘟疫。

能够传播疾病的蚊虫本身都带有某种致病的细菌或病毒，它们在叮人的时候，将病毒注入人体，使人患病。也有些蚊虫本身并不带有病毒，但是它们很可能接触了带有病毒的动物或人体，使它们感染上了这种病毒。

如果这种疾病又恰好可以通过血液来传播，那么当它们再去叮咬其他人的时候，就会把这种病毒再传染给其他人，使所有被它叮咬的人都患上同样的疾病。蚊虫叮咬的人越多越杂，引起传染病的概率就越大。本身不带有病毒也没有被病毒感染的蚊虫是不会传播疾病的。

伪装

　　动物的伪装是为了更好地生存，更重要的是为了逃离捕食者的视线，使它们不至于轻易就被捕食者发现。前面我们已经提到了很多动物都具有伪装的本领，还记得比目鱼吗？它可是伪装的高手，可以随着环境的变化而改变自身的颜色。事实上，伪装并不是谁的专利，在虫子家族，也存在很多这样的伪装高手。总的来说，伪装可以分为保护色和拟态两种。

　　保护色是指昆虫本身的颜色与其所处环境的颜色相一致，使人很难发现它们的存在。保护色是昆虫经过长期的进化所形成的一道天然屏障，是它们适应生存环境的一种表现。如果你曾经捉过蚱蜢，就有体会，它们简直太难找了。一般来说，在草地上生存的昆虫基本都是绿色的，而在土地上生存的昆虫则基本都是土黄色的。如果它们不动，你就很难发现它们的存在，因为它们已经与周围的环境融为一体了。

　　昆虫的保护色是十分常见的，这有利于它们的隐藏。可是有些昆虫却非常奇怪，它们的体色与周围的环境形成了鲜明的对比，十分显眼，你很容易就可以看到它们。它们为什么要这么做呢？为什么要将自己暴露在外面呢？难道它们不怕被敌人发现吗？没错，它们就是要让自己更显眼，让所有的来访者都看清楚，并以此将敌人吓走。为什么它们可以吓走敌人呢？原来，它们鲜艳的颜色会让敌人以为它们是有毒的，所以不敢靠近。这种伪装的形式我们就称之为警戒色。

　　拟态是指昆虫的形态或行为等特征与另一种生物极其相似，使我们难辨真假。它们通过伪装成其他的东西来骗过敌人，比如说日本树叶虫，它看起来就像一片树叶；欧洲的燕尾蝶毛虫，它看起来就像一段小树枝；木棒虫看起来像一根木棒；而灰蝶毛虫则看起来像是一堆鸟粪。还有些昆虫长得像其他的动物，比如说鹰蛾毛虫

的尾部像一条蛇的头部，这使很多捕食者都不敢靠近；盘旋蝇也可以将自己伪装成黄蜂，吓走那些丑陋的臭虫。

还有一些昆虫，它们的栖身场所非常可怕，这当然也是一种保护自己的好方法，而且比其他的伪装手段都要高明。比如说羽毛蛾的毛虫选择在茅膏草中藏身，茅膏草不仅能为它们提供舒适的环境和美味的点心，而且还可以帮助它们吃掉前来挑衅的昆虫，保证了它们的安全。要知道，茅膏草是以昆虫为食的，但它们并不会伤害羽毛蛾的毛虫。昆虫的伪装并不都是为了防止被敌人发现，有时它们也用来捕捉猎物。比如说螳螂，它经常会将自己巧妙地伪装为植物的一部分，然后就在原地等待猎物的到来。那些可怜的小昆虫往往不会注意到它的存在，当它们从螳螂身边经过时，螳螂就会在 1/12 秒的时间内迅速将猎物捕获。

虫子与人类

在地球上，生活着众多的人类，但同时也生活着更多的虫子。我们人类惧怕虫子、讨厌虫子、驱赶虫子、杀害虫子，而虫子也不断地骚扰我们、破坏庄稼、传染疾病。虫子与人类之间的关系似乎一直都这么紧张，从来都没有缓和过。我们不禁要问：难道虫子与人类之间是天生的敌人吗？难道我们之间就不能和平共处吗？也许没有人能给出一个确切的答案，不过至少从现在看来，我们之间并不和平。

在人类眼中，虫子是丑陋、邪恶的。它们破坏我们的田地，啃食我们的庄稼，更可恶的是，它们还常常跑到我们的家中，将我们的家搞得乱七八糟。有些虫子甚至还会袭击我们，它们常常会在我们不注意的时候跑出来吓唬我们，如果不高兴还会咬我们一口。更糟糕的是，有些虫子是有毒的，还有些虫子带有传染病，这会给我们带来极大的痛苦和灾难。而在虫子眼中，人类简直就是可怕的魔鬼。我们毁掉了它们的家园，使得它们无家可归。我们还掠夺走它们的食物，然后全部种上自己的食物。人类到处倾倒垃圾和污染物，严重地破坏环境，害得病毒进入了它们的身体。而且，人类还捕杀它们，不是将它们就地处死，就是拿去做实验，还有些人还把它们拿去做菜，摆上他们的餐桌！

那么虫子最大的敌人是谁呢？是其他的虫子或动物。比如说瓢虫是蚜虫的克星，而蜘蛛是苍蝇的克星……这就是食物链的魅力。你知道吗？蜘蛛每年所吃掉的昆虫重量比地球上所有人的重量的总和还要多。

虫子是地球上最庞大的群体之一，我们不可能让它们凭空消失，它们虽然带给我们很多麻烦，可是也帮了我们很多忙，比如说清扫植物垃圾，而且它们还为我们奉献了可口的蜂蜜、美丽的丝绸等，使我们的生活变得更加美好。

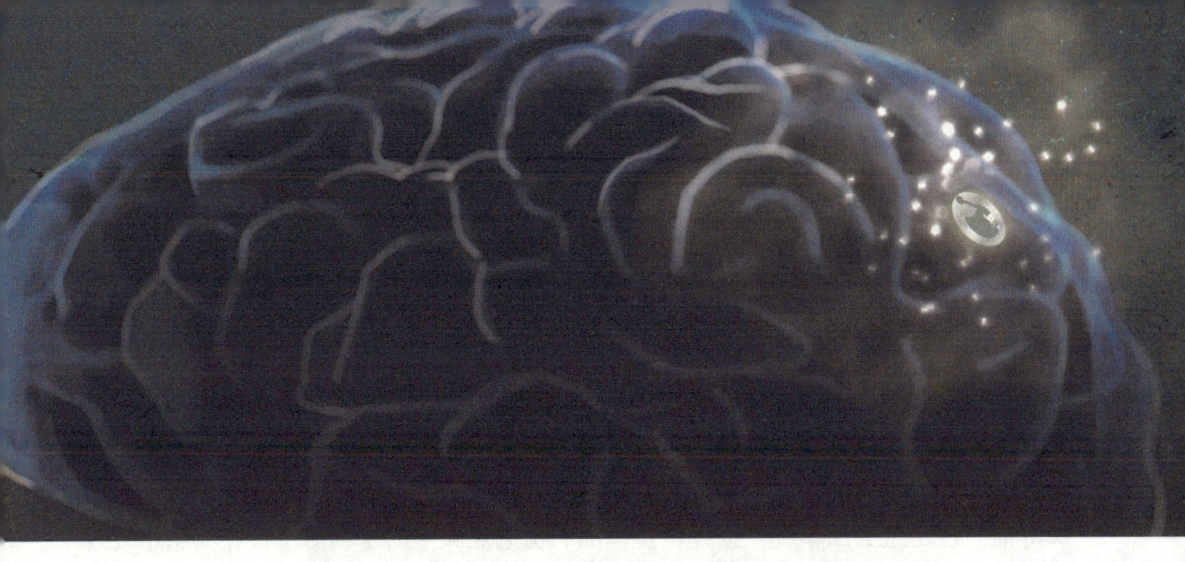

第三章　认识我们的身体

第一节　让人费解的大脑

大脑的秘密

　　你知道大脑每天都在忙些什么吗？它帮助我们记住每天所发生的事，它帮助我们思考问题，它帮助我们分辨事物的好坏，有了它，我们才有各种各样的感觉，才会有自己的想法和观点……可是为什么大脑能做这么多事呢？让我们一起去探究大脑的秘密，看看它是怎么工作的吧！

　　与身体相比，我们的大脑是很小的。它差不多有 1.3 千克，比你的内脏、皮肤和骨头都要轻得多，但是它却包含了 1000 亿个神经细胞，用来传达大脑的指令信息。你知道吗？这个看似小巧的大脑，实际上却储存了太多的东西，多得超乎你的想象。它可以让你记住 10 万个单词，2000 张面孔，还有老师告诉你们的科学知识，动画片里面的故事情节，朋友的生日，家人的电话号码、等等。

　　我们的大脑是很忙的，它每天都要处理无数的信息和数据，并进行思考和分析，然后再将信息传达给身体的相应部分。大脑的工作要靠神经细胞来完成，也就是我们通常所说的神经元或脑细胞，没有它们，信息就无法传递。我们的脑细胞虽然很多，但是到了 25 岁以后，它们就会以每天 12000 个的速度死亡。不过你们也不用担心，因为即使到了你死的时候，也仍然有 98%的脑细胞还活着。

如果你大脑的某个部分受损，你猜会发生什么事情呢？

如果你认为损伤无法修复，我们就会失去相应的功能，那你就把我们的大脑想得太脆弱了。事实上，如果大脑的某个部分受到损伤，即使损伤无法修复，那么剩下的部分也会代替损坏的部分完成相应的功能。所以说，即使大脑真的部分损坏了，我们也不会失去任何功能，只是我们必须要重新学习很多东西而已。

虽然说大脑的损伤对大多数人来说都是一种灾难，可对于有些人来说，却是因祸得福。这是怎么回事呢？据说，美国加利福尼亚大学的米勒博士曾在大脑中发现了所谓的"天才按钮"，当大脑的这部分受到损伤以后，人被压抑的天分就会完全释放出来。他发现，只要人的右颞下受过伤，就有可能成为某个领域的天才。比如说，一个 9 岁的男孩在部分大脑受损后竟成了一名天才的力学专家；还有一位 56 岁的工程师，大脑右半球皮质的部分神经元因病受到损伤后却成了一位大画家。如果将我们大脑的相应部分弄伤，那我们是不是也可以成为天才呢？这是个十分危险的想法。虽然在理论上是成立的，但毕竟还没有人做过这样的尝试。所谓的"天才按钮"，如果我们不能准确找到它的位置，那就会给我们的大脑造成真正的伤害。到时候你不仅变不成天才，而且还很可能伤了大脑，那就真是得不偿失了。

以前，人们并没有意识到大脑的重要作用，古埃及人和古希腊人甚至认为是心脏在思考问题，就连伟大的哲学家亚里士多德也认为大脑只是一种血液的冷却系统。当然，这种说法在今天看来都是非常可笑的，但是人们对大脑的研究探索，确实是经历了一个相当长的历史过程。直到今天，我们也仍然无法揭开全部的真相，大脑还有着很多的秘密等待着我们去探索，不论怎么样，我们都相信，大脑有着巨大的开发潜力，如果你能搞明白这其中的奥妙，说不定你就会成为天才了！

看一看大脑的构造

脑的结构主要包括三部分：大脑、小脑和脑干。其中，小脑分为两部分，在大脑的两侧各有一个，它的主要功能是协调身体运动。脑干是连接大脑与脊髓的部分，它控制人体的本能行为，并帮助大脑入睡，在发生危险的时候，还可以给大脑提醒。脊髓并不在脑中，但是大脑的信号就是通过它传入和传出的。

大脑是脑最大的组成部分，几乎占了脑的 85%。看起来皱皱巴巴的部分是大脑皮层，这是我们用来思考的部分。丘脑是信息的中转站，到达丘脑的信息还可以被传送到大脑的其他部分，每个丘脑都能够传递有关气味的信息。下丘脑会在你睡

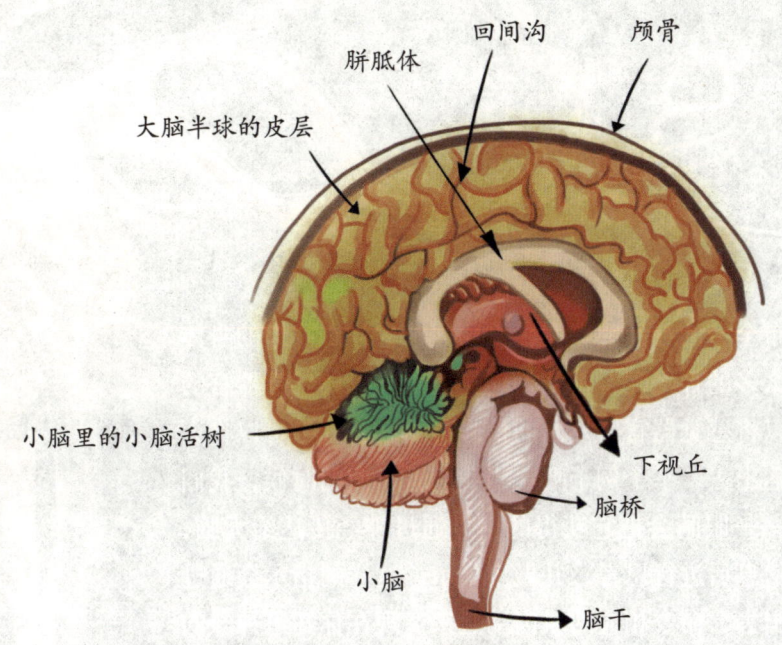

觉的时候，帮助你控制血液中的水含量、体温、排汗等。松果体会让你在晚上困倦，而第二天早上又会自然醒来。延髓负责监督消化和呼吸，这可给你省了不少事，要是你把它们忘了，那可就麻烦了！

正常人是不会把脑袋切开来看的，但是在医院的手术台上，却可以见到这样的场景。毋庸置疑，这当然是治疗的需要。外科医生决定为你做脑部手术时，要首先借助 CT、MRI 等设备确定你脑中的病患所在，这样他们就知道这个手术应该从哪里下手。

奇妙的感觉

人体可以产生各种各样的感觉，因为有了这些奇妙的感觉，我们的生活才变得五颜六色、多彩多姿。有了视觉，我们就可以看到大千世界的众生百态；有了听觉，我们就可以听到各种各样美妙的声音；有了味觉，我们可以品尝美味的食物……为什么我们会有这些奇妙的感觉呢？这些感觉又是怎样发生的呢？

神经是由神经元组成的，几千个神经元就可以组成一个普通大小的神经。神经不仅遍布人的整个大脑，而且还充满了全身，甚至连身体的每条缝隙也都有神经的存在。如果你还是觉得不够具体，那我们就用数字来说明吧！在人的全身，共有 15 万千米的神经，你们知道这个数字意味着什么吗？它意味着你的神经完全可以绕地球 4 圈。

这些遍布全身的神经究竟有什么用呢？为什么我们的身体一定要有这么多的神经呢？神经是连接大脑与身体感觉器官的桥梁，它可以将感觉器官所发出的信号传给大脑，也可以将大脑的指令传达出去。举个例子吧：当我们看东西的时候，我们的视觉器官——眼睛会把它获得的信息通过神经传达给大脑，大脑在接到信息后进行思考，并做出指示，这样的指示会通过神经再传送出去，命令相应的肌肉动起来。现在你知道神经的重要性了吧！如果没有神经，这些过程就都不可能进行，大脑得不到信息，身体也得不到任何指示，当然，这些奇妙的感觉我们也不可能感受到了。

我们之所以有这些奇妙的感觉，并不仅仅是因为我们拥有各种各样的感觉器官。更重要的是，我们拥有支配这些感觉器官的大脑。而我们的各种感觉器官则只是身体的感受器，它们负责感受外界的信息，然后通过神经将信息传达给大脑，大脑获得信息后便在大脑中形成了各种各样的信号，然后再将信号传递给感觉器官，使我们产生各种感觉。

生活中有很多这样的实例：一个人在脑部受伤之后忽然间就失明了，这当然不可能是他的感觉器官出了问题，因为他的眼睛还好好的。那么问题出在哪呢？医生很可能这样告诉你，是你脑部的伤压迫了大脑与眼睛之间的神经，使得大脑与视觉器官连接中断，大脑无法获得图像，也无法将信号传递回去，所以你的眼睛就无法形成视觉，导致了失明。

我们可以产生很多种感觉，如果其他的感觉都可以称之为美妙，那么有一种感觉，却只能用痛苦来形容。你是不是已经猜到了，没错，它就是痛觉。当我们的身体受到伤害的时候，大脑就会发出信号，让我们感到疼痛，这大概是我们最不想拥有的一种感觉了。可是在生活中，我们却常常被各种各样的疼痛所折磨。不过大脑也并不总是让我们难受，你可以选择其他的方法来缓解疼痛。比如说分散一下精力，参与一些娱乐活动，这样就可以促使大脑分泌出一种叫作脑啡肽的化学物质，它具有止痛的功效，可以有效缓解你的疼痛。

大脑在干什么

我们的大脑可是非常勤快的，任何事情都要有它的参与，也许只有这样才能显示出它的重要性吧！除了我们刚刚说过的各种感觉，我们所做的每一个动作、所说的每一句话以及所做出的每一个决定都离不开它。是不是觉得你的大脑太辛苦，想给它放两天的假呢？千万不要这样做，因为如果你的大脑罢工了，那么你整个人也就瘫痪了。事实上，大脑并不介意整天都这样操劳，它还觉得很骄傲呢！

前面所说的那个皱皱巴巴的大脑皮层，就是负责思考问题的那部分。它被分成了很多区，每个区负责一项工作，比如说有专门处理视觉的，有专门处理听觉的，有专门储存单词的，有专门控制发音的，还有专门负责单词的语法排列的，等等。它们各有各的分工，并且可以很好地进行合作，共同为我们服务。另外，大脑皮层被分成了两大部分，也就是左脑和右脑。让人不解的是，左脑控制着身体的右半部分，而右脑控制着身体的左半部分。当你用右手写字的时候，你正在使用的却是左脑。

左脑与右脑的分工并不公平。事实上，大多数人都是左脑发达，因为他们大多数时间都在使用身体的右半部分，这样就使左脑得到了锻炼，所以会比较发达。而右脑则被冷落了，它所做的工作远远没有左脑那么多，当然也就没有左脑那么发达了。但如果你是个左撇子，那情况就不一样了。有些人认为左撇子的人会比较聪明，其实只是他们的右脑比一般的人发达罢了。右脑的功能并不比左脑差，所以我们应该重视右脑的开发，多使用左手，使右脑得到有效的锻炼。

当然，大脑的左半部分和右半部分也经常会进行密切的合作。比如说在你唱歌的时候，负责歌词的是左脑，而负责音调的则是右脑。如果你要唱完一首歌，必须要到左脑中寻找歌词，同时又要右脑来协调音调。这是不是有些难为我们的大脑了呢？它怎么可能同时做两件事呢？可事实上很多人都做到了。这也说明我们的大脑可以同时处理两件甚至更多的事情，当然它需要小脑的帮助，只要你善于开发它，它还可以做得更好。

有没有左脑和右脑同样发达的人呢？当然有。如果你的左脑和右脑同样发达，那么你的左手和右手就会同样灵活了。英国有一位叫爱德文·兰登的艺术家，他

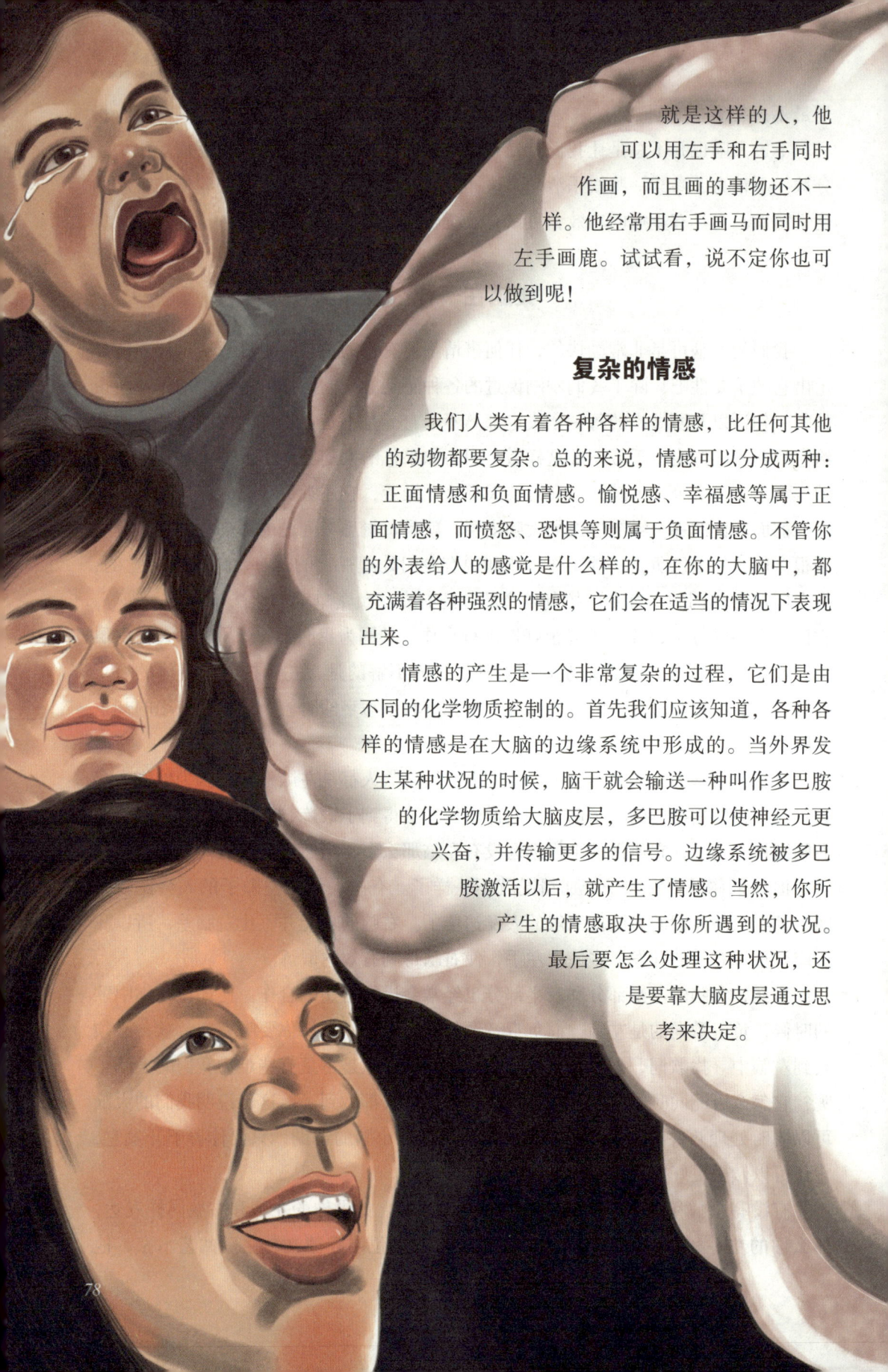

就是这样的人，他可以用左手和右手同时作画，而且画的事物还不一样。他经常用右手画马而同时用左手画鹿。试试看，说不定你也可以做到呢！

复杂的情感

我们人类有着各种各样的情感，比任何其他的动物都要复杂。总的来说，情感可以分成两种：正面情感和负面情感。愉悦感、幸福感等属于正面情感，而愤怒、恐惧等则属于负面情感。不管你的外表给人的感觉是什么样的，在你的大脑中，都充满着各种强烈的情感，它们会在适当的情况下表现出来。

情感的产生是一个非常复杂的过程，它们是由不同的化学物质控制的。首先我们应该知道，各种各样的情感是在大脑的边缘系统中形成的。当外界发生某种状况的时候，脑干就会输送一种叫作多巴胺的化学物质给大脑皮层，多巴胺可以使神经元更兴奋，并传输更多的信号。边缘系统被多巴胺激活以后，就产生了情感。当然，你所产生的情感取决于你所遇到的状况。最后要怎么处理这种状况，还是要靠大脑皮层通过思考来决定。

　　大脑中多巴胺的分泌情况与人的性格也是有关联的。赖特相信，多巴胺作为一种神经传递物质，与人的基因是有关的。他在《基因的力量——人是天生的还是造就的》一书中指出："多巴胺在决定我们是否快乐或郁闷、积极或消极、聪明或迟钝、开朗或保守、相信唯物主义或信仰宗教等方面起着很大的作用。"还有人将多巴胺和爱情联系在了一起，认为多巴胺可以产生幸福感。不过多巴胺也会给我们带来麻烦，有些人做某些事情上瘾，比如说吸烟、喝酒、吸毒等，都是因为多巴胺的分泌使人产生了快感，所以才会欲罢不能。

　　虽然多巴胺可以让我们更兴奋，但是我们并不会总是由着自己的性子，想做什么就做什么。这是因为我们的大脑还会分泌一种冷静的化学物质——血清素，它可以让我们保持理智，不至于昏了头。我们在边缘系统中产生了情感，多巴胺使我们兴奋起来，而血清素又会使我们安静下来，所以我们才可以控制自己的情绪。另外，大脑皮层是负责思考并最终做出决定的地方，有了它的参与，我们就可以在激动的时候停止当前的想法，这可以帮助我们更好地克制自己。

　　当情感产生时，我们的身体也会发生变化吗？虽然情感都是在大脑中产生的，但是我们的身体也参与了整个过程，这可以帮助我们更好地体会情感。比如说一个愤怒的人，他的肺要吸进比平常多 10 倍的空气，所以常常表现为呼吸急促；而且此时他的消化功能是停止的，所以你可千万不要在生气的时候吃东西。这一切都是由于人在生气的时候，肾上腺会分泌出一种叫作肾上腺素的激素，所以才导致身体发生了一系列的变化。可见，在大脑产生情感的同时，我们的身体也没闲着。

　　是不是所有负面的情感都会伤害我们的身体呢？其实，所有的情感都可能伤害我们的身体。如果不懂得控制自己的情感，让自己的情绪大起大落，就会对身体造成极大的伤害。中医中所讲的"七情伤身"就很好地说明了这个问题。七情即是指喜、怒、忧、思、悲、惊、恐，中医理论认为，过喜伤心，过怒伤肝，过悲伤肺，过度忧思可伤及脾胃，过度惊恐会伤肾。所以，我们不要太放任自己的情感，一定要控制好自己的情绪，及时调整心理状态，以免给身体造成伤害。

学习可以变得更有趣

你喜欢学习吗？你大概会觉得学习是一件非常枯燥而又乏味的事情，如果没有人强迫你，你是绝对不会主动去学习的。

其实，学习的概念要比我们所想的大得多。并不是只有在课堂上学习才叫作学习，事实上，学习可以发生在任何时间、任何地点。比如说你看到了一样新东西、学会了一种新方法等，这些都是学习。没有人规定我们只能学那些枯燥的加减乘除。有时候，生活中的学习比课堂上的教学更吸引我们。

我们一定要学习吗？答案当然是肯定的，我们必须要学习，而且一生都不能停止。如果不学习，我们就无法独立生存，更不用说在社会上立足了。除了升学的需要，更重要的是，我们可以通过学习，掌握处理问题的方法，使我们具备处理生活中各种问题的能力，不被社会所淘汰。换句话说，学习是为了让我们更好的生活。

人的一生中，需要学习的东西很多。走向社会以后，我们也不能停止学习。虽然说人的记忆力从 25 岁的时候就开始减弱，但是我们却不能因此而放弃学习。现在的社会是一个瞬息万变的社会，每天都有新的变化，如果你跟不上时代的变化，就会被社会所淘汰。如果你了解了这些，就不会再排斥学习了，因为学习的最终受益者不是任何人，而是你自己。

如果你善于发现每个新事物的特点和意义，那么你的学习就可以变得更有趣，你会非常乐于接受这些新知识。另外，奖励也是激发学习兴趣的一个好办法。如果你的父母承诺你在考试得了第一名以后会奖励你一辆电动车，这样你的学习是不是就更有动力了呢？如果你的老师对你多一些夸奖，或者是变换一下教学方式，你是不是也会更乐于听他的唠叨呢？有的人也许会产生这样的疑惑：是不是聪明的人更喜欢学习，也更有出息呢？我们只能说聪明的人学习新东西的速度更快，但这并不表示他们就更喜欢学习。两者之间并没有什么必然的联系。如果长了一个聪明的大脑，却没有好好利用或者是没用在该用的地方，那么这样的人也不会有什么出息。

有些人比常人更聪明，是因为在这些人的大脑中，大脑皮层上的神经元有一些特殊的连接，这是使人学东西更快的主要原因。

我们要想让自己变得更聪明，就必须做到勤学勤用，大脑是不能闲下来的。但是也不能让你的大脑太过劳累，适当的休息也是必不可少的。另外，吃鱼也有益于大脑的健康，可以提高人的智力，所以不妨多吃一些鱼。

睡觉和做梦

躺在软软的床上，美美地睡上一觉，再也找不出比这更舒服的事了。我们每天都要睡觉，对于很多人来说，上床的那一刻都是最美妙的一刻，劳累了一天，终于可以休息了。见过不用睡觉的人吗？即使没见过你也不用觉得自己的见识太少，因为世界上根本就不存在这样的人。为什么我们一定要睡觉呢？

也许你并没有意识到睡眠的重要性，但是如果让你一直都不睡觉，你又能坚持几天呢？有研究表明，如果人连续两周不睡觉，就会导致死亡。也许你可以坚持一两天不睡觉，但是持续下去，你就会觉得特别累，眼皮一直在打架，脾气也会变得暴躁，再接下来你的心跳和脉搏都将出现异常，大脑的思维也开始混乱，最后你将耗尽身体所有的能量，并失去一些重要的功能，永远地睡去。所以说，睡眠是非常重要的，我们每天都必须保证一定的睡眠时间，否则就会严重影响我们的健康。

事实上，我们每天都要拿出 1/3 的时间来睡觉。那么在我们的身体休息的时候，大脑在干什么呢？它是不是也在休息呢？当然不是，我们不是一直在做梦吗？如果大脑休息了，我们又怎么会做梦呢？可是为什么我们要做梦呢？如果不做梦我们的大脑又会干些什么呢？人的梦真的有预示未来的作用吗？

在梦中，我们可以见到各种各样的人，碰到各种奇怪的事情，这一切究竟是从何而来呢？它们为什么会在我们的梦中出现，难道真的在预示我们的未来吗？其实，我们的梦完全来自于我们的记忆，与未来并没有什么必然的联系。在我们的意识里，会存在很多混

杂的记忆，大脑皮层可以将它们组织起来，并变成一个连贯的故事，这就是我们的梦。如果你整天都在思考一个问题，那么这个记忆就会在你的意识里频繁出现，这样你将很可能在当天晚上梦到它。

我们的大脑总是试图去做梦。曾有人做过这样的实验，将一个睡觉的志愿者在其开始做梦的时候叫醒，结果这个志愿者一个晚上就被叫醒了30次！人会做梦并不值得奇怪，因为我们每个人都在做。可是有些人不止做梦，而且还会梦呓或梦游，这可就有些吓人了。

梦呓就是在睡觉的时候说梦话，梦游则是在睡觉的时候走出去。如果你在大街上看到一个表情茫然、两眼发直、嘴里还在胡言乱语的人，那你很可能就是碰到了一个正在梦游的人。不管是梦呓还是梦游，对其本人来说都没有什么害处，但是却常常会给别人制造一些麻烦。不过这也不能怪他们，因为他们也不知道自己都干了些什么。

大脑也会自我保护

我们的大脑真的非常重要，如果你不想失去某种感觉，也不想失去记忆，那就一定要保护好它，绝不能让它受到伤害。但是你也没有必要将你的头全副武装，不让它去碰任何东西，甚至连别人轻轻地拍一下，你都会投去憎恶的目光。事实上，我们的大脑还不至于像你所想的那样脆弱，在受到外界袭击的时候，它也是懂得自我保护的。

我们知道，身体具有自我保护和自我修复的能力，那么作为身体的精神领袖，聪明的大脑当然也不会自甘落后，它也想出了一些保护自己的好办法。它选择用头颅和脑膜将自己包起来，利用它们来减缓外界的冲击，保护自己。位于外层的头颅可以有效地防止外物的打击，所以即使你撞上了电线杆，你的大脑也不会受

头上长洞的怪人

你们见过头上长洞的人吗？在美国，有一个年轻的小伙子因为一次意外的事故而在头上留下了一个永远的洞。这个洞大得可以穿过一条铁棍。这个小伙子在伤好之后，脾气变得非常暴躁，所以他总是失业，他维持生存的方法就是在剧院做铁棍穿过脑袋的表演。为什么会出现这样的怪人呢？其实，头上有洞并不会导致死亡，现在的很多手术都是通过在头上钻洞的方式来进行的。这位小伙子的致命伤也并不是他头上的那个洞，但是这样的伤害却严重影响了他的性格。所以说，他的脑伤其实根本就没有治好。

到伤害。脑膜是三层装有液体的薄膜，它可以缓冲打击的幅度，保护位于里面的大脑。

虽然说大脑具有自我保护的能力，但是你也千万不要冒险去试探它的承受力。因为稍重一些的打击就会使你的大脑受到伤害，没准你就从此失去记忆了，而这样的尺度，是我们根本就掌握不好的。

当然，在有的时候，我们的大脑也会自己发生碰撞。例如，每天早晨，当我们的大脑被刺耳的闹钟声吵醒的时候，我们会随之抬起头来，这时你的大脑就会向前倾，和前面的颅骨发生碰撞。不过你不必担心这样的碰撞会对你造成伤害，别忘了我们还有脑膜呢！它可以防止我们的大脑撞得太厉害。不过，这种碰撞却会使人在起床的时候心情不好。

有时候，我们会感到头疼。这是怎么回事呢？是我们的大脑感到疼了吗？原来，头疼是因为头中挤压了过多的血液，血液中的血小板把脑中的毛细血管给堵住了，这就使血管两侧向外扩展，于是就感到了头疼。虽然我们的大脑可以产生各种感觉，但奇怪的是，大脑本身是没有感觉的，所以它也不可能感到疼。要想减轻头疼症状，最简单的办法就是开怀大笑，笑可以放松精神，使人心情愉悦，这样就会使血管得到放松，头疼自然也就减轻了。在头疼的时候，千万不要皱眉头，因为皱眉会使更多的血管挤在一起，加重疼痛。

第二节　身体绝密报告

自动照相机——眼睛

眼睛是心灵的窗户，也是人体最迷人的部位。每个人都希望自己的眼睛炯炯有神，放射出闪亮的光芒，因为这样的眼睛往往可以给人留下深刻的印象。我们通过观察一个人的眼睛，就可以看出他的喜怒哀乐；通过观察一个人的眼神，就可以看出他的心理活动。也就是说，眼睛和心灵是相通的，很多内在的东西，都可以通过眼睛表现出来，所以将眼睛比喻成心灵的窗户再合适不过了。

眼睛也是我们认识世界的窗口，是重要的视觉器官。通过眼睛，我们可以看书、看景色、看人物等。眼睛是人体最精密的感觉器官，它可以分辨不同的颜色、不同的光线，然后将它所识别的这些图片形象转变成神经信号，传递给大脑。所以也有人将眼睛比喻成一台自动照相机，而且性能绝对良好。眼睛是我们获取外界信

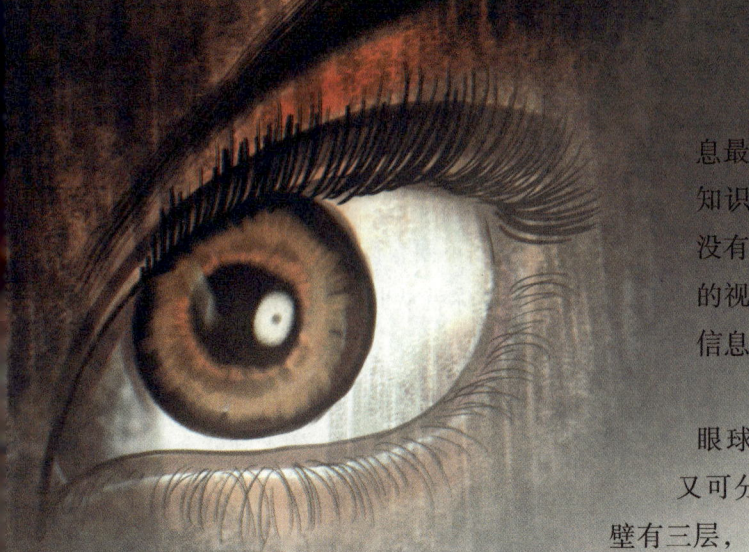

息最多的器官，大脑中约有一半的知识和记忆都是通过眼睛获取的。没有了眼睛，我们就会失去最美好的视觉，当然也会错失很多重要的信息。

眼睛位于眼眶内，是由眼球和眼球周围的肌肉所组成的。眼球又可分为眼球壁和屈光系统。眼球壁有三层，最外层由角膜和巩膜组成；中间层由虹膜、睫状体和脉络膜组成；最里层是视网膜。屈光系统则包括晶状体、瞳孔等部分，这是我们能看见东西的主要法宝。另外，在眼球内部，还包含着一些眼内容物，主要为房水、晶体和玻璃体，它们都是屈光的介质。

那么眼睛是如何工作的呢？我们又是怎么看见外界的一切的呢？这都要靠屈光系统来完成。晶状体是屈光系统的重要成员，在它的周围，有一圈结实的虹膜。当光线通过瞳孔的时候，虹膜可以自动调节瞳孔的大小，使光线聚焦到晶状体，并将眼前的景物投射到眼球背后的视网膜上，不过在视网膜上的图像是一个倒立的左右对调的图像。接下来，视网膜上的视觉细胞会将图像通过视神经传递给大脑，大脑在接到信号后会自动将其转换为正立的图像，所以我们看到的物体都是正立的。

神奇的是，我们的眼睛在黑暗的地方也可以看见物体。这是因为视网膜上的细胞分为两种，一种是感应色彩的锥状细胞，一种是感应黑白颜色的杆状细胞。所以，无论是在光亮处，还是黑暗处，我们都可以看到物体。当然，如果你所处的环境一片漆黑，视网膜上的细胞就无法感应，这时你是看不见任何东西的。

我们一定要爱护自己的眼睛，保持正确的读写姿势，不要长时间近距离地看电视或玩电脑，常做眼保健操，等等。另外，在饮食上，也可以多吃一些明目的食物，比如说动物肝脏、枸杞、菊花等。

神经系统

还记得我们在前面提到的那些无处不在的神经吗？就是可以环绕地球4周的人体神经。这些神经并不是无组织无纪律的，事实上，它们同属于一个系统——神经系统。不用多说，你们也一定能想到神经系统的重要性。我们的身体所做出的一切有意识和无意识的动作及反应，都是通过神经系统来完成的。

我们的身体是一个相互联系的有机整体，各个部分都不是孤立存在的，它们既相互协调合作，也相互制约。另外，我们所生活的环境也是不断变化的，这就要求我们的身体能够及时做出反应，迅速地调节各种功能。而帮助我们调节各种功能的就是我们的神经系统。可以这样说，神经系统在我们体内起主导的调节作用，我们身体的各个器官、系统的功能都是直接或间接受神经系统调控的。

当我们的身体受到刺激的时候，就会做出一定的反应，这个过程就叫作反射。比如说用锤子击打膝盖，腿就会不自主地抬起来，这就是我们熟悉的膝跳反射，也是最简单的一种反射形式。完成这一过程需要五个部分的参与，它们是感受器、传入神经、中枢神经、传出神经和效应器，我们也可以将这个过程称为反射弧。感受器（膝盖）受到打击后产生信息，并通过传入神经传入中枢神经，中枢神经进行处理后，再通过传出神经将指令传给效应器（腿），使其弹起来。

人体的神经系统可以分为中枢神经和周围神经两大部分。中枢神经接受各种信息，并负责对信息进行处理，然后做出指示。它主要包括大脑、小脑、脑干和脊髓。

我们上面所说的膝跳反射，实际上就没有经过大脑，而是由脊髓直接做出的决定。再比如说你的手扎在了钉子上，你会很快将手抽回来，这也是一种没有经过大脑的反射。等到你将手抽回来以后，你的大脑才产生了反应，你才会感到疼痛。

周围神经负责收集信息，然后再将信息传给中枢神经，并负责将中枢神经的指令传给身体的各部分。它主要包括脑神经、脊神经和自主神经。脑神经主要支配面部器官的感觉和运动；脊神经又包括颈神经、胸神经、腰神经、骶神经和尾神经，主要支配身体和四肢的感觉、运动以及反射；自主神经支配心跳、呼吸等内脏活动。

神经细胞是组成神经系统的基本单位，那么它们之间又是如何连接的呢？神经细胞是由细胞体（含细胞核、细胞质）和突起（分为轴突和树突）构成的，它们之间的联通并不靠细胞质来实现，而是通过突触（神经细胞之间相互接触的部位）来实现。通常都是一个神经细胞的轴突与另一个神经细胞的树突或细胞体借助突触来实现机能上的联系，进行信息的传递和整合。现在，你清楚了吧？神经系统是一个遍布全身的神经网络，它们共同调节着身体的各种活动。

灵敏的耳

耳是我们的听觉器官，也是人体最灵敏的器官。耳让我们的世界充满了各种美妙的声音，当然也包括一些讨厌的噪声。

我们的耳朵并不只是我们看到的那样，事实上，我们所看到的只是耳朵的一部

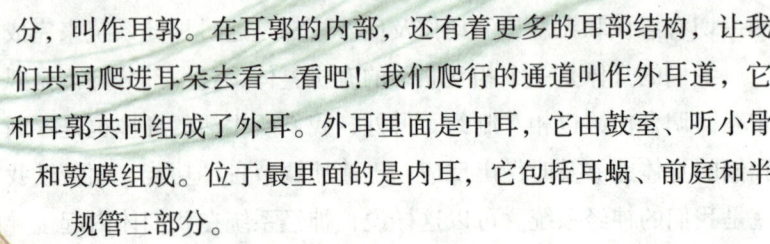

分，叫作耳郭。在耳郭的内部，还有着更多的耳部结构，让我们共同爬进耳朵去看一看吧！我们爬行的通道叫作外耳道，它和耳郭共同组成了外耳。外耳里面是中耳，它由鼓室、听小骨和鼓膜组成。位于最里面的是内耳，它包括耳蜗、前庭和半规管三部分。

我们的耳朵是如何帮助我们听到外界的各种声音的呢？我们的耳郭具有柔韧的软骨，可以收拢周围的各种声音，并将声音送入外耳道。通过外耳道，声音就进入了中耳，通过鼓膜振动传到听小骨。听小骨是由三块小骨组成的，它们分别是锤骨、砧骨和镫骨，声音依次经过这三块小骨，然后再传入内耳。内耳的耳蜗是听觉神经的所在地，里面充满了液体。声音在进入内耳以后，耳蜗内的液体就会开始流动，将振动的声音转变成神经信号，并沿着耳蜗神经传给大脑。

耳朵除了是听觉器官以外，还有其他的功能吗？

当然有。内耳中的半规管就有平衡身体的功能。半规管内充满了液体，当我们的头部摇动的时候，它内部的液体就会开始流动，并同时向大脑传递信号，保持身体的平衡。如果你忽然间做了一个动作，半规管还来不及向大脑发送信号，你的身体就会失去平衡。有些人会晕车，也是因为半规管功能失调所造成的。

具有双重身份的鼻子

鼻让我们的世界洋溢着各种芳香的气味，当然也包括一些令人作呕的异味。尽管有的时候我们真的很希望自己鼻子失灵，但事实上，如果真的有人要夺走你的嗅觉，你能接受吗？一定不能。我们都知道鼻子是嗅觉器官，但你不要忘了，鼻子还有另外一个身份，那就是重要的呼吸器官。在鼻子正中，有一块叫作鼻中隔的软骨，它将鼻子分成了左右两个鼻腔。鼻腔内有一层鼻黏膜，鼻孔内还长有鼻毛，它们共同起着空气过滤器的作用。鼻腔的顶端是嗅觉区，那里分布着500万个嗅神经细胞，当它们受到外界的刺激时，就会通过嗅神经将信号传给大脑，大脑对其加以识别，所以我们就闻到了外界的各种气味。

为什么感冒的时候鼻子不通气，嗅觉也会下降呢？这是因为感冒病毒使得鼻黏膜肿胀，并不断分泌大量的黏液，从而使我们感到鼻子发堵。另外，嗅觉区的鼻黏膜肿胀，还会影响人的嗅觉，所以我们感冒的时候都会觉得鼻子有些失灵。

口腔探秘

把嘴张开，我们就可以看见自己的口腔。当然，前提是你必须站在镜子前面，否则你是看不到的。好了，现在让我们仔细地观察一下，看看口腔里面都有什么。最明显的要属牙齿和舌头了，另外，在咽喉处还悬挂着一个小舌头。如果你卷起舌头，还会看到舌头下面的舌系带，它是给舌头供血的。小心，你的口水快流下来了！

口腔是消化道的起点，所有的食物都是在这里启程的。当食物被送入口腔以后，首先要经过牙齿的咀嚼，将其磨碎，在舌的帮助下，利用唾液将食物搅拌均匀，然后再送入喉咙。这样，口腔的任务就完成了，剩下的就交给其他的消化器官去处理了。如果你的口腔对工作不负责任，没有将食物磨好就送入了下一级，那么就会对后面的消化器官造成伤害，尤其是胃。所以作为身体的主人，我们一定要督促口腔好好工作，以免对其他的器官造成伤害。

我们的牙齿外面包裹着一层坚硬的牙釉质，它是人体中最坚硬的组织，我们可以用它来咀嚼各种食物。总的来说，口腔中的牙齿可以分为三种：撕扯东西的尖牙，咬东西的切牙，以及碾磨东西的磨牙。人的一生有两副牙齿，当你长大的时候，你的乳牙就会被新长出来的恒牙所代替，你们也一定都经历过这样的牙齿更替过程。但是这样的过程一生只有一次，成人之后的牙齿脱落，是无法重新再长出来的，所以我们一定要保护好自己的牙齿。

与牙齿联系最密切的就是我们的舌头。舌头是味觉器官，但它也参与消化的过程，可以帮助牙齿进行搅拌、咀嚼和吞咽。如果你曾经仔细观察过你的舌头，就会发现在舌面上有很多小凸起，我们叫它舌乳头。在舌乳头中间，夹杂着无数的味蕾。味蕾连着味觉神经，可以分辨各种味道，然后将信息通过神经传给大脑。舌面上不同部位的味蕾所能识别的味道也是不同的，舌尖识别甜味，舌尖两侧的前半部分识别咸味，舌的两侧识别酸味，舌根识别苦味。

如果将你的眼睛蒙上，再将鼻子捂上，这时让你品尝未知食物的味道，你觉得

神奇的唾液

唾液是口腔的一种分泌物，也许你并不喜欢它，因为它看起来脏兮兮的。但是你们知道吗？唾液其实是很有用处的。不管你愿不愿意，我们每天都要产生 1～1.5 升的唾液，它可以帮助消化、杀灭细菌、保持口腔清洁的环境等。更重要的是，唾液中含有神奇的酶，可以将碳水化合物分解成糖，满足身体的需要。所以，对于口腔中的唾液，最好的处理方式就是将它咽下去，千万不要将它吐掉，那不仅不礼貌，更是一种浪费。

自己可以轻易尝出食物的味道吗？

　　事实上，我们的嗅觉要比味觉灵敏 20000 倍。很多时候，你觉得自己在品尝食物，其实你都是在闻它的气味。所以说，失去嗅觉，确实是会给我们的味觉带来不便。但是对于差别明显的食物，我们还是可以分辨出来的。

最合身的衣服——皮肤

　　皮肤可以说是人体最大的感觉器官，整个人体表面都是由皮肤覆盖的。如果将皮肤展开，那么一个成年人的皮肤就可以覆盖大约 2 平方米的面积，儿童的皮肤也可以达到 1.5 平方米。皮肤对于我们的身体非常重要，它可以帮助我们保持恒定的体温，减缓体内水分的流失，并防止细菌入侵我们的身体。另外，皮肤还可以让我们拥有各种各样的感觉，比如说寒冷、炎热、疼痛等。

　　你心目中最理想的衣服是什么样的呢？它至少应该可以为我们驱寒保暖、清凉避暑、抵抗外界的细菌和有害物质、保护我们的身体，最好可以穿一辈子，而且不需要特殊的保养，也不会损坏。这不是在做白日梦。其实，这样的衣服确实存在，而且我们每个人都有一件。在我们刚刚来到这个世界的时候，就已经穿在身上了。随着我们身材的变化，衣服的尺码也在不断变化，所以不管到什么时候，它都非常合身。想到是什么了吗？没错，这件最完美、最合身，让我们穿起来最舒服的衣服就是我们的皮肤。

　　你对自己的天然衣服还满意吗？你肯定找不出比它性能再好的衣服了。我们的皮肤不仅可以自动调节体温，而且还可以自我修复，这都是其他的衣服所不具备的。

　　我们所看到的只是皮肤的表面，那么皮肤的下面还藏着什么秘密呢？皮肤是很薄的，只有 0.5 ~ 4 毫米，但就是这薄薄的皮肤，却被分成了三层。它们分别是表皮、真皮和皮下组织。表皮位于最外面，是最坚韧的，可以抵抗轻度的酸碱刺激，并可承受一定程度的压力和摩擦。下面的真皮和皮下组织中则含有汗腺、血管等，各种感受器也都在这里。另外，在皮下组织中，还有一些脂肪，可以帮我们保持体温。

　　在了解了皮肤的结构以后，你是不是对皮肤的流汗现象更加清楚了呢？在皮肤中，含有 200 万 ~ 500 万个汗腺，这些汗腺就像一根根长长的管子，每根管子都卷得很紧，如果你把它拉直，

为什么脸部皮肤的颜色会随着情感的变化而变化

　　这是因为皮肤里面有很多血管，它们会随着情绪的起伏而舒张或收缩。当我们感到害怕或紧张时，血管就会收缩，这时脸色会变得比较苍白；而当我们感到兴奋、羞涩时，血管则会舒张，这时脸色就会变得比较红润。

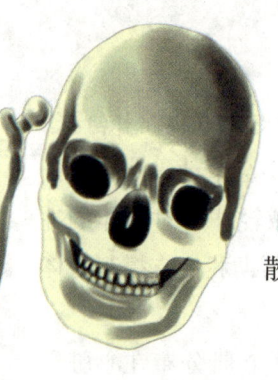

足有一米长。汗腺可以分泌汗液，然后通过管子排出体外。皮肤会出汗其实是人体的一种自动冷却机制，将体内多余的热量散发出去。

骨头和肌肉

　　骨骼是人体的支架，我们的身体全靠它来支撑。肌肉则帮助我们完成各种运动，包括我们脸部各种各样的表情，并可使我们的身体更强壮。骨骼和肌肉在人体所占的比重都很大。其中，骨骼是由 206 块骨头构成的，它们的重量占人体总重量的 20%；肌肉的比重则更大，在人体中共有 600 多块肌肉，它们的重量占人体总重量的 40%。

　　骨头的表面是致密的骨密质，十分坚硬，密度也很大。里面是像海绵一样的骨松质，由它来决定骨头可以承受多大的压力。再往里就是胶状的骨髓，有黄骨髓和红骨髓两种，其中红骨髓具有造血的功能。其实，在我们刚出生的时候，我们的骨髓都是红骨髓，根本就没有黄骨髓。但随着年龄的增长，脂肪细胞增多，一些红骨髓逐渐被黄骨髓所代替。黄骨髓是一种脂肪组织，并不具备造血的能力。但是当发生机体严重缺血等危急状况的时候，部分黄骨髓就重新被红骨髓所代替，增强骨髓的造血功能。骨膜是覆盖在骨头表面的一层致密的结缔组织，具有营养和感觉的作用，对于人的生长和断后愈合也起着非常重要的作用。

　　当我们刚来到这个世界的时候，并不是只有 206 块骨头。新生儿的骨头有 340 多块，等到成年以后，才会变成 206 块。那么其余的 100 多块骨头到哪里去了呢？原来，随着人体的生长，一些骨头就会长在一起。也就是说，其中的一些骨头进行了合并，所以骨头的总数量自然也就变少了。

　　这些骨头又是如何连接的呢？人体的骨骼是一个非常复杂的系统，它将 206 块骨头巧妙地连接了起来，组成人体的基本框架。骨头的连接方式有两种，一种是直接相连，这是一种固定连接的方式，被连接的骨头不能再分开或彼此活动的范围很小；另一种是通过关节相连，这样的连接可以保证两块骨头在一定的范围内进行活动，所以是活动连接。

　　在人体的所有肌肉中，大部分都是与骨骼相连的，我们将这样的

肌肉叫作骨骼肌，分为长肌和短肌两种。骨骼肌可以在神经的支配下收缩和舒张，进行运动。长肌一般可跨过一个或多个关节，在它舒缩的过程中会牵动骨骼，使我们完成各种复杂的动作。肌肉本身还具有弹性，这样就可以减轻外力对人体的冲击。另外，骨骼肌在收缩的时候还会带动骨骼和其他组织，以帮助我们支撑起身体的重量。

除了骨骼肌，人体还有两种肌肉，它们是平滑肌和心肌。心肌分布在心脏周围，它分为内、中、外三层，三层心肌纵横交错，保证了心肌的收缩。平滑肌则分布在其他的内脏器官周围，协助其他器官工作。另外，有些肌肉受我们意志的指挥，我们就称之为随意肌，比如说骨髓肌；有些肌肉则不以我们的意志为转移，称为不随意肌，心肌和平滑肌都是不随意肌。

血管和血液

在我们体内的血管中，流淌着我们的血液。人体内的血管所组成的网状系统遍布全身各处，其分支可达全身各处细胞。最有力的血管是动脉，因为动脉壁必须承受从心脏流出血液所产生的高压。动脉分支为小动脉，小动脉又分支为毛细血管。毛细血管将血液运往全身各个组织。食物和氧气经过毛细血管的薄壁进入细胞，同时二氧化碳等废物被运出细胞。毛细血管里的血液再次汇合到小静脉，小静脉里的血液又到静脉，最后将血液运回心脏。

血液承担着运输养分和清洁人体系统的重任，它们将氧气和各种营养成分带给身体的各个部位，同时又将人体代谢所产生的废物带走，并通过体内的不同器官将

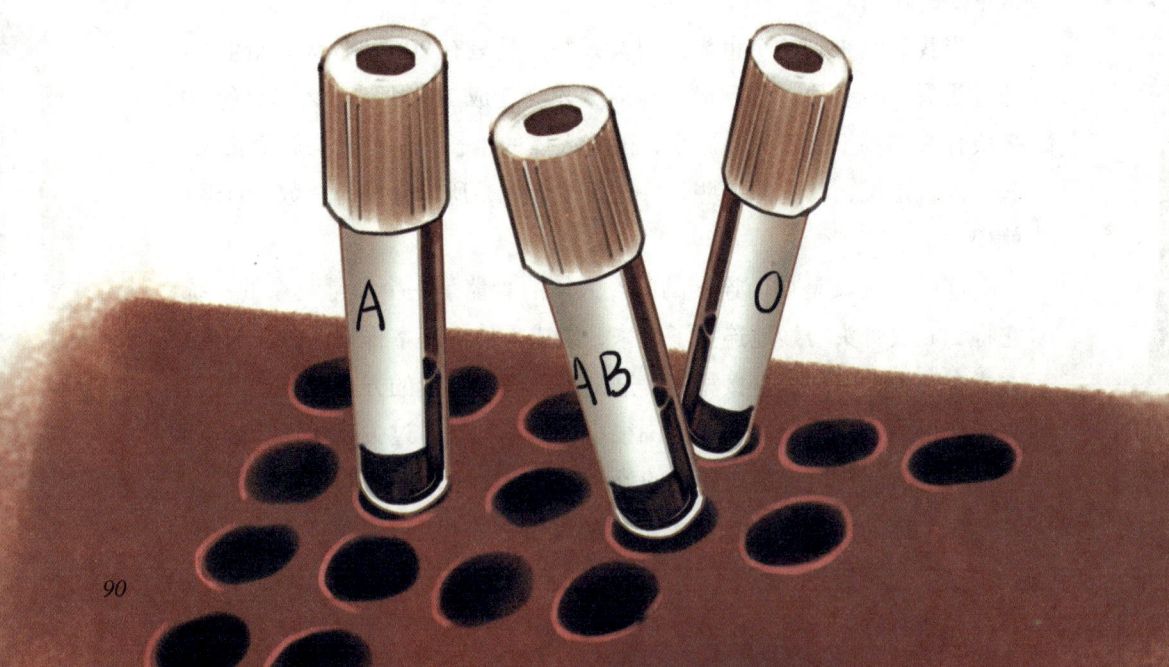

废物排出体外。另外，血液还可以杀灭病菌，并帮助我们保持体温。由此可见，血液对人体是非常重要的，一旦你的身体缺少血液，就会给身体带来诸多不适，严重者还会导致疾病的产生甚至死亡。

血液在血管中是不停地循环着的，所以它才可以将人体所需要的氧气和营养物质及时地运送给身体的各个部位，然后又及时地将身体的废物清理掉。如果血液停止循环，那么它也就无法做到这些了，身体的各个部位都得不到养分，而代谢出来的废物又清理不掉，这样人体就无法再继续运转下去，最终衰竭而死。为什么血液可以在人体不间断地循环下去呢？其实，这都是心脏的功能。血液经人体的静脉血管流入心脏，然后又被心脏按压到动脉血管中，周而复始，就形成了血液循环。

血液主要由四部分组成：血浆、红细胞、白细胞和血小板。其中，血浆的主要功能是运输营养物质和激素，并带走细胞所产生的代谢废物；红细胞的主要功能是运送氧气和二氧化碳；白细胞的主要功能是抵御和消灭侵入人体的病毒、细菌以及其他微生物；血小板是血液中的应急储备物质，当血管破损以后，它就会大量聚集到伤口处，形成血栓堵住伤口。红细胞是通过血红蛋白来运送氧气和二氧化碳的。血红蛋白是红细胞中的一种蛋白质，它能够与氧气结合，将氧带到全身各个部位。在它释放了氧气之后，就会与二氧化碳结合，然后回到肺部释放出二氧化碳，再吸入新鲜的氧气，如此不断地循环。

白细胞是人体的卫士，如果哪个部位出现了感染，体内就会产生大量的白细胞，用来对付病菌。所以，当我们发烧到医院看病的时候都要检查白细胞的数量，如果发现白细胞的数量猛增，就说明人体内一定有某个部位被病菌感染了。

活跃的肝脏

我们的肝脏位于横膈膜的下方，还记得什么是横膈膜吗？就是肺依托它来进行呼吸的那块肌肉。肝脏是棕色的，大约有 1.5 千克重，是人体内脏中最大的一个器官。我们的肝脏在体内非常活跃，它参与很多重要的生理过程。科学家们发现，肝脏可以做 500 项工作，这当然还不包括那些不为我们所知的工作，由此你可以想象它有多忙了！肝脏可以控制血液中的含糖量、解除人体内的毒素、帮助消化、储存多余的脂肪和淀粉，参与新陈代谢，等等。更为重要的是，它可以控制和协调人体内的各种物质，使所有器官都能够正常地运行。也就是说，心脏的跳动、大脑的思维、食物的消化和吸收等生理活动，都要依靠肝脏来进行。现在你是不是对肝脏另眼相看了呢！还有更神奇的，那就是即使你的肝脏只剩下 10%，你也仍然可以活下去，因为这一小部分肝脏会重新长成一个新的肝脏。

肝脏具有强大的解毒功能，可以将人体内的毒素转化为无害的物质，再排出体外。我们所吃的食物中，很多都含有毒素：在肠道内寄生的细菌，分解时也可以释放出有毒的氨气；我们所饮用的酒，在体内就会转变成乙醛，它可与体内物质产生有毒反应；还有我们所服用的一切药物，在治疗疾病的同时，也都含有一定的毒素。这些毒素如果不清除，就会对我们的身体造成伤害，幸好肝脏将它们一一化解了，所以我们才没有受到伤害。

但是，如果我们体内的毒素超出了肝脏的解毒能力，我们就会中毒。比如说最常见的酗酒，少量饮酒并不会对身体造成伤害，但是如果大量酗酒，肝脏就无法将毒素排出，造成酗酒者酒精中毒，严重者甚至会危及生命。在我们的身边，因为酗酒而丧命的人也并不少见。所以，如果你的家人也有这样的坏习惯，那么你就可以用我们今天所学到的知识去警告他，让他趁早改掉。

肝脏如此重要，我们是肯定离不开它的。如果肝脏出了问题，那就会给我们带来极大的麻烦。比如说肝脏不能再解毒，那么毒素就会淤积在体内，遍布全身，这将导致我们的身体百病丛生，后果不堪设想。

更可怕的是，所有的肝病都没有明显的症状，使我们很难察觉。而一旦发作，病情又会迅速恶化，死亡的速度也很快。所以，我们一定要保护好我们的肝脏，经常到医院进行检查，做到早预防、早治疗。肝病虽然可怕，但只要我们发现得及时，并及时采取治疗措施，也是可以脱离危险的。

我们应该怎样从饮食上调养肝脏呢？鸡肝具有补血养肝的功效，而且可以温胃，是调养肝脏的首选。鸭血和菠菜也是养肝的佳品，可以适量食用。此外，多吃富含蛋白质和维生素的食物，少吃动物脂肪性的食物，多吃新鲜的水果，多喝水，少沾烟酒，少吃含有毒素、染色素或是刺激性的食物等，也是养肝的基础。

肺和呼吸

肺是人体重要的呼吸器官，我们必须不断地从外界呼进新鲜的氧气，并及时呼出细胞代谢所产生的二氧化碳来维持生命。我们每分钟都要呼吸约6升的空气，不过幸好这些事不用我们自己去操心，因为人的呼吸是身体的一种自动行为，我们的身体可以自己完成。只要我们还活着，呼吸就会自动进行。

我们的肺位于胸腔内心脏的两侧，分为左、右两个肺，心脏就贴在左肺的凹陷处。奇怪的是，两个肺之间并不是相通的，它们分别与左右支气管相连。两个肺的肺叶也有所差别，左肺分为上、下两片肺叶，而右肺则分为上、中、下三片肺叶。在肺的内部，有大约3亿个圆形的肺泡，肺泡是进行气体交换的场所，在这里，血

红蛋白吸收氧气，并释放二氧化碳。

　　你知道吗？肺除了是重要的呼吸器官，还可以帮助我们发出声音。也许你认为是声带在发出声音，这并没有什么不对。但是你也许不知道，肺在我们发声的过程中也扮演了一个非常重要的角色。正常情况下，声带是开启的，可是当我们说话的时候，声带就会关闭，从肺部呼出的气体在经过声带时，就会使声带不停地振动，从而产生声音。

　　在我们体检的时候，常常会有肺活量的测试。你知道肺活量是什么吗？测量它又有什么意义吗？当你用力吸气以后，再用力呼气，你所呼出的气体量就是肺活量。也就是说，肺活量所反映的是你一次呼吸的最大限度，也是一个人身体健康的标志。肺活量越大，身体就越健壮。通常情况下，运动员的肺活量要比一般人大，其原因就在于他们经常进行体育锻炼。所以，我们也可以通过锻炼身体来提高肺活量。

我们的呼吸器官除了鼻和肺，还包括咽喉和气管。空气从鼻腔中进入以后，首先到达咽部，咽的下面连着喉和食道，空气在穿过咽、喉以后就会到达气管，气管的下方分成左、右两个支气管，空气通过支气管才最终进入肺，进行气体交换。

废物排泄

废物排泄是机体物质代谢的最后一个环节，也是机体最基本的生命活动。食物在我们的体内经历了漫长的旅行，其中有用的成分被我们的身体所吸收，而那些剩下的废物则被排出了体外。这一点大家都很清楚，固体废物形成了粪便，而液体废物则成了尿液。我们的身体每天都要排出一定的废物，以维持正常的生理机能。如果体内堆积过多的废物，就会给我们的健康带来麻烦，疾病也就随之而来了。

肾脏是人体内重要的过滤器官，它可以对血液中的水和化合物进行过滤，将多余的水分和无用的化合物转化成尿液，储存到膀胱中，然后再排出体外。在肾脏中，还有数千条极其微小的管子，可以将有用的物质再次运回到身体当中。此外，肾脏可以保持体内钾、钠、氯的正常水平，维持人体的酸碱平衡，所以说肾脏对于维持我们正常的生理功能以及基本的生命活动具有非常重要的意义。

我们的体内有两个肾，左、右各一个，其实一个肾也可以维持我们的生命。所以有些人将一侧的肾切除了，也可以继续活着。另外，现在还有人造肾可供选择，它也可以维持病人的生命。我们的肾在产生尿液以后，尿液就会进入膀胱，当你的膀胱存有0.3升尿液时，你就会产生排尿的欲望了。尿液的颜色通常都是黄色的，这是因为在尿液中含有尿素的缘故。除了尿素和水，尿液中还含有少量的蛋白质和盐，但它通常都不含细菌。

与尿液相似，我们体内的固体废物也不是产生之后就直接排出体外的，它们也有一个专门的储藏室，那就是结肠。在粪便产生以后，它们就会堆积在结肠里，它们要走出肛门，还要经历一段时间。也就是说，每天只有一部分粪便被推出肛门。排便的次数则是因人而异的，有些人一天排一次，有些人两天排一次，也有些人所吃的食物中含有较多的纤维，所以可能一天排两次或三次，不过这些都是正常的。但

令人尴尬的屁

相对于打嗝来说，放屁更加不文雅，也更令人感到尴尬。因为它除了会有响声之外，还常常臭气熏天，这让人更加难以忍受。也许不该把放屁和打嗝相提并论，可事实上，它们的起因确实是相同的。放屁也是为了排出人体内的气体，当你在吃饭时说话太多或者吃饭的速度过快，以及喝了带气的饮料时，都可能造成这种尴尬的场面。既然打嗝和放屁的目的是一样的，那么也就是说，你打嗝打得多，屁就会放得少，总之你必须将这些气体排出去。权衡之下，我们还是选择打嗝吧！

如果你几天都不排一次，那就不正常了，因为你很可能患上了便秘。

便秘是一种十分令人讨厌的疾病。当你体内的粪便过于干燥时，它们就很难被排出体外，于是就产生了便秘。便秘会导致一系列健康问题，当粪便不能及时排出时，肠道内的废物会释放毒素，产生对身体有害的物质，从而导致疾病的发生。另外，人体内的宿便也是癌症的温床，极有可能滋生大肠癌，所以我们一定要注意预防。

便秘一般与饮食和运动有关。当你的饮食中缺少纤维，或缺少体育锻炼时，就很可能造成便秘。另外，有些精神因素也可能导致便秘的出现，比如说精神紧张、压力过大等。要预防便秘，我们可以多吃水果和蔬菜，适当吃一些粗粮，少吃过于油腻的食物。此外，还应该坚持适量的运动，并保持愉悦的心情。

第三节 人与疾病的抗争

可怕的病菌

还记得我们在前面所说的那些显微镜下的怪物吗？它们可是最难对付的健康杀手。这些病菌遍布我们生活的各个角落，随时都准备向我们发起攻击。一旦它们的阴谋得逞，我们的身体被它们侵占，那么疾病也就随之而来了。更为可怕的是，我们根本就无处可逃，也无处可躲，因为它们真的是无处不在。

细菌喜欢那些又脏又乱的地方，如果你不想身边的细菌太多，那就把你的房间收拾得干净一些。当然，即使你这样做了，细菌也不会消失，在你的房间也仍然存在着大量的细菌，这一点我们在前面就已经说过。细菌的可怕之处在于它可以制造有毒的化合物，从而危害我们的健康。能够引起疾病的细菌有很多，比如说瘟疫、霍乱、肺结核等疾病，都是由细菌引起的。

当然，并不是所有的细菌都会导致疾病，有些细菌甚至还是有益于健康的，比如说我们在前面提到的生活在大肠中的细菌。不过，如果你的体内存在着大量的细菌，那绝对是一件非常可怕的事。要知道，细菌的繁殖速度是很快的，如果你为它们提供一个舒适的生活环境，它们就会以惊人的速度迅速繁殖。如果我们不去打扰它，一个细菌在 9 个小时内就可以繁殖出 1 亿个细菌，真是不可思议。

病毒似乎比细菌还要可怕，虽然它比细菌要小很多，但它的危害却一点儿也不小，而且病毒可没有细菌那么好心，还帮助我们的身体合成维生素，它只会给我们制造麻烦。病毒既不吃东西，也不呼吸，它在我们的细胞中生存，并劫持细胞的控

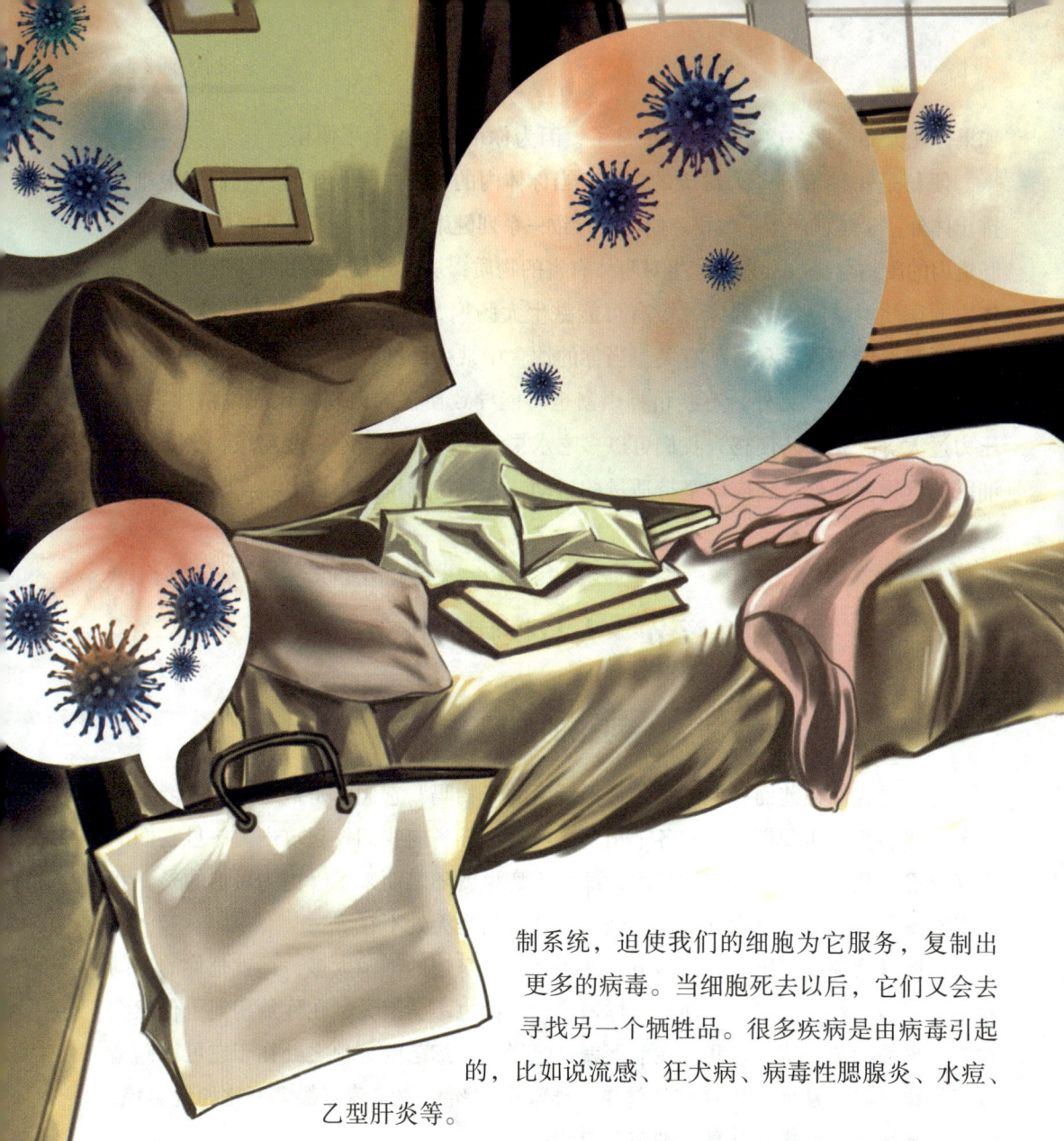

制系统，迫使我们的细胞为它服务，复制出更多的病毒。当细胞死去以后，它们又会去寻找另一个牺牲品。很多疾病是由病毒引起的，比如说流感、狂犬病、病毒性腮腺炎、水痘、乙型肝炎等。

　　病毒可以通过我们的鼻子、嘴和伤口进入人体，然后占领细胞。病毒的本性十分凶恶，有一种叫作噬菌体的病毒甚至还可以攻击细菌。当某一种病毒出现的时候，我们常常会注射疫苗来防止被病毒感染。可是，有些病毒却让我们防不胜防，因为它们还善于变化。病毒在复制的过程中，常常会产生变异，这就会使我们的免疫系统忽略它们的存在，从而使我们更容易被感染。

　　然而，我们的免疫系统在杀死病毒的同时，难免会将细胞也一起杀死。我们的免疫系统还没有设计出一种只杀死病毒而不伤害细胞的方案。这也是让我们很头疼的事情，因为它有时会让病情变得更糟。比如说乙型肝炎的患者，它的病毒就在肝脏细胞里面，免疫系统要杀死病毒，就必然会损害肝脏。

身体的抵抗

面对病菌的疯狂攻击，我们的身体当然不会任其宰割。相反，身体会奋起抵抗，将病菌通通消灭。病菌要进入我们的身体，是要经过重重阻隔的，如果它们穿越了重重障碍，最终进入了身体内部，它们的日子也不好过。因为我们的人体卫士会迅速赶过来，将它们全部杀死。所以说，病菌在人体的旅行其实并不愉快，面对身体的抵抗和攻击，它们往往都要付出更为惨重的代价。

白细胞可是我们阻击病菌的有力武器，也是人体的免疫系统中最重要的成员。白细胞可以分为T细胞和B细胞，其中T细胞又可分为杀手细胞、T助手细胞和T抑制细胞三种。所谓杀手细胞，看名字就知道它的厉害了，它是负责杀掉病菌的，所有被确信为藏有病菌的细胞都将被它们清除掉；T助手细胞当然是给T细胞帮忙的，它们负责向B细胞发出警告，并指示杀手细胞发起攻击；T抑制细胞是用来限制那些疯狂的杀手细胞的，以免它们伤害太多的无辜细胞。B细胞可是经过特别训练的，它们可以锁定目标，进行有针对性的攻击。

不治自愈的感冒

感冒是一种常见病，它虽然让人感到很难受，但是却不会对我们造成太大的危害。一般情况下，患者便可自动痊愈。你不要以为是什么神奇的药物治愈了你的感冒，其实我们的身体可以自己治好它，这当然要依靠我们的免疫系统。虽然你在感冒的时候会出现诸多的不适，可那正是我们的免疫系统在与病毒作战呢！别着急，很快就会好的。通常我们的免疫系统只需要一周就可以将感冒病毒全部消灭，当然，在此过程中，我们会损失很多白细胞。

我们的体内有数百万个 B 细胞，由于这些细胞具有识别能力，所以一旦我们的身体受到某种病菌的侵袭，那么它们就会记住这种病菌。当我们再受到这种病菌袭击的时候，它们就会主动向这种病菌发起攻击。也就是说，我们的身体已经对这种病菌产生了免疫力。所以，由病菌引起的疾病，我们通常都不会再得第二次。

其实，身体的第一道防线是我们的皮肤，它如同一道天然的屏障，将所有的病菌都挡在了外面。一般情况下，病菌是不可能通过皮肤进入我们的身体内部的，但是如果你划伤了你的皮肤，那么病菌就有可能乘虚而入了。鼻子和嘴是人体的主要关口，这里的防守相对薄弱，所以病菌常常从这两个地方溜进人体。比如说感冒，通常都是因为吸入了带有感冒病毒的空气所引起的。

危险的食物

我们每天都要摄取各种各样的食物，以满足身体的需要。你们知道吗？我们的食量大得惊人，每个人的一生都要吃下大约 30 吨的食物。当然，我们每个人的食量都是不同的，有的人吃得多，有的人则吃得少。你一次能吃下多少东西主要取决于你的胃有多大，你盛放食物的地方越大，你的食量自然也就越大。

另外，大脑中的丘脑也可以控制人的食量，有时它会及时向大脑发出信号，告诉我们什么时候该吃东西、什么时候该停止进食。有时，当它告诉你该进食的时候，你却不想吃；而当它告诉你停止进食的时候，你却停不下来。这就是因为我们对不同的食物有着不同的情感，碰到自己喜欢的食物，就要多吃一些，而碰到不喜欢的食物，则要少吃一些。

为什么说食物可能是危险的呢？这并不是说食物本身是危险的，而是说在某种特定的情况下，食物就可能危害我们的健康。比如说生活中常见的食物中毒现象，就是由于我们吃下了不干净或过期变质的食物造成的。也有些危险的食物是我们不易察觉的，那就是食物的搭配出了问题。也就是说单一的食物是没有危险的，但是如果将两种食物放在一起食用，就有可能会对我们的健康造成危害。另外，食用过多的食物或者是食用的食物过于单一也都会损害我们的健康。

不健康的饮食会导致多种疾病。比如说现在很多孩子都有偏食的毛病，这是一个非常不好的习惯，会严重影响儿童的健康成长和生理发育。我们知道，每种食物所含的营养物质都是不同的。换句话说，每一种食物都有它的营养价值，也都有对人体有益的一面。而我们的身体是需要很多种营养元素的相互配合才能够更好地运转的，所以我们必须从食物中得到这些营养物质，以满足身体的需求。如果我们有偏食的习惯，就会造成体内某些元素过量和某些元素不足，这将直接危害我们的健康，导致疾病的产生。

食物的搭配也是很有学问的。如果食物搭配不好，不仅会破坏它们的营养成分，而且还会危害我们的健康，甚至产生毒副作用，危及生命。比如说菠菜与豆腐这种常见的组合，其实以营养学的观点来看，是非常不合理的。因为菠菜中含有草酸，而豆腐中含有钙，两者相遇可结合成草酸钙，不仅影响人体对钙的吸收，而且长期食用还可导致结石症。再比如说菠菜和韭菜同吃，具有润肠的作用，很容易导致腹泻。

值得一提的是，那些肥胖的人并不是因为体内的营养物质过多造成的。肥胖是因为体内存有过多的脂肪，但这并不是一种健康的表现。事实上，肥胖也是营养不良，他们的体内缺少很多营养物质，比如说纤维、维生素等。所以说肥胖也是一种疾病，它也会危害我们的健康，很容易诱发高血压等疾病。如果你希望自己远离肥胖，那就一定要少食用那些油腻的垃圾食品，多食用新鲜的蔬菜和水果。

和细菌的战斗

细菌是让人讨厌的家伙，因为它会破坏我们的食物，在我们毫无戒备的时候进入我们的身体，让我们感到不舒服，严重者还会病倒甚至死亡。很多细菌好像特别钟情于我们的食物，如果说我们的食物是危险的，那细菌绝对称得上是危险的最大制造者。

细菌总是在伺机寻找进入我们身体的机会，通过食物是它们进入人体的最好方式，因为我们对于食物向来都是缺少防备的。如果你知道自己即将吃下的食物已经被细菌啃噬过了，那你一定要理智地停止进食。可一些人却并没有在意它们的存在，认为这不会对自己造成伤害，况且要将食物扔掉也确实很可惜。在吃下去之后，他们后悔了，可是为时已晚，结果他们开始感到强烈的肚子疼、腹泻、呕吐，也有些病情严重者因此而付出了生命的代价。

我们人类拥有无穷的智慧，当然不会就这样任由细菌来欺负我们，所以我们一定要想办法反击，不给它们与食物接触的机会。首先，让我们对食物的产生地——厨房来进行一番精心的布置。赶快把那个垃圾桶拿走，厨房可不欢迎它。要知道，垃圾桶是细菌的豪华酒店，非常有利于它们的繁殖，所以我们一定要让它远离厨房。还有那些食物，将它们放到冰箱中去，让低温将那些讨厌的细菌杀死。另外，绝不能让那些小动物进入厨房，比如说苍蝇、蟑螂等，就连你非常喜欢的小猫和小狗也不行。它们都是细菌的传播者，所以一定不能让它们靠近厨房。

然后，我们需要对自己提出几点要求，以保证我们的食物安全：不要对着食物咳嗽或打喷嚏，因为细菌会随着你喷出的空气落到你的食物上；不要用你的脏手去抓食物，这无疑是传播细菌的最佳方式，因为你的脏手布满了细菌；不要在你的食物面前梳头，即使是刚刚洗完的也不行，因为干净的头发也是携带细菌的；不要用嘴去吹食物，因为细菌会从你的嘴里飞到食物上。

我们的身体可以对抗细菌吗？当然可以，你忘了人体的卫士——白细胞了吗？它们可是杀灭细菌的高手。不过如果细菌的数量太多，你需要给它们一段时间。只要在它们的能力范围之内，它们一定就可以将细菌全部吃掉。如果我们的白细胞对付不了这些细菌，你也不用着急，我们还有抗生素呢！抗生素是专门对付细菌的一种化学药品，是我们反抗细菌的有力武器。当发生食物中毒时，医生通常都会采用抗生素来帮助我们。

事实上，我们的身体并没有那么脆弱，是不会轻易食物中毒的。只要我们能够养成良好的卫生习惯，不吃过期变质的食物，细菌就很难在我们的体内兴风作浪。

医生和救命药

除了我们的免疫系统，我们还可以借助医生和药物来治愈我们的疾病。在很多人心中，医生都是非常神圣的，也是非常严肃的，所以一般的小孩子都会害怕医生。只是看他们穿着白大褂站在那，就已经让人很紧张了。如果其手里再拿着一个针管或者是一把手术刀，那一定会把孩子们吓得号啕大哭。不过在生病的危急关头，只有医生才能救我们的命。

现在的医学已经取得了很多辉煌的成就，很多以前的不治之症，现在也都找到了解决的办法。以前人们根本就不敢相信，自己的内脏坏了还可以继续活着，这听起来似乎是不可能的。可是这一切在如今来说都不是什么难题了，这多亏了医学工作者们的不懈研究以及医生们高超的医术，解除了患者的痛苦，也挽救了很多人的生命。所以说，这些救死扶伤的医生是很值得我们尊敬的。

医生不仅可以进行各种高难度的手术，而且还可以给我们提供很多好的建议，让我们生活得更健康。所以当我们的健康出现问题的时候，一定要听医生的话，只有这样才能尽快好起来。当然，我们也应该清楚，医生并不是万能的，有些问题是医生也解决不了的。而且医生也存在误诊的现象，导致医疗事故的发生。所以，我们也不能过分相信医生，最好能多听听几位不同医生的意见，别让自己成为医疗事故的受害者。

人活一世，不可能永远都不患病，而患病就一定要吃药。你也一定有过吃药的经历吧！是不是吃过药之后就觉得好多了呢？有些时候，我们会选择静脉注射的方式来向体内注入药物，这样往往恢复得更快。各种先进的医疗手段再加上各种神奇的药物，延续了我们的生命，也减轻了我们的痛苦。想一想，如果有一天我们没有药物可用，那会是多么可怕的一种情景！

医药可以救命，但医药也同样可以害人性命。这种说法是不是听起来很可怕呢？可这确实是事实。大家应该都知道"是药三分毒"的道理吧！所有的药物在治愈我们疾病的同时，也会在我们体内产生毒素，有些时候还会令我们产生一些不良反应，这就是药物的副作用。每一种药物都不

打疫苗可以预防疾病吗

打疫苗其实是在你的体内注入某种经过特殊处理的疾病病毒，使你的免疫系统产生抗体，这样当你再遇到这种病毒侵袭的时候就可以对抗它们了，从而达到预防疾病的目的。一般情况下，疫苗都可以有效地预防疾病，所以我们应该主动注射疫苗。但是注射疫苗也未必是绝对安全的，因为疫苗的作用在于激发人体自身的免疫系统，一旦免疫系统出了问题，我们甚至还可能受到自身免疫系统的攻击。另外，有些病毒是会变异的，而疫苗只是针对一种病毒来设计的，所以出现疫苗不起作用的现象，那也是不足为奇的。

是只有一种功效，当你用它去治疗一种疾病时，我们所用的只是它的一种功效，那么其他的功效也就自然成了副作用。所以，我们必须在医生的指导下服用药物，千万不要过量，可以不吃药就尽量不要吃药。如果你服用了过多的药物，或者是你所服用的不同药物发生了反应，就会对你的身体造成极大的伤害，甚至危及生命。

鼠疫

也许你没有亲身经历过可怕的鼠疫，可是你应该听说过由于鼠疫所带来的巨大灾难，染上鼠疫的人大批大批地死去，每个人都人心惶惶，生怕自己被传染上鼠疫。尽管我们并不愿意回想那些凄惨的往事，可是这些残酷的事实却又让我们无法遗忘，毕竟有太多的人在这种可怕的瘟疫中失去了生命。

鼠疫是由一种叫作耶尔森氏菌的病菌引起的，它们在老鼠的体内快乐地生长。如果这时有一只跳蚤咬了老鼠一口，那么耶尔森氏菌就会进入跳蚤的肚子里。这种病菌并不会让跳蚤太舒服，因为它们会阻塞跳蚤的肠子，让它们无法正常进食。结果跳蚤病了，可它们还在疯狂寻找新鲜的血液，我们人类自然也是它的目标之一。

如果你很不幸被这样的跳蚤咬了，那么那些该死的鼠疫病菌就会趁机进入你的身体，然后开始在你的体内作乱。

鼠疫病菌常常会攻击人的大脑和血液，有时它也攻击人的肺部。患者被它折磨得苦不堪言，他们不断地咳嗽、呕吐，结果把病菌弄得到处都是，于是疾病开始流行，越来越多的人染上了鼠疫。更为可怕的是，如果患者没有得到有效的医治，那么至少有 1/3 的患者会在 5 天之后死亡。仅在 1896—1917 年，印度就有 1000 多万人因鼠疫而丧生。

面对来势汹汹的鼠疫，人们开始方寸大乱，究竟该怎样才能控制住这场可怕的瘟疫呢？人们开始大肆地宰杀猫和狗，因为它们是跳蚤的传播者。这些可怜的小猫和小狗成了牺牲品，可是人们的这种做法却并没有起到什么作用，因为跳蚤同样会咬人来传播疾病。明智的做法是对疾病患者进行隔离，这样可以有效地控制疾病的蔓延。英国女王伊丽莎白还宣布将病人所有的物品连同房子一块儿烧毁，这样做显然是没错的，因为跳蚤也同样会被烧死。

鼠疫虽然可怕，但是现在我们已经找到了控制它的办法，也就是说，人类再也不会因为鼠疫而有生命危险了。对于鼠疫患者，通过药物和抗生素治疗，就可以让他恢复健康，这无疑是值得我们高兴的事。

是谁发现了鼠疫病菌，又是谁最先想出了治疗鼠疫的办法呢？他就是伟大的瑞典科学家亚历山大·耶尔森。耶尔森在鼠疫患者的尸体上割下了肿大的淋巴结，然后他培养了淋巴结中的小细菌。后来，他找到了一只倒霉的老鼠进行实验，将病菌

跳蚤咬人

进入跳蚤的肚子

耶尔森氏菌

注射入老鼠的身体，结果这只可怜的老鼠果然得了鼠疫。人们为了纪念耶尔森，就把导致鼠疫的这种病菌取名为"耶尔森氏菌"。后来，他又研究出了针对病菌的抗毒素，第一次彻底治愈了鼠疫患者。

霍乱

霍乱是一种传染疾病。在中华人民共和国成立以后，我国就已经消灭了这种疾病，所以我们对这个名字并不熟悉。但是，霍乱在一些比较落后、生活艰苦的地方还是会不断地发生，所以我们也绝不能掉以轻心，要做好霍乱的预防工作。

"霍乱"一词出自希腊语，它的意思是腹泻。但是如果你得了霍乱，那就绝不仅仅是腹泻那么简单了。事实上，霍乱要比腹泻严重得多，它也曾经夺走了无数人的生命。

霍乱是由一种叫作弧菌的病菌引起的，当这种病菌进入人体之后，就会使人患上霍乱。霍乱病菌在人体内产生毒素，这会使肠子无法吸收各种消化液，所有的水和各种营养物质都会从体内流走，所以患者会出现腹泻的症状。患者会感到非常渴，可是喝下的东西又会很快就吐出来，真是让人痛不欲生。另外，由于患者体内失水，所以会造成痉挛，使得血液变成了黑色，这时患者的皮肤通常都是青色的，接下来还有可能变成紫色甚至黑色。更为可怕的是，患者在死后其尸体还会出现抽搐的现象，这是因为死者体内缺盐，所以神经会在其死后的几个小时内，依旧让肌肉抽动。

霍乱病菌是如何进入人体的呢？这还要从它的生活环境说起。霍乱病菌喜欢生活在有点儿咸味的水域中，尤其喜欢生活在脏水里。如果人喝下了这种含有霍乱病菌的脏水，就会引起霍乱。其实，我们的胃酸可以杀死霍乱病菌，但是当我们的胃酸较弱时，比如说当你喝了很多水的时候，霍乱病菌就会存活下来，并在你的肠子里面捣乱。

霍乱病菌是怎样传播的呢？主要通过霍乱患者的排泄物进行传播。如果苍蝇接触了这些排泄物，然后再去接触我们的食物，就会把病菌带到食物上。另外，如果这些排泄物进入水里，就会使水里也含有这种病菌，正常人如果喝了这样的水或者是吃了水里面的水产，也可能被传染上。不过，霍乱一般不会通过空气和口水进行传播。因为霍乱病菌比较重，它们在空气中会很快跌到地上死亡，而口水中的霍乱病菌很少，人体的胃酸足可以将它们杀死。

当然，霍乱也是可以医治的，医治的办法就是利用神奇的抗生素。不过这种疾病确实是让人非常痛苦，所以还是应该小心。毕竟它并没有从世界上消失，世界上很多地方还都有它的足迹，而且它也很可能再次来到中国，这都是我们必须要预防的。总之，我们在生活中一定要注意饮水卫生，因为即使脏水中没有霍乱病菌，也会有其他的细菌，即使不会让你患上霍乱，也很可能造成腹泻。

天花

天花是由天花病毒所引起的一种传染病，具有很强的传染性。在历史上，天花曾夺取了无数人的生命，就连拥有至高权力的皇族也拿它没有办法：埃及国王拉美西斯五世、英格兰女王玛丽二世、俄国沙皇彼得二世、法国国王路易十五、西班牙国王路易斯一世等，都是因为天花而死的。历史上，天花确实是曾经给人类带来了巨大的灾难。

不过这种让人胆寒的疾病却逐渐淡出了我们的视线，现在也很少有人会提起它，甚至连很多医生都没有见过天花是什么样子的。这是怎么回事呢？原来，我们人类早已经彻底战胜了天花，我们以后都不会再得天花了。这也是人类在与病菌抗战的诸多战役中，取得的一次彻底的胜利。天花也是到目前为止，在世界范围内被人类消灭的第一个传染病。

在天花泛滥的年代，真可以说是人心惶惶，一旦被感染上了天花，所有的人都会远离你，你甚至可能被隔离，随时都面临着死亡的威胁。天花会在你的身上留下大片的带有大脓头的斑点，然后你的皮肤会溃烂掉。在此期间，你还会不停地发高烧、呕吐，并感到肌肉疼痛。最后，你将被这种可怕的疾病折磨而死。

当然，得了天花不一定会死。但是天花的致亡率非常高，平均每 4 名患者就会有 1 名死亡。不管怎么样，天花都一定会在人身上留下痕迹。所有得过天花的人都留下了满脸的痘痕，而且这些丑陋的痕迹将伴随他们一生。还有些人更惨，他们虽然保住了性命，但是却失去了视觉、听觉或者是患上了肺结核。

幸好我们现在已经摆脱了这种疾病，这真是一个天大的好消息。你知道为什么我们人类可以战胜这种疾病吗？这要从它的传播途径说起。天花是通过患者的唾液或者是与患者的直接接触而传播的，而且这种病毒只存在于人体，也只能在人中间进行传播。所以，我们给每个人都接种这种病毒的疫苗，天花病毒也就因此而灭绝了。

天花可以通过种痘来预防，这是一个非常有效的方法。值得我们骄傲和自豪的是，人痘接种术最早起源于中国。后来，俄罗斯派遣留学生来中国学习这种技术，在传到俄罗斯以后，又通过俄罗斯人传到了土耳其和北欧，直到传遍全世界。在随后的时间里，人们开始大肆消灭天花病毒，天花病人也越来越少见。1979 年 10 月 26 日，这是一个值得纪念的日子，因为在这一天，世界卫生组织宣布，全世界已经消灭了天花病。现在，只有在 7 个国家的实验室里面还存在天花病毒，以供研究之用。

艾滋病

艾滋病，这似乎是全世界都在关注的一种疾病，对我们人类的健康构成了极大的威胁。与前几种疾病不同的是，艾滋病是无药可救的，因为到目前为止，我们还没有发现什么药物可以有效地治疗艾滋病。而且我们也没有研制出用来预防艾滋病的疫苗，尽管科学家们已经很努力了，但却始终都没有收获。也就是说，如果得了艾滋病，那生存的机会就非常渺茫了，这就是艾滋病最可怕的地方。

艾滋病，医学全名为"获得性免疫缺陷综合征"，是由一种叫作人体免疫缺陷病的病毒所引起的，这种病毒也叫作 HIV 病毒。为什么要取这样的名字呢？难道艾滋病和我们的免疫系统有关吗？没错。HIV 病毒就是一种能够攻击人体免疫系统的病毒，它会杀死人体内部的 T 细胞，并最终使我们失去免疫能力，最后因为无力抵抗各种疾病而死亡。但是，即使被感染上了艾滋病，也不会马上表现出来，艾滋病有十几年的潜伏期。而在潜伏期中，不会有任何症状，还可以正常生活，不过此时身体已经带有艾滋病毒，所以会将病毒传染给别人。

免疫系统对我们来说是非常重要的，可是艾滋病病毒却会疯狂地破坏它。它们把免疫系统中最重要的 T 细胞作为攻击对象，大量地破坏 T 细胞，最终将我们的免疫系统全部破坏掉。而当我们失去免疫功能的时候，各种疾病就可以轻易进入人体，对正常人没有危害的病菌也可以轻易地袭击艾滋病人。

由于艾滋病患者无力抵抗任何疾病，所以他们就会染上各种疾病，还常常出现恶性肿瘤，经过长期的消耗，患者会因为全身器官衰竭而死亡。艾滋病本身并不是病，它只是人体失去免疫力的一种状态，所以说真正使人死亡的并不是艾滋病本身，而是其他相关的疾病。

艾滋病虽然可怕，但是好在它不易传播，正常人被感染的概率也比较小。因为艾滋病病毒虽然可怕，但它实际上非常脆弱，它只能在人体血液和体液的活细胞中生存，对外界环境的抵抗力比较差，一旦脱离人体，很快就会死亡。所以艾滋病病毒不可能通过食物、空气、水等一般的生活接触进行传播。

通常情况下，艾滋病只有通过性行为、静脉注射、输血、母乳喂养等方式才能进行传播，而我们日常生活中的握手、拥抱、共用餐具及公共用品等行为都不会被传染上艾滋病病毒，就连蚊虫叮咬也不会传播艾滋病病毒。所以，我们只要把好这几关，那么染上艾滋病的概率就是非常低的。

另外，我们绝不能歧视艾滋病患者，他们一样具有生存的权力，而且他们需要更多的勇气和力量去走完他们以后的人生，所以我们应该给他们更多的关怀和鼓励，而不应该向他们投去异样的眼光。

值得一提的是，艾滋病病毒携带者与艾滋病病人是有很大区别的：艾滋病病毒携带者是指那些已经感染了艾滋病病毒，但是还没有表现出症状来的患者，当然，此时他们同样可以传播艾滋病。

经过几年的时间以后，艾滋病病毒不断破坏人体的免疫系统，最后使得患者表现出一系列的症状，于是艾滋病病毒携带者就发展成为艾滋病病人。两者的不同之处就在于后者已经出现了明显的临床症状。

一些新疾病

现有的疾病已经够我们烦了，可是偏偏还总是出现一些新疾病，真是让人头疼。1976 年出现在美国费城的一种新疾病曾经杀死了住在一个旅馆里面的所有美国军团前成员；同年在非洲的苏丹和刚果共和国也出现了一种可恶的新疾病，它会使人感到剧烈的头痛，并从耳朵、眼睛以及臀部流血，真恐怖！不过好在这些新疾病还没有造成很大的伤害，而且我们也可以通过抗生素来对抗它们。

为什么总是有新疾病不断出现呢？其实，导致新疾病出现的原因有很多，比如说全球气候变暖更利于某些生物的生存，这使它们繁殖得更快，而这种生物又恰好可以传播疾病，所以就使得我们患上了一些新疾病；再比如说我们大肆砍伐森林，并在那里安家落户，而那里原来就是存在病毒的，所以我们过去以后就会被传染上这些疾病。

有些疾病的病毒是很"聪明"的，也许我们以前可以用抗生素来对付它，可是在经过一段时间之后，它们已经适应了这种抗生素，并掌握了对付抗生素的办法。也就是说，抗生素对它们已经不起作用了，这样我们就必须想办法来研制新的药物去对付它，这就是某些药物对疾病不起作用的原因。

世界上究竟有多少种新疾病，谁都说不清，但是我们应该知道，人类与疾病的对抗是永无休止的。我们决不会向疾病妥协，而疾病也不会轻易认输。也许在世界的某个角落，还存在着某些致命的可怕疾病，它们正在跃跃欲试准备袭击人类呢！

那么，有没有可能地球上忽然出现一种新疾病，将我们人类全部杀死呢？别担心，不会有这样的事情发生的。像我们曾经遭遇过的禽流感、非典型性肺炎等新疾病，不是也都被我们战胜了吗？虽然也有人因此而丧命，但是总的来说，它们并没有造成全球范围内的损害，我们人类更不可能因此而灭绝。虽然新疾病会给我们制造一些麻烦，但是我们毕竟已经掌握了一些疾病的知识以及对抗疾病的办法，而且我们拥有那么敬业的医生和医学工作者，还有那些甘于奉献的志愿者，所以我们有能力将病情控制住，也绝不会让人类灭绝这种惨剧上演。

第四章　最前沿的科学新知

第一节　各种各样的机器人

我们的机器人朋友

在某些科幻影片中，机器人是十分可怕的，它们拥有无穷的力量，并攻击我们人类，甚至会将我们全部杀死。但是在现实生活中，机器人却表现得十分友好，它们帮助我们做各种工作，当然，大多数都是我们自己不愿意去做的工作，不过机器人一点儿也不介意。而且它们还可以陪我们玩耍，为我们服务，给我们的生活增添了很多乐趣。所以说，机器人是我们的好伙伴、好朋友。

机器人的种类有很多，它们的样子也是五花八门，想一想你见过几种呢？有些机器人非常简单，它们只是一种自动的装置，只能用同一种方式反复地做几件简单的事；有些机器人是在遥控器的指挥下工作的，也就是说，如果我们不用遥控器去控制它们，它们就什么都做不了；有些机器人是仿照动物制作的，它们可以模仿动物的一些行为，甚至还可以模仿早已灭绝的恐龙；有些机器人则看起来像人一样，也可以模仿人的一些行为，不过它们没有真人那样灵活。

你是不是觉得机器人是一种高科技产品，只有在具有一定科技水平的现代才能研制出来呢？事实并不是这样的。其实，机器人绝不是近代才出现的新玩意，早在几千年前，古希腊的工程人员就已经发明了一些可以移动的雕像以及用蒸汽驱动的模型。当然，那时人们并不叫它机器人，而最早被人们称为机器人的东西是由一位我们非常熟悉的大画家发明的，他就是莱昂纳多·达·芬奇。他设计了一个可以自动行走的狮子，据说这个狮子还曾经走到法国国王的面前，并向他敬献了鲜花，当然，这一举动把国王吓了一大跳。另外，他还设计了一个机器人武士，可以立正和挥动胳膊。

人类为什么要设计机器人呢？难道就不怕机器人对抗我们吗？如果你有这样的疑问，那就一定是科幻小说看多了。人类设计机器人的初衷当然是为了造福人类，让机器人为我们服务，有谁会给自己制造麻烦呢？有了机器人，我们就不用再去做那些枯燥乏味而又危险的工作了，这些可爱的机器人就可以全部代劳了，而且它们的精确度还很高呢！当然，我们也不排除有些人设计机器人只是为了满足自己的好奇心和发明欲。不管怎么说，机器人都不会给我们带来什么灾难，至少现在还不会。

仿人机器人

所谓仿人机器人，其实就是指模仿人的形态和行为所设计出来的机器人。仿人机器人是机器人研究的主要发展方向，因为我们人类是世界上最高级的动物，所有以人为背景的研究就是最高的目标。你想不想拥有一个与自己完全一样的机器人呢？这或许是一件很可怕的事，如果连你的妈妈都把它当成自己的孩子而冷落了你，那可就糟了。不过这也确实是一件非常有吸引力的事情，也许世界上最像的双胞胎都不会有你们这么像，因为它可是完全按照你来设计的。

科学家们为什么如此热衷于仿人机器人的研究呢？这其中还有一个重要的原因，那就是人类更喜欢与自己相似的东西，这种独特的感情因素也使得科学家们对仿人机器人更为着迷。可是仿人机器人的研究却并没有那么简单，首先我们人类的思维和感情就是非常复杂的，而且我们人类对于自身也还有很多不了解的地方，这无疑都给仿人机器人的研究增加了难度。也就是说，要完全研制出高智能、高灵活性的仿人机器人，还会有很长的一段路要走。

仿人机器人由于具有人类的外表，所以能够适应人类的生活和工作环境。我们可以利用仿人机器人代替我们完成各种工作，比如说可以代替我们照顾老人，可以形成动力型假肢，帮助瘫痪病人行走，可以代替我们深入到各种恶劣的环境中去，完成各种任务，等等。当然，你也可以把它当成娱乐对象。总之，仿人机器人的外表跟我们非常相似，其行为和思维也正在向人的方向发展。我们相信，仿人机器人可以帮助我们做越来越多的事情，成为人类忠实的伙伴。

日本是世界上最早研究仿人机器人的国家，并成立了专门的研究组织。1996年11月，本田公司研制出了第一台仿人步行机器人样机 P2；2000年11月，日本又推出了新一代的仿人机器人 ASIMO，这是目前世界上较为先进的仿人行走机器人。它可以自如地行走，并可完成"8"字形行走、下台阶、弯腰等复杂的动作，它还可以同你亲切地握手，甚至可以随着音乐翩翩起舞。在2005年的爱知世博会上，大阪大学展出了一台女性机器人，这台机器人的外形复制了日本新闻女主播藤井雅子，就连动作也与真人十分相似。所以当你刚看到它的时候，很难看出它竟是一台机器人。

机器人在工作

这些工业机器人在工厂中都干了些什么？它们又是怎么工作的呢？让我们共同到机器人工作的地方去看一看吧！真是不看不知道，一看吓一跳，原来机器人可以做这么多事！它们看起来非常忙碌，有的机器人正在将零部件传送给机器；有的机器人正在收集其他机器里的零部件；有的机器人正在焊接；有的机器人正在喷漆；它们甚至可以做非常精细的工作——看，它们正在将电子元件插装在电路板上。更加让人难以置信的是，这些机器人有条不紊地进行着各项工作，一点儿差错都没有。

要完成各种各样的工作，机器人都需要一组特殊的组件，那就是胳膊和手。现在的市场上有很多种机械手供我们选择，我们可以根据自己的需要，选择最合适的一种。机械手的种类不同，它们擅长做的工作也不同。有的机械手擅长做一些精细的工作；有的机械手擅长做一些清洁工作；有些机械手擅长搬运物体。机械手是机器人的手臂，在选好之后，我们还需要给它配备一个末端执行器，也就是它的手，这可以帮助它的手臂更好地完成任务。

要给机器人的手臂配备一个什么样的手，完全取决于它所要做的工作以及所接触的物体。比如说做清洗工作时，就可以给它配备一个旋转的刷子，这样就可以方便地清洗物体了。据说有一个清洗飞机的机械手，它足足有26米长，仅仅3个小时，它就可以将飞机清洗完毕。可是如果换成人来清洗，则需要96个小时。如果你要用你的机器人来拿玻璃等特别光滑的东西，那就要选择一个真空吸盘作为末端

机器人之间会发生冲突吗

这种担心是多余的。机器人之间是非常友好的，而且它们彼此信任，根本就不会有人类之间的钩心斗角。当然，这也是因为它们还没有那么复杂的情感。不仅如此，机器人之间还会相互帮助，协调工作，它们常常会共同完成一项复杂的任务。它们可以组成一个小队，并由一个机器人带领，大家都会听从它的指挥。可以说，所有的机器人都不会吵架，也不会打架斗殴。

执行器，理由很简单，真空吸盘可以吸住物体，防止它掉下去。如果你选择了其他的末端执行器，那你的机器人可就要帮倒忙了，它会将所有的东西都摔到地上，结果当然是全部都碎掉了。

我们要怎么训练机器人才能使它做自己该做的事呢？也许你们都知道是用计算机来控制它。也就是说，我们将命令转化成代码，通过程序输入到计算机中，使机器人可以按照程序来完成任务。可是这种方法有很大的弊端，你不仅需要编写长长的程序，而且必须保证你的程序不能出半点儿差错，否则你的机器人就会胡作非为，给你带来很大的麻烦。比如说你给一个喷漆的机器人编写程序，可是你忘了输入在它完成一次喷射之后关掉喷枪这条指令了，结果你的机器人在执行命令的过程中就会把漆喷得到处都是。

不过现在科学家们已经想到了一种更好的办法，不用再输入那么长的程序了。他们决定手把手地亲自教机器人怎么喷漆。也就是说，他们首先用手动的方式为机器人演示一下喷漆的整个过程，当然不是用自己的手去演示，而是拿着机器人的手来操作。

这样，机器人手臂位置的传感器就会向电脑汇报手臂在每个时刻所处的位置。接下来，电脑就可以自己操作机器人，让它重复完成刚才的喷漆任务了。也就是说，只要下一辆车还是停在刚才的位置，那么机器人就可以很漂亮地完成任务，至少会和刚才人工喷漆的效果相同。

工业机器人

那些被用在工业生产中的机器人，我们就称之为工业机器人。工业机器人可以说是目前世界上最常见的一种机器人，也是应用最广泛的一种机器人，全世界正在使用中的工业机器人超过了 100 万台，在很多工厂中都可以看到它们的身影。也许你并不愿意相信，在很多工厂中，机器人比我们人类更能干，更受欢迎，所以自从机器人出现以后，很多人都被迫下岗了。

世界上的第一台工业机器人是在 1961 年投入使用的，它是由乔治·德沃尔和约瑟夫·恩格伯格这两位工程师设计并制作出来的。

　　当然，这台机器人比较简单，它只有一个简单的电子大脑，可以把东西拿起来再放下去，不过在当时已经很了不起了。1961 年，发明它的两位工程师将它卖给了美国通用汽车公司的汽车厂，它在那里负责码放炽热的金属零件。虽然有很多人对工业机器人充满了敌意，不过这台机器人在汽车厂里却是十分受欢迎的，因为它所做的工作正是工人们不想做的。

　　工业机器人非常能干，当你向它下达命令的时候，它可以准确、准时地完成任务。而且它从来就不会叫苦叫累，它永远都那么任劳任怨，你让它做什么它就做什么。

　　它还拥有非常旺盛的精力，即使整夜都不睡觉也丝毫不影响它的工作，只要你不让它停下来，它可以一直就这样干下去。更重要的是，它从来都不惧怕危险，也从不挑剔工作环境，而且它绝对不会把你交代给它的事情忘掉，所以你可以放心地把工作交给它去干。

太空机器人

机器人可以帮助我们做很多工作，尤其是那些我们人类还未曾到过的地方，机器人更是可以成为我们忠实的开拓者，为我们探路。太空机器人就是这样，它可以代替我们到太空中进行探测，收集各种数据和样品，帮助我们研究那些神秘的星球。

我们知道，机器人向来都是任劳任怨的，而且它们可以适应各种艰苦的环境，这些都是我们人类所不具备的。所以在目前来说，到外太空去执行探测任务，还真是非太空机器人莫属，我们人类目前还没有办法胜任这样的任务。虽然我们也曾登上了月球，但是月球是离我们最近的星球，而且也是唯一有人类足迹的星球，而太空机器人却走遍了太阳系中的所有星球。更何况机器人比我们有耐心，它们可以在一个星球待上十几年以详细了解那里的情况，而且不需要水和氧气，这是我们人类永远都望尘莫及的。

目前，已经有一些机器人被派往太空中的各个地方，执行人类交给它们的探测任务。总的来说，在太空中探险的机器人可以分为 3 种：探测器、着陆器和漫游者。光是听它们的名字，你就应该猜出它们的能力大小了。探测器靠火箭来发射，并借助行星的引力来完成太空旅行，它们并不着陆，只是在空中飞行，可以将它们捕获的信息传回地球。着陆器可以在行星上着陆，而且它有手臂和鼻子，可以分辨出一些化学物质的味道，并可以将行星上的东西捡起来。漫游者则不仅可以在行星上着陆，而且还能够四处移动，甚至能够自动避开障碍物，进行简单的决策以避免事故的发生。

还有一种机器人，它介于探测器和着陆器之间，属于半着陆半探测型。说起来，它们还真像是一个个悲壮的英雄，因为它们总是以牺牲自己的方式去执行任务。这种机器人叫作撞击型机器人，现在你知道为什么说它们很悲壮了吧！不过它们的牺牲也是很值得的，因为在它们坠落的过程中，常常会拍到一些非常精彩的照片。

太空机器人在太空中会不会遇到麻烦呢？当然会，而且还不少呢！比如说它们自身的能量就是一个大问题，机器人虽然不需要像我们一样吃很多食物、呼吸氧气等，但它们也需要补充能量，否则它们就无法工作。而更要命的是它们常常需要很多能量才能完成一项简单的工作，所以它们需要不断地给自己充电。我们如何给它们输送足够的电能，又如何让它们合理地使用电能，也是一个很复杂的问题。我们可以让它们自身携带电池，并通过太阳能来充电。可是这种方式也有它的弊端，那就是机器人只有在白天的时候才能够充电，而且它们充电的时间又很长，这样就无法保证能量的供给。选用一个小小的原子能电池是一个好办法，目前，科学家们也正在研究一种新的燃料电池，希望它可以通过化学反应来提供电能。

机器人在执行任务的时候还常常会出现各种故障，而它们自己又不懂得如何修复自己，所以在遇到这种情况的时候，它们就会停止工作。对于这样的问题，目前我们所想到的办法也只能是为它设计两套系统，当一套系统发生故障时，就会自动转到备用系统继续工作。此外，机器人在太空中还可能会碰到很多意想不到的问题，尤其是到我们不熟悉的星球上去探测的时候，就更容易发生意外，而这些意外当然也是机器人所无法解决的难题。

机器人在太空遇到问题的时候，是不会向我们求救的。因为从机器人所在的行星到地球之间是有相当长的一段距离的，机器人要将信号传递给我们也需要一段时间，而我们将信号传回去还需要时间。也就是说，如果机器人要向我们求救，就必须在原地待命一段时间，而在这段时间之内，是什么事都有可能发生的。所以说，机器人根本就来不及向我们求救，它们就很可能已经发生危险了。

太空机器人一旦发生危险，我们是不会想方设法去营救它的。事实上，机器人在太空发生危险是很平常的事，而当它不能继续工作的时候，人类通常都会放弃它。

机器人战争

其实，要把机器人和战争联系在一起，真的是非常容易。在很多电影之中，机器人都是具有作战能力的。还记得电影《终结者》中的恐怖镜头吗？那些机器人性情凶残，眼睛还闪着凶光，疯狂地杀害人类，那种场面真是让人不寒而栗。不过我们已经说过，在现实生活中，机器人并不是这个样子的，相反，它们还为我们做了很多事情，帮了我们很多忙。那为什么还会出现作战的机器人呢？它们到底有什么用途呢？

其实，在现实的生活中，的确存在两种作战机器人，它们是机器人间谍和机器人战士。之所以把它们称为作战机器人，是因为它们都和军事有着密切的联系。机器人间谍负责侦察信息，并将信息传达给它的控制者；而机器人战士则可以用来作战，不过目前人们还不是十分信任机器人，所以赋予它们的能力也是有限的。

机器人战士异常勇敢，一旦得到命令就会毫不犹豫地去执行。而且它们不怕死，就算要与你同归于尽也在所不惜。有一种投掷机器人，它可以被人投掷或发射出去，然后它就会去寻找目标。当它发现目标时，就会引爆自己，与对方同归于尽。有些机器人战士可以向人发射麻醉剂、黏性的泡沫剂甚至是炸弹，而巡航导弹应该是目前最致命的机器人战士了。它们可以进行远距离的低空飞行，并能够自动寻找目标，然后很精确地命中目标。巡航导弹拥有最先进的导航系统，所以你很难确定它的行踪，当然也就很难拦截它了。

如果说机器人战士更看重它的杀伤力，那么机器人间谍则更看重它的隐蔽性和侦察能力。其实机器人间谍的日子也不好过，它们总是遭到很多人的痛恨，而且随时都有被人发现的危险，一旦被发现，那它们可就惨了。所以现在人们所研究的机器人间谍越来越小，让我们很难察觉。相信在将来的某一天，在空中会飞行着很多各种各样的机器虫子，它们非常小也非常轻，以至于它们根本就不需要自己飞行，只要借助风力就可以四处游走。不过空中都是间谍，这也是一件很可怕的事情。

我们在前面曾经说过，动植物都可以利用巧妙的伪装来保护自己，可是你知道吗？机器人也是可以伪装的。当然，这种好办法它们自己是想不出来的，不过在伪装方面，机器人确实比我们更具有优势，因为机器人的身上没有气味，不工作时也不会产生热量，所以用一般的设备很难发现它们。而它们伪装的方式与动物很像，就是使自己的颜色与周围的颜色相一致，使自己融入周围的环境中去，这样就很难被人发现了。未来到底会不会爆发机器人战争呢？这个现在还不好说，因为对于机器人战争的利弊还存在着很多争议。当然，如果我们用机器人代替真人去作战，就可以减少人类的伤亡，而且也不会出现临阵退缩的现象。毕竟机器人是不怕死的，而人类都有求生的本能，所以常常会自然而然地去躲避危险。可是机器人战争的结果也是不可预料的，谁又会知道这些攻击力很强的机器人会不会反过来攻击我们人类呢？

不管怎么样，军队的机器化是必然的，而战争的完全机器人化也是一定会到来的。也许在这期间会经历一个真人战士与机器人共同作战的时代，不过总有一天，世界上就会只剩下机器人在打仗了。不过那都是很多年以后的事了。

电脑化的医生

不管机器人将来会不会伤害我们，但至少现在还没有。我们现在所看到的，更多的还是机器人对我们的帮助。现在有很多领域已经离不开机器人了，甚至在医院里，机器人也是必不可少的。也许你会说，医院里面必不可少的应该是医生，怎么可能是机器人呢？其实，机器人就是一位电脑化的医生，很多手术还是它亲自操刀的呢！

也许你并不放心将自己交给一个机器人去医治，可事实上，在一些手术中，机器人远比真人要强得多。这是因为机器人的末端执行器，也就是它的手非常稳定，可以做一些特别精细的工作。而人手的稳定性则要差得多，如果再一紧张发抖，那就更糟了，整个手术都可能因此而宣告失败。而且电脑的计算非常精确，它可以准确找出需要切除的部位，并计算出形状和大小。当然，它们也需要真人医生的帮助，比如说将手术部位打开等工作，它们是无法胜任的。

对于一些在事故中失去手脚的人来说，我们也可以为他们安上假肢。那么人的肢体与机器之间是如何连接，又是如何协调动作的呢？一种是通过肌肉进行连接，并通过肌肉来控制假肢。患者需要带上一个感知肌肉运动的甲套，甲套上附有电线，当人要运动的时候，电线就可以将动作信号通过甲套传给假肢。还有一种是通过传感器来控制的，我们可以给假肢装上对微小信号很敏感的传感器，因为我们人体也是用这种信号来控制肌肉的，所以它可以捕捉到这种信号，并做出相应的反应。这种假肢目前还处在研究之中，如果真的研制成功，那么人就会觉得它像自己的肢体一样，是一种非常理想的假肢。

有一种正处于研究阶段的机器人，只有3厘米长，它与其他的机器人医生不同，它是在病人的肠子里工作的。科学家们给它取了一个好听的名字叫作克利奥，它能够进入人体，并在医生的控制下进行工作。它的任务是切除患者的患病组织，然后用管子将切下来的组织吸走。如果这一研究成为现实，将会大大推动医疗事业的发展。

未来，科学家们将会研究出更多更小的机器人医生，克利奥显然还不够小，而更小的机器人将是我们用肉眼很难看到的，它将通过静脉注射等方式进入到人体的其他部位。这种更小的机器人，我们可以叫它纳米机器人，因为它们只有几纳米大。纳米机器人可以进入我们的血管，进行健康检查和疾病治疗，而且还可以进行器官修复、人体整形、保证机体运行正常等工作。总之，纳米机器人一定会逐渐出现在

我们的生活之中，为我们的健康贡献它们的力量。还有更大的好消息，那就是大气层所出现的臭氧层空洞，也有可能在众多纳米机器人的协同作战下被重新填满。让我们共同期待这些小精灵的卓越表现吧！

机器人会影响我们的正常生活吗

机器人会影响我们的正常生活吗？答案是肯定的。我们的生活中存在着这么多的机器人，而它们所做的事也确实是在为我们的生活服务，又怎么会对我们没有影响呢？虽然说现在机器人的数量还很有限，在我们的生活中也还不是十分普及，但机器人的发展毕竟是大势所趋。

我们都希望机器人越来越智能化，因为这样它们就可以做更多的事情，而且不需要我们人类去操心。可是如果它们真的拥有了足够的智慧，那么它们就会思考问题，到时它们还会任由我们摆布去做那些危险的工作吗？这似乎是一个不可调和的矛盾，人们的争论也从未停止过，但这并没有阻止人们开发智能机器人的步伐，因为在目前来说，机器人还在人类的控制范围之内，而人类也希望它们去做更多的事情。

在现实的生活中，确实曾经发生过人类被机器人所伤的事情，但那并非机器人的本意。因为现在的机器人还是没有思想的，它们通常都是在无意间伤害了人类，因为它们很强壮，而且又经常做一些突发动作，所以如果你不躲开它，那么它就很可能会伤害到你，但这纯属意外，我们是可以通过一些手段来避免的。不过，也有一些机器人会故意去攻击你，当然，这也不是它们的本意，而是受了别人的指使。很多罪犯都是通过操控机器人来帮助自己犯罪的，而他们则远远地躲在千里之外，让我们很难找到这些幕后黑手。所以，利用遥控机器人来犯罪将成为一种可怕的犯罪形式。

随着机器人的逐步智能化，我们相信，总有一天机器人会达到人类的智力水平，像人一样思考和决策。如果真是这样，那么我们的生活又会发生什么变化呢？也许我们会和机器人成为很好的朋友，但它已经不再为我们做这些无聊而又危险的事情；也许它们依然会继续为我们工作，可是我们已经不再忍心让它们去冒险；也许它们变

我们会不会越来越像机器人

这种想法并不是没有可能的。如果机器人能够变得跟人一样，那么人和机器人之间的差别就会非常微小。所以，当你身上的器官出现问题时，就完全可以换上一个机器的。而且我们也可以用机器人的优点来弥补我们的不足，比如说它们的记忆力比我们强，那就可以在我们的脑中植入一些东西来增强我们的记忆力等。如此发展下去，人体也会有很多部分是机器的，当然也就会越来越像机器人。没准儿在未来最先进的机器人就是我们自己呢！

得十分凶残，反过来指挥我们为它们工作……所有的一切都是有可能的，但不管出现哪种情况，对我们来说都将是一个难题。

我们必须要想办法控制住它们，这是一件很难办到的事，因为在它们有了自己的思想以后，它们完全可以自己来决定应该做什么事情，而不是听我们的号令。而且机器人已经和我们同样高级，它们是不是也会有做地球主人的野心呢？如果它们发展得比我们还要高级，那我们是不是还要向它们俯首称臣呢？这些问题都是我们无法预见的，因为历史的发展有一定的客观性和必然性，很多事情都是人力所无法改变的。对于机器人，有着太遥远的未来和太多的可能性，我们只能期待事情能够向好的一面发展。

第二节　超能电脑和互联网

电脑与我们的生活

电脑是我们再熟悉不过的东西了，可以说是几乎每天都在用。我们可以用它来计算、打字、记录信息、看电影，当然还可以用来打游戏，等等。电脑的用途真是太多了，在我们生活的各个领域都可以看到它的身影。它为我们的生活提供了很多方便，也为我们增添了不少乐趣，想一想你的生活是不是在有了电脑以后就发生了很大的变化呢？

电脑可以应用在很多场所，而这些做着不同工作的电脑，人们给它们起的名字也是不同的。比如说我们家里的电脑叫作家用电脑；在办公室里使用的电脑叫作商用电脑；用来设计楼房和桥梁的被称为工作站；在网络中，它又被称为终端和服务器，负责监控网络运行，并为其他电脑提供数据资料的是服务器，其他的都是终端；如果将许多电脑的主机结合在一起，那它就成了一台大型的电子计算机了，其实这才是它本来的名字。

如果家中有电脑，那么你对电脑的构造就一定很清楚。从外面看，电脑分为主机、显示器、键盘和鼠标等组成部分。在主机上有很多插口，有的用来插电源，有的用来插鼠标，有的用来插键

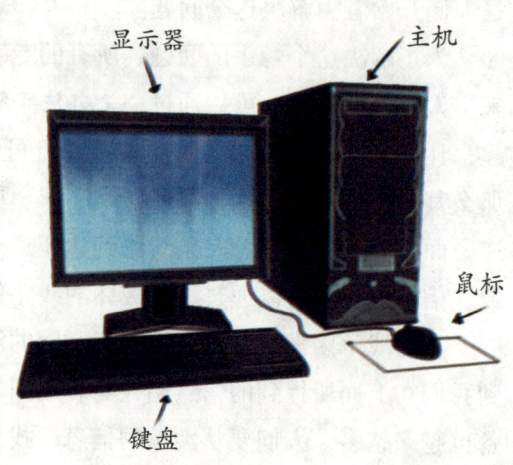

显示器　主机　鼠标　键盘

盘，还有的用来插音箱。将这些插口连接上相应的组件，你的电脑就可以工作了。也许你会觉得这些插口很麻烦，可是如果你打开机箱看一看，就不会再嫌麻烦了。因为机箱里面布满了密密麻麻的电子元件和线路，我们的技术人员已经给我们减少了不少麻烦，他们已经将很多接口集成到了一起，所以才形成现在的这些接口。如果真要把这些接口都交给我们自己连，那非得累死不可！

在商场购物的时候，收银员常常会拿一个小东西在你的商品上扫一下，然后你会听到一声响，产品的价格就会显示在电脑上了。这个小东西是什么呢？它叫作条码解读器，当它对准产品上面的条码时，就会将条码的信息解读出来，然后把信息送入电脑，这样电脑就可以显示出产品的价格了。其实一点儿也不复杂，对吗？

互联网的诞生

如此神奇的互联网，它究竟是如何诞生的？又是哪个聪明的科学家发明了它呢？千万别误会，互联网可不是哪一个科学家的发明成果，而是很多人集体智慧的结晶，是他们在长期的思考、讨论和实验中逐步形成的。你们也许想象不到，人们研究互联网的初衷其实是为了满足战争的需要，是战争导致了互联网的诞生。

20世纪五六十年代的时候，美国和苏联发生了冷战。当时的苏联还没有解体，它和美国都是军事强国，谁都不肯让步服软。虽然真正的战争从未爆发，但是双方暗自的较量却一刻都没有停止过。如果一方研制出了新式的武器，那么另一方就会想办法研制出更先进的武器来超越它。当时很多武器都是由计算机来控制的，人们可以通过对计算机的操控来指挥这些武器。后来，美国的一位军界人物想到了一个非常严重的问题：如果他们的主计算机被苏联的导弹击中，那么它就不能再向武器发出指令，所有的武器也将会失去控制。这一问题引起了美国军界的高度重视，于是人们开始着力解决这个问题。

为了解决这个棘手的问题，所有的专家们都会聚到了一起，开始商讨对策。后来，人们一致认为，可以通过一个办法来解决问题。那就是将很多台计算机连在一起，让它们具有同等重要的位置，并且可以互相交流。即使有一台计算机被击中，那么其他的计算机也同样可以照常工作。更重要的是，信息不再沿着单一的线路传递，而是可以通过任意一条线路到达任意一台计算机。这样一来，即使有线路被摧毁，信息也同样可以通过没被破坏的线路传递出去。

除了战争因素以外，人们对互联网的渴求也是促使其诞生的重要原因，这要回到我们在上面所提到的信息储存与利用问题。随着人类社会的不断发展，知识的储备也越来越多，人们要从大量的信息中找到自己所需要的信息就显得十分困难。于是，人们开始迫切希望有那么一个地方，能够储存并提取新知识，这也加速了互联网的研发进程。

在诸多因素的促使下，互联网终于一步步地诞生了。1969 年，一个由四台终端机所组成的网络出现了，而且第一条电子信息也在两台单机之间传递成功。后来，终端越来越多。到了 20 世纪 80 年代中期，计算机网络开始迅猛发展，逐渐演变成了今天的互联网。

精彩绝伦的万维网

万维网是什么？我们刚才不是还在说互联网吗？怎么又变成了万维网呢？其实万维网就是互联网，它们说的都是一个联通世界的网络，是一样的。虽然我们现在可以熟练地使用它来做各种事情，可是你们知道吗？为了让我们这些网盲能够更好地利用互联网，科学家们可是费尽了心思。

迪姆·李伯纳是万维网的编织者，是计算机界的超级巨星，很多人都亲切地称他"万维网先生"。他从牛津大学毕业之后，就进入了欧洲原子能研究中心工作，这是一个世界性的实验室，它的研究人员分布于世界各地。由于各地的专家所使用的计算机和软件各不相同，所以他们在分享技术经验和成果时候的交流很吃力，通常在电话里重复了几遍，对方也没有听懂。这激发了迪姆的创造欲望，他希望找到一种系统，让所有的人都能够共享彼此的文件系统。也就是说，你所做的事同事们都知道，同事们的工作你也很清楚，这样交流起来就方便多了。

你们一定都猜到了吧——迪姆所设想的系统就是我们的互联网，当然我们也都知道他最终实现了。可是你们也许并不知道，在开发这个程序的时候，迪姆碰到了很多困难。

首先，互联网的各个用户都使用不同的电脑语言，这使得它就像一个大市场，鱼龙混杂，各自说着自己的天书；其次，

搜索引擎是怎么回事

搜索引擎其实就是一个小软件，你可以叫它蜘蛛或者是网上行者。它出没于互联网所有的网页之间，经常翻看这些网页，并记住它们的位置，然后再将这些东西列出一个清单以便查找。当我们要搜索信息的时候，搜索引擎就会去查找与我们要搜索的内容相关的网址，然后将结果显示出来。这时我们再点击那些有下画线的语句，就可以找到更详细的内容了。

当我们点击一个带下画线的语句时候，怎么才能让它找到相关的内容？也就是如何将题目与内容连接起来的问题；再次，我们要得到其他电脑上的东西，只能输入一长串的指令，这对电脑专家当然没问题，可是像我们这样的网盲要怎么办呢？最后，怎么才能让普通人看见那些精彩绝伦的网页，要借助什么工具来实现呢？

你们想到解决的办法了吗？还是听听聪明的迪姆是怎么解决的吧！首先，他创造出了一种新的计算机语言——超文本语言（HTML），以它来代替所有的电脑语言，这样就解决了第一个问题；然后，他编写了一套程序，将下画线语句与其内容连接了起来，从而解决了第二个问题；接下来，他设计了一种简单的地址系统，也就是我们熟悉的网址，只要输入网址，就可以找到相关的网页；最后，他又发明了第一台专门用于上网的互联网浏览器，我们可以通过它轻松地浏览网页。这样，迪姆就解决了所有的问题。你现在是不是很佩服迪姆呢？

电脑游戏

也许在你的心目中，电脑最大的好处就是可以用它来打游戏。现在的游戏种类繁多，充满了戏剧性和挑战性，每一种游戏都有它的独特之处，吸引着无数的游戏爱好者。也许你已经感受到了，电脑游戏的发展是十分迅速的，从最开始的俄罗斯方块，到后来的超级玛丽，再到现在的连连看、CS（Counter Strike，反恐精英）等，游戏的花样是不断翻新，层出不穷。就连电视剧也被制作成了游戏，像我们熟悉的仙剑奇侠传、大话西游、三国志等，就是在电视剧的基础上进行创作的。

作为一名游戏爱好者，你认为游戏最吸引你的地方是什么呢？

有的人说："每当过关的时候，我就会觉得特别有成就感，我喜欢这种感觉。"

也有的人说："我喜欢游戏漂亮的画面，每当打游戏的时候，我就觉得很放松、很愉快。"

还有的人觉得自己的级数比其他人都高是一件非常值得骄傲的事。

每个人都有自己的游戏情结，其实这也是可以理解的，因为游戏的魅力确实是太大了。也许你也自认为是一个电脑游戏高手，可是你知道打游戏也有窍门吗？当然，你可能已经发现了这样的窍门。不过如果你还没有发现，那么以后就不要以高手自居了。所有的游戏都可以作弊，不过新游戏除外。当然，并不是新推出的游戏没有办法作弊，只是人们还没有找到作弊的方法。通过作弊，你可以让你的主人公生命更长一些，或者是让你轻松跳级。这是怎么回事呢？

原来，游戏程序被开发出来以后，必须要经过游戏测试才能进入市场。它们是要经过很多次反复的测试才能最终通过的，如果程序员在运行到40级的时候发现了一个错误，那么它就会立刻被修改过来。可是测试还没有结束，程序员也不愿意再重新玩到40级来保证自己所修改的完全正确，通常他都会直接跳到刚才修改的地方，然后继续进行。这就是说，有一种方法可以让你跳过前面的级数，而直接到达40级。等到游戏测试结束的时候，程序员很难再把这些秘密设置的组合键再删除掉，这就是我们要找的窍门。如果你找到了，就可以用来作弊了。

在游戏中，我们通常都会被赋予各种使命，然后我们就要按照要求去完成使命。有些小游戏很简单，只要找到回家的路或者是完成一个组合就可以了，例如俄罗斯方块。也有些游戏很复杂，它甚至还有故事情节，然后把你设计成故事的主人公，通过你的种种经历来向你讲述一个完整的故事。

现在还有一种模拟的游戏很吸引人，它可以让我们身临其境，仿佛真正置身于当时的场景之中，去完成各项任务。这种游戏需要一台功能强大的电脑、一套特殊的游戏软件，还需要你戴上一个VR（Virtual Reality，虚拟实境）头盔和一副VR手套。有了这些装备以后，外界的噪声和感觉就都消失了，你会完全进入一个虚拟的世界，去体验那里的生活。这种游戏应该会更刺激一些吧！

游戏有很多好处，比如说可以让我们反应更快、注意力更集中、头脑更灵活，并且在游戏的过程中我们也可以学习技术和经验。偶尔打打游戏当然无妨，但是千万不要沉迷于游戏。如果过度沉迷，那可是要伤身体的，很容易引起疾病，甚至猝死。所以我们一定要掌握游戏的时间，每次都不要超过1小时，而且不要离屏幕太近，保护好眼睛。如果觉得有什么不适，要马上停下来，而且不能因为打游戏而耽误其他的事情。

电脑黑客趣闻

黑客，听名字就知道肯定不是好人，而且做的也不是什么光明正大的事情，肯定是要在暗地里进行操作的。

其实黑客最早是指那些在足球比赛中故意踢倒对方球员的人，当然也不是什么正面人物。有人说电脑黑客有些像小偷，只不过他所偷的并不是实实在在的东西，而是文件，当然他也可以窃取信用卡里面的金钱。不过跟小偷相比，电脑黑客需要

为什么电脑装了杀毒软件还是会中毒

因为新病毒每天都在产生，虽然我们的病毒库也是每天都在更新，但是它毕竟还不能预测所有的新病毒。只有在病毒出现以后，我们才能想出办法来对付它，但是如果在此之前你的电脑就已经受到了病毒的袭击，那么此时的杀毒软件当然也是拿它没有办法的。对我们来说，最安全的办法就是不要打开那些来历不明的文件和网页。

有更多的技术，否则他们根本就无法破译这些密码。但是他们不用亲自到现场，也不容易被追踪和发现，所以要相对安全一些。

电脑黑客的作案手段基本上都是大同小异的，他们的做法当然也都是违法的，不过他们的目的却完全不同。总的来说，有这么三种电脑黑客：第一种人只是出于好奇，他们认为进入别人的电脑是一件很好玩的事，而且也可以证明他们的能力；第二种人则是蓄谋已久，故意破坏别人的系统或文件；第三种人是纯粹的财迷，他们只是利用电脑来为自己骗取钱财。

有些电脑黑客甚至认为自己的职业很崇高，他们声称自己的做法只是为了找到电脑的安全漏洞，这可以帮助设计者们对电脑进行改进。一个叫作拉斐尔·格雷的威尔士少年就曾经带领他的几个小兄弟做了一件惊天动地的大事，他们大量地盗用信用卡账号，并对网上的国际金融组织进行疯狂的破坏。而当格雷被捕时，他却说这样做只是为了警告一下那些存在安全漏洞的网上商城，当然也是为了证明一下他的电脑能力。

用病毒来攻击电脑也是黑客们常用的伎俩，当然这里所说的病毒并不会让我们感染疾病，但是它却会使我们的电脑无法正常工作，甚至造成系统瘫痪。你的电脑曾经遭受过电脑病毒的攻击吗？电脑病毒最可恶的地方就是它的传播速度非常快，而且是世界性的传播，因为它是通过互联网进行传播的。每出现一种新病毒，我们就必须想办法杀掉它。

事实上，新病毒每天都在产生，每一周都要产生大约 300 种新病毒，不过大多数病毒都是无害的。而且病毒一般都是以附件的形式发送给你的，只要你不打开这些莫名其妙的附件及网页，那么你的电脑就不会中毒。

现在，我们生活的各个领域都已经离不开电脑和互联网了。也就是说，现代工业已经对它们产生了依赖性，这其实是十分危险的。如果某一天，电脑黑客们攻击了互联网的要害部分，那么全世界的互联网就都将陷入瘫痪状态，那些依赖电脑和网络才能办公的机构当然也就不能正常工作了。如果真的发生这样的事情，那必将给全社会都造成巨大的损失，后果真是不堪设想。不过，对于电脑黑客来说，那肯定是他们最有成就感的时刻了。

互联网大发展

互联网发展到今天，俨然已成为社会中不可或缺的一部分，而且人们也一定会越来越依赖它。互联网的大发展，带动了很多产业的迅猛发展，人们也在互联网上开辟了一条全新的致富之路。

如果你经常上网，那你一定知道每个网站都有自己的名字，绝不会有重复的现象出现。网站的名字也叫作域名，是网站的标志，也是我们登录网站的入口。你的域名够不够响亮、有没有特点对你的网站非常重要，因为一个响亮的名字常常会给人留下深刻的印象，让人看了就忘不掉，这样别人才会记住你的商品。所以就在很多人为互联网疯狂的时候，一些有头脑的人就意识到了这一点，他们开始疯狂抢注大量的域名，以便在适当的时候卖给需要它的人。当然，他们卖出的价钱绝不是个小数目，一个好的域名就可以让他们的腰包立刻鼓起来。

以前人们总是认为要卖东西就只能到市场上去卖，必须要有一个店面才行，可是自从有了互联网，人们却发现了新的商机。既然互联网将全世界都连在了一起，那么如果在网上开一家商城，把你的商品放在网上，那不就可以让全世界的人都知

道你的商品了吗？这可比商场里那些所谓的黄金摊位
要划算多了。于是，各种各样的网上商城相继出现了，商品的品
种也越来越齐全，你可以在网上商城买到所有你想要的商品。而且这一切在
家中就可以进行，真正实现了足不出户的购物方式。

如果你在网上购过物，就一定能感受到它的方便快捷。在其他方面，我们也
可以感受到互联网给我们的生活带来的巨大变化。比如说以前要办理电话业务，
你需要到营业厅排长长的队，而现在各个通讯公司都有了自己的网上营业厅，通
过互联网就完全可以办理了，免去了排队之苦。通过互联网，我们可以预订火车
票、飞机票、宾馆、酒店，发布自己的信息，缴纳各种费用，寻找合作机会，等
等。总之，随着互联网的不断发展，我们将会用互联网来做更多的事情，我们也
一定会更深刻地体会到互联网所带给我们的方便。

第三节　可怕的现代战争

人机结合的指挥系统

指挥是一个军队的灵魂，也是决定军队是否能打胜仗的重要角色。他是统管
大局的领军人物，协调着整个军队的行动，主宰着整个军队的命运。可以这样说，
军队绝不能离开指挥。离开指挥的军队就如同一盘散沙，在敌人的攻击下很快就
会溃不成军，因为他们失去了前进的方向，不知道下一步该怎么办，这在战场上
绝对是致命的。战争绝对不是两个人的简单比武，谁更勇猛谁就会获胜。真正的
战争是战术的较量、武器的较量，更是军队指挥之间智慧的较量。

随着社会的不断进步，各个国家的军事力量也都得到了很大的发展。不仅武
器更加先进了，而且指挥系统也进行了升级。如果说现代的战争是一个全方位的
立体战争，那么它的指挥系统就必须跟得上它的步伐与节奏，这样才能够统率大
局，实现高速、有效的指挥目的。光靠个人的力量当然办不到这一点，所以我们
叫它指挥系统，而不是指挥者。

现代战争的指挥系统是一个人机结合的指挥系统，这完全是为了适应现代立
体战争的指挥需要。指挥者可以通过计算机与探测预警系统、通信网络系统以及
各级的指挥员进行联络，从而掌握所有参战部队的兵力、兵器等情况，并综合所
有的情报，从整体进行分析，并做出相应的指示。也就是说，指挥者并不用亲临

作战现场，便可以掌握有关战争的一切情况，在指挥室里就可以指挥作战。

虽然说是人机结合的指挥系统，但是在其中起决定性作用的还是人，而不是计算机。当然，我们不能否定计算机在现代战争中的重要作用，计算机是每个军队都必备的，你的计算机系统越先进，你就越占有优势，但优势不等于胜利，即使胜利的天平在向你倾斜，你也可能会因为自己的失误而将胜利拱手让人。因为计算机并不懂得战术，也没有智谋，所以最终的决策还是要由人来做。而每个人的想法都是不同的，所以同一场战役，不同的指挥，就会采取不同的战术来打。如果你采取了合适的战术，那么就完全有可能变被动为主动，以弱胜强，以少胜多。历史上这样的例子并不少见。可以这样说，现代战争更多的是双方军队指挥者智慧的较量，他所采取的战术是至关重要的。

除了智谋，一个军队的指挥者还必须具有冷静的头脑和良好的心理素质，能够做到临危不乱、从容指挥。没有哪一场战争是非常顺利的，在期间总会出现各种各样的状况，这时作为军队的指挥者，一定要能够克服这种困难，并且冷静地处理这些突发状况。如果刚刚出现了一点儿小问题，指挥者就乱了手脚，不知道该怎么办了，那无疑将会使整个军队都陷入危险之中。所以说，一个指挥者的心理素质也是至关重要的。

如果没有计算机，我们的军队是不是就一定会失败呢？不能说一定是这样的，但是没有计算机，绝对会让我们陷入十分被动的局面。我们无法侦测到对方的信息，也无法及时掌握战场上的变化，这很容易导致决策的失误；另外，我们无法将指令迅速传达下去，这也会让我们的军队非常危险。所以说计算机并不一定会决定战争的胜负，但是缺少计算机的一方，却一定会处于绝对的劣势。

太空千里眼

在以前的战争中，指挥人员经常要借助望远镜才能观察到前沿阵地的情况，而要了解敌军的状况，那就只能派侦察兵到对方的军营去侦察军情了。在现代战争中，我们有了更先进的侦察设备，那就是绕地球飞行的众多人造卫星。它们可是名副其实的太空千里眼，可以看到千里以外，甚至万里以外的情况，并协助军队打击对方。一旦对方有什么风吹草动，它们也会及时向地面发出警报，让我们提前做好预防准备。

这些人造卫星包括侦察卫星、通信卫星、导航卫星、测地卫星等。侦察卫星可以监视和窃听对方的军事情报；通信卫星可以保证通信的顺畅；导航卫星可以为舰艇和潜艇导航，并能够给飞机、导弹及地面的部队提供准确的定位数据；测地卫星可以测出各打击目标的精确位置，提高导弹和炮弹的命中率。

侦察卫星能够窃取对方的军事情报，可以称得上是一个名副其实的超级间谍。

它通过光电遥
感器或无线电接收机，
搜集地面目标的电磁波信息，
并用胶卷或磁带记录下来，然后
将其储藏在卫星返回舱里，当卫星
返回地面的时候就可以将信息回收。它
也可以利用无线电传输的方式，在适当的时
候将信息传送给地面接收站。这些信息经过光学
和电子计算机的处理以后，就可以为我们所用了。

　　侦察卫星在太空中发挥着非常重要的作用，对战争
的影响也是不容小视的。在海湾战争的时候，美国就是利用
侦察卫星掌握了伊拉克的军事机密，从而对伊拉克进行了有效的
军事攻击，致使伊拉克损失惨重。侦察卫星根据其侦察设备及执行任务
的不同，又可以分为照相侦察卫星、电子侦察卫星、海洋监视卫星和预警卫
星。照相侦察卫星负责对目标拍照；电子侦察卫星负责侦测雷达及其他无线电
设备的位置和特性，并窃听遥测和通信等机密信息；海洋监视卫星负责监视海上
舰艇和潜艇的活动；预警卫星负责在危险发生之前向地面报警。

　　有些侦察卫星并不是独立工作的，而是由好几个卫星共同组成一个卫星网来
对目标进行侦察。比如说海洋监视卫星和预警卫星，它们都是通过海洋监视网和
预警网来工作的。

　　因为海洋的面积比较大，海域广阔，只靠一颗卫星很难完成对整个海洋的连
续监视任务，所以我们通常都用多颗卫星组成海洋监视网，来共同监视海洋上的
各种活动。预警卫星也是同样的道理，要随时发现潜藏在四面八方的危险，一颗
卫星难免会显得有些力不从心，所以我们就把几颗卫星共同组成预警网，以确保
我们能够及时发现来自各个方向的危险。

　　如果我们等预警卫星向我们发出信号再做准备，还来得及吗？预警卫星上装
有高精度的探测器，这个探测器在太空中是定向的，始终都指着敌方的地区。一
旦敌方发射导弹，预警卫星在不到几分钟的时间内就可以探测出来，同时它会计
算出导弹的落点和攻击目标，并立刻将信息传到地面上的指挥中心，提醒我们做
好拦截反击以及疏导群众撤离等工作。一般的洲际导弹要飞行几十分钟的时间，
而中程导弹也要飞行几分钟到十几分钟的时间，所以预警卫星是可以为我们赢得
一定的时间的。

用雷达编制的地网

雷达是英语"radar"的音译，是无线电检测和测距的意思。它利用物体对无线电波的反射特性，从而探测出目标所在位置的距离、高度和方位。雷达是在地面工作的，它所执行的任务与卫星相似，只是工作的地点不同罢了。如果说卫星是我们在太空编织的天网，那么雷达就是我们在地上所编织的地网，它们都可以影响战争的成败。雷达作为地面上重要的侦察工具，有其自身的优势和特点。它在工作时不会受天气条件的影响，可以全天候地工作，而且还能够自动搜索和跟踪目标。

雷达可以分为五个基本的组成部分：发射机、发射天线、接收机、接收天线和显示器。雷达的发射机可以产生足够的电磁能量，它在工作时会将这些电磁能量传送给发射天线，发射天线将这些能量聚集到空中一个很窄的方向并发射出去；电磁波在碰到物体以后会被其表面反射回来，形成回波信号；接收天线接收了该反射波，并把它送到接收机进行处理，提取与物体相关的一些信息，再送给显示器，这样我们就可以从显示器上看到雷达信号了。

雷达可以分为连续波雷达和脉冲雷达两种。连续发射电磁波的雷达就称为连续波雷达，由于它的发射系统和接收系统很难隔离，所以在应用上存在一定的限制性。而脉冲雷达则不存在这样的问题，因为它是以脉冲的形式发射电磁波的，存在着发射周期。它的发射和接收可以共用一副天线，通过收发转换自动开关来进行转换。在一个发射周期内，当发射机发射出一个脉冲信号以后，开关就会自动转换到接收位置，准备接收反射回来的信号。脉冲雷达可以进行精确的测量，在雷达的发展中占主要地位。

在现代战争中，雷达的作用并不是单一的，用在不同地方的雷达其功能也是不尽相同的。比如说有的雷达用来瞄准，它可以自动跟踪目标，并可同时控制多门高炮，使它们瞄准敌机，命中目标；有的雷达用来领航，它可以引导飞机准确地到达指定地点，确保飞机不在空中迷失方向；有的雷达用来护尾，当飞机在空中单独作战的时候，飞行员通常只能集中注意力与前面的敌机作战，这就会让它的尾部很危险，当它的后面有敌情出现时，雷达就会发信号给飞行员，让他采取措施；还有的雷达具有预警功能，如果说预警卫星是太空中的千里眼，那么远警雷达就是地面上的千里眼，它可以远距离地监视敌人的战机、导弹等情况。

在出现预警卫星以前，人们一直是用巨型的雷达来预警的。可是由于地球曲面的阻挡，雷达并不能很快地发现目标，只有等导弹升高到250千米的高空时，雷达才能够"看"到它。所以说雷达的预警时间要比预警卫星晚很多，这常常会使得我们因为不能及时做准备而被动挨打。虽然远警雷达也有"千里眼"之称，但它跟我们的太空千里眼还是没有办法相比的。

灭绝人性的生化武器

生化武器是生物武器和化学武器的总称，具有很强的杀伤力，通过化学毒剂及生物战剂等来杀害人畜。由于生化武器以毒害人畜等生命体为主要目的，所以被人们称为灭绝人性的武器。在侵华战争中，灭绝人性的日本侵略者就曾经利用生化武器疯狂地杀害中国人。

生化武器的罪恶遭到了国际舆论的谴责，也让不少人胆战心惊。也许你觉得应该让生化武器永远地从地球上消失，不过事情的发展却是与我们的愿望背道而驰的。生化武器并没有因此而退出历史舞台，它们在战争中的特殊功能和作用也并没有因此而改变。

化学武器是利用化学毒剂来杀害生命体的。按照化学物质的毒理作用，可以将化学毒剂分为六种：神经性毒剂、腐烂性毒剂、全身中毒性毒剂、失能性毒剂、窒息性毒剂和刺激性毒剂。将这些毒剂制成毒剂弹，就可以攻击敌人了。人受到毒剂弹的攻击，就会出现中毒症状，甚至可能在短时间内死亡。虽然我们都觉得对人下毒是一种很卑鄙的做法，但是在现实的战争中，确实是有人这样做了。在第二次世界大战期间，德国纳粹军队就曾经用大量毒剂杀害了数百万的战俘，其行为真是令人发指。

生物武器在过去也叫作细菌武器，是利用生物战剂来杀害生命体的。所谓生物战剂，就是那些在战争中杀伤人畜和毁坏农作物的致病微生物，其中包括细菌、毒素、病毒、衣原体和真菌等。生物武器具有很强的致病性和传染性，可以大范围地进行传播，且传播途径多，并可造成长时间的危害，所以也有人将生物武器看成是一场人造的瘟疫。生物战剂在进入人体以后，就会破坏人体正常的生理功能，使人患病，并可广泛流行，给人带来巨大的灾难。

事实上，自20世纪80年代以来，生化武器很少在战争中大量使用。但是生化武器的威力是不可否认的，而且制造生化武器的费用要相对低廉。用5000万美元建造的基因武器库，其杀伤力远远超过用50亿美元建造的核武器库，只需20克超级热病毒基因武器就足以使全球 60 亿人死于非命。这些数据都是让人胆战心惊的，如果真的有一天，全世界大规模地爆发了生化战争，那无疑将是人类的一场灭顶之灾。当然，我们希望那一天永远都不要到来！

你现在有什么感想呢？任何事物都是具有两面性的，高科技在给我们带来一系列惊喜的同时，也让我们产生了恐慌。武器更先进了，可是它的破坏力更强了，对我们的伤害也更大了。这就是现代战争的可怕之处。虽然国际社会是反对使用生化武器的，但它们毕竟还大量存在着，所以我们并不排除使用的可能。但是在未来的战争中，如果哪个国家真的使用了生化武器，那么它就一定会成为全世界的公敌，也必将遭受到全世界人民的强烈谴责。其实我们期盼的是和平，有战争就会有伤亡，任何一场战争都是要付出代价的。让我们共同高呼和平万岁吧！

核武器的威力

核武器的威力大家可能没有亲自见过，但是却一定都听说过，我们所熟悉的原子弹、氢弹以及中子弹都是核武器。核武器最可怕的地方就是它具有极强的杀伤力，可以在转眼间摧毁一座城市。大家一定都知道日本广岛曾经遭受过的灭顶之灾，那是 1945 年的 8 月 6 日，美国在日本广岛的上空投下了一枚原子弹，结果在转眼之间，这个拥有 20 余万人的城市就变成了废墟，真是触目惊心。而噩梦并没有就此终止，三天之后，日本的长崎又遭受了同样的命运。两个城市的市民死伤无数，而整个城市的破坏程度也达到了 60% ~ 80%。

核武器之所以会有如此大的威力。其根本原因就在于它在爆炸时可以产生巨大的能量，比那些只装化学炸药的常规武器要大得多。我们知道，一般的炸药在爆炸时所发生的反应是化学反应。化学反应的实质是各原子之间的组合发生了变化，而原子核是没有改变的。核反应则完全不同，所有参与反应的原子核都转变成了其他的原子核，原子也发生了变化，它所释放出来的能量是由瞬间的核裂变或核聚变所产生的，比一般化学反应所释放的能量要大得多。1 千克铀全部裂变所释放出来的能量比 1 千克 TNT 化学炸药爆炸所释放出来的能量大约要大 2000 万倍。

最早出现的核武器是原子弹，它主要是由核装料、炸药、中子源和起爆装置等部分组成的。原子弹爆炸时，可产生光辐射、冲击波、早期核辐射、电磁脉冲和放射性污染，具有极强的杀伤力，不仅杀伤范围很广，而且可以对目标造成综合性的杀伤和破坏。在其后出现的氢弹，比原子弹的威力还要大很多。氢弹主要由热核材料、引爆原子弹和弹壳等部分组成，其爆炸过程就是原子弹的爆炸过程再加上轻核聚变的过程，而且它的威力是无穷的。紧接着出现的中子弹被称为第三代核武器，也许你会认为它比氢弹的威力更强，可事实却并不是那样的。中子弹所产生的冲击波、光辐射仅为一般核爆炸的 1/10，对建筑物、运输工具、作战装备的破坏力也比较小，但是它却专门杀人，对人员的杀伤效果非常明显。

中子弹主要是利用高能强大的中子流来攻击在建筑物、运输工具及作战设备中的人员，使人员失去战斗力或者死亡。为什么中子弹专门杀人呢？这是因为中子在进入人体以后，会对人体的组织细胞和神经系统进行破坏。当中子达到一定剂量的时候，就会使人在短时间内失去战斗力或者死亡。更为可怕的是，中子具有很强的穿透能力，虽然它不会对地面上的各种建筑和作战装备造成很大的破坏，但是却能够轻易地穿透它们，将里面的人杀伤。

第四节　前景莫测的生物技术

了解细胞

大家对于细胞应该都不陌生了，在前面我们也曾多次提到过。细胞是组成生命体的基本单位，尽管自然界中的生物形形色色，千差万别，但实际上它们却都是由细胞构成的，所有生物体的一切生命活动也都是由细胞来完成的。通常情况下，细胞都是很小的，只有通过显微镜我们才能看到。但是也有一些细胞比较特殊，它们

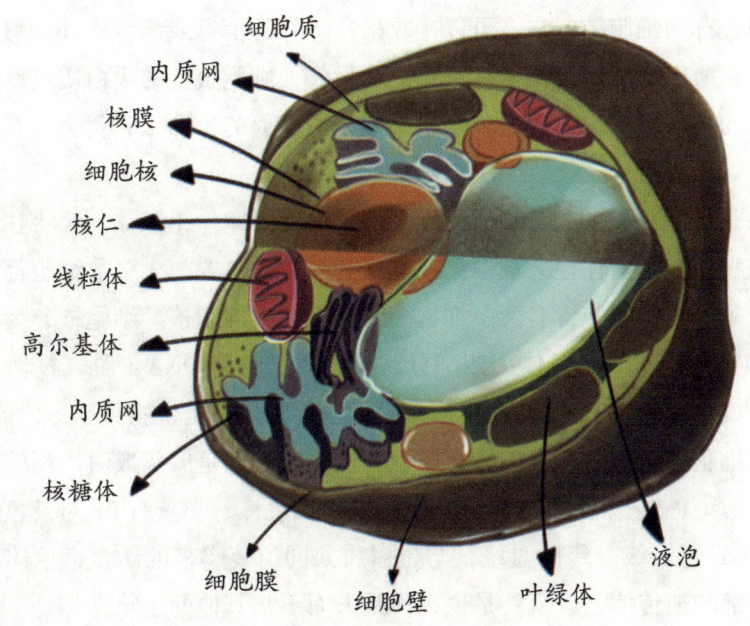

细胞质　内质网　核膜　细胞核　核仁　线粒体　高尔基体　内质网　核糖体　细胞膜　细胞壁　叶绿体　液泡

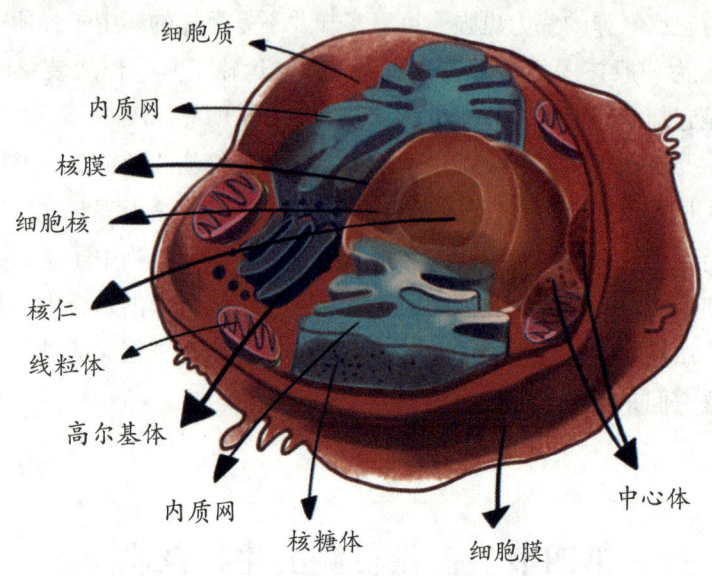

长得很大，比如说我们所熟悉的神经细胞就有 1 米长。另外，细胞的形态也是有所差异的，有长的、圆的、星状的等，细胞的不同形状都是与它们的功能相适应的。

　　细胞可以分为细胞膜、细胞质和细胞核等结构，如果是植物细胞，还会有细胞壁、液泡和叶绿体，当然这些结构动物细胞是没有的。细胞核位于细胞质中，我们所熟悉的线粒体、核糖体、高尔基体、内质网等都是细胞质中的一个个小细胞器。这些小细胞器都有着特殊的使命，而且它们从不偷懒，一刻不停地辛勤工作着。

　　细胞中的细胞膜是由双层的磷脂分子所组成的薄膜，在它的上面，有各种蛋白质。细胞膜被称为细胞的门户，可以接收来自外界的信息或信号，并能够调节细胞的生命活动，所以说细胞膜是非常重要的。另外，细胞膜上的蛋白质可以识别出在它身边经过的各种物质，如果这种物质是细胞所需要的，那么它就会打开门户，把它留下来。

　　细胞核是细胞的核心物质，通常都位于细胞的中央，但是植物细胞中有液泡，所以成熟植物的细胞核往往会被中央液泡挤到旁边的位置。大多数细胞都只有一个细胞核，但是也有些细胞含有两个细胞核，甚至多个细胞核。细胞核分为核膜、核仁、核液和染色质（或染色体）四部分，染色质又含有 DNA（脱氧核糖核酸）和蛋白质两种成分，其中 DNA 是生物体重要的遗传物质，是生物繁殖后代的基础。

　　所有的细胞核中都含有染色体，而且染色体一定都是成双成对出现的，绝不可能出现单数的染色体。比如说人体内就有 23 对染色体，小麦有 21 对染色体。染色体是由 DNA 经过一级一级的盘绕，与蛋白质共同组装起来的。在染色体上，承载着生物体全部的遗传信息。也就是说，你是人而不是其他的生物，你是一个什么样的人等信息都是由染色体决定的。当细胞分裂的时候，染色体会复制出与自己完全相同的一套染色体，并将其分配给新生的细胞，从而保证了物种的稳定，这也是亲代与子代相似的根本原因。

从 DNA 到蛋白质

蛋白质也是细胞的重要组成成分，机体中的每一个细胞以及所有的重要组成部分都要有蛋白质的参与，而且蛋白质与生物体的生命活动有着密切的关系，是生命的物质基础。可以这样说，没有蛋白质，也就没有生命。

蛋白质是由 20 多种氨基酸按照一定的比例和顺序组合而成的。不同的蛋白质、氨基酸的数量、种类及排列顺序也都是不同的。所以，蛋白质的性质和功能也是有所差异的。我们主要是从食物中获得蛋白质的，蛋白质在体内要进行多种工作，并不断更新换代。当然，食物中的蛋白质并不能被身体直接利用，它们必须转化成氨基酸，然后再重新合成我们所需要的蛋白质。所以说，人体对蛋白质的需求其实也就是对氨基酸的需求。

当细胞决定制造蛋白质的时候，细胞核里的 DNA 双螺旋结构就会分成两个单链。接下来，一种叫作 mRNA（Messenger RNA）的物质会来转录 DNA 上的信息，记录下上面的遗传密码，并将它储存起来，然后与核糖体结合。紧接着，携带着氨基酸的 tRNA（Transfer RNA）会赶过来翻译上面的密码，并指示核糖体合成蛋白质。当遗传密码的转录工作完成以后，蛋白质也就被制造出来了。这个过程说起来简单，可真正做起来就没那么容易了。

什么是 mRNA 和 tRNA，它们和 DNA 有什么区别呢？

DNA 的全名是脱氧核糖核酸，而 RNA 的全名是核糖核酸，它们是核酸的两个主要类别。mRNA 被称为信使 RNA，负责从 DNA 上转录遗传信息，并为蛋白质的合成提供模板；tRNA 被称为转运 RNA，它们会按照遗传密码，将特定的氨基酸送到核糖体进行蛋白质的合成。

遗传密码指的是 mRNA 所记录的碱基顺序。mRNA 所记录的就是 DNA 上的碱基顺序，但是由于 RNA 与 DNA 中的碱基并不是完全相同的，所以它们的碱基顺序也不会是相同的。DNA 中含有 A、G、C、T 四种碱基，而 mRNA 中并没有碱基 T，但它有碱基 U，也就是说，mRNA 的碱基是 A、G、C、U。这样它就会以 U 代替 T，形成新的遗传密码。

在 mRNA 上，每相邻的 3 个碱基就被称为一个密码子，4 种碱基经过随机的组合，共可形成 64 组密码子。密码子决定着合成蛋白质所需要的 20 种氨基酸，tRNA

就可以根据密码子，将特定的氨基酸运送到核糖体中。随着氨基酸的不断增加，核糖体也会随之向右移动，各种氨基酸则会按照遗传密码的要求，一个个有序地排列起来。每增加一个氨基酸，核糖体就会向右移动一个密码子的距离，当核糖体移到一个特殊的密码子时，遗传密码的转录工作就完成了，蛋白质也就被合成出来了。

奇妙的基因

基因是生物体内重要的遗传物质，生物体的一切形状、变异和生理功能，都是由基因决定的。DNA 是承载基因的载体，所以我们说 DNA 也具有遗传特性。各种各样的基因是成串地排列在 DNA 分子上的，不同的基因具有不同的功能，在 DNA 分子上的位置也不同。

每个基因在染色体上都有一定的位置，我们称其为座位。在同源染色体中处于相同座位的两个基因称为等位基因。如果两个等位基因是相同的，那么就这个基因座位来说，这样的个体就被称为纯和体；如果是不同的，则被称为杂合体。在杂合体中，我们只能表现出一种基因的性状，这个基因就被称为显性基因，而另一个没有表现出来的基因则被称为隐性基因。

染色体都是成对出现的，形态和大小完全相同的一对染色体就被称为同源染色体，它们一个来自父体，一个来自母体。

染色体上的基因决定着一个人的长相、性格以及生理机能等性状，但是至于哪种基因决定哪种性状，目前还没有完全弄清。而事实上，生物体的很多性状都是在多个基因的共同作用下形成的。基因的奇妙之处就在于它使人保持了亲代的大多数性状，让你和你的父母看上去很像，这也是保证物种稳定的根本要素。当然，人类对基因的了解还非常有限，如果能彻底揭开基因的神秘面纱，那么很多问题就可以迎刃而解了，这其中包括对很多疑难杂症的预防和治疗。

基因除了遗传的特性之外，还可能发生变异，也就是我们所说的基因突变。基因突变与 DNA 分子中的碱基有着密切的关联，DNA 分子中含有 4 种碱基，我们可以称它们为 A、T、C、G。DNA 分子是双螺旋状的结构，就像一个长长的两边有扶手的楼梯，而碱基就是扶手之间的阶梯。每一个阶梯都是由两个碱基组成的，我们称之为碱基对。基因所携带的遗传信息就是由碱基对的不同排列顺序所决定的。当碱基对的组成或排列顺序发生改变时，就会造成基因突变，出现我们意想不到的生物性状。

我们知道，有些疾病是可以遗传的。遗传病的可怕之处就在于它是与生俱来的，并且可以世世代代遗传下去，而且一般都不易痊愈。当然，并不是一个家族中的所有成员都会出现遗传病，但我们并不排除他们可能携带着致病基因，只是这种致病基因是隐性的，所以没有在他们身上表现出来罢了。

如果一个人的父母都没有遗传病，那他还会出现遗传病吗？有这个可能。但前提是这种遗传病必须是隐性遗传，如果是显性遗传，就不会出现这种情况，因为如果你的父母都健康，那么他们身上就一定都不会携带显性基因，所以自然也就不会遗传给你了。但是隐性遗传就不同了，如果你父母都携带一个显性基因和一个隐性基因，由于疾病是隐性的，所以他们都不会表现出疾病。但他们可能会将两个隐性基因全都遗传给你，使你患病。虽然这只有1/4的概率，但毕竟是可能发生的，这跟两个双眼皮的父母生出一个单眼皮的孩子是同样的道理。

基因操作

我们知道，基因是非常小的，别说我们用肉眼看不到，就是用显微镜也无法观察到它的存在。可是随着科学技术的不断发展，人们不仅对基因有了一定的认识，而且还可以对基因进行各种各样的操作，比如说基因的标记、切割、复制、装载、改造等。基因操作具有非常重要的意义，尤其是在基因工程中有着广泛的应用，相信有效的基因操作一定可以帮助我们创造更多的奇迹。

基因工程使传统的生物技术出现了新的生机，也使生物科学进入了一个新的时代。借助基因工程，不仅可以使复杂的问题简单化，而且也可以节省大笔的费用。比如说原来要获得1毫克的生长激素抑制素，需要用10万只羊的下丘脑。可是借助基因工程，我们只需要2升的细菌培养液就足够了。更重要的是，基因工程在各个领域都有着非常重要的应用和广阔的发展前景，所以现在各国的科学家都在抓紧研究基因工程。总之，基因工程的前景是非常诱人的，值得我们每一个人去探索和研究。

伟大的基因工程当然要靠对基因的操作才能进行，所以说基因操作也具有非常重要的意义。在20世纪80年代的时候，一个叫作马利斯的美国科学家就发明了基因复制机，听名字就知道它是用来干什么的了。当我们把一个基因放入复制机的时候，就可以复制出成千上万个同样的基因。当然，在放入基因之后，你必须加入DNA合成酶和各种碱基。基因复制机的出现为科学家们对基因的研究和利用提供了便利条件。

我们说过，基因是很小的，可是我们要进行研究，就必须把单个的基因分离出来。当然，我们可以采用切割的办法把它切下来，可问题是，基因这么小，一般的刀根本就不可能准确地进行操作，更何况我们根本就看不到它，又怎么可能进行切割呢？别着急，有一种叫作限制性内切酶的生物大分子可以很好地完成这项工作，对付基因它最有办法了。它就像一把锋利的刀，可以在 DNA 的特定位点进行切割，而且保证准确无误。科学家们就是利用这把神奇的基因刀来获取想要的基因的。

既然有基因刀可以切割基因，那么是不是也存在基因枪可以发射基因呢？

确实是存在基因枪的，而基因枪的作用就是转移基因。也就是说，我们可以利用基因枪将一种生物的某个基因转移到另一种生物的体内，使另一种生物的性状发生变化。首先，我们必须培养基因，方法就是将其放在大肠杆菌内。由于大肠杆菌繁殖得很快，所以基因也会很快扩增。然后我们要借助特殊的基因探针将想要的基因提取出来，提取出来以后也不能直接放入基因枪，而是要将基因包裹在钨粒子外面。包好以后，就可以送入基因枪了，这时你就可以拿起基因枪，将基因送入其他的动物或植物细胞了。

克隆技术

"克隆"应该是大家比较熟悉的一个词了，也许你们会首先想到克隆羊多利，不过我们应该清楚，克隆可不是羊的专利。其实，克隆是英语单词"clone"的音译，是利用生物技术产生后代的一种技术手段。克隆技术的独特之处就在于它是一种无性繁殖的技术，也就是说，它并不需要性的结合，就可以直接繁殖后代，而且所繁殖出的后代与原个体具有完全相同的基因组。当然，这必须经过一个复杂的操作过程。

多利可以说是到目前为止最出名的一只羊了，几乎所有的人都知道它。多利有三个妈妈，可是它却没有爸爸，这是它最骄傲和自豪的地方，因为在它之前，还从没有出现过这样的特例。多利出生在 1996 年的 7 月，那真是一个万众瞩目的日子，在它降生的那一刻，全世界都为之震惊了。

多利究竟是怎样出生的呢？我们说过，它有三个妈妈。首先，我们要找到它的第一位妈妈，从它的体内取出卵细胞，并将卵细胞中的细胞核去掉；然后，我们再找来第二位妈妈，从它的体内取出体细胞，并从体细胞中分离出细胞核，再植入到那个去掉细胞核的卵细胞中；接下来，我们就要对这个新的细胞进行培养，将它在体外培养成胚胎；这时，最后的一位妈妈就要登场了，它负责把多利生出来，我们将胚胎植入到它的体内进行发育，等到多利发育成熟以后，就会离开它的第三位妈妈，降生了。

猜猜看，多利会更像它的哪个妈妈呢？或者说它会跟它的哪个妈妈完全一样呢？

答案是：它应该跟它的第二位妈妈一样。因为所有的遗传信息都在细胞核里，所以多利应该跟给它提供细胞核的妈妈一样，因为它们具有完全相同的基因。

如今，克隆已经变得不再神秘，而是相当普及了。不仅同一物种可以克隆，就算是不同的物种，也可以共同完成克隆的任务。也就是说，克隆出来的个体可能有个与自己并不属于同一物种的妈妈。比如说我们可以用兔子的卵细胞与大熊猫的体细胞进行克隆，这样克隆出来的个体仍然是大熊猫。为什么要这样做呢？因为大熊猫是我国的国宝，而成熟的卵细胞更是非常珍贵，所以我们可以选择用其他的物种来代替大熊猫生育，这样就很好地解决了这个问题。

与动物的克隆相比，植物的克隆则显得容易得多。比如说将植物的一部分插入土中，过了一段时间以后，它就又可以长成原来的样子了。比如说柳树，将柳条折下，种在泥土里，它就会长成一棵柳树。也就是说，很多植物本身就有克隆的本领，根本就不需要我们帮忙。

那么，人可以克隆吗？无论是从理论上还是从技术水平上，克隆人应该都是可以实现的。现在的问题是人类本身还不太能接受自己被克隆的事实，这当然存在着多方面的原因，比如说宗教、伦理、道德、法律等诸多方面。

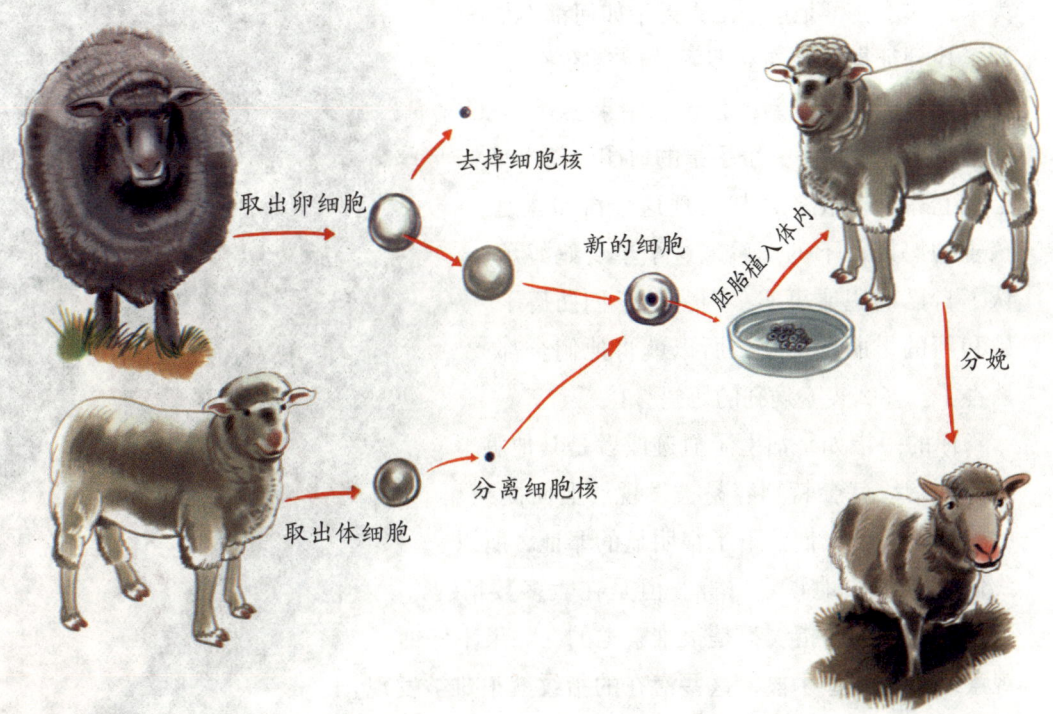

第五章　让人惊叹的另类科技

第一节　不容置疑的破案术

指纹档案

指纹是一个人身份的象征，是人类在进化的过程中自然形成的，到目前为止，还没有发现两个指纹完全相同的人。有了指纹，我们在接触物体的时候就会产生摩擦，从而更容易抓紧物体。另外，指纹作为人体独一无二的特征，也是帮助我们破案的重要线索。通过罪犯留在犯罪现场的指纹，我们就可以锁定目标，找到案件的真凶。

1892 年，有两个阿根廷的儿童死在了自己的家中。他们的单身妈妈很快就指控一个牧场的工人为杀人凶手，可是这个工人无论如何都不承认。为了找到证据，警局立即派人侦察凶案现场，看看能不能有什么新的发现。结果在死者家的房门上，发现了一个手指的血印。警察马上把它带回去化验，却发现这个血印竟是孩子的妈妈留下的。后来这个单身妈妈承认了自己的犯罪事实，因为孩子们妨碍了她和新的男朋友交往，所以就将他们全都杀害了。多么丧心病狂的妈妈呀！

你的手指如果沾上了血迹或者是其他脏东西，指纹就会特别容易被发现。上面提到的单身妈妈给我们留下了很明显的罪证，所以我们可以很快地锁定目标。但是在大多数情况下，凶案现场的指纹都是很难察觉的，如果不仔细观察或借助某些手段，这些潜在的指纹就很难被发现。

所以作为一名侦探，你必须有足够的耐心和细心，否则你就可能一无所获。

在进入犯罪现场以后，你没有必要将所有的地方都检查一遍，因为这样会浪费很多时间。而对于破案来说，分分秒秒都是弥足珍贵的。我们应该首先查看那些容易留下指纹的地方，比如说门把手、电灯开关、桌子、椅子、窗框、窗台、杯子等。找到指纹以后，还有更重要的工作要做，那就是让这些隐藏的指纹显现出来，以便将它们收集或拍摄下来。

至于采取的方法则要视情况而定，如果是光滑的物体表面，比如说玻璃杯、电灯开关等，应该先用细软的毛刷子轻轻拂去上面的尘土，然后再把胶带按在上面，使指纹印在胶带上，最后将胶带取下进行记录就可以了；如果是粗糙的物体表面，我们可以用蒸汽来让它现形并固定在原地，然后再将指纹取下来就可以了；有时候我们还需要借助化学试剂来协助发现指纹；还有一种好办法，那就是在黑暗的环境中，用激光来扫射房间里的每一个角落，发现指纹后，就在激光的照射下，把指纹拍下来。

当然，在犯罪现场留下指纹的人不一定是罪犯，但至少说明他一定到过犯罪现场。通常情况下，警方在取得指纹以后，都会将嫌疑犯的指纹与其对比，如果相匹配，就说明这个嫌疑犯曾到过现场，有作案的嫌疑。当然，即使是这样，我们也不能断定他就是罪犯，因为一个案件的情况通常都是很复杂的，要综合多个方面才能做出最后的判决。不过不管怎么说，指纹都是一个重要的犯罪佐证，是很有价值的犯罪证据。

之后，警方就会将取得的指纹与电脑中所储存的指纹进行对比。要知道，所有犯过罪的人，其指纹都会被储存在警局的电脑里面。这些有犯罪记录的人都有再次作案的可能，所以将现场的指纹与电脑中的指纹进行对比，往往会有意想不到的收获。

如果罪犯将指纹改变了，那我们是不是就抓不到罪犯了呢？通常情况下，人的指纹是一生都不会改变的，你别指望用什么去磨掉它。因为当皮肤再生的时候，指纹也会随之再生，而且与原来的指纹是完全相同的。那么给手指做个手术，换掉上面的皮肤呢？听起来是个好办法，但实际上也是靠不住的。因为除了指纹以外，手掌上以及耳朵上的纹路也具有和指纹相同的特征，根据你手上没有被换掉的皮肤，还是可以判断出你的本来身份。

用 DNA 破案

对于 DNA，我们应该很熟悉了，因为在前面我们就曾经做过很多介绍。如果你的大脑中有关 DNA 的那部分信息还没有消失，那么对于 DNA 可以破案的事实，你就不会产生任何怀疑。我们知道，DNA 是细胞中重要的遗传物质，正是它决定了你独特的长相和性格。所以说，DNA 也是一个人身份的象征，但是与指纹不同的是，如果你有一个跟你一模一样的双胞胎兄弟（姐妹），那么你们的 DNA 就是相同的。而指纹则不存在这样的情况，即使是双胞胎，指纹也是不同的。

指纹和 DNA 都是能证明身份的重要人体特征，有时我们可能无法在犯罪现场发现罪犯的指纹，因为狡猾的罪犯很可能在离开犯罪现场之前就把所有的指纹全部擦掉了。但是他们却往往会在不经意间给我们留下一些线索，比如说一根头发或者是一块血迹。找到了这些线索，我们就可以拿回去化验头发或血液的 DNA，然后再与犯罪嫌疑人或者是电脑记录中的 DNA 进行对比，帮助我们锁定目标，破获案件。所以说，DNA 与指纹都是重要的犯罪证据，对于案件都具有非常重要的作用和价值。

1920 年，曾经有一名叫作安娜·安德森的女子自称是俄国沙皇尼古拉斯二世的女儿，安娜塔西亚公主。可人们并不相信她的话，因为尼古拉斯和他的全家在两年以前就已经被处死了，所以他的女儿应该也已经离开了人世。不过也有人相信她的话，因为沙皇全家的墓地开放以后，人们并没有发现安娜塔西亚公主的遗骸。可是在当时的情况下，人们还没有办法证明这个女子的身份，直到 1964 年，这个女子离开了人世，人们也还是没能解开她的身世之谜。又过了 30 年，人们通过 DNA 对比，发现这个自称公主的女子与沙皇直系亲属后裔的 DNA 完全不相配。也就是说，她根本就不是安娜塔西亚公主，这一切不过是她编造出来的谎言罢了！

一个人的 DNA 与他的亲戚们一定是相匹配的，人们就是因为没有办法进行 DNA 鉴定，所以才被这个莫名其妙的女子蒙骗了这么久。不过在今天，这样的事是绝对不会再发生了，因为去医院做 DNA 鉴定已经非常普遍，而且很快就可以知道结果。医学上最常见的是 DNA 亲子鉴定，用来确定双方是否存在亲子关系。具体的方法就是测等位基因。在一对等位基因中，一个来自父体，一个来自母体。那么在孩子的等位基因中，就一定是一个与母亲相同，而另一个与父亲相同。如果不是这样，那就存在问题了。

如果犯罪分子在犯罪现场什么都没留下，那也不要紧。即使他什么都没留下，也很可能带走了一些东西，比如说犯罪现场的玻璃碎片、花粉、沙子、地毯纤维等。如果我们能在犯罪嫌疑人身上找到这些东西，也同样可以证明他曾经到过现场。

子弹泄密

对于枪杀案来说，最重要的线索应该就是打中死者的子弹了。也许你会认为所有的子弹都是一样的，但是在那些专门研究枪和子弹的专家看来，不同的枪，发出的子弹也是不同的。通过死者身上的子弹，就可以判断出子弹是从哪种枪里发射出来，从而找到罪犯使用的枪，这对案子的侦破非常重要。

　　每颗发射出来的子弹，其弹身都有一定的纹路，这些纹路是怎么来的呢？原来，在枪筒内部，有螺旋形的膛线设计，它一方面可以使子弹旋转起来，使发射更精确；另一方面，它也会在旋转的子弹上画出纹路。也就是说，膛线的纹路与弹身的纹路应该是相匹配的。由于每支枪在每次使用的时候都会产生轻微的磨损，所以即使是用同一模具，在相同的情况下生产出来的两支枪，在它们都发射过第一颗子弹以后，子弹身上的纹路也会略有不同。所以说，每支枪发射出来的子弹都是独一无二的，通过子弹身上的纹路，就可以判断出它发自哪支枪。

　　子弹的纹路出现在子弹头上，其实除了子弹头，我们还可以在子弹壳上找到其他的印记。如果你曾经去靶场打过枪，就应该清楚子弹是怎么发射的。当我们扣动扳机的时候，枪内的撞针就会撞击弹壳的底部，帮助子弹从枪口射出。而在子弹射出的同时，撞针以及枪内的其他部位也在弹壳上打下了独特的印记。通过弹壳上的印记，我们也可以判断子弹是从哪种型号的枪里面发射出来的。

　　取出死者体内的子弹，这很容易。通过专家们的分析，要确定枪支的型号，也并非难事。可是要找到嫌疑的枪支，来判断是不是这支枪所发出的子弹，就没那么

容易了。如果找不到嫌疑的枪支，那就只好请我们的 IBIS 系统来帮忙了。IBIS 系统是完整的弹道识别系统，其中记录了以前发生但至今尚未破获的案件中的子弹。我们将从现场的子弹与系统中的子弹进行对比，如果发现了完全相同的记录，就说明枪的主人曾经用同样的枪犯过案。这样我们就可以把两个案件综合在一起分析，也许会有意外的发现。

通常情况下，犯罪分子是不会把枪支留在现场的，但是也有例外，比如说自杀。如果死者拿着枪自杀，那么枪支就一定在现场了，而且应该握在死者的手里。可是我们不能被表面的假象所蒙蔽，眼前所看到的一切很有可能是凶手布置的，让我们误以为死者是自杀的，从而掩人耳目，掩盖他的杀人事实。不过，侦探也不是那么好骗的，做一个简单的试验就可以知道死者究竟是自杀还是他杀了。

我们应该清楚一个常识：枪在开火的时候，枪内微量的金属碎屑一定会在射击者的身上留下痕迹。也就是说如果死者是自杀，那么我们就一定可以在他的衣服上、手上、脸上等地方找到这些金属碎屑。如果找不到，那很显然就是凶手另有其人了。当然，这些金属碎屑用肉眼是看不见的，最好的办法就是用羊毛的织物蘸上弱酸溶液，来擦拭死者的手或脸。如果能擦下黑色的火药渣子，那就说明死者可能是自杀身亡，否则就是他杀。如果凶手知道这种方法，就不会做这么精心的布置了。忙了半天，这么容易就被识破了，岂不是白忙了！

爆炸与炸弹

爆炸并不算是什么新鲜事儿，如果你留意电视上的新闻，就会发现在世界各地，每天都会发生一些大大小小的爆炸事件。引起爆炸的原因很多，有可能是意外的煤气爆炸，也有可能是工厂的设备爆炸，还有可能是炸弹的爆炸。如果说其他的爆炸都是我们的无心之失，那么由炸弹所引起的爆炸则是一些别有用心的人蓄意策划的。我们如何判断一起爆炸事件是意外发生的还是有人策划的呢？也许那些爆炸的碎片会给我们一些启示。

当有爆炸发生的时候，我们首先要做的事情就是勘查爆炸现场，搜寻爆炸碎片。你最可能见到的碎片应该是属于爆炸物的，比如说汽车爆炸，那么你最容易找到的就是汽车的碎片。通过汽车的碎片，我们就可以判断出它是如何爆炸的。最简单的方法是计算出碎片的飞行速度，在汽车爆炸的同时，碎片也会以一定的速度飞溅到四周。如果我们发现碎片的飞行速度是 1000 ~ 8500 米/秒，那么就可以断定汽车是被炸药炸毁的，而不是自己爆炸的。

因为只有炸药才能产生这么大的威力，让碎片以这样的速度飞行，一般的汽车自燃性爆炸是不会产生这么大的威力的。

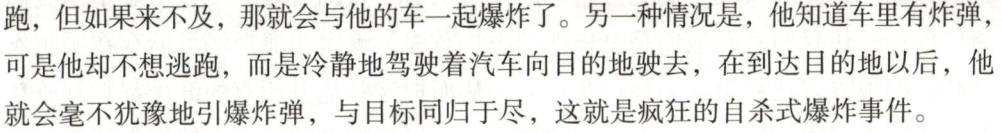

如果是炸弹导致了汽车的爆炸，那么就说明炸弹是事先被安装到汽车内部的，汽车的驾驶者有可能知情，也有可能不知情。一种情况是他发现了车里的炸弹，可是他的车已经被人动了手脚，刹车失灵了，他想停但停不下来。当然，如果时间来得及，他完全可以跳车逃跑，但如果来不及，那就会与他的车一起爆炸了。另一种情况是，他知道车里有炸弹，可是他却不想逃跑，而是冷静地驾驶着汽车向目的地驶去，在到达目的地以后，他就会毫不犹豫地引爆炸弹，与目标同归于尽，这就是疯狂的自杀式爆炸事件。

最可能的一种情况是受害者完全不知情，而犯罪分子则通过遥控器来控制炸弹的爆炸时间，他们将炸弹放到目标位置以后，就撤离了现场，然后在安全的地方制造爆炸事件。

公交车、地铁、宾馆、商场里的爆炸都是这样制造的，这是恐怖分子常用的手段。他们常将一个装有炸弹的行李或包裹放在一个不太显眼的角落，等他们到达安全地带以后，就会按下手中的控制按钮，将炸弹引爆。

如果我们知道了是炸弹引起的爆炸，那又怎么查出是谁做的呢？炸弹在爆炸以后，一定会留下微量残余的炸药成分。也就是说，如果我们在哪个行李或包裹上找到了炸药成分，它就很可能是盛炸药的容器。接下来，我们再寻找它的主人。如果监控录像录下了他的样子，那么我们就可以很轻易地锁定目标。如果没有记录，那就只能在行李或包裹之中找线索了，比如说里面的其他物品有没有什么明显的特征、是不是存在标签等。

蛛丝马迹

如果在犯罪现场既找不到可疑的指纹，也找不到血迹或头发等可以化验 DNA 的东西，该怎么办呢？失去了这些线索，我们是不是就无计可施了呢？当然不是，就算犯罪分子再狡猾，也一定会在犯罪现场留下一些蛛丝马迹，只不过我们要多花点儿心思去发现它们罢了。所以说，如果你不够细心，也没有足够的耐心，是一定做不了侦探的。

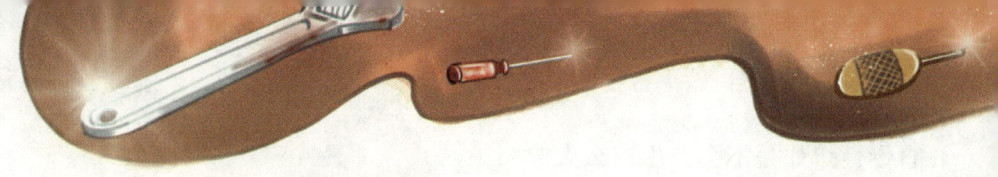

　　我们的身上经常会落下一些衣物的细小纤维，当然我们是看不见它们的，因为它们实在是太小了。不过你可别小看了这些细小的衣物纤维，它们可是破案的重要线索。既然衣物的纤维常常会掉落，那么罪犯就很可能在犯罪现场留下他的衣物纤维。如果说指纹和血迹等证据还可以被他擦掉，那么这些衣物纤维却一定是他无法处理的，因为他根本就察觉不到。现在的犯罪分子越来越狡猾，他肯定不会给我们留下太明显的线索，让我们轻松破案。但只要他做过，就一定会留下一些蛛丝马迹，只要我们不放过这些细微的线索，就一定可以让他原形毕露。

　　虽然说利用细小的衣物纤维来破案也许是个好办法，可是这些纤维这么小，我们该如何找到并收集它们呢？这听起来确实有一定的难度，不过可难不倒我们的侦探们，让我们看看他们是怎样做的吧！首先，锁定犯罪现场可能存在罪犯衣物纤维的地方，然后用胶条粘这些地方，从而把这些地方所有的纤维都粘到胶条上。然后再把胶条贴到一个干净的塑料片上，以保护这些纤维。接下来就要用神奇的显微镜将这些纤维与犯罪嫌疑人的衣物纤维进行对比，如果完全相同，那么他的嫌疑就很大了。

　　除了衣物纤维，犯罪现场的一些印记也是非常重要的破案线索。当然，这里所说的印记并不是指我们前面说过的指纹，而是其他的一些印记，比如说轮胎印、脚印以及作案工具留下的工具印等印记。通过轮胎印，我们可以看出罪犯开的是哪种车、什么型号、载重量等信息；通过脚印，我们也可以看出罪犯所穿鞋子的类型、大小等特征；通过作案工具留下的印记，我们也能够判断出罪犯使用的是什么工具。

　　也许你会说，一样的车很多，一样的鞋子也很多，一样的工具更是满大街都是，找到这些印记又有什么用呢？其实，同样的车，轮胎的磨损程度也是不同的，没有两个轮胎会磨损得完全一致。也就是说，只要没有换过轮胎，那么通过对比轮胎和现场轮胎的印记就可以确定它是不是到过现场。对于鞋子和工具也是如此。所以说，通过这些重要的印记，就可以找到罪犯作案时所开的车，所穿的鞋以及所使用的工具，这对于破案都是非常关键的。

辨别笔迹

同样的一个字，5个人有5种写法，50个人有50种写法。如果你让500个甚至5000个人来写，那就会有500或5000种不同的写法。笔迹也是我们独一无二的特征，没有两个人的笔迹是完全相同的。而对于我们本身来说，成年后的笔迹就比较稳定了，一直到老也不会改变。也就是说，每个成年人的笔迹都有自己独特的风格，通过辨别笔迹，就可以区分真假文件、遗嘱、赎金条等，对于破案很有帮助。

对于一份颇有争议的遗嘱，我们如何判断它是死者的本意，还是有人伪造的呢？要判断遗嘱的真伪，我们首先应该找出本人的真迹来进行对照。在对照的时候，主要看字的长度、倾斜度、间架结构、起笔及收笔位置等因素，与真迹是否吻合。另外，真实的笔迹应该是连贯而光滑的，而模仿出来的笔迹则会

天大的骗局

1981年，西德的一家公司曾宣称找到了阿道夫·希特勒的私人日记，这可是一项重大的发现，在全球都掀起了轩然大波。鉴于这本日记的超凡价值，很多出版商都开出了惊人的高价，不惜用重金换得这本日记的独家发行权。可是就在1983年，专家们通过对日记的笔迹进行鉴别，得出了日记是伪造的这一爆炸性新闻。其实，这本日记可谓漏洞百出，它所使用的造纸材料是在希特勒死后才用于造纸的；写日记用的墨水在希特勒时代也没有被广泛使用；就连日记所使用的装订材料也都是现代的。所以说，这真是一场天大的骗局，好在它很快就被揭穿了。

显得比较生硬、呆板，不够连贯。还有最明显的一点，那就是看相同的字，用模仿的笔迹写相同的两个字时，往往会不一样。通过上面的方法也可以看出嫌疑人是不是在掩饰自己的真实笔迹，而故意改用其他的笔迹。

除了看字本身以外，写字用的墨水也常常会透漏给我们一些重要的信息，这在辨别支票的真伪上尤其适用。比如说你给对方开了一张 1000 元的支票，可是你却发现自己的账户上少了 10000 元，这是怎么回事呢？原来，对方用了同样颜色的笔在你的支票上加了一个 0，这样 1000 就变成 10000 了。也许对方会觉得这样做是神不知鬼不觉的，即使你知道了也拿他没办法，因为你并没有证据能证明是他改了支票。难道遇到这种情况，我们就只能吃哑巴亏吗？别着急，还是请我们的侦探来帮帮忙吧！

其实在侦探的眼中，这根本就不算什么难题，很快事情的真相就水落石出了。他们是怎么做的呢？首先，他们将支票放到红外线和蓝绿色的光线下照射，然后观察支票上的字迹对红外线的反射情况。据侦探们介绍，在这种特殊的光线下，墨水中的染料会吸收或反射红外线，通过观察支票上的数字对红外线的反射情况，就可以判断是不是使用了一种墨水。结果，他们发现最后一个 0 与其他的字所反射的红外线数量并不相同，所以说这张支票是用两种墨水写的，那最后的一个 0 当然也就是另外写上去的了。

尸检线索

如果说上面的工作你还可以应付，那么下面的工作绝对会让你望而却步，因为这次我们要面对的是死者的尸体。

在凶杀案中，第一个接触死者尸体的一般都是法医，他们要对尸体进行仔细的检查，再做出报告。这份报告对案件的侦破非常重要，因为里面包含了很多重要的信息，比如说死者的死亡时间、如何死亡、被何种凶器所伤等。如果你问他们是怎么知道这些的，他们一定会说是死者的尸体告诉他们的。别害怕，他们的意思并不是死者真的活过来告诉他们事情的经过，而是他们在死者身上发现了一些重要的线索，从而得出一些推断。

推断出死者的死亡时间是破案过程中至关重要的一步，这可以将嫌疑人的范围缩小。显然，如果死者死亡的时候你并不在现场，那么你的嫌疑自然也就洗清了。至于推断的方法，我们可以从两方面入手，一是死者的体温情况，二是尸体的软硬程度。被害人在死后，尸体的体温就会下降，通常是每过一小时，体温就下降 1℃。当然我们还要考虑外界的气温、死者的胖瘦等外部因素，这些对体温的下降速度也是有影响的。另外，在人死后，尸体会变硬，从脸开始，大约 12 个小时即可扩展到全身，但是在死后的 36 ～ 48 个小时，尸体又会变软。当然尸体的软硬程度也要考虑外界的气温条件等因素。

法医给死者测量体温用的是一种特制的体温计，我们可以把它放在死者的肛门里，也可以在尸体的肋骨处划一个小口，然后将体温计放入伤口里。

仅仅确定死亡时间还不够，我们还需要知道死者的死亡原因、死者是在什么样的情况下被人用何种方式杀害的，这就需要一些专业的知识了。我们必须要观察死者身上所有的伤口，就算是细小的针口也不能放过。然后我们必须要将死者的内脏全部取出来，送去化验，虽然这有些残忍，不过为了查明事情的真相，我们必须这样做。等到报告出来以后，我们就可以对报告进行分析，从而确定死者的死亡原因了。

如果死者的肺里有大量的烟，那就说明他是被火烧死的；如果在死者的肺和肾里找到了大量的水中生物，那就说明他是被水淹死的；如果尸体的底部形成了除紫色以外的其他颜色斑点，那就说明他是被毒药毒死的；如果死者的脖子上有一圈凹痕，且喉咙周围有瘀血，则说明他是被勒死的……

有时凶手会故布疑阵，掩盖死者真实的死亡原因。不过对于聪明的法医来说，这些都是小把戏。其实在了解了相关的知识以后，我们也可以识破凶手的诡计。比如说尸体是从大火中发现的，可是死者的肺中却没有烟。由于人是用肺呼吸的，所以只有在人活着的时候才能将烟吸入，死者的肺里没有烟就说明他在进入火中的时候就已经死了，凶手这样做完全是为了毁尸灭迹。

即便死者的尸体已经腐烂，只剩下了一副骨架，那我们也有办法知道死者的真实身份。首先我们可以通过观察骨架上的骨盆确定死者的性别，通常来说，女性的骨盆要比男性的骨盆宽得多。然后我们再根据头骨确定死者的种族，一般来说，欧洲人的鼻子顶部要窄一些，而非洲人和亚洲人则要宽一些。接下来我们要测量死者的手臂骨和腿骨的长度，以确定死者的身高。我们还可以根据死者的牙齿来确定他的年龄。最重要的是，一定要仔细观察他身上有没有什么明显的特征，比如说有没有伤疤、有没有骨折等。了解了这些情况以后，我们就要对照失踪记录，寻找相同特征的失踪者。

致命的药剂

在古代，下毒的案例很多，人们通过在食物、药品中加入毒药，就可以置人于死地。由于当时的科学技术水平还非常有限，人们没有办法测试出死者是如何死亡的，更不清楚是何种毒药害死了他。但是在现代，我们只要检测一下死者的血液，就可以得知他是否中了毒、中了何种毒。所以说现在这种犯罪手段已经很少用了，因为它实在太容易被人察觉了。

要判断一个人是不是中毒而死，其实方法很简单，只要看尸体底部的斑点就可以了。因为人在死了以后，全身的血液都会向身体的底部下沉，最后将渗出血管，淤积在身体底部的组织里面，形成紫色的斑点。可是对于中毒的人来说，由于血液中含有其他的成分，斑点就不会是紫色。

如果尸体是仰卧着，那么斑点就应该在背部；如果是俯卧，就应该在前胸。当然，发现异常的斑点也不能说明死者就是中毒而死的，因为毒药并不一定会要了一个人的命，真正导致其死亡的可能是另外的原因，但这至少能说明死者曾经中过毒。

发现死者中毒以后，我们要如何确定死者中的是哪种毒呢？首先，我们需要取出死者的血样，并将其放入添加了萃取溶剂的试管中，用塞子封住试管口。然后，我们将试管放在一种叫作离心机的机器上，它可以分离出不同密度的物质。在离心机的高速旋转下，血液会沉到试管的底部，而毒物则被萃取溶剂所吸收，升至试管的顶部。接下来，我们就可以对溶剂进行成分分析了，从而确定毒物的种类和性质。

犯罪动机

犯罪分子作案，不管是抢劫，还是杀人，总要有一定的原因，他们不大可能会毫无原因地杀人。犯罪分子作案的原因，我们就称之为犯罪动机。犯罪动机在案件的侦破过程中也是必须要考虑的一个重要因素，当我们锁定犯罪嫌疑人的时候，必须要找到合理的犯罪动机，否则他为什么要作案呢？

通常情况下，抢劫案的犯罪动机比较单纯，大多数都是为了钱财。可是对于凶杀案来说，犯罪动机就比较复杂了，有各种各样的原因可以让凶手产生仇视心理，从而将对方杀死。双方可能是结下了什么仇怨，其中的一方想要报复；也可能是双方有什么利益关系，一方死后，另一方就会获得很大的好处；还有可能是凶手的某些不可告人的秘密被对方知道了，凶手为了保守秘密而将其杀害。总之，我们在锁定目标的时候，必须要考虑嫌疑人的犯罪动机，这也是侦探在办案时要多方了解情况的原因。

我们应该清楚，即使有犯罪动机，也不一定是杀人凶手。因为动机只是一种心理，如果没有付诸实践，那就不会构成犯罪事实。所以要确定凶手，必须综合考虑各方面的因素，用真凭实据让凶手现形。在破案的过程中，犯罪动机是我们必须要考虑的一个因素，但是也绝不能因为某个人有犯罪动机就将凶手的帽子扣给他，这样做是不负责任的。就像即使到了现场也不一定杀人一样，有犯罪动机也不一定会进行犯罪活动。

真话、谎言和小侦探

在大多数情况下，罪犯都是不会主动认罪的，他们常常会抱着侥幸的心理，希望自己能够洗脱嫌疑。事实上，如果你找不到指证他的有力证据，而他自己又死不认账，你就拿他毫无办法。即使你知道事情很可能就是他做的，你也不能定他的罪。任何一个国家都是讲究法律的，谁都没有权力胡乱给人定罪，即使是法官也不行。正因为这样，犯罪分子们才不会轻易地招供，也许会没事呢，他们总是这样安慰自己。可当他们面对如山的铁证时，却又马上换了一副嘴脸，真是不见棺材不掉泪！

面对这些狡猾而又顽劣的犯罪分子，我们该如何对付他们呢？要怎样才能让他们把犯罪事实全都交代出来呢？要让他们招供，就只能靠我们自己去收集证据了。不把证据摆在眼前，他们是不会低头认罪的。

不管嫌疑犯是不是愿意合作，只要确定他有作案的嫌疑，那么我们就有权力对他进行审问。审问的内容我们可以自己把握，与案情有关的内容自然是必不可少的，同时也可以问一些其他的情况。对于我们提出的问题，嫌疑人必须做出回答。当然，如果他真的是罪犯，那他一般是不会对我们讲真话的。所以我们必须要采取一定的策略，让嫌疑人在与我们的交谈中露出破绽。撒谎的嫌疑人常常会说一些自相矛盾的话，这样我们的工作就轻松多了。

其实，在实际的审问过程中，办案人员通常都是没什么收获的。因为这些罪犯都很狡猾，他们不会那么轻易就露出破绽的。更何况撒谎都已经成了他们的家常便饭，又能出什么差错呢？也许你们曾经听说过有一种仪器叫测谎仪，它可以用来分辨嫌疑人说的话是真话还是谎言。测谎仪的主要原理就是利用人在说谎时呼吸、心跳、血压以及脉搏等会发生变化，从而确定人是不是在说谎。但是这种机器并不是十分可靠，因为对于一些撒谎的老手来说，他们每天都在说谎话，可能连他们自己都不觉得自己在说谎。对于这样的人，测谎仪是测不出来的。所以侦探们还是宁愿相信自己，亲自去寻找证据。

既然没有证据，那你就必须放人。人虽然要放，但是却不能让他离开我们的视线，也就是说，我们要在暗中监视他。至少在证明他与本案无关之前，我们必须这样做。监视的方法有很多种，你可以亲自跟踪他，看他去了哪些可疑的地方、见了哪些可疑的人；也可以在固定的场所利用技术设备对他进行监视，当然在此之前，你必须在他的家中或办公室里安上窃听器、偷拍机、跟踪拍摄仪等器具。如果他真的是罪犯，就难免会露出一些破绽，我们收集到这些证据以后，就可以正式起诉他了。

第二节　艺术世界魔法秀

神奇的魔术

魔术是很多人都非常喜欢的一种综艺表演节目，带给人无尽的惊奇与遐想。在魔术的世界里，你会见到很多不可思议的事情，让你觉得无法理解，而又对其难以割舍，也许这就是魔术的魅力吧！那些魔术大师更是很多人追捧的偶像，他们所表演的魔术不仅神奇，而且还充满了惊险和刺激，让我们不禁为他们捏把汗。当然，事情的结果是他们不会发生任何危险，这是怎么回事呢？难道他们真的有超能力吗？

其实，这些魔术大师跟我们并没有什么区别，都是再普通不过的普通人，他们所表演的魔术也并没有我们想象的那样神奇和惊险。魔术只是一种娱乐节目，我们看看也就罢了，千万不要太认真，更不要去模仿。虽然说魔术本身并不危险，但是如果让你去模仿，那可就危险了，因为你并不懂得表演魔术的技巧。如果你真的很好奇，那不妨去请教一位魔术表演者，说不定他会把里面的玄机透漏给你呢！每一个魔术都是有不为人知的秘密的，当然，如果所有人都知道了，那魔术也就失去它的魅力了。

在魔术表演中，有太多的场景让我们百思不得其解，拍手叫绝。比如说在密闭箱子中的人或物体忽然消失，本来在这边的事物刹那间出现在另一边，完全破坏的物体又被恢复了原状，没有生命的物体可以自己移动，血肉之躯竟然刀枪不入，不用对方开口就知道对方在想什么等。

这些我们平常想都不敢想的事情，却在魔术舞台上变成了现实。不管魔术师们在其中做了什么手脚，至少他们呈现在我们面前的都是非常精彩的表演，没有露出丝毫的破绽，这就是他们最了不起的地方。

其实，魔术师的表演要借助很多外界条件，比如说服装、道具、灯光等。如果脱离了这些东西，魔术师们也是变不出魔术的。所以我们应该清楚，所有的魔术都是假的，都是魔术师借助道具给我们表演的一种戏法。比如说让我们叹为观止的锯人魔术，其实在箱子里的人有两个。也就是说，我们所看到的头和脚并不是同一个人的，所以这个箱子可以被扭来扭去的。在外面的人进入箱子之前，箱子里面就已经有一个人了，他可以通过箱子底部的翻板把脚伸出箱外。而外面的人进入箱子以后，就把腿蜷了起来，而将头露在外面。这样，我们看起来是将一个人一分为二，而实际上被分开的却是两个人。

现在有很多魔术揭秘的栏目和报道，揭开了魔术的真实面纱。这虽然满足了人们的好奇心，但是也带来了一系列的问题。那就是人们知道了魔术是如何变出来的，还会去看魔术吗？即使会看，那还会有以前的效果吗？要知道，魔术师编排出一个经典的魔术是要花费很多心血的，所以我们应该尊重魔术师的劳动成果。既然魔术是为了带给我们快乐和梦想，那么我们又何必非要知道其中的玄机呢？静静地享受魔术的神奇不是更好吗？

特技效果的魔力

特技效果其实也是一门关于错觉的艺术，如果从这方面说，那么魔术应该可以称得上是它的鼻祖了。在现代影视剧的拍摄中，特技效果的应用已经非常普遍，它使影片变得更加好看。我们熟悉的很多影片，都在其中加入了大量的特技效果。比如说在《星球大战》中，就利用现代灯光和特技效果在银幕上创造出了一个壮美的宇宙景象。在《泰坦尼克号》中，制作者更是将绝大部分资金都用在了制造特技效果上。

你知道你所看的影片都加入了哪些特技效果吗？一般来说，灾难片、科幻片、武侠片、神话片等影片加入的特技效果比较多。因为在这些影片中，有很多场面都是在现实生活中找不到的。即使能找到，也要付出很大的代价，所以人们更倾向于用特技来完成它。

比如说人在空中飞，这对一般的人来说是根本就不可能实现的，不过在电影中，那些轻功了得的大侠以及天上的神仙都可以轻易做到。其实，他们不过是借助了特技的手段，将自己吊在一根看不见的绳子下面，被机器吊在空中飞来飞去的。还有发大水、火山爆发、神仙所使用的仙法、大侠所使用的盖世武功等，都是借助神奇的特技效果来实现的。

在同一部影片中，我们经常可以看到一个演员分饰两个角色的情况。而更要命的是，这两个角色还要同时出现在一个画面里，这可真是一个大难题。如果这个演员没有分身术，那么他就根本做不到。可事实上他做到了，当然他也不会什么分身术，那么他是如何做到的呢？

原来，在拍摄的时候，这两组镜头是分别拍摄的，而在后期的制作过程中，工作人员对这两组镜头进行了特技处理，就使他们同时出现在我们眼前了。很简单吧！

在电脑的帮助下，这似乎很容易办到，但是在以前，那可就麻烦了。我们必须在拍摄第一个场景的时候，先用遮片（就是能遮挡光线的阻碍物）将镜头的一部分挡上；而在拍摄第二个场景的时候，再挡住上次没有遮挡的部分。这样，你得到的就是两个场景同时在画面上的图像了。如果你也有一部可以进行二次曝光的照相机，不妨亲自试一下。

绝妙的电影制作

电影是呈现在荧屏上的另一种视觉盛宴，它不仅丰富了我们的业余文化生活，也给我们带来了很多快乐。也许你是喜欢电影的，甚至可以说是一个影迷，但是你真的了解电影吗？你知道那些精彩绝伦的电影是怎样制作出来的吗？如果你觉得电影只是扛着一部摄像机所进行的简单拍摄，那就大错特错了。实际上，电影的制作过程是非常复杂的，要经过很多道程序和步骤，在众多工作人员的共同努力下才最终完成的。所以说，一部电影的成功，靠的不仅仅是演员的出色表演，那些幕后工作者的辛勤付出也是不可或缺的。

导演是整部电影的灵魂人物，影片的整体风格是由导演来决定的。在很多人眼里，导演是一个非常威风的人物，因为在剧组里面，所有的人都要听他的，只有他才有拍板的权力。而实际上，导演的日子并不好过，他们要操心的事情实在是太多了。而且要导演一部好的影片，就必须要付出代价。所以，导演对演员的要求都很高，很多场面都要求演员假戏真做，就是那些危险的事情，也要演员自己去做。这样一来，演员在拍戏时受伤就不足为奇了。而且同一组镜头，演员们常常要拍上几次，甚至十几次，直到导演满意为止。

导演的严厉并不是无理取闹，尽管常常会遭受剧组人员的埋怨，他们也绝不放松要求。其实我们应该欣赏他们对艺术的认真态度，如果没有他们对每一个细节的严格要求，就不会拍出这些精彩的影片，我们也就无法看到这么美妙的电影。当然，导演再好，也必须有好的团队来配合他，否则他也拍不出电影来。虽然我们对剧组的很多工作人员都并不熟悉，但是电影的成功与他们的辛勤付出也是分不开的，比如说道具、服装、场记、美术指导、摄影、音乐等。

其实，拍电影的第一步不是找导演，更不是找演员，而是要创作剧本。没有一个好的剧本，就算是再好的导演和演员也是无计可施。所以，要制作一部被观众认可的电影，创作一个好的、吸引人的剧本是非常重要的。有了剧本，你也不能马上投入拍摄，你还必须要筹集足够的资金，否则你拿什么去拍电影呢？要知道，拍摄电影的花销可是很大的，因为资金短缺而中途夭折的电影也并不少见。资金到位以后，你就可以选择导演和演员了，不过选择什么样的导演和演员，那可要自己掂量着办了，名气越大的，价钱也就越高。导演和演员都确定以后，就可以组建剧组，开始拍摄了。

电影在拍摄完以后，还要进行电影剪辑。我们知道，拍摄的镜头要比实际需要的多，所以剪辑师必须把这些不用的胶片删掉，而且要保证影片的前后衔接不露出接合的痕迹，这确实是一项技术性很强的工作。剪辑后的影片必须要连贯流畅，不能出现穿帮的镜头。除了剪辑师，你的影片还必须要经过有关部门审片员的删减。

电影魔术

在电影的制作过程中，也经常要用到一些魔术的戏法。与舞台上的魔术表演比起来，电影魔术更不容易被人识破，因为它是呈现在荧幕上的，而且它有多次拍摄的机会，即使一次演砸了，也还可以再来一次。虽然说电影本身就是假的，也没有人会追究它的造假行为。但是如果演得太假，那就没有人看了。所以电影制作者们费尽心机，就是为了把戏拍得逼真，让电影看起来更真实。

虽说要力求真实，但是我们也应该清楚，完全真实地再现剧本中的所有场景是不太可能的。现代剧还好说，要是古代剧，那就根本不可能了。你能回到古代去拍摄吗？你能让现代人变成古代人吗？所以在面对不可能的时候，我们就要想点儿办法，让不可能变成可能。比如说现在很多地方都有的影视城，就是专门为了影视剧的拍摄而搭建的。虽然不能真实再现当时的场景，但是也至少能带领我们回到那个年代。还有很多在国外的场景，我们也完全可以选择在国内的某个地方拍，这样一来，就可以节省很多费用。

可以这样说，每一部电影中都有作假的地方，你知道如何分辨出真假吗？电影中的狂风暴雨是真的吗？可能是。如果拍摄的过程中恰巧遇到了这样的天气，那就是真的。可如果没遇到呢？总不能把这场戏一直都放在那儿，等到下雨的时候再拍吧！那要等到什么时候呀！所以，在这种时候，我们就得想想办法，自己降雨。当呈现在荧屏上的时候，人工降雨与自然降雨并没有什么区别，所以我们很难看出真假。像这样的情况还有很多，比如说在冬天要拍夏天的戏、夏天要拍冬天的戏、演员要装病呕吐、受伤流血等，这些场面都必须要造假。不过我们在看的时候也没看出有什么不对的地方，不是吗？

在电影中，还会用到很多替身，这些替身用来代替演员去做一些危险的动作或者是演员不愿意亲自去做的事情。那么如何让这些替身看起来和演员一样呢？这当然要拜托我们的化妆师，将他尽量化得跟演员一样。除此之外，摄像师对灯光与角度的把握也是非常重要的。通常在有替身的场面，我们都不会看到演员的正面特写，而一般都是远距离且比较模糊的拍摄，这样就可以以假乱真了。

除了拍摄的场景和演员以外，电影中的声音也未必都是真实的声音。我们知道，演员的声音可以在后期制作的时候用配音演员来配音。但是你们也许不知道，电影里面的很多自然声音也可以用配音，当然，给它们配音的不一定是人。比如说马蹄声可以用重击椰子壳的声音来代替；要模拟瀑布的声音，可以拿着喷水壶向一个铁板上喷水；刹车时汽车轮胎的尖叫声可以用热水瓶摩擦木头的声音来代替，等等。

了不起的动画片

几乎所有的孩子都是喜欢动画片的，这不仅是因为动画片所讲述的故事都是孩子们非常喜爱的，而且动画片里面的卡通形象更容易被孩子们所接受。相信你们的童年也是在动画片的伴随下度过的。了解了电影的制作过程，你就应该想到，动画片的制作也不会那么简单。只不过动画片并不用真人去表演，它的主角是一个个可爱的卡通人物或卡通动物。

我们所拍摄的图片是静止的，而我们看到的动画片是动态的，制作者们是如何让这些静态的图片动起来的呢？我们所看到的动画片其实就是在播放这些静止的画面，只是由于播放的速度很快，我们的肉眼会产生错觉，而误以为画面是动态的。这就要求这些画面在绘制的时候，必须保证前后两张都有细微的差别。也就是说，我们必须将一个动作进行分解，每一个画面都动一点儿。这样当快速播放的时候，你就会觉得画面是连贯的了。

说到动画片，就不能不说迪士尼，那可是动漫的王国、快乐的海洋，也是孩子们梦想的天堂。世界上很多优秀的动画片和动画人物都产自迪士尼，比如说我们大家都很熟悉的米老鼠、唐老鸭、白雪公主和七个小矮人、小熊维尼、芭比娃娃等。迪士尼的名字来自于它的创始者——沃尔特·迪士尼，但是我们所熟悉的迪士尼乐园却是在他死后才创办的。如今，迪士尼已经成为一家大型的跨国娱乐公司，在世界的很多城市都可以见到迪士尼乐园。

作为动画王国的创始人，迪士尼的早年生活并不幸福，甚至可以说是很糟糕。不过，我们所喜爱的米老鼠，就是他在早年的艰苦环境中创作出来的。据说，他曾经居住在一个破旧的仓库里，那里十分寒冷。有一天晚上，迪士尼见到了一只小老鼠，就是这只小老鼠激发了他的灵感，成了米老鼠的原型。而米老鼠也在1933年成为了有史以来最受欢迎的电影明星，得到了很多人的喜爱。

如果你决定制作一部动画片，那么你首先应该做的也是创作剧本。动画片也是有主人公和故事情节的，所以它也需要剧本。接下来，你不用去找演员，因为你的动画片根本就不需要。但是你必须找来一些漫画师，让他们根据剧本绘制出漫画，这是非常关键的一步。漫画师必须将剧本中所涉及的动作全部画出来，当然，我们并不是让画动起来，而是将一个连续的动作通过几张画的形式表现出来。然后，我们需要将漫画按照顺序排列好，一张一张地进行拍摄，再制作成胶片。这样，我们所喜爱的动画片就诞生了。

当然，现在我们可以不用手绘的方式来绘制漫画，因为有了计算机。利用电脑动画软件，我们就可以直接在电脑上进行绘画，也可以在动画制作的过程中利用电脑进行加工。总之，电脑科技的进步，大大方便了动画片的制作。1996 年的影片《玩具总动员》是第一部完全由电脑制作出来的动画片，而现在，电脑制作则已经非常广泛了。尤其是在商业动画的制作中，更是大量地采用了电脑制作。

天气变化随心所欲

在电影的拍摄过程中，总是要利用各种各样的天气来烘托故事情节，渲染气氛。可是外界的自然天气状况却往往不能满足导演的需要，而要使电影更好看，就必须借助特技来实现。也许你觉得天气是不可改变的，谁又有能力改变大自然呢？不过在电影之中，我们却可以让天气变化随心所欲，想要什么样的天气，就有什么样的天气。

雨、雪、雾和风是在电影中经常用到的天气现象，为了满足电影拍摄的需要，让天气根据情节的发展而变化，我们必须要自己想办法来制造它们。当然，最简单的办法就是在后期制作的时候，利用电脑特技把各种天气条件加上去。可是这种做法的弊端就是没有真实感，很容易被观众看出来。比如说一个人站在雨中，可是他的衣服却没有湿，这显然是不符合逻辑的。所以，为了增加真实感，我们就必须得想点儿别的办法。

雾可以将人带入梦幻之中，尤其是在神话剧或战争片的拍摄中，要表现天上的与众不同以及战场的硝烟弥漫，就必须用雾来实现。制造雾的方法有两种，我们根据剧情的需要选择不同的雾。第一种方法是利用干冰，也就是固态的二氧化碳。当我们所需要的雾是在地表的时候，就可以用这种方法来实现。第二种方法是利用化学品，可以是油，也可以是药用甘油等，将它装入特制的造烟机里面，就可以放出雾来。当我们需要飘散在空中的雾时，就可以用这种方法来实现。

风雨交加的氛围用来渲染悲凉凄惨的故事情节是再合适不过了。当电影中的人物发生某些不幸的遭遇时，就会忽然下起大雨，更好地表现人物当时的心情。制造风其实很简单，只要用鼓风机就可以了。制造雨也并不麻烦，只要用水管就可以实现。拍摄时，我们需要将水管中的水喷向天空，让水从空中落在演员的身上。如果所要拍摄的场面是大雨或暴雨，那就要借助多个水管来实现了。不过，在拍摄这些镜头的时候，必须要注意保护好摄像机和其他的道具设备，以防它们被水淋湿后坏掉。

　　雪可以说是一些电影的灵魂，因为这些电影的主要场景都是在雪中拍摄的，也只有雪才能衬托出故事的主题，让影片看起来更唯美、更浪漫。制造雪的方法有很多，比如说用粗粒盐、碎冰块、纸、塑料、淀粉、泡沫等，都可以用来代替真雪。对于大的雪景，我们也可以利用电脑来制作。你可以根据影片的实际需要以及预算资金和时间等条件来选择用什么来造雪。其实，在实际的拍摄过程中，很多电影都是同时采用了多种造雪方法，使雪景看起来更逼真。

宏大的战斗场面

很多人都喜欢看武打片，而武打片最吸引人的地方就是那些激动人心的武打场面。有人被椅子打晕，有人将楼梯的栏杆撞坏，有人被花瓶砸得满头鲜血，有人从玻璃中飞了出去。总之，在武打戏的拍摄中，不管是功夫高强的大侠，还是只会两下三脚猫功夫的土匪，都被折腾得够呛。不过你也不用太过担心他们，既然是演戏，那就肯定都是假的。虽然看起来那些镜头都很危险，不过在拍摄的时候，可就不是那么回事了。演员再敬业，也会首先保证自己的人身安全。

在很多电影的打戏之中，我们都可以看到一个人拿着一把椅子向对方砸去，对方可能当时就被打晕了，也可能什么事都没有，不过椅子却已经七零八碎了，这是怎么回事呢？其实，这都是工作人员在椅子上动了手脚，让它变得不堪一击，一击就碎。要制作这样的椅子，我们可以选用一些非常轻的薄木片，也可以用经过染色的泡沫或聚苯乙烯来制作。这样，制作出来的椅子就非常轻，也非常不结实了。所以，你千万不要用家里面的真椅子去模仿电影里面的镜头，那可真的会让你头破血流了！

被椅子砸到没事，那么被花瓶砸到是不是也不会有事呢？当然，电影中的花瓶也并不是你家中摆放的真花瓶，它只是用一种特殊的轻型且易碎的材料制成的道具花瓶罢了。最好的材料是树脂，它不仅很轻很安全，而且也非常像玻璃，看起来就像真的花瓶一样。所以当你拿起它来砸别人的头时，对方并不会受伤，可是花瓶却

已经碎成几千片了。事实上，如果用真的花瓶，它是不会碎成这么多片的，最多也就是几片，或者是只裂开一条缝。

为什么人可以将栏杆撞坏呢？难道用来支撑人的栏杆还没有人结实吗？现实中的栏杆当然不会这样，可是我们现在不是在拍戏吗？那就自然要配合一下剧情了。虽然我们撞不过真实的栏杆，但是要撞坏电影中特制的栏杆，却并不是什么难事。因为这种栏杆是事先就被锯开的，然后再用一个非常细的木棍连接起来，这样就成了一个连接的栏杆。当我们撞向栏杆的结合处时，它就会很轻易地断开，因为你只需要撞断那根极细的小木棍，栏杆就会自己断开了。

让我们再来看看那些从玻璃中飞出去的人。撞破真实的玻璃自然很困难，而且即使撞破了，也难免会头破血流，演员当然不会付出这么大的代价。

所以说，在拍摄这种场面的时候，我们就必须对演员所要撞的玻璃动点儿手脚。你是不是想到了我们刚才说过的树脂，没错，它确实是一个非常好的选择。不过由于树脂非常易碎，所以在搬运的时候就难免会遇到点儿小麻烦，在安装的时候也要特别小心。树脂玻璃越大，搬运和安装也就越困难，所以导演通常都不会让演员去撞大玻璃。

两个演员相互对打的场面也有办法作假。虽然所看到的是两个人在相互殴打，而且都狠狠地打中了对方。但事实上，他们根本就没有打到对方，或者只是轻轻划过对方的脸。这些动作都是经过精心设计的，摄影师也会选择特定的角度来进行拍摄，所以我们所看到的场面就是两个人在对打了。

水，到处都是水

在电影中，常常会出现一些表现水的画面，这其中包括河水、湖水、海水等。虽然自然界中的水并不少见，你在什么时候都能够找到它，可是要拍摄出影片所需要的独特效果，可就没那么容易了。更重要的是，在真实的水中，尤其是在深不可测的大海中，我们很难保证演员的安全，所以我们不能冒险去拍摄。可是如果不到真实的场景中，一般的水又难以表现出那种动感的效果，这可真是一个让导演十分头疼的问题。

你也许想象不到，我们在电影中所看到的众多水的场面，其实大多数都是在游泳池里拍摄出来的。这听起来似乎有点儿滑稽可笑，不过如果不告诉你，你不是也没看出来那汪洋的大海就是游泳池吗？看来，特技还真是有它的独特魅力，不仅解放了那些特技演员，让他们不用再去冒险，而且也通过了观众的检查，让影片更加好看。所以我们绝对有理由相信，随着特技技术的不断发展，电影也一定会越来越好看。

　　很多电影中都有水下的场景，需要演员和摄影师到水下去拍摄。当然，这里所说的水下并不是海底，也不是湖底，而是游泳池的水下。演员必须表现出在水中自由地呼吸，当然这一拍摄过程要分成几个小段来进行拍摄，一气呵成是不太可能的。因为演员需要时间来呼吸，中间的间隔正好让演员利用水中呼吸器来喘口气。摄影师也必须要借助水中呼吸器来呼吸，而且所使用的摄影器材必须是特制防水的。所以说尽管是在游泳池的水下，那也是有一定的危险性的，而且还需要一定的技术性。因此，在拍摄的时候，我们必须要选用经过专门训练的演员和专业的水下摄影师来进行拍摄。

　　水戏之所以难拍，主要就是因为游泳池中的水是静态的，而真实的水是动态的。其实，我们可以用鼓风机或造浪机在游泳池里面制造出逼真的风浪来，再加上后期制作中电脑特技的应用，就完全可以达到以假乱真的效果。尽管水是假的，但是船通常都是真的，或者是跟真船同样大小的模型。

　　所以我们在拍摄一些大场面时，所选用的游泳池必须要足够大，否则就会和船形成鲜明的对比，给人造成视觉上的落差。如果要拍摄沉船的场面，那么游泳池中的水还必须要保证一定的深度。

　　说起在水中拍摄的电影，很多人都会想起场面宏大的《泰坦尼克号》。那是发生在 1912 年的一次著名的海难事故，后来，它被拍成了电影。这部耗资巨大的电影使用了大量的特技，电影中大量水的画面、水下的烟雾，甚至连落水的人物都是利用数码技术制造出来的，这无疑都大大增加了它的拍摄成本。接下来发生的事情证明了他们这样做是值得的，因为影片赢得了大部分人的认可，并且也取得了不错的票房成绩，这是很让人欣慰的。

制作怪物

在一些科幻影片中，我们经常看到各种各样的怪物，这些怪物形象是我们从没见过的，当然它们在现实的生活中也并不存在，那么电影中那些活灵活现的怪物们是从哪来的呢？其实，这些怪物都是由演员来扮演的，只不过是进行了一些修饰，让我们看不出来罢了。当然，如果你仔细观察，就会发现这些怪物的外形与我们人类的外形差不多，都是在人类的基础上发展而来的。

将一个人化装成一个怪物虽然并不是什么难事，但是却往往需要花费大量的时间。有些影片所塑造的怪物形象是非常成功的，比如说电影《星舰迷航记》中的外星人、《决战猩球》里的类人猿、《人猿泰山》中的人猿泰山等，都取得了很好的效果，获得了惊人的成功。不过，也有些电影塑造的怪物形象非常失败，观众一看就知道是人扮演的。这样的怪物不但不会被人们所接受，而且还会成为笑柄。

制作怪物的方法有很多，如果你决定让人来扮演怪物，那就一定要想办法让你的怪物看起来更像个怪物，而不是人。可以选择一些体形特殊或者是长相奇特的人来扮演怪物，这样做往往能取得很好的效果。

也可以用两名甚至更多的演员来同时扮演一个怪物，这样它就可能有四条胳膊、四条腿，也可以在地上爬行了。还有一种办法，那就是设计一种特殊的戏服，让观众根本就看不出还有演员在里面，不过怪物里面的演员可要吃点儿苦了，因为要驾驭这样一个怪物其实并不容易。

其实，我们并不是一定要用人来扮演怪物，用一个怪物的模型就完全可以塑造出一个灵活自如的怪物形象。还记得我们在前面讲过的动画片的制作方法吗？这种方法对于表现一个怪物也完全适用。我们需要制作一个怪物模型，然后我们再一张一张地进行拍摄，将它所有细微的动作都表现出来，然后在放映的时候快速放映，就可以使怪物动起来了。不过这种方法虽然可以用来制作怪物，但是放在电影中，却很不自然。由于动画片中没有与真人的对比，所以动画片并不存在这样的问题。可是当怪物与真人在一起的时候，怪物的动作就会显得特别生硬，与人形成鲜明的对比。

你想到更好的解决办法了吗？对，利用计算机。用计算机可以合成各种怪物的形象，就连人也同样可以用计算机来合成。其实，早在1985年的时候，就出现了用计算机绘制成的角色。

那是在电影《年轻的福尔摩斯》中，一个绘制在彩色玻璃上的武士复活了，这在当时来说确实是很新奇的事情。可是你也许想象不到，人们并不愿意接受这样的电脑特技，甚至认为这个角色很无聊，也不够真实。所以在那之后的一段时间里，计算机工具的发展都受到了限制。到了1993年，电影《侏罗纪公园》全部使用了计算机所绘制的恐龙形象，而且这部电影取得了巨大的成功，终于让人们认识到了计算机对于制作怪物的重要性。

用计算机合成的怪物怎么与真人一起演戏呢？原来，计算机合成的怪物都是在影片完成以后再加上去的，我们所看到的那些怪物与演员同时出现的场面也是后期合成的。

但是为什么这些场面看起来那么真实，好像怪物就在演员的身边呢？因为在拍摄时，导演会让其他的演员站在怪物所在的位置，模仿怪物的举动，与演员对戏。而在后期的合成中，特技人员又会把怪物放上去，替换掉临时替代它的演员。这样，我们所看到的影片就显得很真实了。

神奇的电子动画学

在电影中，我们有时并不需要表现怪物的完整形象，而只需要表现它某一部分的特写，这时我们就要用到电子动画学。确切说来，电子动画学其实是关于木偶的科学。如果你对木偶的印象还仅仅是停留在用一只套在手上的袜子，那就未免有些落后了，因为你印象中的木偶还是最简单、最原始的形态。而现在，我们完全可以让木偶灵活地动起来，如果不仔细分辨，就很难看出破绽。

要制作一个逼真灵活的木偶可不是用袜子和木棍就能解决的，它还需要一些机械方面的技术知识呢！首先，我们应该画出它的草图，或者是用泥捏一个模型；然后再制作一个与实物大小相等的模型，并在模型的表面染上颜色作为木偶的皮肤。制作木偶的关键之处就在于向它的皮肤里面添加机械构造，使木偶可以完成不同的表情和动作。如果模型太小，那么添加机械构造就会很困难。也就是说，模型越小，它所能容纳的机关就越少，所能完成的动作也就越简单。

如果是这样的话，那是不是说电子动画就无法制造出小的怪物呢？并不是这样的。既然小的模型只能容纳少量的机关，那么我们就可以多制作几个模型，让每个模型都能够完成一些动作，在不同的场景使用不同的模型。虽然说它只能完成一些简单的动作，但是在拍摄中远景镜头时，却是完全可以应付的。那么特写镜头呢？这些模型显然是不能满足需求的，因为它们太小了。既然是因为个头儿太小，那我们不妨制作一个足够大的脑袋，其标准是将所有复杂的机械装置都装进去，这样它就可以做各种复杂的动作了。当然，在拍摄的时候，你必须保证这个脑袋跟镜头里的其他东西相匹配，否则就会被人看出破绽了。

其实，在很多影片中，影片的制作者都是既使用了真实的动物，也使用了电子动画制作出来的动物。因为导演们非常清楚，要聘请一位动物演员，通常要面对很多让人头疼的问题，比如说它不太听话，总是试图袭击演员，而且你也不能让它做太危险的事情。

所以还是用电子动画来代替它吧！这样拍摄起来就容易多了，至少你不用担心自己会受到突然袭击。既然是这样，那为什么不全部使用电子动画呢？还要那些真实的动物干什么呢？当然是为了增加影片的真实性。一般的场面用真实的动物来拍，而那些特写镜头或危险的场面则用电子动画来拍，这样既可以增加影片的真实性，又可以使影片更具吸引力、更好看。

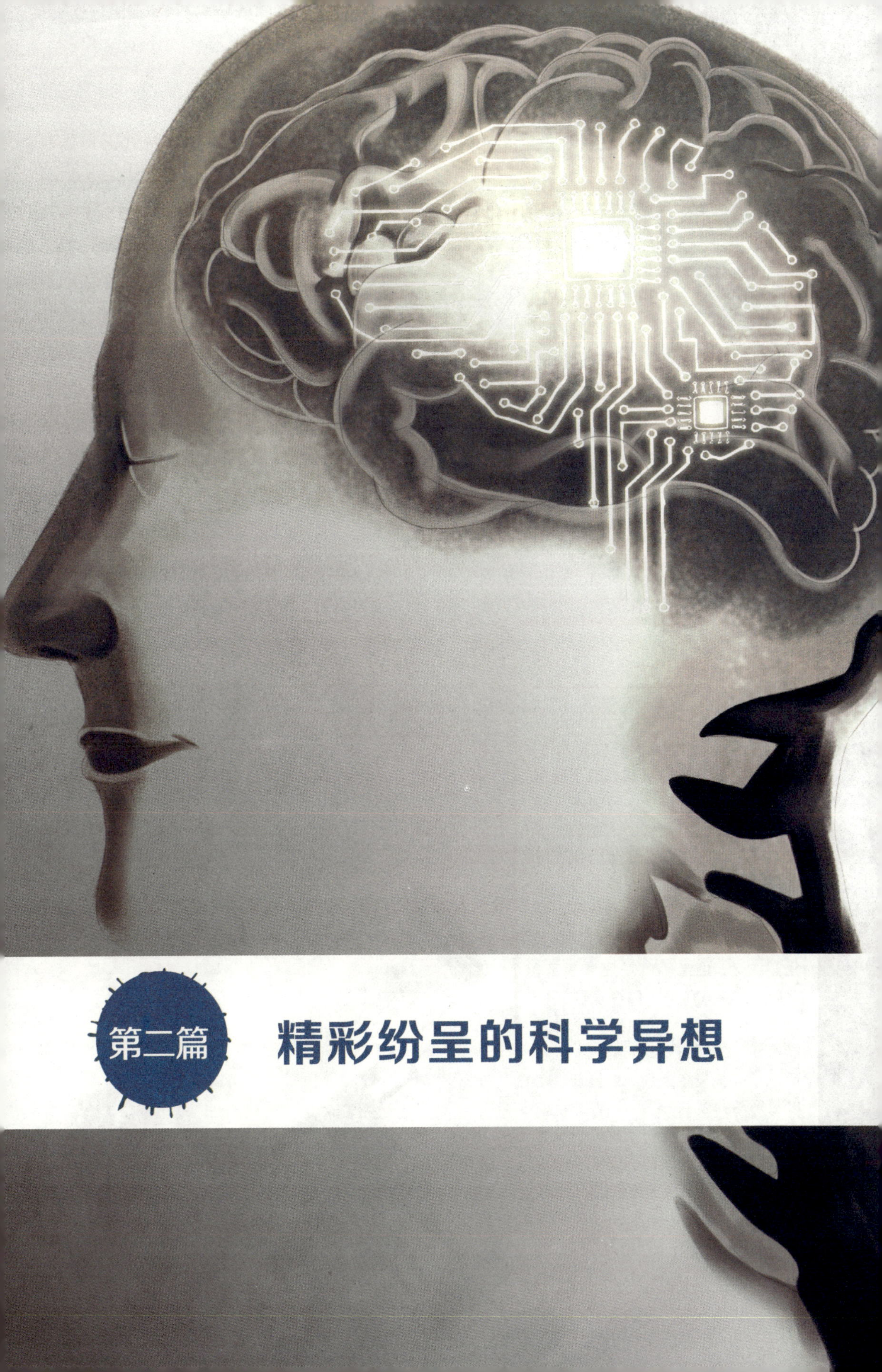

第二篇 精彩纷呈的科学异想

第一章 灿烂星空的遐想——宇宙

天边的外边是什么

在现代交通工具的帮助下，人类已经没有翻不过去的高山，没有跨越不了的大洋，我们知道山的外边是什么，我们知道海的彼岸在哪里。但当我们仰望着幽深的夜空，都会想到一个古老的问题：天边的外边是什么呢？没有人能够确切地回答这个问题，即使是借助最先进的天文望远镜，人类所能观测到的天空也不过是茫茫宇宙的一角。

科学家已经观测到的距离我们最远的星系在140亿光年以外，也就是说，如果从那个星系上发出一束光，最快也要经过140亿年才能到达我们地球，这140亿光年的距离就是我们现在所能知道的宇宙的范围。换句话说，一个以地球为中心、半径为140亿光年的球形空间就是我们现在所知道的宇宙。当然，宇宙的中心并不真的是地球，宇宙也未必就是球形，但是我们所认识到的目前只有这么多。至于140亿光年以外的宇宙是什么样子的，有待科技的进一步发展。

宇宙还在不断扩大

科学观测结果表明，宇宙的边缘正在以不可思议的速度向外扩展，各个星系间的空间也在不断增大。或者可以这样说，夜晚在天空中闪闪发光的星星们，大多正在离我们远去。宇宙向外扩张的速度有多快？科学家们发现，距离我们越远的星系离开我们的速度越快。比如，一位美国科学家测算出，距离我们约2.5亿光年的星座和星云，正以每秒6700千米的速度离我们远去，5.7亿光年外的狮子座星云以每秒19500千米的速度越走越远，12.4亿光年外的一个星云也在以每秒39400千米的速度离我们远去……虽然这位科学家的测算并没有得到一致的认同，但是宇宙在扩张却已经是不争的事实了。

科学家们认为，宇宙的诞生，源于 200 亿年以前的一次大爆炸，这个爆炸产生的影响至今还在继续，宇宙还在膨胀。

宇宙大爆炸所产生的尘埃，形成了无数的星体，人们已经发现和观测到的星系大约有 1250 亿个，而这些星系中又拥有几百到几万亿颗像太阳一样的恒星。通过这些天文数字，我们可以想象一下宇宙的大小，也许就算是乘坐你丰富的想象力，也无法到达宇宙的边上！在这个浩瀚的宇宙之中，地球真的像是沧海一粟，渺小得微不足道！

星星为什么掉不下来

抬头仰望，天空就像屋顶；低头俯视，脚下是大地。我们都不假思索地用"上""下"这样的词汇来表示方位。

我们通常会认为向上运动的东西总会落下来，这简直是显而易见的：把球抛向空中，它很快就会掉下来。但是我们看见星星也高挂在夜空，但为什么它们不会掉下来呢？

等一下，我们先来看看我们说的"上""下"是不是看起来的那样。如果你身处北半球，头朝上脚朝下，但如果你来到南极，你依然头朝上脚朝下。也就是说，无论我们

天上的星星有多少

你能数出天上的星星有多少吗？遇到这样的问题，你肯定摇头，因为当我们在晴天的夜晚仰望星空时，感觉好像到处都是星星，并且星星们还一闪一闪地和我们捉迷藏，让我们根本就无法弄清楚到底有多少颗。其实，整个天空我们能用肉眼看到的星星总共不超过 7000 颗。如果我们借助望远镜，情况就不同了，哪怕用一台小型天文望远镜，也可以看到 5 万颗以上的星星。现代最大的天文望远镜能看到 10 亿颗以上的星星。其实，天上星星的数目还远不止这一些。宇宙是无穷无尽的，现代天文学家所看到的，只不过是宇宙的很小的一部分。

走到地球上的哪处，天空仍在头顶之上，大地仍在脚下。

物体落到地面上，我们认为是向下，因为它们受到的地球重力的方向是向下的，所以总会被拉回到地面上。但是如果我们远离地球进入浩瀚的宇宙空间，"上""下"就失去了意义。飘在太空里，根本没法说清哪是上哪是下，只有行星和恒星间巨大空荡的空间为参照。

在宇宙飞船的宇航员失去了重力作用，可以在飞船里随意行走，比如飞船舱内的顶上。向上或向下只适用于对某一个重力场的描述，而对于太空中的飞行员来说，这里不受重力影响，向上或向下没有任何意义。

但是当宇宙飞船准备着陆时情况就完全不一样了，飞船被拉回重力场，当飞船将着陆时，宇航员将深刻体会"下"的感觉。

每个行星都有引力场，恒星也是。太阳系就是靠着这种引力维持了八大行星的正常运转，包括地球围绕太阳运转。

夜空中的恒星距离地球太远了，以至于它们与地球之间的万有引力非常微弱。但如果它们靠近地球，地球就会飞向恒星，因为恒星的质量一般都比地球大得多。

恒星不会坠落在地球上，但是有时陨石会——这些石质或冰质物体被地球引力拉入地球，与大气摩擦产生火焰，划过天际的一瞬间形成一条亮线，被人们形象地称为"流星"。

我想知道天到底有多高

天有多高呢？这确实是个不好回答的问题，因为不同地方的天有不同的高度。比如我们头顶的天显得很高，看起来似乎没个尽头似的，然而当我们极目远眺的时候，会发现原来远处的天空还没有一棵大树高。所以，我们似乎可以得出一个结论，天是半圆形的，而地是方形的。如果要问天有多高，那么首先要说明是什么地方的天，如果是远方的天，那么它就约等于一棵大树的高度。

怎么样，对于这个答案你满意吗？它看起来好像很有道理。你一定会笑出声来的，"天圆地方"这是古人才有的观念呀，现在都什么年代了，连小孩都知道地球是圆的了。而且无论在什么地方，天的高度都远远不是一棵大树所能丈量的，远方的天没有大树高，那不过是一种错觉罢了。

其实，古人所说的"天高"，实际上指的是地球到太阳的距离，因为远远看上去太阳就像是挂在天空上一样。那么到底怎样测量地球到太阳的距离呢？西汉时的《周髀算经》上介绍了一个方法，就是利用不同地方日影的长短不一，根据三角形的勾股定理来测量，结果用这个方法测量出来的天高是 4000 千米。古希腊的时小时的步行速度向太阳进发，那么他需要不停地走 3500 年才能到达目的地，也就是说一个人从三国时期就开始出发，走到现在也不过仅仅走了一半的路程。如果地球和太阳之间有一条标准的铁路，一辆高速列车以 100 千米 / 小时的速度行驶，也需要 170 年才能从地球到达太阳。1.5 亿千米的距离，就连声音也要走很长时间，如果太阳上某一天发生了一次大爆炸，而且这个爆炸的声音能够传到地球上，那么人们听到这个声音的时候，距离爆炸发生的时间大约已经过去了 14 年。

我们知道，世界上跑得最快的东西就是光了，它的速度约为 30 万千米 / 秒。以这个速度来计算，太

盖天说和浑天说

我国古代的人们对天地的认识是非常模糊的，不清楚什么是天、什么是地，只知道天在上面，地在下面。后来经过长期的观察和琢磨，春秋时期有人提出"天圆地方说"，意思是地像棋盘一样是方的，天像锅一样倒扣在地上面，天和地形成半个球壳。

后来古人又对"天圆地方说"进行了修改，认为天像一个斗笠，中间高、四周低地盖在地上，而地也像一个倒扣的大盘子，也是中间高四周低。这些说法都把天看成一个盖子盖在地面上，所以统称为"盖天说"。

但是"盖天说"不能解释为什么太阳从西边落下了，却又从东边升起了这样的问题，所以后来又产生了新的天地观念，叫作"浑天说"。浑天说认为，天和地的关系，就像是鸡蛋壳和鸡蛋黄的关系一样，天包裹着地，形成一个浑圆如同弹丸的形状，所以叫作"浑天说"。"浑天说"能很好地说明日月星辰一天的运动和太阳的周年运动，便于古人进行天文观测和编订历法。虽然"浑天说"与事实情况还有很大的差距，但是在工具简陋的古代，能提出这样的观念也是难能可贵的了。

阳发出的光到地球要用 8 分 19 秒，也就是说我们现在感受到的阳光是太阳在 8 分 19 秒以前发出的，而我们现在所看到的太阳也是它 8 分 19 秒以前的样子。

恒星的颜色从哪来

淡黄色的太阳是离我们最近的恒星。宇宙中的恒星可不都是淡黄色的，它们的颜色五彩斑斓，一颗颗恒星就像珠宝盒里五颜六色的珠宝一样。

恒星的颜色取决于它们自身的温度。光是以波的形式传播的辐射，相邻波峰之间的距离就叫作光的波长。光波很短，短到什么程度呢？如果将 1 英寸分成 25 万份，那么一个光波的长度仅相当于其中的几份加起来那么长。

但无论光波多么短，它的变化却足以引起人们视觉上的很大差异，因为波长的变化反映在人眼里就是颜色的变化。比如，红光的波长约是蓝光的 1.5 倍。而各种波长（也就是各种颜色）的光混合在一起就是白光。

日常生活中我们可以发现，当物体的温度改变的时候，它的颜色也会变化。比如，一块冷的烙铁是黑色的，把它放进火炉里，一会儿工夫，它的表面就慢慢变成暗红色——加热时间越长就越红。如果继续加热，在熔化之前，它会依次由红变成橘红、黄、白，最后变成蓝白色。

科学家已经发现了物体颜色与温度之间的关系，即温度越高的物体，来自它的辐射的能量越大，波长越短。我们知道蓝光的波长比红光短，所以能发出蓝光的物体就一定比发红光的物体热。

恒星中的热气体原子发射出光粒子——光子。气体温度越高，光子的能量越强，波长越短。所以，最热、最年轻的恒星会发出蓝白色的光。随着恒星上的核燃料慢慢消耗掉，它们的温度也慢慢降下来，所以年迈的恒星温度都比较低，通常会发出红色的光。而介于两者之间的中年恒星就会发黄光，比如太阳。

太阳距离地球只有 1.5 亿千米，我们可以轻而易举地看出太阳的颜色。但是有些恒星距离地球上万亿千米，比太阳远得多，即使用目前最大倍数的望远镜也很难分辨出它们的颜色。因此，科学家们让来自恒星的光通过一种特殊的过滤器，或者通过一种叫作滤光镜的光学仪器，这些仪器能够显示出来自某个恒星的光里每种波长的光各有多少。

天文学家们可以通过标出什么光的波长强度最高来确定恒星的整体颜色。只要知道了恒星颜色，就可以利用简单的数学换算公式来推断恒星的表面温度，还可以进一步估算出恒星的年龄。

太空为什么是黑的

地球上，白天的天空是亮的，这是因为空气分子能够反射阳光，就像一面面小镜子。但是在月球上没有大气层，所以天空一片漆黑，连星光也消失了。同样的道理，宇宙空间本身也是空荡荡的，几乎没有能够将光线反射进我们眼睛里的物质，所以我们看到的空间就是黑暗的——即使太阳周围也是漆黑一片。

但是关于宇宙的黑暗仍然存在着疑团：宇宙中所有的天体发出的光为什么不能合在一起形成明亮的光？天空为什么会在晚上变黑？

托马斯·迪奇斯是 16 世纪的天文学家，他当时也研究了这些问题，他认为宇宙是无限的，宇宙在各个方向上拓展，在这个无尽的空间里，有无数颗恒星。但是按照他的推理，如果宇宙里充满了恒星，天空被星光笼罩，那么夜空将和白天一样明亮。然而事实并不是这样。迪奇斯终其一生都没能解开这个难题。

19 世纪，天文学家威尔海姆·奥伯斯也花了许多年来思考同样的问题，所以后来关于天空为什么是黑暗的问题也以他的名字命名为"奥伯斯佯谬"。奥伯斯考虑了很多种可能，最后认为原因是宇宙空间里的尘埃，我们看不见远处恒星发出的光，是因为宇宙中的尘埃吸收了这些光。

但奥伯斯去世后，天文学家们计算了所有恒星发光的总和，结果发现，这个能量足以让挡在半路的所有尘埃升温发光。也就是说，夜空在闪亮的尘埃的照耀下也应该变得一片光明。于是，问题又回到了起点。

1952 年，亨曼·邦迪的《宇宙学》一书首次提到了奥伯斯佯谬。邦迪是稳恒态宇宙学的支持者。与大爆炸宇宙学不同，稳恒态宇宙学认为宇宙永远存在着。在一个永存的宇宙中，爱伦·坡对奥伯斯佯谬的解释，即遥远的星光还没有抵达地球，就行不通了。如果宇宙的年龄是无限的，天文学家就应该能看到无限远处，然而事实并非如此。为此，稳恒态理论的支持者试图用宇宙膨胀来解决这个问题。膨胀的空间会使穿行其中光的波长变长或者红化，因此光传播得越远，红移就越大。红光的光子能量比黄光或是蓝光来得低，红移会减弱来自遥远星系星光的能量，所以夜空是暗的。

虽然这是一种进步，但是红移无法解释奥伯斯佯谬。它仅仅在稳恒态宇宙学中适用，而这一宇宙学模型并没有被天文学家广为接受。在大爆炸宇宙学中，膨胀的空间对夜晚的黑暗不起什么作用，即使宇宙停止膨胀，夜晚仍将是黑的。

显然，事实是夜晚被黑暗笼罩。一定是这个理论有问题。关键是，问题出在哪里。迪奇斯、奥伯斯和其他天文学家都认为在无限大的宇宙中有无数颗恒星。但事实上，他们错了。

美国马萨诸塞大学的爱德华·哈里森在他《夜的黑：宇宙之谜》一书中写道：宇宙中的恒星数量并不足以覆盖整个天空，所以夜空是黑的，其实宇宙本身也不是无限大的。哈里森认为，在可观测的宇宙中，所有恒星所产生的能量是非常小的。其计算表明，若要照亮夜空，可观测宇宙需要的能量为现今的 10 万亿倍——每颗恒星的发光度要上升 10 万亿倍，或者恒星的数目要增加 10 万亿倍。另外，恒星不可能永生，就算宇宙无限老，夜空仍旧是黑暗的，原因是恒星总是会死亡的。这种观点得到了很多天文学家的认可。

早在 100 多年前，科学家就解释了为什么天空是蓝的，但是看似更简单的问题——夜空为什么是黑暗的，却直到 20 世纪才揭开谜底。

太空中是否有很多垃圾

简单来说，太空垃圾就是在人类探索宇宙的过程中，被有意无意地遗弃在宇宙空间的各种残骸和废物。

别小看了这些零零碎碎的太空垃圾，据统计，直径大于 1 厘米的空间碎片数量竟然超过 11 万个，而大于 1 毫米的空间碎片超过 30 万个。太空中为什么会有这么多的垃圾？其实，归根结底都是我们人类自己制造的——50 多年的太空开发给我们头顶的天空留下大量垃圾：火箭推进器残骸、人造卫星碎片、脱落的油漆，甚至宇航员的一只手套。

太空垃圾小到由人造卫星碎片、漆片、粉尘，大到整个火箭发动机构成。不要小看这些太空垃圾，由于飞行速度极快（6～7千米/秒），它们都蕴藏着巨大的杀伤力，一块10克重的太空垃圾撞上卫星，相当于两辆小汽车以100千米的时速迎面相撞——卫星会在瞬间被打穿或击毁！而且人类对太空垃圾的飞行轨道无法控制，只能粗略地预测。这些垃圾就像高速公路上那些无人驾驶、随意乱开的汽车一样，你不知道它什么时候刹车、什么时候变线。它们是宇宙交通事故最大的潜在"肇事者"，对于宇航员和飞行器来说都是巨大的威胁。好在目前地球周围的宇宙空间还算开阔，太空垃圾在太空中发生碰撞的概率很小。

"宇宙交通事故"

2005年1月17日，NASA（美国国家航空航天局）公布了一起看似偶然的"宇宙交通事故"：南极上空885千米处，一块31年前发射的美国雷神火箭推进器遗弃物，与中国6年前发射的"长征"4号火箭CZ-4碎片相撞。这是一起典型的太空垃圾"宇宙交通肇事案"。

20世纪60年代以前，没人听说过太空坠落物，但是自1973年以来，每年有数百块太空垃圾坠落地球。但由于其在经过大气层时与空气产生了急剧摩擦，使得这些垃圾在未通过大气层时就自我燃烧殆尽，在大气层的保护下就自我毁灭了。万幸的是，迄今没有大型的太空垃圾坠向地球，因此也尚未伤人。

如果太阳突然消失，人类多久才能感知

在大多数剧烈的爆炸中——假设那就是太阳如何消失的原因——任何喷出的微粒将总是比光走得慢得多。所以很明显在黑暗来临之前我们不会感受到任何来自于微粒的影响。直到感觉到太阳的消失时，以光速传播的辐射以红外线形态到达了地球，它加热了空气（由于它只不过是低能量的光）。由于红外线的到来及其影响，一段时间后我们才感觉到太阳消失的影响。因为存在这个过程，一般认为在地球开始冻结之前太阳已经消失了大约一个星期了。所以在感觉到不同以前，你将会在一段时间内经历完全的黑暗。

天上没有太阳会怎样

"如果有一天太阳不见了该怎么办呀？"这个问题看起来很好笑，但是如果真的发生了，确实是个可怕的事情呢！事实上太阳总有一天会熄灭的，就像一根蜡烛总有燃尽的一天，但是这一天可能要到50亿年以后才会到来，也许在那以前，人

类早已搬到另一个"太阳"的旁边去居住了，所以我们大可不必对此太过担心。

　　太阳是一个巨大的炙热的星球，重量约为地球的 33 万倍。据科学家们分析，太阳的存在已经有 50 多亿年历史了，在这段漫长的时间内，它像一个无私的奉献者一样，不断地向四周散发着光和热。它看起来永远明亮而热烈，似乎与以前没有任何分别，但是事实上与我们所见过的所有事物一样，太阳无时无刻不在发生变化，它在不断地衰老。再过几十亿年，在太阳的寿命快要结束的时候，它会变成红色，体积要比现在膨胀许多倍，成为"红巨星"，那个时候如果地球上还有人类存在的话，他将会看到红红的太阳占满整个天空的惊人景象！但这个人要有不可思议的耐高温的本领，否则他将会被轻而易举地烤化，因为那个时候虽然太阳的绝对温度降低了，但是因为体积巨大，其所释放出来的热量还是要比现在多很多倍，足以使海水沸腾起来！再往后，太阳会逐渐冷却缩小，变成一个亮度和体积都非常小的白矮星，最终在天空中消失。

超新星

　　宇宙中的星球并不是都像太阳一样燃烧得很缓慢，有些体积大、温度高的星球常常以极快的速度燃烧殆尽，这种星球就是所谓的超新星。超新星燃烧完大部分燃料以后，表面会化成碎片分散开来，形成多姿多彩的星云围绕着星球的核心，这叫作超新星爆发。超新星在爆发时非常明亮，以至于人们在大白天也能轻易地发现。超新星非常罕见，银河系里面最近一次出现超新星还要追溯到 1000 年以前。透过天文望远镜，你可以发现那次超新星爆炸所形成的星云至今仍在四处飘荡，被人们称之为"蟹状星云"。一颗体积巨大的超新星爆炸后，其核心有时候会无限地收缩，最后形成一个体积趋近于零的神秘天体——黑洞。

月球为什么离我们越来越远

月球与地球之间的距离为 36.2 万 ~ 40.3 万千米，这个距离是时刻变化的，因为月球绕地球运动的轨迹不是正圆形，而是椭圆形，有点像鸡蛋的形状。

其实，月球正在慢慢地远离我们，大约每年 3.8 厘米，那么几万年之后，地球上的人们看到的月球将比今天的小。也许有一天，月球会彻底离开地球，但这种情况的可能性不大，因为月亮与地球之间的引力作用会平衡二者之间的距离。

任何运动的物体都有维持直线运动的趋势，这种性质叫作惯性，所以，做圆周运动的物体总有逃逸的趋势，也就是离开圆形轨道向着切线方向笔直地飞出去，就好像有力朝向远离圆心的方向拉着它，这个力就叫作离心力。如果你在游乐场里玩过快速旋转的电动玩具，或者坐过急转弯的汽车，你就会有体会了。围着地球转的月亮也有远离地球的趋势，但它受到的离心力刚好与地球对它的万有引力相平衡，所以它一直待在轨道上。

现在，月球围绕地球公转一周需要 27 天。但是 28 亿年前，当月亮离地球比现在近得多时，它绕地球转一周只需要 17 天。位于美国亚利桑那州的图森行星科学研究所的研究员克拉克·查普曼认为月球与地球之间距离曾经甚至比这还短。依据查普曼的说法，在 46 亿年前，地球和月亮形成之初，月亮围绕地球旋转一周只要 7 天时间。那时，如果有人在地球上能看见月亮升起的话，他会在地平线上看见一个巨大的月球。

有趣的是，是地球上的潮汐现象使月球距离我们越来越远。月球的引力作用于地球上的海水，但地球不是静止的，它不停地自转，当地球上朝向月亮的海平面受月亮吸引升高时，这片海域同时随着地球的自转远离了月球。这部分涨潮海水的万有引力对月球有吸引的作用，但这片海域又不是正对着月亮的（因为地球自转），月球就被拉向了前方。这相当于拉大了月亮的公转轨道。

随着轨道慢慢变大，年复一年，月球就离我们越来越远了。虽然这个变化是非常微小的，但是日积月累，几百万年以后，月球也许会最终脱离地球的引力场，进入它自己绕太阳运转的轨道。但这种情况出现的可能性很小，因为潮汐同样会影响地球。海水的波动会削减地球自转的速度，一百年的时间就可以让一天延长半分钟（这么说，几十亿年前，一天大概只有 6 个小时）。

照此推算，几百万年后，地球自转一周的时间会与月亮绕地球公转一周的时间相同，也就是说，一天和一个月的时间是相同的。当然，那个时候的一天要比现在的 24 小时长得多。

一旦地球自转与月球公转同步起来，海潮就可以时刻对准月亮了，这样月亮就会开始被拉回地球的方向。从此，整个过程发生逆转，潮汐的运动将滞后于月球，使月球轨道慢慢缩小，从地球上看到的月球又会慢慢地大起来。

居住在火星上会怎样

火星是太阳系的行星之一，而且它还是地球的近邻，因此它和地球有许多相同的特征。比如火星也有卫星，火星上也有明显的四季变化，有移动着的沙丘和大风所扬起的沙尘暴。火星的两极甚至还有白色的冰冠，只不过这些冰冠是由干冰组成的。火星自转一周用时 24 小时 37 分，轴心的倾斜角是 25°，这些都和地球相差无几。既然和地球如此相似，那么人类要是居住在火星上会怎么样呢？

如果你已经迫不及待地要移居火星，那么在整理行装之前，你最好了解一下火星和地球有什么不同，这或许会让你改变主意。火星绕太阳公转一周所用的时间比较长，火星上的 1 年大约是地球上的 2 年，也就是说火星上 1 个季节的长度大约相当于地球上半年的时间。当然，这对你来说可能并不是什么不可适应的问题，况且火星上的夏季气温非常宜人，只有 20℃左右，比老家地球上凉爽多了。但是，一旦到了冬季你可能就会怀念地球的生活了，因为火星上冬天的温度能够达到 -140℃，没有什么词汇能够形容这种温度带给人的寒冷感受，因为没有人有过这样的经历。火星上的冬天之所以这么寒冷，是因为火星的大气层既稀薄又干燥，留不住多少太阳的热量。

两个"马铃薯"

有两个小卫星绕着火星转，如果站在火星的表面用望远镜观察这两个卫星，你会发现那简直就是两个大马铃薯。一般来说，如果大行星或者卫星受到重力的影响会变成圆形，就像地球和月亮一样。但是如果卫星很小，那么重力就不足以把它塑造成圆形。火星周围的卫星比较小，所以它们的样子都像马铃薯一样，表面也凸凹不平的。火星的两个"马铃薯"中，有一个绕火星转一周的时间和火星自转一周的时间相同。这就意味着，如果在你站在火星的表面上，就会看到这颗卫星永远固定在空中的一点，永远不会升起和落下，就像人造地球卫星之于地球一样。

火星大气层的主要组成成分是二氧化碳和红色的细微尘埃。因为有大量的细微尘埃存在，火星的天空呈现出美丽的粉红色，和红色大地连成一片，这种景象十分壮丽。居住在火星上，不管你情不情愿，在欣赏美景的同时，必须带上一个笨重的氧气罐。因为，火星的大气中氧气含量太低，根本不适合生物呼吸。

居住在火星上，你将不会有雨中漫步的浪漫，火星上从来不下雨，因为火星上没有水。虽然火星上有干涸的河床的痕迹和许多水滴型的岛屿，但是这些只能说明在遥远的远古时代，火星上存在过液态水，而且水量特别大，这些水在火星的表面上汇集成一个个大型湖泊，甚至是海洋。现在，科学家们经过多方探测，已经得出了火星上极度干旱的结论。

因此，对于地球生物来说，火星上的自然条件太过恶劣。在现在的科学技术水平下，人类根本无法在火星上生存。但是，随着科学的发展，人类在火星居住的梦想，也许最终能够实现。

地球上来了外星人会怎样

外星人早已登陆地球了，他们长得奇形怪状，而且大多数情况下不太友好，是一群令人恐惧的家伙。好吧，要问他们来自哪里，在什么地方出现过，做过什么事情，那么请走进电影院吧，那些凶恶的家伙正在银幕上张牙舞爪呢！

不错，我们现在对外星人的印象几乎全部来源于电影，当然那些不过是电影艺术家们开动聪明的大脑，想象出来的形象罢了。对这些外星人电影的好奇和兴奋，一定程度上反映了我们渴望了解外星人的心理。但是，这个宇宙中到底有没有外星人呢？如果有，他们会是什么样子的呢？如果他们来到地球，我们该怎样和他们交流呢？

虽然到现在为止，科学家们还没有发现有外星人的确凿证据。不过不要沮丧，同样没有人能够证明宇宙中没有外星人。宇宙中的星球不计其数，其中应该不乏像地球一样能够创造和维持生命的星球。所以，我们有理由相信，在浩渺的宇宙中，在我们还没有深入了解的星球上，完全有可能存在拥有高度智慧的生物，或许他们

也在千方百计地寻找我们，或许有一天他们真的会来到地球做客。

在我们的想象中，能够登陆地球的外星人大小应该和我们相当，或者比我们更大。这种印象也许是来自科幻影片的描述，但是却有一定的科学合理性。因为外星人能够来到地球上，必然要制造尖端的飞行器和其他航空设备，这些设备需要高度聪明的大脑来设计，而大脑的聪明程度由脑袋里面所包含的细胞量来决定，而且细胞要有一定的尺寸才行，所以要想拥有和人类相媲美或者更优于人类的大脑，尺寸绝对不能太小。当然，也不能排除聪明的外星人是一种头重脚轻的怪物。

外星人来到地球上，也许会住不惯好客的主人给他们安排的五星级酒店，而宁愿待在自己狭小的飞船上面。他们或许会认为地球表面的环境太恶劣，需要带着厚厚的防护面具才不至于受到影响；他们也许会觉得地面以下几百米的岩洞里环境不错；或者他们认为海底火山口旁边，温度超过316℃的地方气候宜人。总之，要想招待好挑剔的外星来客，人类事先要了解外星人更适宜在什么样的环境下生存，而要详细地了解，则少不了必要的交流。

外星人来到地球上，我们怎样和他们交流呢？科学家们认为，我们可以通过"数"和简单地图像来和他们交流，因为幼年的外星人或许也躺在妈妈的怀抱里数过星星，所以外星人很可能懂"数"，而且运算规则也应该相差不多，当然他们的进制可能不是人类熟悉的 10 进制。如果他们的手指是 14 个或者 5 个的话，也许他们是 14 进制或者 5 进制。此外再辅助一些简单的图形，希望他们能够"看图识字"，弄明白我们的意思。总之，对于善良的外星人，我们永远愿意做一个好客的主人，因为我们并不想在茫茫宇宙中做一个孤独的智慧生物，如果能有几个亲戚朋友互相走动的话，当然是一件令人高兴的事情。

我想到其他星球去安家

我们的地球是一个美丽的星球，有蔚蓝的大海，有挺拔的山峰，朵朵白云漂浮在蓝天上，白云下面有多姿多彩的生物。是的，我们热爱这个星球，但是我们更愿意踏上冒险的征程，去寻找更多的家园，也许在那里我们可以欣赏到更加瑰丽的景象！

人类寻找另一个家园的脚步一刻也没有停止，科学家们认为我们应该先从寻找与地球类似的行星开始。因为如果一个星球具有了类似地球的环境，那么毫无疑问，它一定适合我们人类定居。然而，广袤的宇宙中是否存在这类行星呢？

科学家们认为宇宙中应该存在不少这类行星，这一点可以根据被广泛接受的恒星形成理论来推理。恒星形成理论认为，在恒星形成之前，星际空间中存在大量的气体和尘埃，在自身引力的牵引下这些气体和尘埃逐渐坍缩成一个物质盘，随着时间的推移，物质盘中心的绝大部分物质最终形成了恒星，而在离物质盘中心较远的地方，其他少部分物质逐渐形成了行星。这个理论说明，类似太阳系结构的星系在宇宙中是普遍存在的，所以类似地球的行星的存在也就不足为奇了。

在过去的几年，科学家们在太阳系以外的恒星系中发现了一个与木星一样大小的巨行星，这样的巨行星一般不太适合生命存在，因为它非常有可能像木星一样，被厚厚的毒气层所笼罩。但是，即便如此，仍然有许多科学家为这次发现而欢欣鼓舞，因为这个发现从一个方面证明了恒星形成理论的正确。进而说明，我们的地球并不是一个稀奇的星球，在广袤的宇宙中应该散落着无数颗类似的星球。

现在已经观察到的行星中，有几颗巨行星处在恒星的可居住带内（可居住带指的是恒星周围适合生命居住的地带）。有科学家们设想，即便是这些位于可居住带内的巨行星本身不适合人类居住，但是它们的卫星也许具有生物生存的条件，只要这些卫星足够大，拥有一个完美的大气层就可以。但遗憾的是，以我们现在的观测水平，还没有发现这样的卫星。

第二章 地上地下的神奇——地球

如果脚下的地球飞快地旋转会怎样

想象一下游乐场里面的旋转轮，在它旋转得很快的时候，如果游人不戴好防护设置，就会被狠狠地甩出去。如果我们脚下的地球飞快地旋转起来，那么我们再也不用去游乐场玩旋转轮了，因为地球已经变成了一个巨大的旋转轮，我们必须用坚韧的绳子或者钢索把自己固定在地球上，否则，我们将会被无情地甩到太空中！

地球在绕太阳进行公转的同时，本身也在不停地自转。它的自转速度是每天1圈，因为转得较慢，所以我们丝毫察觉不到，其实昼夜交替现象就是地球自转所造成的。现在，假设地球的自转速度变成了每天18次，即相当于现在自转速度的18倍，这时候如果你还有心情欣赏美景的话，你会在一天之中欣赏到18次日出日落，平均1个多小时就会经历一次昼夜交替，那时候你一定会感慨：时间过得真快，不知不觉又过了一天！

如果地球的自转速度达到每天 18 圈，那么除了位于南北极的人感觉不到以外，其他地区的人和物体如果不把自己牢牢固定起来的话，都将会被甩到太空中去旅游。其中，尤以在赤道地区生活的人最早、最快速地飞出去。为什么出现这种情况呢？我们都有这样的经验：在一个旋转盘的不同位置放一些硬币，然后转动旋转盘，那么最先飞出旋转盘的正是处于最边缘的硬币，而位于轴心的硬币常常无动于衷。地球就像一个旋转盘，它的轴心位置就是南北极，而最边缘的位置就是赤道。

其实，如果地球真的这样快速地旋转起来，赤道地区的人们没有必要自认倒霉，南北极的人们也不必高兴得太早，其他地区的人们即便把自己牢牢地固定在地球上也不大可能逃脱灭顶之灾。因为这时地球表面上的东西都会被陆续甩到太空中去，包括空气和海洋，然后是房屋、沙漠、尘土、森林等，慢慢地地球会越来越小，所有能够维持人类生存的东西都不复存在，所以即使是南北极的人们也将无以为生，地球将变成一个巨大的、毫无生气的陀螺，不再有生命存在！

只有白天没有黑夜该多好

漆黑的夜晚，总会给人一种莫名的恐惧感。在我们的心底深处，总是觉得那片阴影后面藏着可怕的恶魔。所以，古今中外故事里面的魔鬼总是在黑夜出现，坏人也总是在阴暗的角落露出狰狞的面目。想想一个人走夜路的感觉吧，特别是在没有路灯的乡下，每一个突然发出的声响，都会让你疑神疑鬼，惊出一身冷汗。异想天开的人难免会满脸憧憬地想："如果只有白天，没有黑夜该多好……"

如果我们这儿只有白天没有黑夜，美国人一定不会同意，就像他们要求他们那儿只有白天没有黑夜，我们也不会同意一样。因为，我们这里是白天时，他们那里正是黑夜，而他们那里是白天时，我们这里又恰逢黑夜。为什么会出现这种情况

极昼和极夜现象

其实，地球上虽然不可能出现"永恒白昼"的现象，但是极昼和极夜的现象每年都会上演，只不过地点选在南、北两极罢了。极昼现象就是太阳永远不落山，天空总是白亮的，这种现象又叫"白夜"；极夜现象则恰恰相反，太阳迟迟不肯出来，天空永远是黑的。在南北极的高纬度地区，没有一天 24 小时的昼夜交替现象，极昼和极夜才是那里的主旋律。极昼和极夜的时间长短受南北极纬度高低的影响，在南北极点极昼和极夜各占半年时间，也就是说在那里一年中有半年的时间是连续的白天，有半年的时间是连续的黑夜。极昼和极夜现象是地球在自转过程中，其地轴和垂线之间有一个倾斜角造成的，这就使得地球在公转时，有 6 个月的时间太阳总是照射着地球两极中的一极，而另一极则见不到阳光。

地球自转产生昼夜交替

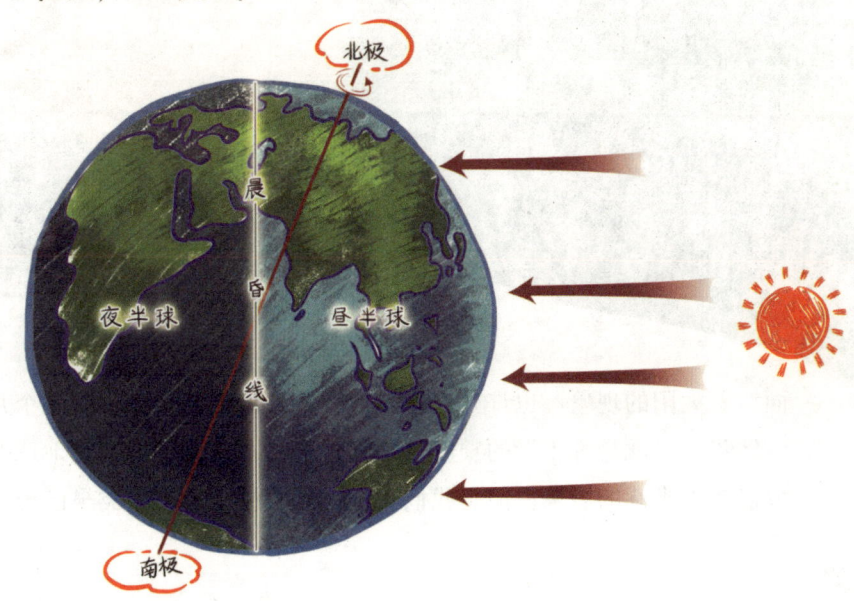

呢？要回答这个问题，先要来谈一谈昼夜交替现象。

昼夜交替现象是由地球自转造成的，地球是一个不透明的椭球体，它本身不能发光，是太阳给了我们光明。但是太阳在同一时刻只能照到地球的一面，另一面只能处在黑暗之中。这样通过地球的自转，太阳光会陆续照亮地球上的每个角落，使其出现昼夜交替的现象。美国和我们相对，在地球的另一侧，每天当我们迎来日出的时候，正是他们夜幕降临的时刻，如果我们这儿的太阳迟迟不落，他们那儿的黑夜也就没有尽头。所以，对于我们"永恒白昼"的无理要求，他们一定会坚决予以反对的。

其实，除去美国人的反对不说，永恒的白天对于我们也没有什么好处。想象一下，太阳一刻不停地对着我们照射，用不了多久，地面的温度就会高得烫人，天气也开始逐渐炎热起来，即使是开足空调、冷气也不足以对抗火热的太阳。最终我们不得不选择背井离乡逃离到昼夜相交的狭长地带去。而美国的境况比我们更惨，他们那里终年不见阳光，气温变得极其寒冷，厚厚的冰雪覆盖着大地，不仅没有融化的兆头，还会有不断加厚的趋势，那里将变成人间地狱！

用不了多久，世界各国的人们就会聚集到一起，因为偌大的地球，只有这样一块昼夜相交的狭长地带能够让人生存。不用说到时候这块地方旅馆的价格肯定高得惊人，人类也极有可能为争夺这块地方打起来。

看来，只有白天没有黑夜并不是一个好现象，但是事实上这个现象会不会出现呢？据科学家们推测，虽然地球的自转会渐渐地变慢，但是不会出现地球永远以一

面对着太阳的现象。也许几百万年以后，地球的自转会慢到 1 个月转 1 圈的地步，也就是说 1 天的长度延长到 1 个月，这也势必会对地球的生态环境造成灾难性的后果，但是我们相信，到时候聪明的人类早已想出了应对的措施。

一年之中四季不分会怎样

如果一年之中四季不分，那么你将不会有那么多厚薄不一的衣服，也不要奢望还有漫长的寒暑假，无论你居住在什么地方，温度都是常年不变。那时的温度不会有冬天时的严寒，不会有夏天时的酷热，或许不如春天那样温和宜人，但也相差不多。植物不会再经历"一岁一枯荣"的轮回，整整一年都不会退去美丽的绿色；鸟儿也不必在冬天的时候向南方迁徙，温暖的气候可以使它们免除奔波之苦。

"四季如春"这是很多人的愿望，但是为什么上天不遂人愿，非要安排四季交替呢？有人认为，地球绕着太阳运行的轨道不是完美的圆形，而是一个椭圆形，所以地球在公转过程中，有时候距离太阳近，有时候距离太阳远。距离太阳近的时候，气温高，就是夏天；距离太阳远的时候，气温低，就是冬天。没错，在一年中地球和太阳之间的距离确实会不断改变，但这并不是四季轮回的真正原因。

实际上，之所以有四季的存在是因为地轴是倾斜的。一年之中，阳光的直射点以赤道为中心，在南北半球的低纬度地区徘徊。当太阳直射点位于北半球的时候，北半球的气候就比较炎热，而南半球则比较寒冷；相反，当太阳的直射点位于南半球的时候，南半球就进入了夏季，而北半球则开始了寒冷的冬季；当太阳直射赤道地区的时候，南北半球就处于春秋季节。所以，倾斜的地轴才是四季更替的真正原因。如果地轴不是倾斜的，那么太阳的直射点会始终停留在一个地方，四季变化也会彻底从地球上消失，而部分地区将会实现永恒春天的梦想。

然而，久而久之，这种一成不变的季节会不会让你感到厌烦呢？也许那时候，你会趴在窗边，仰望深邃的夜空，追忆夏天的热烈和热闹，追忆冬天的银装素裹，追忆秋天时黄叶飘落的另一种美丽。你会觉得四季更替的世界才更显得多姿多彩，才会给你更多的美丽和感动，才会让你感觉到短暂的春天的美好。

地心温度为什么如此之高

如果我们可以像切水果一样把地球一分为二，我们就可以看见地球的内部是分圈层的。地壳是地球的最外层，类似水果的外皮。地壳的厚度为 24 ~ 48 千米，庭院里、公园里的地面是地壳的最外层。如果从地面的土壤开始向下挖，最终会碰到岩石圈。陆地上，地壳的主要成分是花岗岩。在像美国科罗拉多大峡谷这样的地方，流水的冲刷已经把一部分地壳侵蚀掉，这里的花岗岩已经暴露在外了。而在海洋下面，地壳就薄了很多，从海底开始，地壳层向下延伸约 4.8 千米，主要成分是另一种岩石——玄武岩。

在地壳下面是深厚的地幔圈，它的厚度约为 2880 千米。目前科学家也并不十分了解藏在地下深处的地幔层，只知道地幔的最外层可能主要是由一种叫作橄榄岩的岩石组成的。科学家认为，地幔中至少有一部分是柔软的，因为在靠近地心一侧与地幔层相接的是液体熔岩。

最后，地幔下面是地球的中心，也就是地核。从地核最外层到地球最中心大约有 3200 千米的厚度。看起来，这里由于远离太阳这个热源，似乎应该比南、北极地区更加寒冷。可是事实刚好相反，地心附近温度极高，为 2200 ~ 3300℃，如此高的温度使地核的外层呈现液态，主要是熔融状态的金属。想象一个仓库，里面装满了熔化了的平底煎锅，这就与地心处的景象差不多了：混合了氧和硫的液态金属四处流淌。随着地球的自转，这个地下海洋也形成了自己的洋流。

地核的密度非常大。因为星球的大部分重量都压在地核上，所以这里的物质被紧紧地挤压在一起。科学家们认为，巨大的压力使地球的内核成为一个固态铁核（也含有少量氧和硫）。即使温度很高，但是巨大的压强使所有的铁分子都紧紧地压在一起，宏观上维持着固体的状态。地球中央的固态金属球大约是月球体积的3/4，被包裹在液态金属的海洋中，成为星球中的星球。

地球深处的热量是哪来的呢？大部分热量是 46 亿年前地球形成时产生的——体积较小的物体撞在一起形成地球就会放出热量。但有些地质学家却认为大部分热量来自于地球深处的天然的放射能。

地球内部的放射性元素会释放粒子，比如电子，这些粒子与岩石层中的原子碰撞，将部分能量传递给岩石中的原子，岩石的温度就升高了。地球形成初期，这些放射性元素使地球内部的岩石变得非常热，而岩石很容易保存热量（可以想想夏天太阳下的石头有多烫），所以这些热量就被保留在地球内部了。几百年之后，地球内部的高温已经足以熔化岩石中的金属物质。后来，重金属又从较轻的金属中分离出来，沉入地心，形成了地核。

能在地上钻洞去美国吗

美国与中国"背对背",在地球的另一侧。同中国一样,美国也是一个美丽的国度,有美丽的自然风光和高度现代化的大都市。但是,美国很遥远,从中国去美国旅游,要整整绕过半个地球,要花费大量的时间和旅途费用。

怎么样才能轻松快捷地游览美国呢?聪明的小朋友会说:如果能在地上钻一个直通美国的洞,然后我们撑着降落伞一路降到美国去就好了。这看起来是一个好主意,如果一切顺利的话,我们应该比乘坐最快的飞机更快到达美国,而且在降落的途中可以近距离地观察地球的内部构造,增加我们的地理知识,达到一举两得的效果。好吧,那么我们就来讨论这个在地上钻洞去美国的"好方法"吧。

地球的赤道半径约为 6378 千米,也就是说,我们要钻的这个洞最短也要有12756 千米,这当然是一个艰巨的工作,事实上人类曾经钻过的最深的洞也不过14 千米。如果把地球比作一个篮球,那么这个最深的洞根本连球皮都没有穿透!如果这个艰巨的工程量还不足以让你知难而退的话,那么在前方还有两个拦路虎在等着你。当你到达地球中心的时候,如果不采取有效的保护措施,你即使不会被地球中心的重力所压扁,也一定会被高温所融化。想象一下吧,地球中心承受着外壳所有的重量,这些重量从四面八方向内部挤压,不仅使中心的重力惊人,温度也高达 6000℃,这个温度足以使坚硬的钢铁熔化成液体!所以,企图穿越地球中心,就算是真正的铁人也不能幸免于难,更何况是人类的血肉之躯!

就算你发挥超越自然的智慧,排除万难,终于修建好了一条穿越地球的洞,那么在穿过这个洞的途中,你会不会遇到什么麻烦呢?当你撑着降落伞向地心降落的时候,受到地心引力的影响,速度会越来越快,接近地心的时候,你的速度甚至比流星还快!通过地球中心点以后,因为惯性的作用,你会继续向美国靠近,这时地心的吸引力会把你往回拉,所以你前进的速度会越来越慢,但是你仍然有机会到达美国的地面,这时你一定要事先和美国的朋友打好招呼,让他们在洞口迎接你,当你接近地面的时候拉你一把,否则,正如你想到的一样,如果你不能迅速爬上地面,地心的引力又会将你拉下来。那么以后,你就会像是被拴在一根橡皮筋上一样,在中国和美国之间来回荡悠,最终因为空气摩擦而在地球中心停下来,身陷绝境。

好了,分析完"钻洞去美国"这个"好主意",我们不难达成一致意见:鉴于旅途太过惊险刺激,生还的可能十分渺茫,所以千万不要轻易尝试!

站在地球极点会怎样

你如果站在极点上，"上北下南，左西右东"这个耳熟能详的地理常识就不管用了。因为你的前后左右全都指向一个方向，在北极点指向南方，在南极点则指向北方。你只需要在原地转一圈，就可以自豪地向世界宣布：我已经环球1周了！

站在极点之上，除了有轻松环球旅行的潇洒之外，还会遇到许多有趣的事情，不确定的时间就是其中之一。我们都知道人类用经度线把地球分割成了24个时区，相邻的两个时区之间的时间相差1个小时，处在不同时区的城市，时间也会不一样。比如，当北京时间是早上8点钟的时候，东京时间是早上9点，而纽约则是19点。但是对于极点来说，所有的经线都集中在这一点，你无法区分出自己处于哪一个时区，也可以说自己位于任何时区，所以，无论是把手表上的指针拨到哪里，它都是正确的。站在极点之上，你真正成了"时间的主人"，只要你轻轻地跨出一步，也许你就从傍晚跨回到了清晨，从今天又飞到了明天。但是遗憾的是，作为"时间的主人"，你只能在24小时之内变换时间，并不能从今天飞到前天，更不用说返老还童了。

如果你能在极点上坚持足够长的时间，你就会深刻地体会到什么是"度日如年"。实际上，极点上的一昼夜相当于极地以外地区的一年！它的白天会持续半年，半年之中太阳会一直在天空中晃来晃去，让人看得都厌烦了；半年之后，极点将沉入漫漫长夜，持续时间正好也是半年，这个时候你一定会无限思念太阳，这就是极点的极昼和极夜现象。

此外，你一定知道极点的气温绝对称不上温暖，所以站在极点上的你，在体验新奇趣事的时候，也要穿上厚厚的保暖服，忍受严寒的考验。南极点的年平均气温约为 -48.9℃，北极点的气温略高，但年平均气温也在 -30℃ 以下。不用说，极点周围常年冰层厚度 1 米以上，白雪皑皑，而且风速也很惊人，常在 30 ~ 50 米 / 秒，最高的风速更是达到了 100 米 / 秒。这比我们所知道的最大风力——12 级台风（32.6 米 / 秒）可大多了！所以，站在极点的你，一定要找一个藏身之处，以免葬身风中。

站在珠穆朗玛峰上会有什么感觉

除南北极点之外，珠穆朗玛峰是地球的第三极。如同人类总是试图深入探索南北极一样，高耸的珠穆朗玛峰也以其神秘莫测深深地吸引着世界各地的登山爱好者、科学家和探险家。无数人梦想着能够站在珠穆朗玛峰挺拔的身躯之上，体验那种"山高人为峰"的豪迈感觉。

如果你有幸站在了珠穆朗玛峰的山顶上，你会发现脚下是一条西北—东南走向的狭长地带，长 10 余米，宽不过 1 米。站在这里，有腾云驾雾一样的感觉，环顾四周，白茫茫的云海一直连到天边。如果是晴朗的天气，俯首鸟瞰，你会发现周围 20 千米以内，群峰林立、重峦叠嶂。事实上这一带海拔超过 7000 米的高峰就有 40 多座。极目远眺还可以饱览地面上方圆 360 千米的微缩景观。

我们都知道"高处不胜寒"的道理，海拔每升高 1000 米，气温就会随之降低 6℃。海拔 8844.43 米高的珠穆朗玛峰顶上，气温常年在 -30℃ ~ -40℃，空气稀薄，氧气含量不到平原地区的 1/4。此外，珠穆朗玛峰顶上的风速同样不能小觑，而且下午的风速要比上午的风速大得多，人在上面很难立足。所以，你务

珠穆朗玛峰的形成

4000 万年以前，珠穆朗玛峰所在的地区还是一片汪洋大海，根本不存在什么连绵不绝的山脉。大约从 3800 万年前开始，由于印度次大陆和亚洲大陆的碰撞和挤压，海水退去，喜马拉雅山才逐渐升起来。那个时候的喜马拉雅山与现在相比还是个矮小的丘陵。后来，印度次大陆不断北移，持续挤压亚欧板块，而喜马拉雅山正处在两个大陆板块挤压的中心地带，受到两方面力量的作用，地壳出现大规模的变动，褶皱不断抬升。距今 2000 多万年以前，喜马拉雅山地区又经历了一次剧烈的地壳运动，山脉得以迅速提升，很快就具有了相当规模。到了七八百万年以前，这一地区又经历了一次快速提升，山地已经升高到了海拔 3000 米以上。事实上，珠穆朗玛峰之所以能够达到今天的高度，还是得益于最近 400 万年的快速上升。

必要在下午之前下山，否则大风狂吹之下，你的处境将会非常危险。

在珠穆朗玛峰顶上，你还会发现许多奇怪的现象。其实不只是珠穆朗玛峰，在任何高处你都会遇到气压太低的麻烦。我们知道在地面上水的沸点是100℃，但是在珠穆朗玛峰上你或许只需加热到72℃，水就会沸腾起来。很显然72℃的水并不适合饮用，用来泡茶或是咖啡效果也不好。同样的道理，你用普通的炊具做出的饭，永远都是夹生的。所以，经验丰富的登山家总是随身携带高压锅，用这种锅足以对抗高处的低压，做出香甜可口的饭菜。

可见，在珠穆朗玛峰之上，虽能欣赏到人间美景，却绝不是气候宜人的处所。在享受美景的同时，也要忍受恶劣环境的困扰，这种苦中有乐的感觉，应该别有一番滋味。

海水把陆地都淹没了会怎样

转动一下地球仪，你会发现地球上大部分地方被蓝色的海洋所覆盖。而陆地就像是一块一块的木筏漂浮在水面上。想一想那无风三尺浪的海洋，如果有一天突然有一个惊世骇俗的大潮袭来，把陆地全部淹没了将会怎样呢？

现在的地球上有2/3的面积覆盖着海洋、河川和冰山，而陆地只占不到1/3的面积。为什么出现这种情况呢？为什么地球的表面没有全部被海洋所占据呢？这是因为，地球是一个不规则的球体，它的表面并不是光滑浑圆的，有些部分高出了水面，就形成了若干干燥的地面。如果地球是一个完美的球体，那么陆地将不复存在，整个地球表面都将覆盖着几百米深的海水。

或许你要说，如果在海洋里倒进更多的水，陆地将被全部淹没。没错，确实是这样，如果海洋里面的水比现在多两倍，那么洪水就会肆虐陆地。如果海洋里面的水未增多到目前水量的两倍，那么陆地上最高的山峰会露出水面，形成一座座四面环水的孤岛。想一想，那确实是一幅凄凉的景象，只有极少数人类能够幸运地爬到山峰上躲过大劫，所有的城市都会被大水摧毁，人类几千年的文明也将毁于一旦。

但是，到底会不会出现这种情况呢？谁能给地球带来这么多水呢？你也许会说，天空会长年累月不停地下暴雨，从而引起海水暴涨，淹没陆地。这看起来很有道理，事实上，即使一直不停地下最大的暴雨，海水也不可能淹没一丁点儿的陆地。因为，雨来源于海水和湖水蒸发形成的水蒸气，水蒸气积聚到一定数量遇冷才形成降雨。降雨只是水循环的一个重要环节，不会导致地表水量的巨大变化。

所以，对于海水淹没陆地这件事情，我们完全不必杞人忧天。因为，及至今天，科学家们也没有找到它能够发生的任何证据。

第三章　难以捉摸的物理和化学现象

没有空气会怎样

　　有人觉得这个世界太平淡了，每天是一成不变的日出日落，每年是一成不变的春夏秋冬，一成不变的花开花落。是的，虽然没有在这个世界上度过多少年头，但是从不会安分守己的你总是期待着世界能来一次令人激动的改变。那么如果地球上没有空气会怎样呢？这个想法在你的脑海里一闪而过，想象中的神奇世界瞬间在你的眼前展开。

　　如果地球上没有了空气，你首先想到的应该是给自己戴上一个氧气面罩，不然你很快会因缺氧窒息而死。然而，地球上的其他生物可能不会像你这样幸运，因为大概没有人会不辞劳苦地为它们戴上氧气罩，所以大约用不了多久，地球就会变得冷清起来。实际上，如果没有了空气，地球上的情况绝不是冷清所能形容的，它应该是绝对安静的，因为没有了空气，声音便没有了传播的介质。在这种环境下，你会变得和哑巴无异。所以为了能够和同伴交流，你最好先学会哑语。

　　在没有空气的地球上，你一刻也离不开航天服的保护。如果你尝试摆脱这种臃肿的服装，后果将是不堪设想的。因为没有了空气，也就没有了大气压，你身体内部的血压会承受不了这种"轻"，最终血管会爆裂，甚至连眼睛

神奇的衣服

　　航天服的作用就是保护在恶劣环境下活动的航天员的生命，而在没有空气的地球上航天服也将成为你必不可少的装备。那么神奇的航天服是如何做到这一切的呢？现在就让我们来了解一下这种世界上最神奇的衣服。

　　随着我国航天员进入太空，我国航天员穿的航天服也越来越被人们所熟知。整件航天服呈乳白色，局部位置镶嵌天蓝色的边线，衣服的中心部位有一个圆形的装置，用来调节衣服内部的气压、温度、湿度。衣服的右腹部有一条细管，是航天员的通信工具；左腹部处有两条细管，是航天员吸收氧气和排出二氧化碳的设备。为了方便航天员手部的活动，服装设计者们还在两条胳膊和上臂之间设置了一个特殊的连接装置。整件航天服不仅功能齐全，而且精致美观。衣服是连体式造型，胸前有两条呈 v 字形的拉链，打开拉链，将腿伸进去，用不了 3 分钟，就可以把航天服穿戴整齐。

　　都会喷射出来。另外，在没有空气的地球上，你会在一昼夜就感受到冰火两重天的刺激，说到这里，你可能会想到月球上的情景：白天的温度常常能够达到 127℃，而到了夜里气温却会下降到 –187℃以下。不错，这时候地球上的环境会和月球上差不多，超过 300℃的温差不仅是人的血肉之躯所难以忍受的，就连貌似坚硬的石头也会在强烈的热胀冷缩作用下出现爆裂的现象！

　　如果没有了空气，调皮的星星也会变得老实起来，它再也不会不停地眨眼睛了，而是木讷地挂在天空上；如果没有了空气，天幕的颜色也会由美丽的蔚蓝色变成令人压抑的紫黑色，就像我们在月球上看到的一样。当太阳公公准时从东方升起的时候，你会发现它完全没有了以前的慈祥，它变得小了很多，明亮了不少，悬挂在黑漆漆的天幕上，显得格外耀眼和狰狞。

　　如果地球上没有了空气，你会发现许多有趣的现象，比如苹果会和树叶一起落下来。对于这个现象你可能会觉得不可思议，因为苹果的质量要比树叶大得多啊。实际上，物体下落的速度和物体的质量基本上没有关系。正常情况下，树叶之所以总是落在苹果后面，是因为空气浮力对它的影响更大，而今，没有了空气，树叶自然能与苹果同时落地。除了这个有趣的现象之外，在没有空气的地球上，还会出现哪些令人目瞪口呆的现象呢？聪明的你不妨开动大脑，大胆地去想象一下吧。

　　现在，对于没有空气的地球，你应该有了一些直观的认识，你大概会改变自己原来的想法了，甚至还会祈祷让地球永远不出现这种情况。对于这一点，你大可放心，因为地球有足够大的引力，不会让空气从地球表面飞走的。如果你还是想体验一下没有空气的生活，那么你应该到太空中去，那里会有你想要的环境。

所有的金属都有磁性会怎样

我们都玩过磁铁的游戏，磁铁的两端通常分别标有 S 和 N，这代表着磁铁的南、北两极。具有磁性的物质称为磁体。当两个磁体的南极或者北极相靠近的时候，就会发生排斥现象。当一个磁铁的南极和另一个磁铁的北极相靠近的时候，就会互相吸引。磁铁的成分是铁、镍或者铬。让磁铁的一端靠近金属的剪刀，剪刀就会被吸引。拿一个五角钱的硬币贴近磁铁，磁铁没有任何反应。这是因为剪刀是用铁制成的，磁铁能够吸引铁；五角钱的硬币是用铜制成的，铜不会被磁铁所吸引。

现实生活中大多数的金属在外在磁场的作用下，都能够被磁化，只是磁化的程度不同。一般来说，仅有铁、镍和铬等少数金属具有较强的磁性，其他金属所能具有的磁性都较弱，不易被人们发现。那么如果世界上所有的金属都像磁铁一样具有了强磁性会怎么样呢？如果是这种情况，一定会出现许多有趣的现象吧。

如果世界上所有的金属都带上了强磁性，人们可能将不再使用金属材料了。原因很简单。大街上用金属制成的汽车都具有了强磁性，交通事故就会接二连三地发生，因为这些汽车要么相互排斥，两辆汽车同时被弹开；要么相互吸引，直接造成两辆汽车的"亲密接触"。整个交通状况只能用"乱成一锅粥"来形容了。当然，不只是交通状况会受到严重的影响，还有很多环节会受其影响，聪明的你不妨开动脑筋，想一想我们还会在哪些方面受到影响呢？

既然所有金属都不能使用了，那么人们就不得不用其他的材料来代替金属。也许人们能用塑料制成各种工具，比如塑料制成的汽车、塑料制成的电器、塑料制成的剪刀等。但是有些东西看起来非用金属不可呀，比如炒锅，如果用塑料来制成炒锅，那麻烦可大了，也许一道菜没有炒完，整个锅都被烤化了。所以，人们也不得不去发展"消磁"技术，千方百计地用各种方法去消除金属的磁性，使金属能够重新为我们所用。

所有的金属都具有了强磁性，消磁的工作量自然是非常惊人的，而且这些金属的磁性可能很难一劳永逸地被消除掉。因为，所有的金属都带有了强磁性，说明外部的磁场非常强大，所以消了磁的金属难免重新被磁化。那么这样的工作量就永无止境了。

可见，如果世界上所有的金属都具有了强磁性，我们的生活会多么的麻烦。幸好这一切都不会发生，世界上大多数的金属即使被磁化，磁性也弱得微不足道，不会对我们的生活产生重大的影响。

冰川冰比普通冰更纯净吗

是的，确实如此。所以，有人将冰川冰作为饮料投入市场销售也就不足为奇了。相比于普通冰，冰川冰是有其优势的。

首先，冰川中的水要相对纯净一些。这是因为远古时候降下的雪在千万年的时间中不断地压缩，雪花中原本所含的杂质都被挤到雪花晶体边缘并被相继冲刷带走。最后形成的冰块，特别是由单晶雪花所形成的冰块，其纯净度堪比三次蒸馏的水，远比最初的降雪纯净。

其次，从感官的角度来看，冰川内包含的冰晶与冰箱制出来的冰块所包含的冰晶大小相仿，甚至可能更大。单晶中的分子都呈线性排列，而普通冰块则由很多细长的冰晶构成。所以光线在冰川冰内折射形成的景象要比在普通冰内所形成的晦暗景象漂亮得多。

冰川冰还有声效。当雪堆积在一起的同时，大量的空气也被封存于其中。随着时间的推移，空气逐渐被冰块包围、挤压形成一个个小的气泡。在几千米的深处，这些被封住的空气承受着巨大的压力。当冰块融化、气体重获自由的时候，气泡便伴随着悦耳的噼啪声不断地冒出来。这时即便不含二氧化碳，冰川冰饮料也会不断地冒着气泡，发出清脆的声音。

东西往上升而不往下掉会怎样

如果所有的东西都像是长了翅膀一样，总是往上升而不是向下掉，那么我们身边将会出现许多有趣的现象。比如成熟的苹果将不会砸落到牛顿的头上，万有引力定律也许不过是一句笑谈；秋天纷落的黄叶不会飘向地面，而是向天空中飞去。这些现象看起来有趣，但是也会给你带来许多麻烦。例如，收获苹果的时候，你就应该站在高空中，而不是站在树下；口袋里掉落的东西，你将不会很容易捡起来，也许你只有借助捕蝶网才能将那些飞在空中的失物够下来。

如果真的出现这种情况，那么世界上就应该存在所谓的反重力物质。在人类登陆月球之前，一位名叫裘乐·维勒的科幻作家就曾在他的小说《月球旅行》中，描绘了一幅利用反重力物质去月球旅行的奇妙画面。反重力物质，顾名思义，重力不

仅不会把这种物质拉向地面，反而会把它
推向天空。这一设想确实非常奇妙，但是没
有人会相信世界上真的存在反重力物质，如果
它真的存在，那么它也不可能存在于地球上，它应
该早就飞到太空中去了，除非地球上有什么力量可以
阻挡它的飞升。

　　也许你要说，世界上确实有物质会飞上天呀，比如氢气
球。其实氢气球并不是依靠反重力飞起来的，其奥秘在于气球
内部的氢气。我们不妨把自己生活于其中的大气层看作是一种"气
海"，在真正的大海里，比海水更轻的物质（比如木头等）就会漂浮在
海面上，同样的道理，只要比空气轻的物质就会在"气海"里漂浮起
来。而氢气就是一种比空气轻的气体，所以它能带着气球飞起来。
既然氢气有这种特性，人们为什么不乘坐巨大的氢气球到太空
中旅行呢？目前科学家制造宇宙飞船并利用火箭把飞船送
到太空中去，需要花费大量的人力、物力和财力，如果
用一个巨大的氢气球就可以代替这些设备，那么科学家
们何乐而不为呢？原来，就像是海水里的木头不可能漂浮
在没有海水的空中一样，脱离了密度大的空气，氢气球也
就不能再向上飞升了。实践证明，氢气球最多
只能飞升到几千米高的空中，连大气层
都出不了，更不要说到空气稀薄的太空中
去旅行了。

水为什么不往上流

水往低处流早已是人尽皆知的常识了。但是为什么水往低处流，而不是往上流呢？你也许会说："消防员就可以让水往上流，他们常常站在地下用水枪浇灭高处的火，那些从水枪里喷出的水不就往高处流了吗？"其实，水枪是利用某种水泵将水往上喷，自然界的水只会往低处流，因为有地球引力在拉扯。

如果水往高处流，不仅会造成许多闻所未闻的人间奇迹，还能给人类带来许多益处呢。以瀑布倒流为例，我们都知道瀑布是河川和溪水在往下流的途中，经过落差比较大的地段而出现的景观。

瀑布在往下流的时候，急速下落的水具有很大的能量，如果在瀑布中装上发电设置，就可以把流水的能量转化成电能。如果瀑布可以倒流，我们就可以周而复始地利用水的能量，要多少就有多少了。

实际上自然界不可能出现瀑布倒流的情况，如果想反复利用水的能量，我们就必须用水泵把瀑布底端的水抽回顶端。在这个过程中，如果你拥有不浪费能量的完美水泵，那么用来抽水的电力将和流水所制造出来的能量相等，也就是说一个循环下来，你不能得到一点儿额外的电能，白费工夫。

实际上完美的水泵并不存在，在抽水的过程中，总有相当一部分能量转化为热能流失掉，也就是说抽水所用去的能量将会比流水所制造出来的能量多很多，使瀑布倒流根本就是一个赔本买卖。

除了水泵以外，还有一种工具可以让水往上流，就是虹吸管。虹吸管是充满水的管子，两端连接着装水的容器，如果其中一个容器中水的位置比较低的容器水位高，水就会顺着虹吸管流到位置高但是水位低的容器中。虹吸管是怎样把水吸上去的呢？你可以把虹吸管中的水看作是一条水绳子，低水位容器中的虹吸管露出水面的部分较长，管子里面的水就比高水位容器里虹吸管里的水多，水绳子一头重一头轻，重的一端就会下垂，水就会不断流出来。这样直到两个容器里面的水位一样高，虹吸管里的水才会停止流动。

尖尖的针为什么容易刺进物体

中医针灸时，拿细细的针，只轻轻一刺，针便进到人的皮肉中了；而用很大力气打人，拳头怎么也不会刺入别人的皮肉中，原因是什么呢？

原来尖尖的东西更容易刺进物体中。

举个例子来说吧。用一把菜刀切一块冻肉，用刀锋会很容易把肉切成片。要是将菜刀反过来，用平平的刀背去切，费尽力气也是切不开的。这是由于压力的作用效果不但和压力大小有关，同时也和受力面积有关。我们定义了压强来表示单位面积上所受压力的大小，压强的大小决定了作用效果。

当我们分别用菜刀的刀锋和刀背去切冻肉的时候，虽然用的力相同，但是冻肉的受力面积不同，从而所受的压强大小也不一样。用刀锋切肉的时候，所用的力都集中在薄薄的刀刃上；而用刀背切的时候，所用的力却分散在面积宽得多的刀背上。这样，冻肉受到刀刃所加的压强，当然要比受到刀背的压强大。因此，越是尖的东西便越容易刺进别的物体。

其实，日常生活中有许多与之相似的增大压强的例子。比如，用针缝衣、用注射器打针、用钻头打孔等，都是将力集中在较小的面积上，来达到增大压强的目的。

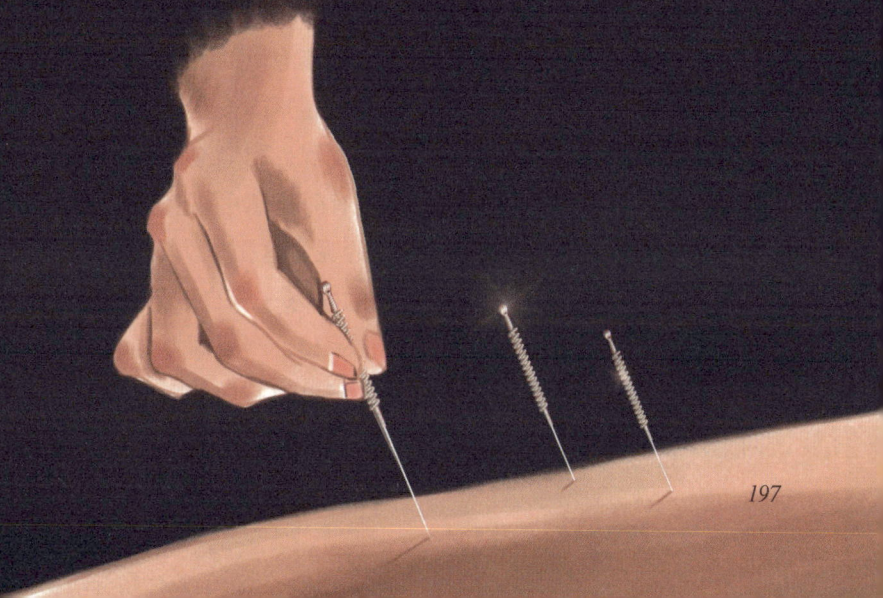

气泡为什么是圆的

我们都喜欢泡泡，特别是圆滚滚、闪着虹彩的肥皂泡。英国科学家查·波易斯出于对这种现象的好奇撰写了一本 200 页的书，书名叫作《肥皂泡的色彩和塑形力》。

波易斯称气泡为"华丽的东西"，认为使气泡黏在一起的力存在于所有液体中，倒茶或者蹚河时都会看到气泡泛起。

可以想象向气球里注水的情景，水注得越多，橡胶皮的气球就越大，直到胀爆。

再想象一下水滴：水挂在水龙头口上聚集成滴，越聚越大，大到一定程度后最终会掉下来。波易斯提出一个问题：水滴到底为什么会挂在水龙头上，就好像水被装在像气球一样的塑料袋里，直到装得太多袋子就破掉或掉下来？

事实上水滴外面并没有袋子。但是波易斯认为，一定存在着某种无形的表皮使水能够聚集成滴。这种"表皮"其实是水以及其他液体的一种性质，即表面张力。以水为例，在液面下，水分子之间有很强的吸引力，但表面的水分子与其上的空气分子之间并没有吸引作用，他们只受到下面的水分子向下、向内的吸引，这种表面张力便起到了水滴的"表皮"的作用。这层"表皮"使水滴能够挂在水龙头上，直到超重之后才掉下来。

不同液体有不同强度的表面张力。比如，酒精的表面张力就比水小很多，根本不会成滴。但是水银的表面张力却是水的 6 倍，从破碎的温度计里流出的水银珠可以在地板上滚来滚去。

用肥皂水能吹出泡泡来也是因为有表面张力。用吸管在肥皂水里蘸一下，在吸管的横截面上就形成一层膜，如果对着吸管另一端吹气，这层膜就像气球一样鼓起来，然后形成一个闭合的空气泡，风一吹就飘走了。

由于肥皂泡表面是有弹性的，肥皂泡里的空气承受着压力——跟气球里的情形一样。压力的大小取决于肥皂泡曲面绷紧的程度，曲面越紧绷，肥皂泡越小，里面空气的力就越大。波易斯通过实验发现，肥皂泡破碎的情形跟充气气球松开扎口的情形一样，气体从气泡里喷出来，有时竟然可以吹灭蜡烛。

那么肥皂泡到底为什么是圆的呢？这是因为表面张力使液体膜总是把自己拉紧，使自己尽量处于一种最紧凑的状态——自然界里最紧凑的形状就是球形。因此，肥皂泡里面的空气紧凑地挤在一起，产生的力与围绕肥皂泡的外力相同。

但是波易斯发现，对正圆形的肥皂泡施加外力也可以改变它的形状。比如，用两个环粘住肥皂泡，然后把两个环向两端拉，肥皂泡就可以变成圆柱形。但是，这种非圆形的肥皂泡体积越大就越容易破碎。一个很长很长的圆柱形肥皂泡中间会慢慢变细，继而分开，最终形成两个单独的半圆泡。

能看到声音多有意思

声音对于一般人来说，是一种有声无形的东西，我们根本无法想象出声音的形状。但是自然界中就有一些动物能够"看到"声音，并利用声音来认识这个世界，比如蝙蝠和海豚。

蝙蝠和海豚是天赋很高的"声音艺术家"。蝙蝠在飞行过程中，会不断发出"嘎嘎"的超声波，这种超声波人类并不能听到；海豚则会对着幽深的大海发出"叽叽"声，像生锈的门铰链所发出的声音一样。这些叽叽嘎嘎的声音在空气或者海水里面传播，碰到物体就会被反射回来，蝙蝠和海豚接收到反射回来的声音，

怎样"看到"自己的声音

我们可以用一些简单的材料自制一个"光线示波器"，用它来显示出声音的振动，也让我们"看到"自己的声音。先找来一个空罐头盒，把罐头盒的两头打通，然后从破气球上剪下一块薄薄的橡皮，绷紧蒙在罐头盒的一头。再找来一些衬衣纽扣大小的碎镜片，小心粘在蒙好的橡皮上。粘的时候要留意，破镜片不能粘在橡皮的中心，只要靠边上一点儿就可以了。粘好以后，简单而神奇的"光线示波器"就大功告成了。然后，我们要对着太阳站在一堵墙前面，与墙相距3～4米为宜。然后拿起罐头盒，让蒙着橡皮的一端对着墙，让碎镜片反射出来的阳光能够投射到墙壁上。这时你对着空罐头盒拉长声音喊叫。镜片就会随着声音的振动晃动起来，墙上的光点就会变幻出图形来。这样，你就能"看到"自己的声音了。

就能够判断出自己距离那个物体的远近。这个过程就叫作回声定位。海豚和蝙蝠不仅能够利用回声定位判断出物体的距离，还能够了解到物体的大小和形状，并以此来避开障碍和捕获食物。有人做过试验，蝙蝠在黑暗中飞行，能够轻易避开和人类头发一样细的障碍物，并准确找到小昆虫之类的食物。

虽然我们无法知道海豚和蝙蝠大脑的奇妙构造，但是科学家们依然能够利用科学手段制作出声音的影像，使声音为人类服务。比如，医师们常用超声波来拍摄母亲体内婴儿的照片，这种声波的波长很短，不在人类耳朵所能接收到的声波范围之内。超声波进入母体，碰到胎儿后会反射回来，机器接收到反射回来的声波并把声波转换成影像，这样我们就能够看到胎儿的形状了。同声波一样，光波和电波遇到障碍物也会发生反射，用来拍摄骨头和牙齿的 X 光利用的就是波长很短的光；而雷达则是根据电磁波的性质建造的。

如果你有特异功能，具有海豚和蝙蝠一样的本领，那么你的脑袋里面将会充满了看到和听到的"声音"，这样就算是在伸手不见五指的夜晚，你也能够清楚地知道，前方的路面上有没有需要你多加小心的障碍物。生活也会因此而变得奇妙和有趣。

如果没有阻挡，光会消失吗

理论上讲，如果不碰到任何东西，光将会继续向前传播，但这要求光必须在一个极尽完美的真空状态下传播，然而实际上这是不可能发生的。光是能量，如果没有出现任何东西使光的能量减少，那么光就会永远存在。

想象有一个光子，它来自于太阳发射出的光的一部分。即使它设法避开了所有的行星、小行星和彗星（换句话说就是整个太阳系中的所有大物体），但它可能恰好撞到了来自彗星上的一小块尘土，或飘浮在太空中的一个微小的氢原子，那么它就会失去能量。

但有一些光子会在它们的旅途中幸存，然后直线前进直到进入你的眼睛，那就是这部分光的终点。而光所携带的能量会转化成电信号进入你的大脑，从而使你能看见光。

光子可能与飘荡在太空中的原子，或是与一个行星大气层中的原子，也有可能与一个如岩石一样的物体的原子相碰撞，其中的一些能量会发生反射——从而让我们能看到这些物体。

没有光也能看书该多好

你可能有在晚上看书的习惯，而且常常看到半夜仍不忍释卷。每当这个时候爸爸妈妈就会不合时宜地出现，强制性地把灯熄掉。书里面的故事情节仍然在你的脑海里不停地浮现，后面的情节总是不停地在诱惑着你。但是，你又怎么敢再打开台灯呢？于是只能一次次满怀憧憬地想："没有光也能看书该多好！"

没有光不仅看不到书里面的小字，甚至连近在眼前的桌子、椅子都看不到，这些都是最基本的常识。为什么光对于我们的视觉有这么重要的作用呢？我们的眼睛到底是怎样看到东西的呢？简单来说，形形色色的物体，有的自己发光，大多数则是反射别的物体的光，它们发射或者反射的光通过我们的瞳孔，进入眼睛，穿过晶状体，在视网膜上形成这些物体的像。视网膜通过视神经把这一物象的信号报告给大脑，于是我们就看到物体了。而在漆黑的夜里，物体没有办法反射光线，视网膜自然也没有办法形成物体的形状，所以我们就看不到东西了。

看到这里，你可能对自己的向往已经不抱多大希望了。不过，先别灰心丧气，因为科学家早已制造出了红外夜视仪，利用这一神奇的仪器，你就可以在黑夜里看书，而不用担心被爸爸妈妈发现了。红外夜视仪是怎样做到这一点的呢？它先用红外灯照射目标，然后通过红外变像管把物体所反射回来的红外线转变成人眼可以感受到的光学像，这样我们就能看到物体了。而且因为红外光是不可见光，所以我们在看书的时候，爸爸妈妈根本察觉不到。

拥有了红外夜视仪，你在黑夜里看书的梦想就可以实现了。但是，你最好不要频繁使用这一工具，首先熬夜看书本身就对身体不好，它势必会影响到你第二天的精神状况；另外，用久了这一仪器，对你的眼睛也有损害。所以，你最好还是听从爸爸妈妈的劝说，早早睡觉，等到合适的时间再继续去读有趣的课外书。

可见光和不可见光

光是一种物质，但实际上它是一种特殊的电磁波，由不同波长的光所组成。我们所能看见的光只不过是波长在4000～7600埃的光，人类眼睛最敏感的光线则是波长为5500埃左右的黄绿光。而低于4000埃的紫外光和大于7600埃的红外光都是我们无法察觉的不可见光。

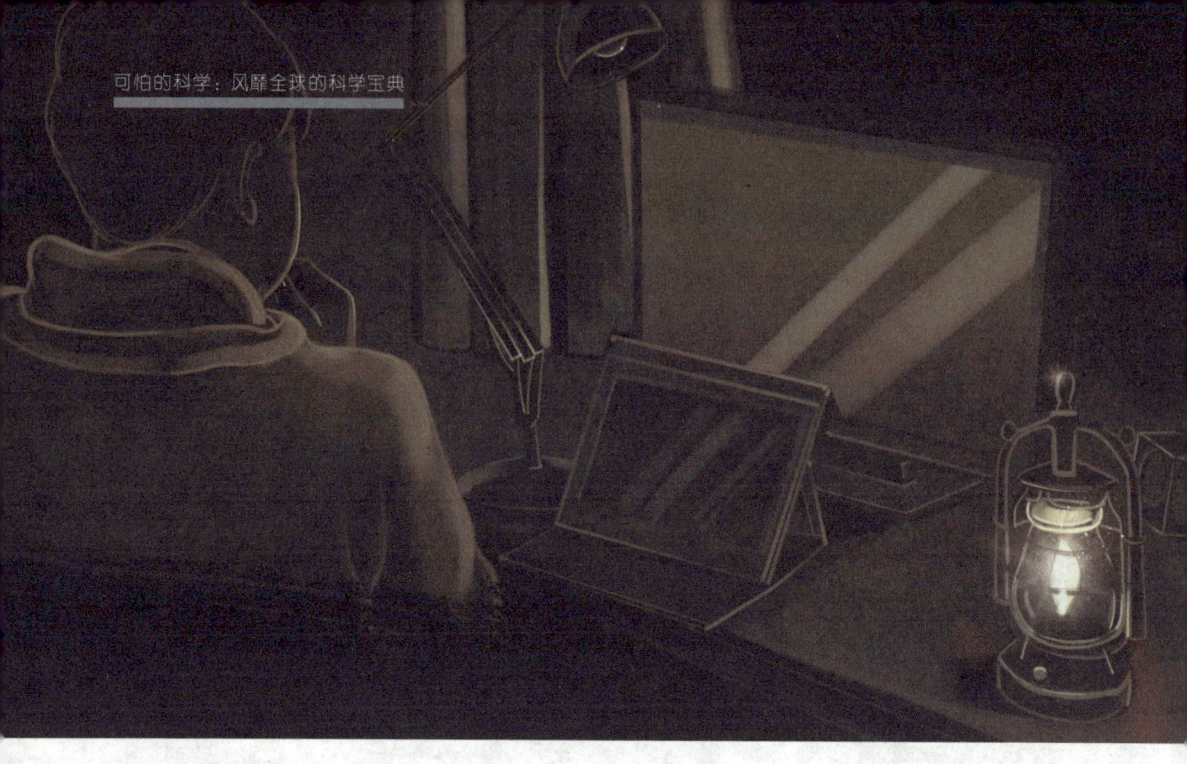

第四章　伟大的人类智慧——科学技术

没有电的生活会怎样

如果没有电，室内室外的所用灯都不会亮起来，整个世界将变得黑咕隆咚；如果没有电，电脑、电视机、音响也不可能打开，周围会比现在寂寥得多；如果没有了电，网上冲浪将成为泡影，欣赏电影将会成为不可能实现的梦想，生活将失去许多乐趣；如果没有电，淋浴器不会自动喷出水来，空调不能制冷，抽油烟机也不能工作，你会发现生活变得艰难起来；如果没有电，整个世界将会陷入瘫痪！

可以说，电是现代社会最不可或缺的能源之一。电有这么大的作用，它是从哪里来的呢？

我们经常使用的电，是用发电机制造出来的。发电机就是将其他形式的能源转化成电能的机械设备。它通常用水轮机、柴油机、汽轮机或者其他的动力机械来驱动，将水流、气流、燃料燃烧或者原子裂变所产生的能量转化为机械能传输到发电机内，发电机再将这些能量转化成电能。发电机产生的电通过具有导电性能的电线传输到千家万户，于是我们在家里面就能方便地用上电了。

电流、电压和电阻是我们经常听到的关于电的名词，它们到底是什么意思呢？我们都知道水能够在水管中流动，我们管它叫作水流。同样的道理，电荷在电路中移动，我们就称它为电流。电流分为直流和交流两种，电流的方向和大小不随时间的转移而发生变化的叫作直流；反之，电流的方向和大小随着时间而发生变化的叫作交流。电流一般用符号"I"来表示，表示电流强度的单位是安培，简称安，用符号"A"来表示。我们知道水之所以能够流动是因为有水位差，同样，电荷之所以能够流动是因为有电位差，电位差也就是电压，电压是产生电流的原因。电压用符号"U"来表示，表示电压高低的单位是伏特，简称伏，用符号"V"来表示。高压电可以用千伏（kV）表示，低压电可以用毫伏（mV）来表示。水在水管里流动并不是畅通无阻的，电在电路中流动也是这样，电荷所遇到的阻力就是电阻，用符号"R"来表示，表示电阻大小的单位是欧姆，简称欧，用符号"Ω"表示。

电是我们日常生活中必不可少的能源，但是与火一样，电也有它可怕的一面，由电所引发的灾难常常发生。因此，我们在用电的同时，也要注意摸清它的规律，积极防范，这样用电才会更加安全。

没有火会怎样

古希腊神话中有普罗米修斯盗天火拯救人间的故事，事实上科学家们也相信，火在人类智能和体能的发展中起着极其重要的作用。

在几百万年以前，人类过着极其简单的原始生活，靠打猎为生，吃的是生肉和野果。直到距今约50万年前，人类才开始使用火。有了火，原始人类告别了茹毛饮血的时代，吃上了熟食。人类增强了体质，智力得到了发展，生存能力也得到了大大提高。后来，聪明的原始人又学会了摩擦生火和钻木取火，这样火就可以随身携带了。人类也由火种的守护者，变成了能够驾驭火的造火者。于是人类利用火来制造工具和创造财富，慢慢摸索出了冶金、酿造、制陶等工艺技术，人类的生活也由此进入了一个广阔的天地。所以，如果没有了火，人类或许还停留在野兽的阶段；没有了火，人类的文明就无从发展。

即使在现实生活中，人们依然摆脱不了对火的依赖。虽然在某些方面我们可以用电或者其他的方式来代替火，比如我们可以用电器来做饭、照明，用暖气来取暖。火似乎从我们的生活中远去了，但是往深处想，电是哪里来的呢？暖气是怎样产生的呢？这都或多或少与火有关。再如我

水为什么能灭火

我们知道物体燃烧就会产生火苗，但是燃烧必须达到一定的温度，而且还需要充足的氧气。一旦失去了温度和氧气这两个条件，火也就熄灭了。当水浇到燃烧的物体上时，水就会遇热蒸发，水的蒸发需要从周围吸收大量的热，从而使燃烧的东西降温；另外，水扑在燃烧的物体上，还会把燃烧的物体和外界的氧气隔离开来，得不到氧气的支持，火自然也就熄灭了。

们生活所用的瓷器，是用火烧制出来的；我们所接触到的金属，是用火锻造出来的……几乎我们所经历的东西都与火有关，离开了火我们仍然无法生存。

火这么重要，那么火到底是什么东西呢？这个问题曾在很长一段时间内困扰着人类的先哲们。最初，古人把火看作是构成世界的一种重要物质，比如古印度人认为世界由地、水、风、火四种物质组成；古希腊的亚里士多德则提出水、土、火、气四元素说；我国也有五行的说法。后来到了16世纪，一些炼金的人认为燃烧是因为物质中含有硫。17世纪又有人抛出了燃素说。这些说法显然都是不准确的，直到1777年法国科学家拉瓦锡发现了氧气，才最终解开了火的秘密。他认为物质在燃烧的时候所发出的光和热就是火，而有氧的存在，物质才能燃烧。

认识了火的重要性，也明白了火是什么东西，我们应该庆幸这个世界上不可能没有火。但是，我们都知道，每当发生火灾的时候，我们也能够看到它狰狞的一面。所以，我们在用火的同时，也要注意安全。

汽车不加油也能跑该多好

如果汽车不用加油也能跑，那么汽油的价格一定会大幅度降下来，以至于汽油公司和加油站不得不关门大吉了。如果汽车不用加油也能跑，那么我们再也不用担心汽车会在荒山野岭上突然没油了。如果汽车不用加油也能跑，我们可以开着汽车到任何地方去！

遗憾的是，现在大部分的汽车还是离不开汽油等燃料的，这些燃料燃烧时释放出能量，从而让引擎转动起来，引擎的转动又带动了轮胎，使整个汽车跑动起来。汽车需要燃料的燃烧来提供动力，这不仅使汽车的行驶依赖于燃料，更可怕的是，它会在行驶过程中从后面的排气管中排放出污染空气的化学物质。而今汽车尾气已经成为主要的大气污染物之一。

针对这一问题，人们已经开始进行相关的研究，希望能够利用其他能源来代替汽油等燃料。也许有一天大部分的汽车会依靠电力来行驶。

电动车是用大电池来供电，电池里面的化学物质能够储存能量，当这些化学物质发生反应的时候，就会释放出电力，为汽车的前进提供动力，因此不会产生污染。但是电池同样能够耗尽，电动车的电池需要每天晚上取下来接上电源，重新充电。然而，电源里的电来自于发电厂，它同样不是免费的，而且电厂发电也会造成污染。因为电厂在发电过程中，可能会使用煤炭等物质作为原料。所以，虽然电动车没有直接造成污染，但也间接带来了污染。

真正环保的汽车大概要属太阳能汽车了。这种车车顶装有太阳能板，能够把太阳能直接转化为电力，供汽车使用。

太阳光是免费的，而且也不会造成任何污染。唯一的不足就是太阳能汽车的制造成本太高，而且不能开得很快，遇上阴雨的天气，可能会因为没有能量来源而寸步难行。但是，相信科学家们一定会攻克这些难题的，我们期望在不久的将来能有更多的太阳能汽车奔跑在世界各地。

火车要和火箭一样快该多好

　　自从 1825 年英国建成世界上第 1 条铁路以来，火车便在人们的生活中扮演了重要的角色。近两个世纪以来，为了适应人们日益加快的生活节奏，火车也开始进入"高速铁路时代"。近年来，日本的子弹火车更是创造了 405 千米 / 小时的火车速度纪录，这一速度大约是一般客车速度的 4 倍。换句话说，如果我们所乘坐的火车能够有这样的速度，那么我们整个旅程所用的时间将节省 3/4。对于这一数字，你可能不屑一顾，认为火车的速度根本不值一提，如果火车的速度能够达到火箭的速度那才叫快呢！那么，火车能和火箭一样快吗？

　　火箭是一种自身既带有燃料，又带有助燃用的氧化剂，用火箭发动机做动力装置，可以在大气层内飞行，也可以穿越大气层在太空中飞行的飞行器。火箭除了军事用途之外，大多用于航天事业。人造地球卫星一般都是乘坐火箭进入太空的，所以航天火箭的速度应高于第一宇宙速度，即超过 7.9 千米 / 秒，相当于 28440 千米 / 时，这是火车速度纪录的 70 余倍！当然，随着科学技术的不断发展，火车的速度一定会进一步提高，火车和火箭之间的速度差异也会逐渐缩小。但是毫无疑问，火车的速度永远也赶不上航天火箭的速度。

　　这是因为，航天火箭之所以具有这样快的速度，是为了挣脱地球的引力。如果火车也达到了火箭的速度，那么这列火车的乘客大概是太空观光客，因为这列火车

的速度已足以使它突破地球的引力，行驶到太空中去了。但是，这列火车同样是一列死亡列车！列车员有责任提醒乘客做好"牺牲"的准备，因为所有火车都是贴着地面行驶的。当这列火车因速度过快贴着地面飞行起来的时候，不可避免地要撞到高山或者高大的建筑物上，车毁人亡是必然的结果。因此，就算是科学家研制成功了像火箭一样快的火车，也一定没有人愿意去乘坐。

有没有一种海陆空都能用的交通工具

很久以前，人们就梦想能有一种海陆空都能用的交通工具。它犹如具有了鸟的双翼、兽的双足和鱼的鳍，既可以飞翔，又可以行走，还可以游水。在狭窄的胡同里，它的双足可以像自行车的两个轮子一样行走；在高速公路上和宽阔的海洋上，它可以开足马力像火箭一样向前飞驰；当交通堵塞的时候，它能立即展翅高飞，你不用担心它和天空上的飞机不期而遇，它的飞行高度完全可以控制在几米至几十米，和飞机根本不在一个层面上，因此它飞升的时候，地面上的一切都清晰可见，无须导航系统的引导，起飞和降落完全随心所欲。更令人感到兴奋的是，具备这样齐全的功能，它并不笨重，相反比现在所有的机动交通工具更加轻便、快捷、安全和可靠。

有了这种交通工具，人类的交通图景将变得更加壮观。立体的空间将会被利用得更加充分；因为它的出现，人与人之间的关系也将变得更加紧密。即使在最偏僻的山区，人们也不会感觉到与世隔绝。如果你住在几十层楼的顶部，再也不用忍受上下楼的麻烦了，新型的交通工具就停泊在你的窗外，你随时可以从百余米的高空出发，去任何你想去的地方。这就是我们梦想的交通工具，虽然现在我们还只能在电影银幕上看到它潇洒的身影。

但是，随着科学技术的突飞猛进，我们有理由相信，只要耐心地等待，它不久就会来到我们的身边。

掌握了奇妙的科学技术，什么也不能阻止人类实现梦想的脚步。20 世纪末，俄罗斯鄂木斯克的科学家们已经研制出了一款三栖交通工具。这种交通工具外形与汽车有几分相似，它有 4 个轮子和 150 ~ 185 千瓦（200 ~ 250 马力）的标准汽车发动机。它身长 5 米，有折叠式的翅膀、尾翼和螺旋桨，可乘坐 2 ~ 4 个人。使用起来非常方便，能在土路上以 150 千米的速度起飞，起跑长度只需 180 ~ 200 米，而且能够在水面上起飞和降落；它的最大载重量为 1300 千克，飞行和行驶的最高时速都是 270 千米，飞行高度为 3000 米，飞行距离可达 1500 千米；它的内部设施相当完备，乘坐舒适而安全。据悉，这一新型的交通工具将在地形复杂、交通不便的地方派上大用场。

神奇的卫星导航系统

你梦想中的超级交通工具怎么能少了卫星导航系统呢？有了卫星导航系统，你就可以聘请人造地球卫星作为你的导游，它可以把你准确无误地领到目的地。现在你可能还不清楚这位"导游"为什么有这么大的本领，那么就让我们一起来了解它吧！

1957 年，苏联发射了人类历史上第 1 颗人造地球卫星。之后各种用途的人造地球卫星不断地被发射升空。航天新技术的发展，也使目光远大的人们把目光投向了深邃的太空，卫星导航的新思路随之产生。于是，一些特制的人造卫星在绕地球旋转的同时，不断地发出信号，这种信号无论是在地球上的什么地方、什么天气环境下，都能够由一个简单的接收装置接收到。一般来说，如果你想定位地球上任何一点，首先要找到与该点相对应的地球上空的 3 颗卫星，最好是 4 颗。因为卫星在特定时间发射出信号，信号以光速传播，你接收到信号后，经过计算机简单的计算，就可以知道自己距离这颗卫星的距离。由于地球是圆形的，你只有收到 3 颗不同地球卫星的信号，才能够知道自己的具体位置。根据这一原理，你再给卫星配上详尽的地图，那么卫星就可以告诉你，怎样到达目的地了。卫星导航系统的利用是非常广泛的，不仅交通工具可以利用它来定位、导航，联合收割机也可以利用它算出每一米的收成情况，以确定下一年的施肥分布量；土地平整机装上了它，可以把地形测量数据精确到厘米；修路工程师也可以利用它，直接检测公路的定线并及时修正，等等。

我想在空中盖房子

在空中盖房子，很多人都有这种梦想。白云和鸟儿环绕在空中房屋的周围，彩霞就在自己的脚下，万里河山尽收眼底。传说中只有神仙才能住在天上，如果你能够在空中盖房子，那么你也能过着神仙般的生活。

如果你立志在空中建房子，那么你的建筑材料一定要足够轻，甚至比羽毛还要轻。因为你的建筑材料要能够在空气中飘浮才行。所以，石块、砖头这些建筑材料你就不要再考虑了。但是，遗憾的是，现在世界上还没有这样轻的建筑材料。也许你要说，没有这种材料，我就在房屋的周围都绑上热气球，让热气球拖着房屋在空中飘荡。这看起来像是一个好主意，但是为了让热气球一天 24 小时不停地运转，所要消耗的能源恐怕是你所难以承受的。

如果有人被你愚公移山一样的精神所感动，帮助你建好了一座能够飘浮在空中的房子，你住在上面也不会感到很方便，因为你首先要找个绳子把自己的房屋固定在地面上，否则你一觉醒来或许会发现自己的房屋已经被挂在珠穆朗玛峰的山尖上，动弹不得了。不难想象，你的房间里面即使是在炎热的夏天也不会感觉到有多温暖，因为高处不胜寒。更糟糕的是，你的房间里应该不会有暖气，这样一年四季你都不得不拥着厚厚的棉被，哆哆嗦嗦地入睡；如果没有氧气瓶的帮助，你还会感觉到呼吸困难，因为高空中空气稀薄，氧气含量极低；在空中的房子里面住久了，你可能会出现厌食的情况，因为你无法在房间里做饭，房间太脆弱了！况且，空中的低气压甚至不会让你把水烧开。所以，你只能用缺乏营养的方便食品来维持生命。另外，最让人难以忍受的是无边无际的寂寞，你甚至不能收看电视，更不用说玩电脑了，因为你很难把电线连接到你的新居里面。除了身边偶尔呼啸而过的飞机，你甚至看不到人的踪影，因为没有人有你这样的"运气"。

所以，不要说不能在空中建成房子，就算建成了也并不是一个好去处，神仙一样的生活并不是一般人所能消受得了的。

为什么金属也会有记忆力

不仅人有记忆能力，有些金属也有记忆能力，不过它们的记忆和人的记忆截然不同。人的记忆对象是发生过的事情，金属的记忆侧重于对形状的记忆，即在某种适宜的条件下，被改变了形状的金属总能像弹簧一样恢复成原来的样子。人们把能记忆形状的合金叫作形状记忆合金。

也许你会问，记忆合金在平常人的生活中能施展手脚吗？答案是肯定的。你可能看到过有的人在做牙齿矫正手术时，牙上装着矫齿丝，这些矫齿丝的材料就是记忆合金。记忆合金不仅具有形状记忆特性和超弹性，而且还具有耐腐蚀性，因此做矫齿的材料是最适合不过的了。医生遂利用镍钛合金制成矫齿丝，借助人的口腔温度，来为病人矫正畸形齿。医生在使用口腔矫齿丝之前，先得为准备矫正的牙齿做一个石膏模型，然后按照模型，将口腔矫齿丝弯成牙齿的形状，固定在牙齿上，每隔一段时间更换一次。每次更换的时候，由记忆合金制成的矫齿丝由于其"记忆力"，都会更加趋向于它原来的形状，在这个逐渐趋向原形的过程中，牙齿就会慢慢得到矫正。

形状记忆合金为什么能够恢复原来的形状呢？

原来，加热时，因受外力作用而使其内部结构变为菱形晶格的形状记忆合金就重新转变到受力前的正方晶格的状态，从而恢复了原来的形状。

举个例子来说吧，形状记忆合金之一的镍钛合金在温度40℃之上和之下的晶体结构是不同的。40℃时，镍钛合金会发生转变，因此40℃是它的转变温度，也叫"记忆温度"。在转变温度以上，其晶体结构处于稳定状态，而在转变温度之下，其晶体结构失去稳定。如果人们在转变温度以下改变了它的形状，那么再将其加热到转变温度以上时，由于处于不稳定状态的晶体结构会立刻恢复到稳定状态，因此它的形状也会相应地恢复到原态。这就是镍钛合金能记忆形状的原因所在。

记忆合金不仅能恢复原态，而且能重复恢复原态多达数百万次，而不会产生丝毫的疲劳和断裂。镍钛合金的拉伸强度可达1000兆帕。也就是说，需要加1000多牛顿的力在1平方毫米那么小的断面上，才能将镍钛合金拉断。

记忆合金的奇特本领吸引了人类的注意。从镍钛合金开始，人类已开发了镍钛合金、铁系合金和铜系合金等多种系列的记忆合金。它们广泛应用于工业生产、航天、电子器具、医疗等方面，帮助人们解决了许多难题。

形状记忆合金的最初应用是在20世纪60年代初。镍钛形状记忆合金首先被用于美国海军飞机液压系统的管道接头上，结果获得了很大的成功。当时，在美国海军飞行事故中，有1/3是因为飞机液压系统管道接头泄漏引起的。飞机起初使用普通接头，由于热胀冷缩，有一些管道接头总免不了产生泄漏。采用记忆合金套筒接头技术后，一架F-14战斗机的液压系统使用800多只记忆合金套筒接头，竟没有发生一起管道接头泄漏事件，这在当时无疑是一个奇迹。此后，美国就在各种飞机的液压系统上推广使用记忆合金套筒接头，至20世纪90年代初已使用100多万件而无一事故。

日本的一些汽车公司非常有想象力，他们打算用形状记忆塑料制成汽车的保险杠和易碰撞部位。如此一来，一旦汽车被撞瘪，只要用吹风机加热一吹，这些部件很快就会恢复原状，这不是魔术却胜似魔术。

形状记忆合金的神奇之处还多着呢，正因为有了它，许多似乎无法解决的难题才得以顺利解决，把不可能变成了可能。

能实现天地对话该多好

人类的通信历史源远流长，从古代的邮驿到现在的邮政系统；从用烽火传递军情到现代电话、电报、传真走进千家万户。在漫长的历史进程中，人类的通信技术发生了翻天覆地的变化，现在我们普通人不仅能和远在海外的亲戚朋友方便地联系，就算是和飞进太空的航天员通话也不是什么不可实现的梦想了。我国首位航天员杨利伟就曾通过"天地语音系统"实现了与地面上指挥中心的对话。

与太空人通信的主要手段是卫星通信。卫星通信是用特定的人造卫星作为通信工具。通信工具是整个卫星通信系统中的空间部分，它通过转发和发射无线电信号实现地面与航天器之间的联系，它可以传输电话、电报、电视、传真等数据信息。现今，卫星通信系统的主要用途还是实现地球上的通信：卫星通信的覆盖范围很广，一颗与地球同步运转的通信卫星，收发信号可以覆盖地球表面约40%的面积，能够使地面上相距17000千米的人直接通信。因此，只需要在赤道上空均匀地布置3颗通信卫星，就可以实现除南北两极外的全球通信。

外星人通话业务

近年来，美国一家公司推出了一项与外星人通话的"星际电话"服务，有兴趣的人可以通过拨打公司特定的电话号码，向外星人呼叫。据了解，该公司把拨打电话者的声音收集下来，用一个直径为3.5米宽的抛物线蝶形天线传播到遥远的太空中去。"星际电话"的天线正对着银河系恒星最密集的地区，公司工作人员声称，银河系约有4000亿颗恒星能够接收到该公司所传发出去的声音信号。前后已经有数千名天文爱好者通过拨打"星际电话"向外太空进行过呼叫了，平均每个电话的时间约为3分钟。然而，如今还没有得到外星人任何回应。这或许是因为银河系中根本没有高智慧的外星人，也可能是外星人不屑于搭理地球人。但专家认为，即使真有外星人存在，"星际电话"联系到外星人的可能性也微乎其微。因为虽然"星际电话"的信号能力在当今世界上也算是非常强的了，但是要与外星人联系还显得太弱，"星际电话"的声音能够保证在2光年距离内接收清楚，但是太阳系外距离地球最近的恒星也在4光年以外。

通信卫星可以在地球上空不同高度的轨道上运行，它在地球外围高速旋转所产生的离心力足以抵消掉地球的引力，所以我们不必担心它会突然掉下来。卫星距离地面越远，绕地球一周所用的时间就越长。在赤道上空距离地面36000千米空间轨道上的卫星，其绕地球旋转一周的时间正好是24小时，与地球自转的速度相同。我们在地面上看来，这种卫星就像静止不动一样，我们把这种相对静止的卫星称为地球同步卫星。地球同步卫星运转的轨道非常重要，大多数拥有通信卫星的国家都把卫星发射到这一轨道上来。由于地球同步卫星的不断增多，致使地球同步轨道上挤满了通信卫星，轨道资源不足的矛盾日益尖锐。

当然，地球同步卫星通信系统也不是完美无缺的，一方面同步卫星的造价和发射费用十分昂贵；另一方面，对人烟稀少的两极地区还不能实现有效的覆盖，这是因为卫星所发射的信号在长途传输中，接近两极地区时已经变得非常弱了，极容易受到干扰。所以，人们在发展同步卫星通信系统的同时，也在积极研究更好的通信技术。

人脑中要是能装块电脑芯片该多好

有许多科学家致力于实现人与机器的直接交流，这种直接交流不是传统的人通过鼠标和键盘向电脑输入信息，从而实现交流的目的，而是人直截了当地通过意识和电脑交流。你可以设想一下人机直接交流将会出现的神奇现象：当你需要某一信息时，只要动一下脑子，马上就会有翔实的资料出现在脑海里，这也就是说你将再也不用害怕任何考试了；你还可用意识操纵脑子里面的芯片，来控制一座大厦的照明系统，等等。如果你的脑子里面植入了电脑芯片，你就会有一种凌驾于万物之上，成为万物主宰的感觉。是的，这种设想是非常美好的，但是它真的能够实现吗？

正如大多数人所想象到的那样，在人脑中植入电脑芯片注定是一个空前复杂的工程。但是有许多科学家相信在不久的未来，人脑很有可能和电脑连接成一体。不过专家们介绍，电脑芯片不一定非要植入人脑里面，它也可以安装在人的颈部后面，通过与人的神经系统连接，把人脑的思维直接转化成输入电脑的信号。美国的科学家已经完成了电脑芯片移植入身体的理论研究，正在研制一种新的非常微小的电脑芯片，并使这种芯片能够与人颈部后面的大脑神经连接。现今，科学家们已经掌握了使电脑芯片与神经末端相融合的方法，并使电脑芯片在人体内的寿命达到了1年多。

随着科学的进一步发展，人类还将实现遗传学与计算机的融合。一方面，电脑芯片将被广泛地植入人体内，它们不会像起搏器和助听器那样是人体的外缀，而是

奇妙的人造器官

　　实践早已证明人体的某些器官是可以用人造材料来替换的，这就是人造器官。现今，除了人的大脑还无法替代以外，人体其他的各个器官都在仿造中。人造器官的诞生和发展有着一段曲折的历程。我国很早就有了荷叶、莲藕拼接成哪吒身的神话故事，这说明古代人们就有人造器官的想法。200多年前，一位波兰医生曾建议用人造水晶来代替眼角膜，使白内障患者重见光明。不幸的是，这位波兰医生生不逢时，无知的人们不仅不相信他，还控告他"妖言惑众"，致使其蒙冤入狱。事隔百余年后，一位名叫加里德的英国医生才实现了那位波兰医生的预言。一次偶然的机会，加里德医生发现手术后留在一位飞行员眼睛内的玻璃片并没有让他患角膜炎，这说明有些人工材料并不会与人体发生排斥反应。于是，加里德医生后来在给一位眼科病人做手术时，大胆地用人造塑料晶状体替换掉病人眼中已经混沌不堪的晶状体，结果使病人恢复了视力。而今人造器官已是屡见不鲜，比较常见的人造器官有：人工心脏和心脏瓣膜、人工肾脏、人工关节、电子眼等。

像一个细胞一样成为我们身体的一部分。另一方面，芯片在人们体内工作的过程中，会渐渐学到人体的所有秘密，最终我们天生的所有器官都可以被人造的东西所替代。到时候你或许会成为一个由标准电子部件构造而成的、可以重新装配的电子人，随着各种部件的不断升级，你有可能具有越来越强大的本领。人类将变成变形金刚一样的电子人，可以随时随地改头换面。那个时候人们经常会听到这样的话："嗨！我的××器官又升级了，这个器官运行得棒极了，你也去买一个装上吧！"

　　科学家的发明创造，为我们展开了一幅不可思议的画卷，许多人对此欢欣鼓舞，但是也有人对"电子人"表示担忧。这些忧心忡忡的人认为人体内的芯片很有可能成为监视个人隐私的装置，无论何时无论何地，你的一举一动甚至是你的想法，都会被电脑芯片所监控。

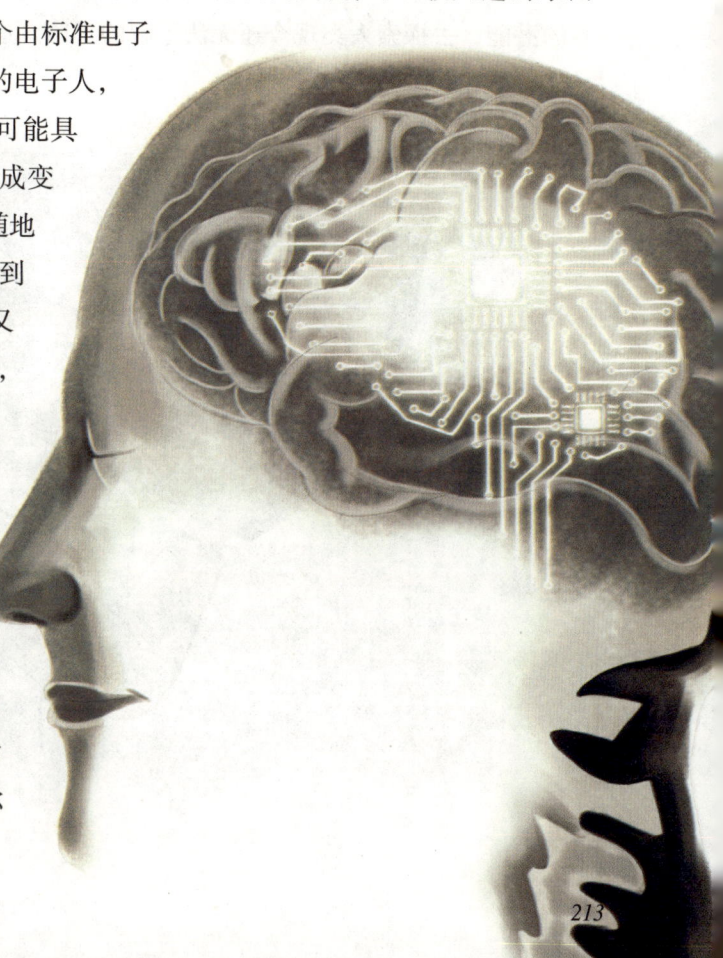

213

电脑芯片也许不是绝对独立的，它很可能被某一机构所操纵，那样对于这些操纵者来说，你将毫无秘密可言；除此之外，人们还担心有朝一日计算机将统治人类。人体芯片的出现，可能将人类变成一种半机械半肉体的动物，而随着计算机技术的发展，这些植入人体的职能芯片或许会逐渐控制人类本身的智能。对于这些担心，社会学家和科学家必须认真地考虑，毕竟科学的进步并不仅仅给人类带来福利，灾难也许就隐藏在欢呼的背后。

如果什么都是自动的该多好

有人把学习或者工作看作是生活中必不可少的一部分，有人则认为那是沉重、烦琐的劳动；有人把家务活当作一件有趣的事情来做，有人则觉得那简直就是一种折磨。科学技术的进步已经让我们摆脱了许多繁重的劳动，比如联合收割机的广泛应用，使农民感觉到收获的季节也不那么忙碌了；科学工作者大部分的计算工作都被电脑所代替等。但是，"懒惰"而聪明的人们总是期望生活能够过得更加轻松，希望一切事情都能够自动完成，自己能够把所有的精力和时间都用来发展人类所特有的潜能，去探索人类现今还无法了解的王国。这样的生活看起来遥不可及，但是

科学家告诉我们，全自动的生活离我们并不遥远。

在全自动的时代，机器人"佣人"将会无微不至地照顾我们的饮食起居。而形形色色的"无人工厂"将会生产我们所需要的一切东西。对于简单的家务活，实现自动化可能很容易，毕竟现今各种家用电器的出现，已经使我们的家庭实现了不同程度的自动化。但是在环境复杂得多的工厂里面，人类也能完全袖手旁观吗？科学家们认为，这种愿望基本会实现，即使偌大的工厂里面有几个人，其从事的也不过是简单而轻松的监督和维护工作。

其实，全自动的工厂现在就可以看出些许的端倪，各种无人化的生产线和自动化的生产系统早已进入了现代化的工厂中。比如，位于美国底特律市的一家汽车制造企业，早在1986年就引进了一条自动生产线，一排银色的汽车底盘沿着生产线流动到某一个位置就停下来，生产线两侧的"焊工"立即忙碌起来，在一个金属框架的范围内迅速移动，把底盘上需要连接的部分飞快地焊接起来，仅用时23秒钟便焊好了250个焊头，效率奇高而且技术出色。这些一流的焊工不是别人，正是机器人。而今，自动化的技术得到了进一步的发展，一些现代化的工厂中，各个岗位上，电脑控制的机器人大显身手，自动搬运车沿着指定的路线往来穿梭，一切都井然有序。除了生产车间的自动化外，"无人仓库"也终究会由梦想变成现实，计算机控制着进货和提货，并确定最佳的方案，自动叉车严格遵守计算机的指令，一丝不苟地完成任务。不需要为存货预留位置，所有的空架都可以得到充分的利用，至于货物存放在什么地方，计算机会记得一清二楚，这一点它根本不需要人类担心。

可见，将来人类既可以不用上班，在家又完全不用做家务活，全自动的生活实在是让人感到惬意。但是，你可不要高兴得太早呀，毕竟全自动的生活还只是一个设想，现在我们还要努力地学习科学文化知识，用自己的力量去加速梦想实现的步伐。

第五章　这就是我们人类——生理与心理

真的有人能做到两只手一样灵巧吗

左右开弓或者又称双手灵巧的说法在现实中是存在的。在各种劳动技巧的运用方面，有些人的双手确实能表现得同样灵巧和熟练。不过，对惯用手的选择其实是一个连续的统一体，把人群分为左撇子、右撇子和双手灵巧这三类仅仅是人为的分法而已。

有一位学者将双手灵巧的人称为双侧灵巧，并进一步将这类人群分为双手右利手者和双手左利手者。前者是指两只手都和右撇子的右手一样灵巧的人，后者则是指两只手都和右撇子的左手一样熟练的人。

对于某些技能，有的人用右手就能很快地掌握其中技巧，有的人却发现自己用左手学习得更快。这都是很平常的事情。决定一个人用哪一只手学习和掌握技能更容易的因素有两个：孩子本身的接受能力和他的用手偏好。甚至是一个婴儿就已经确立了自己的惯用手，然后模仿其他人的动作学习各种技能，就算别人的惯用手和自己的相反也一样照学不误。

比如说，有一个左撇子的孩子要学习投球，但是大部分成人投手是右撇子，所以他们示范投球动作的时候必然要受到自己惯用手的影响，很有可能会用右手来做示范。为了掌握示范者的投球技巧，孩子在学习过程中不得不进行自我调整。所以从整体上看，左撇子的左手投手投球威力不如右撇子的右手投手。

研究者发现，在学习诸如编织等技能的时候，如果学生和老师的惯用手一致，学习的效率会更高。如果在学弹吉他时，示范老师习惯用右手，那么对左撇子的学习者来说这是一个不利的条件。甲壳虫乐队的保罗·麦卡特尼就是一个典型的例子，麦卡特尼是名左撇子，因而开始在学弹吉他时面临诸多困难，直到他重新调整了吉他的琴弦之后才渐入佳境。

心肌为何能不知疲倦地一直跳动，它有何特殊之处

心肌是心脏特有的肌肉，它可以不辞劳苦地一直不停工作。当然，心脏病发作时引起的心肌缺氧会使心肌产生疲劳，而运动和锻炼则能使心肌更加强壮。

能驱动身体自由运动的肌肉叫作骨骼肌，也叫横纹肌。分布在内脏和血管壁上的肌肉叫作平滑肌，呈薄片状分布，并且不受人的意识控制。

心肌纤维束彼此连接在一起，以心肌细胞为单位组成连续的网状结构，因而心肌细胞能够同步工作，所以心肌也被称为细胞融合肌或者合胞体。这样的结构能使内部的电信号保持协调，所以心肌是以一个整体运作的，无论收缩还是松弛都是一起进行。

和骨骼肌不同，心肌细胞的细胞核不是处在近细胞表面，而是深处细胞内部。大概是因为能量需求量相当大的缘故，心肌细胞中"能量工厂"——线粒体的含量也相当丰富。

与骨骼肌类似，心肌细胞也呈平行的柱状排列，但是其排列方式仍然和其他肌细胞存在差别：心肌细胞呈长长的纤维状，有分枝，纤维头尾相接。两条纤维间的接合部分有明显的盘状结构，称为闰盘。心肌纤维之间的空隙中充满了毛细血管，丰富的毛细血管不仅能为心肌细胞提供富含氧气的新鲜血液，而且还充分保证了糖原和酯类（一种潜在能源）的供给。

心肌细胞内包含有肌原纤维，肌原纤维是一种带有横纹的可收缩性物质，它上面有名为肌原纤维节的分段结构。肌原纤维节是由细丝和粗丝构成的，而细丝和粗丝又分别由肌动蛋白和肌浆球蛋白所组成。细丝彼此间相互滑动，使得肌原纤维收缩和松弛，引发肌肉运动。

人总也不长大该多好

有人期待自己能够快快长大，这样就不需要别人的帮助，做许多自己想做的事情。但是长大就意味着会慢慢变老，想象一下自己满脸皱纹的样子，总是不寒而栗。所以更有人不想长大，总愿意停留在儿童时代，在爸爸妈妈和老师的呵护下，永远过着简单而快乐的生活。

如果你真的不再长大，你可能会发现生活远远不如你想象的那样美好。身边的小伙伴一个个都长大成人，可以轻松地做到你难以企及的事情。当然，你可能不会去羡慕那些曾经的伙伴，因为总有新的朋友来到你的身边，但是永远不变的年龄，

可能会使你不断地重复大同小异的游戏，也许刚开始的时候你还会玩得津津有味，但是时间长了难免会感到厌烦。更可怕的是，你会发现爸爸妈妈在不断地变老，他们的身体渐渐衰弱，对于许多事情渐渐力不从心了，而永远长不大的你却不能助他们一臂之力。那个时候，你可能会对自己曾经的选择感到后悔，你会期望自己能够像正常人一样长大。但是值得庆幸的是，这种现象永远不会发生，从古至今现实生活中还没有一个人能够永葆青春。随着时间的流逝，我们不断地长大，这是大自然的规律。

　　人的一生可以分为婴儿期、幼儿期、童年期、青春期、成年期和老年期6个阶段，在这几个阶段中，人的生长和发育有时快有时慢。一般来说人的生长发育有两个高峰期，第一个高峰期出现在5岁以前，这一时期人每年的增长幅度最大，以后每年的增长幅度开始下降；第二个高峰期，女孩一般出现在11～15岁，而男孩则出现在12～17岁，以后增长会趋于停止。在第一个高峰期和第二个高峰期之间，6～11岁是人的增长缓慢期，在这期间人体除神经系统、淋巴系统等少数几个系统之外，其他系统都还没有发育成熟。在人体的成长发育过程中，身体不断将从外界吸取的营养供给身体的各个组织、器官，以支持其成长。在这一期间，人的身高、体重、胸围和肺活量都会逐渐变大，而且有一定的基本限度，如果谁

早上长高晚上变矮的秘密

　　知道吗？我们的身高在一天之中是不断变化的！不信你可以量一量，如果你中午时的身高是150厘米，那么你早上起来的时候一定高于150厘米，而晚上睡觉前又一定低于150厘米。如果你实际测量过，结果可能会让你大吃一惊，早晚身高之间的差距有时竟然能够达到4～6厘米！原来，我们人体的骨架由一段一段的骨骼组成，我们之所以能够自由转动，是因为有一种软东西把一节一节的骨骼连接起来，这就是"软骨"。当我们夜间平躺着睡觉的时候，关节间就松弛下来，软骨就会因为大量吸收体液而变厚，虽然一层软骨变厚不多，但是从足关节到颈关节许多层软骨都变厚，加起来就是不小的数字，所以早上起来的时候测量身高，你一定会收获一个惊喜。但是经历了一天的学习、走路，在地球引力的作用下，骨骼之间互相积压，又会把体液从软骨中挤出去，这样身高自然就会矮下来。如果在一天中，你走远路，挑重物，那么到了晚上，你身高下降的幅度就会更加明显。

超过这个限度，就要到医院去诊断是否患了某种疾病。

明白了生长发育的道理，我们在憧憬未来的同时，也要意识到生命的珍贵。认真过好现在的每一天，不给未来留有遗憾，那么我们的生活就永远是精彩纷呈的。

吃多少东西就长多少体重吗

根据热力学原理及物质和能量守恒定律，你所增加的重量不会高于你所吃的食物的重量。另外，你还要用食物中包含的一些能量来消化和处理身体里的其他食物。

很难计算你吃完 1 千克的食物后体重会增加多少。首先这取决于你的新陈代谢、在新陈代谢过程中的个体差异和机体对食物的利用率。新陈代谢的目的是保证被分解的和用于能量与蛋白质合成的食物，以及被机体所储存起来的食物之间的平衡。两者之间的平衡受到体重、为运动或保暖所消耗的能量和年龄等因素的影响——年纪大的人新陈代谢比较慢。

所以，有些人吃 1 千克巧克力可能完全不增加体重，而有些人则会增加一些。我们不能判定一个人能从吃巧克力中得到多少体重，因为每个人每天消耗的能量不一样，但是我们知道 1 千克巧克力含有多少能量。下面讲的就是它是如何被算出来的。

大多数食物都有 4 种主要成分，它们是碳水化合物、蛋白质、脂肪和水。食物中同样包含有维生素和矿物质，但含量很少。不同食物所含的能量将取决于食物中碳水化合物、蛋白质、脂肪和水的相对含量。

在食品包装袋的背后你会看见这个食物所含的能量，它以焦或千焦来表示。两者都是热量单位，可以互相换算，1 千焦等于 1000 焦。4 千焦的能量能使 1 毫升 15℃的水上升 1℃。

平均一根 100 克的牛奶巧克力棒大约含有 7 克蛋白质、54 克碳水化合物、34 克脂肪和 5 克水，这将给你提供 2300 千焦的能量。平均 100 克苹果含有 0.2 克蛋白质、15.4 克碳水化合物、0.35 克脂肪和 84 克水，将给你提供 250 千焦的能量。

一般来说，一个成年男子每天需要 10500 千焦的能量，如果吃了 1 千克巧克力，那么机体将会额外消耗 13 千焦的能量，这些能量本来是被机体作为脂肪或碳水化合物储存的。

有没有和我一模一样的人

我们常常能听到别人这样对自己说："你长得和我一个同学很像啊！"可能你自己也有认错人的经历。不错，这个世界上有很多人长得都很相像，比如模仿秀节目中，就有很多选手和某一明星很相像。但是，也只是感觉很相像而已，仔细辨认，你还是能够发现两人之间的细微差别。都说世界上没有两片完全相同的树叶，那么会不会有两个人长得一模一样呢？

这个问题看起来如此不可思议，如果世界上真有一模一样的人，我们该怎么区分呢？这对于这两个人身边的亲戚朋友来说实在是一个大麻烦。你可能会认为这完全是杞人忧天，因为一个人最终的相貌会受到环境的影响，自然界根本不会出现两个人一模一样这种巧合。至少目前看来，你的看法是对的，但是无所不能的科学也许最终会打破这一论断。

依照正常的生殖方式，一个婴儿的生命源自受精卵，受精卵是由母亲的卵子和父亲的精子结合后而形成的，它是一种单细胞的生物。受精卵中包含了来自父亲的遗传基因和来自母亲的遗传基因，它一旦形成后，就会不断分裂，产生更多的新细胞，最终形成一个由数百万亿个细胞所组成的婴儿！这个婴儿的遗传基因是父母双方的遗传基因混合而成的，因此他不会和父母中的任何一方一模一样。可以说，通过这种正常的生殖方式，自然界中不可能出现两个一模一样的人。

但是，科学家们已经发现了一种迥异于正常繁殖方式的生殖方式——克隆。这一生殖方式产生的婴儿同样是源自一个细胞，但是这一细胞并不是由父母双方的细胞结合而成，它是来自于一个人。通过克隆方式培育出来的人，因为他只继承了一方的基因，所以他会和细胞提供人长得很像，甚至是一模一样。

现今，克隆技术已经在动物身上取得了成功，有科学家认为，人类也可以通过这一方式来繁衍，但是这一

试管婴儿是怎么回事

第1个试管婴儿诞生于1978年，而今三十多年过去了，试管婴儿在全世界得到较快发展，至今已经出生了十多万试管婴儿。试管婴儿并不是真的在试管中长大的婴儿，而是先从母亲的体内取出卵子，再从父亲身上取出几个精子，然后医生使精子和卵子在试管中结合成受精卵。受精卵在试管中培育了两天后，就会分裂成8个细胞，等到这时再把受精卵重新移植到母亲的子宫内。使婴儿在母亲的身体内正常发育。所以，试管婴儿只是使用试管代替了母亲的部分功能，培育了婴儿最初的生命。有意思的是，试管婴儿多是女性，这可能是因为试管婴儿的培养环境适合女性婴儿的出现，也可能是因为女性胚胎比男性胚胎更加强健。

设想遭到了包括我国在内的大多数国家的反对，这其中涉及许多尖锐的道德问题，如克隆人能否得到社会的认同，改变人类的生殖方式是否正确，等等。你怎么看待这个问题呢？你是否希望世界上出现许多一模一样的人呢？

为什么深海潜水者说话的声音那么有趣

对于潜水者来说，纯氧气就是毒气，甚至连空气中的氧气（只有 20% 的含量）被空气中的氮气和其他气体稀释后仍然是有毒的。然而，和我们所有人一样，潜水者也需要氧气来生存，因此他们要带上压缩气体罐。

潜水者潜得越深，他身上所受到的压力也就越大，因为他身体上方的水的重量在增大。当然，他体内的气压也一定增加了，否则他会被压扁的。

问题是在高压下，压缩空气中的氮气和氧气一样会在血液中分解，当潜水者重新回到水面，他体内的压力开始减轻，分解的氮气以气泡的形式出现。如果潜水者返回水面的速度比较慢，这些气泡会在肺中消失，不会出现什么问题；但是如果潜

水者出来得太快，就会在血管里形成气泡从而堵塞血管，造成剧痛甚至死亡。这被称作"潜压病"。

在巨大压力下工作的深海潜水者会通过在他们的压缩气体罐中充入不同于氮气的其他气体来避免这种情况的发生——他们使用惰性的、不会在血液中分解的氦气。

为什么潜水者的声音会那么有趣呢？这是因为，在氦气中声音的传播速度大约是空气中的3倍，这就导致从嗓子里发出的声音的频率发生了改变。男性潜水者的声音听起来更高，颇像唐老鸭，而声调本身就高的女性的声音听起来就更加怪异了。

为什么氦气会使声音的频率上升呢？这与人类发声的方式有关。我们使空气越过声带使之振动。我们通过"选择"声带的长度和张力使之以我们想要的频率共振。如果我们呼吸的空气中声音的速度加快了，这种共振频率也会加快，你的音调也就提高了。

倒立着喝水，水会到胃里去吗

你吃下或喝下的任何东西都将在你的胃里被消化，不管你在什么位置。食物并不是通过重力到胃里的，而是通过大脑控制的一系列反射。

嘴并不只通向胃，也通向鼻子和肺，因此重要的是一旦我们咽下食物或饮料后它们不会在错误的地方消化。吞咽引起的反应发生在只通向食管的通道上，食管是连接嘴巴和胃的管子。食管的肌肉通过收缩来确定食物和饮料处在通向胃里的正确位置，即使在你倒立时也是一样的。有时候，当我们在吃饭的同时说话，这个反应就会失败，少量的食物或饮料就可能进入错误的地方而导致窒息。

吞咽反应也是为什么航天员能在缺少地心引力的情况下吃东西的原因。即使他们在太空船里漂浮，他们的食物也会在胃里消化。

如果人总也不死该多好

如果人总也不死该多好。这个想法不止你一个人有，古往今来无数人都曾做过永生的梦想，两千多年以前的秦始皇就曾派人去东海寻找长生不老药，后世的人们更是将长生不老当作一项矢志不移的追求。当然，迄今为止还没有人能够实现长生不老的梦想，但是随着现代科学技术的迅猛发展，科学家能否一圆人类这一千古梦想呢？

我们知道人体是由无数微小的细胞所组成的，人体的死亡从细胞的死亡开始。许多年来科学家们一直在寻找导致细胞死亡的原因。后来，人们发现人体内存在一种叫作"端粒"的物质，这种物质随着细胞的分裂而不断地缩小，当端粒缩小到不能再缩小的时候，细胞的生命也就到达了尽头，因此科学家们形象地把端粒称为"生命的时钟"。目前科学家们正在对端粒进行深入研究，期望能够通过调控端粒来达到延缓衰老的目的。

除了生命的时钟以外，科学家们又发现死亡与一种生物自身所产生的物质有关，这一物质被称为"死亡激素"。生物学家们在对雌章鱼生儿育女后悄悄死亡这一现象的研究中发现，章鱼死亡的奥秘在眼窝后面的一对腺体上，就是这对腺体到了一定时期分泌出来的一种化学物质导致了章鱼的死亡，这一物质便是死亡激素。科学家们由此联想到，人体内是否也存在死亡激素呢？

经过研究发现，人体内确实存在"死亡激素"，它是由长在人脑之中的一个非常重要的腺体——脑垂体所产生的。脑垂体重约0.5克，如蚕豆一般大

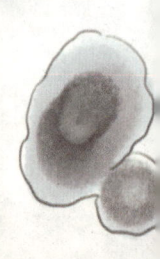

脑垂体与其分泌出的激素

垂体位于脑的底部，它是人体内分泌腺的中枢，能够分泌多种激素，调节人体的新陈代谢和生长发育，并能够调节其他内分泌腺的分泌活动。垂体所分泌出的激素能够促进全身尤其是骨骼的生长，如果人在幼年的时候，脑垂体分泌的生长激素过少，人的生长就会延缓，长大以后可能会成为身高不足70厘米的侏儒症患者；相反，如果幼年时期生长激素分泌过多，人的生长就会过度，成年以后身高可达2.6米以上，这叫作巨人症；如果成年人生长激素分泌过多，由于骨骺已经愈合，无法长高，就会出现手大、指粗、下颚突出等症状，这叫作肢端肥大症。另外脑垂体还能分泌出促甲状腺激素、促肾上腺皮质激素和促性激素等。这些激素能够促进甲状腺、肾上腺以及性腺的活动，使人体能够正常地成长。

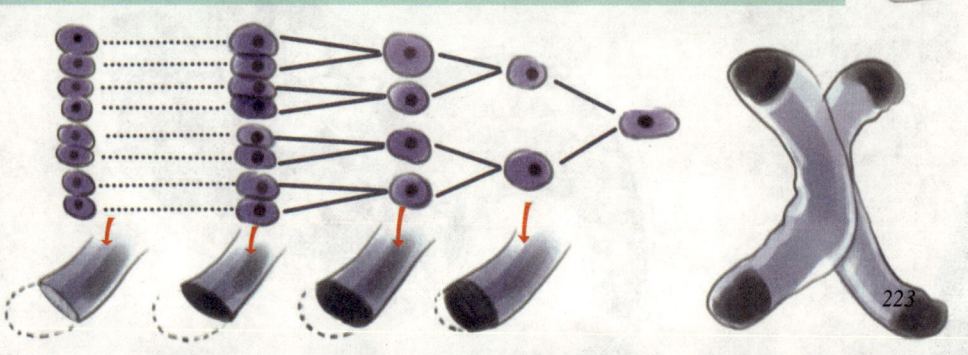

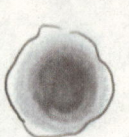

小，调节和控制着人的生长发育、生殖和新陈代谢，另外它还能够促使甲状腺分泌出甲状腺素，人类一旦缺少甲状腺素就会感到浑身乏力，不想吃东西，最终衰竭而死。因其对人体的重要影响，所以虽然找到了"杀人凶手"，科学家却不能简单地对它执行死刑，只能通过药物、手术等多种医疗技术来延缓"死亡激素"的产生，达到延年益寿的效果。

可见，在通往永生的道路上，科学家们已经获得了不少突破，但是在现有的条件下，人类所能做到的最多只是延年益寿。所以，我们的时间还是有限的，怎样利用有限的时间去做最有意义的事情才是我们最应该认真考虑的问题。

吃饱了总也不饿该多好

我们早上经常会起晚，慌慌张张地洗漱完毕，拿起书包就以百米冲刺的速度向学校跑去。身后，妈妈端着刚刚煎好的香喷喷的鸡蛋和热乎乎的牛奶招呼着："慢点儿，吃点儿早饭再走！"这个时候谁还能顾得上吃早饭呀，不迟到就不错了。但是一到了中午，特别是最后一节课的时候，肚子就开始咕咕地叫起来，饿得厉害的时候，满头都是虚汗，浑身一点儿力气都没有，连走路都成问题。这时候，我们难免会想：如果吃饱了总也不饿就好了，那样前一天晚上我就大快朵颐，然后第二天一天都不用忍受饥饿的滋味了。

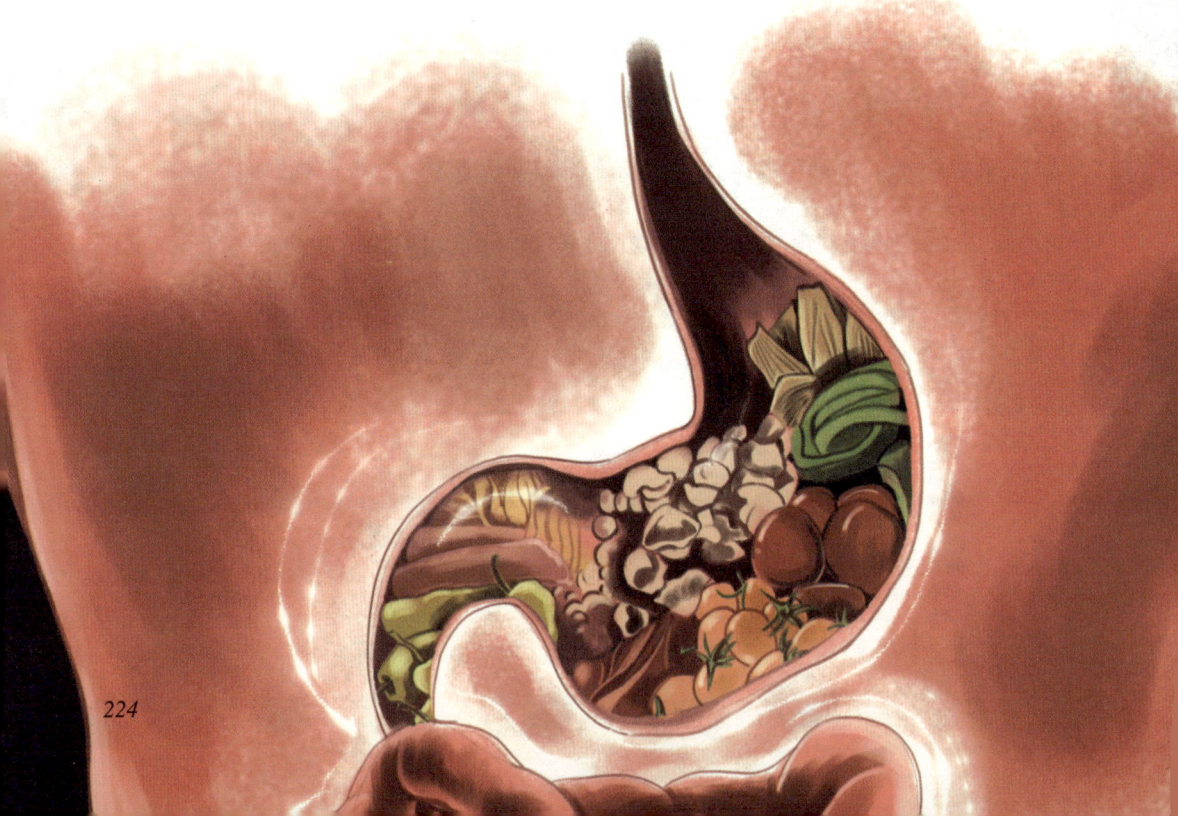

我们知道食物是补充身体营养的东西，就像汽车加满了油才能全力行驶一样，我们也需要通过补充食物来维持体力。但是遗憾的是，我们没有像驼峰一样的仓库，能够储存足够的食物，供几天所需，我们只能通过一日三餐来补充。我们之所以感觉到饿，就是神经中枢在提醒我们"汽油"要耗尽了，要赶紧补充，否则要影响运行了。

我们每顿吃进的饭菜，经过一段时间就会被胃中的消化液搅拌均匀，其中的少部分水被吸收后，就会被逐渐从胃里排出。具体经历多长时间才能排空，这和食物的成分有密切关系，如果你吃的主要是蜂蜜、果冻、巧克力、糖果等糖类食物，一般2个小时左右排空；如果你吃的是豆腐、蛋类、鱼虾类等富含蛋白质的食物，需要3～4小时才能排空；如果你吃的是油炸类、奶油类、肥肉等高脂肪食物，胃需要5～6个小时才能将它们排空；如果你吃的是杂食，那么胃排空的时间为4～5个小时。此外胃的排空速度还与进食的量有关系，如果你的胃中仅有100毫升的食物，那么胃每分钟大约排出5毫升；如果你胃中的食物量达到了500毫升，那么每分钟会排出15毫升左右。

胃一旦将你所摄入的食物全部排空后，它就开始收缩，这种收缩比较剧烈，它自贲门起，向幽门方向蠕动，这种收缩就会让你感觉到饥饿，明白自己需要进食了。可见，吃饱了总也不饿并不是一件好事，说明你的胃出现了问题，它已经无法将"燃料将尽"的警报传达给你了，如果你因接收不到报警，而总也不补充食物，身体就会出现"熄火"现象。所以，要想避免每天中午饥肠辘辘，我们不能求助于"吃饱了总也不饿"，而是要早起一会儿，吃好早餐。

人不知道渴该多好

赤日炎炎的夏日，大汗淋漓地运动一番后，总会觉得口渴，只有痛痛快快地喝一气凉水才过瘾。人为什么会感到口渴呢？你可能会说，答案很明显，就是因为我们在运动中出汗太多了，需要补充水分。

确实是这样，水对人体具有重要的作用：首先，水是人体的忠诚卫士，比如我们可以通过眼泪冲刷出飞进眼睛里的尘沙，我们可以通过腹泻将不干净的食物从身体中排出；其次，水是人体不可或缺的化学物质，它能够对各种营养物质进行水解作用，以方便人体的消化和吸收；再次，水是人体重要的运输兵，是它将各种营养物质运送到各内脏器官和各种组织，又将新陈代谢的废物运送到排泄器官处，以排出体外；另外，水还是人体体温的调节者，它将人体每昼夜产生的10000～11000卡的热量运送到体表，通过呼吸、出汗、排泄等方式，携带热量离开人体，使人体的温度一直保持在37℃左右。所以，人类一刻也离不开水，一旦失水就需要马上

眼睛的清洗剂

　　眼泪除了有表达强烈感情的作用之外，还有许多其他的作用。比如，眨眼睛的时候，眼泪就能均匀地涂在眼球上，能够对眼球起到湿润的作用；眼泪能够冲刷掉眼球上的杂物，起到清洁的作用；另外眼泪中除了含有盐以外，还含有少量的酶，这种物质能够溶解细菌，起到杀菌和消毒的作用。那么眼泪是从哪里来的呢？原来，我们每个人一双眼球的中间偏上方都有一个小手指头一般大小的制造眼泪的小工厂，人们把这个小工厂称作泪腺。这座小工厂每天都在马不停蹄地制造眼泪，也许你想象不到，它制造眼泪的原料就是血液。因为血液中含有少量的盐，因而眼泪中也理所当然地带有盐分，所以我们的眼泪总是苦涩的。

补足，只有这样才能更好地维持人体各器官的正常运转。

　　看到这里，我们都已经充分认识到了水对人体的重要性。但是，人体是通过什么方式觉察到缺水这一情况的呢？科学家们通过研究发现，我们在大量失水的时候，血量就会减少，而血量的减少会促使肾脏分泌出一种叫作"血管紧张素"的化学物质，这一化学物质随着血液流入脑内，被脑内某一感受器所捕获，于是就发出了"渴"的信号，提醒人们该补充水分了。但是，也有科学家提出，能够接收到"血管紧张素"的感受器并不都存在于大脑之中，人体的其他器官也参与了渴感的产生。总之，现在科学家们唯一达成共识的一点就是渴感是由血量不足所引发的，但是它具体是怎样引发渴感的，直到今天还没有一个令各方都感到满意的解释。

　　一个看起来毫不起眼的口渴现象，在身体内到底经历了怎样复杂的过程，我们还不能具体地了解。但是毫无疑问，如果没有口渴现象的出现，我们可能会错过及时补充水分的时机，从而影响到身体的正常运转。所以人不知道口渴，并不是一个好现象，我们应该感谢自己具有这样的能力。

人没有痛感会怎样

　　很多人对打针都有抵触情绪，因为打针会让人感到很疼痛；运动时不小心磕碰到了关节，也会让人感觉到疼痛难忍；患严重感冒的时候，更是头痛欲裂。人都是怕痛的，没有人会把遭受疼痛看作是一件快乐的事情，但是疼痛却如影随形，总是伴随在人的左右，许多人对它都是深恶痛绝，期望有朝一日科学家能够让人类摆脱疼痛感的折磨。

其实疼痛并不是一件坏事，它是人体自我保护的防卫措施。如果没有了痛觉，我们怎样来判断外界各种刺激对身体的伤害程度呢？打个比方来说，当你的手接近火焰的时候，你就会感觉到被灼烧的强烈痛感，这时候你就会马上缩回手，以避免手受到更严重的损伤。如果你没有了痛感，你可能不会马上察觉到自己的手正在炙热的火焰上烤着，也许当你发现的时候，整个手掌都已经烤熟了！另外，疼痛还是身体内部出现病状的报警系统。比如，牙疼预示着牙出现了毛病；肚子疼也许是因为你的肠胃出现了异常；嗓子痛则告知人们患了感冒或者喉部发炎。收到这些警告，人们就应该立即到医院去检查，以免错过了最佳的治疗时机。如果没有了痛感，那可麻烦了。我们怎样才能尽早知道自己身体内部出现了问题呢？恐怕很难凑巧在病魔刚出现的时候，就被你发现了吧。

所以，痛感对人体具有重要的意义，是人体不可或缺的、具有保护作用的一种生理反应。那么痛感在我们身体内部是怎样产生和传递的呢？一般认为，痛感的感受器就是遍布于全身每一寸皮肤的神经末梢，任何外部的刺激一旦接触到你的身体，就会促使痛感感受器释放出一种疼痛因子，这一疼痛因子首先传递到脊髓中，经过简单的整合之后，立即进行分头活动，一方面会让你马上进行简单的防御措施，如快速把手从火焰上缩回来；另一方面则继续沿着脊髓传递到大脑，大脑接收到这一疼痛信息后，会让你做出一系列复杂的判断和反应，如马上会判断出自己是被烧伤了还是被扎伤了，然后做出一些情绪化的反应，比如发火等。

看到这里你可能会说：痛觉有时候确实是不错的，它能够防止自己受到进一步的伤害。但是，有时候我已经针对伤害进行细致的处理了，但是它还是没完没了地折磨我，比如感冒以后，我已经进行治疗了，但是头疼还在持续，这时候的疼痛是不是就不应该存在了呢？确实是这样，这时候我们需要适当减轻痛苦，比如医生也可能会给你开止痛药，来帮助你对抗疼痛。总之，对于持续不断的疼痛，我们有必要借助科学的手段予以避免或者减轻，然而对于痛感还是不要放弃为好。

人可不可以不生病

我们都有过病痛的经历，这些经历并不值得回味。身体不舒服，但还得吃苦口的药，严重的话还有可能会去住院。所以，一般情况下，是没有人愿意生病的。但是讨厌的疾病并不会因为你的厌烦而知趣地回避，它总会在你不经意的时候突然来临，让你猝不及防。那么，人可不可以不生病呢？

人体就像一台机器，机器在运行过程中总有零件会出现磨损，人体也一样，所以疾病是不可避免的。具体说来，人们不能避免生病的原因有以下几点：首先，饮食结构不尽合理。如今我们的生活条件一天比一天好，主食大多是精米、精面，辅食多是含有大量残留生长激素的肉类、蛋类等，这样的食物很容易吃出富贵病来，比如高血压、脂肪肝等。而且，贪吃的小朋友大多喜欢吃虾条、薯片、果冻、冰激凌等含有添加剂、香精、色素的方便食品和冷冻食品，这些东西吃多了也会影响身体健康。其次，现代社会的环境污染愈演愈烈，水源的污染、空气的污染、农药化肥的污染无时无刻不在威胁着我们的身体健康，这些都是防不胜防的。最后，生活中遇到一些令人精神紧张或者是不顺心的事情，我们情绪产生剧烈变化的时候，体内还会分泌出一种叫作类固醇的荷尔蒙，使得人体的免疫力下降。有些人一旦发起怒来，就会得病甚至是有生命危险。除了这些原因之外，还有滥用药物、微量元素补充不合理等原因也都会让人生病。

因为有上述这些原因，所以我们不可能避免疾病的发生，但是只要通过我们自身的努力，尽量少生病或者几乎不生病还是能够做到的。要实现这一点，除了要注意自己的饮食卫生之外，最重要的就是增加自身的免疫力。人体的免疫系统主要有 3 大功能：抵抗、清除和修补。当病菌侵入人体时，免疫系统会调集免疫细胞与之奋战，最终歼灭来犯之敌；免疫细胞还可以清除体内的垃圾，帮助修复受损细胞。所以，如果人体免疫系统孱弱，就很容易生病，如果人体缺少免疫系统，那么一粒灰尘都可以置人于死地！医生们研究发现，人体 99% 的疾病都与免疫系统有关，也就是说只要我们的免疫系统状况良好、工作正常的话，我们就不容易得病。

第三篇　离奇的科学未解之谜

第一章　星外传奇

宇宙的诞生

21世纪到了，世纪更替，千年狂欢，但人们并没有忘记那些长期困扰人类的疑问。人们渴望通过找寻这些问题的答案，并以此来更多地了解大自然。

宇宙是永恒不变的吗？宇宙有多大？宇宙是什么时候诞生的？宇宙中的物质是怎么来的？关于宇宙的疑问太多了，人们从远古时代就提出了许多诸如此类的问题。

当人类第一次仰望苍穹，看到了广阔无垠的天空和闪闪发光的星星，不禁想知道这一切究竟是怎样产生的。各个民族、各个时代都有种种关于宇宙形成的传说。不过那都是建立在想象和幻想基础上的优美的神话故事。在今天，科学技术的日益发展，使人类有了强大的认识自然的工具，但关于宇宙的成因却一直没有定论，都还处在假说阶段。人们总结了一下，大致有以下几种假说。

第一种假说是"宇宙永恒论"。这种假说认为，宇宙并不是动荡不定的，宇宙中的星体、星体的数目和分布以及它们的空间运动从开天辟地时开始，就一直处于一种稳定状态，宇宙是永恒的。持这种假说的天文学者把宇宙中的物质分成了恒星、小行星、陨石、宇宙尘埃、星云、射电源、脉冲星、类星体、星际介质等几大类，认为在大尺度范围内，这些物质处于一种力和物质的平衡状态。也就是说，一些星体在某处消逝了，另一些新的星体一定会在另一处产生。宇宙在整体范围内是稳定的，即使发生了变化，也只是局部的变化。

第二种假说是"宇宙分层论"，这一观点认为宇宙的结构是分层次的，恒星是一个层次，恒星集合组成星系是一个层次，若干个星系结合在一起组成的星系团是一个层次，一些星系团再组成超星系，成为一个更高的层次。

第三种假说就是到目前为止许多科学家都比较认同的"宇宙大爆炸"理论。这一观点是由美国著名天体物理学家加莫夫和弗里德曼提出来的。他们认为，大约在200亿年以前，我们今天所看到的天体物质都集中在一起，构成一个密度极大、温度高达100亿摄氏度的原始火球。这个时期的天空中，到处充满了辐射，恒星和星系并不存在。后来因为某种未知的原因，这个原始火球发生了大爆炸，组成火球的物质被喷射到四面八方，并逐渐冷却下来，密度也开始降低。爆炸发生2秒钟之

后，质子和中子在 100 亿摄氏度的高温下产生了，随后的 11 分钟之内，自由中子衰变，进而形成了重元素的原子核。大约 1 万年以后，氢原子和氦原子产生。在这 1 万年的时间里，散落在空间中的物质开始在局部联合，这些物质凝聚成了星云、星系的恒星。大部分气体在星云的发展中变成了星体，因受星体引力的作用，其中一部分物质变成了星际介质。

此后，科学家建造了太空望远镜，并以"哈勃"命名，希望能够借它来确定哈勃常数。哈勃常数是以"哈勃"命名的宇宙膨胀率，多年以来成为宇宙中最为重要的数字。哈勃常数的物理意义就是星体互相抛离的速度和距离之比。常数数值越大，表示宇宙扩张到今天的大小所需的时间就越短，宇宙就越年轻。哈勃常数与宇宙现在的年龄有关，涉及宇宙的过去，还将决定宇宙的未来。宇宙有一个开始，是否一定会有一个结束？宇宙产生于"无"，是否最后的归宿也是"无"呢？

从一开始，人们就围绕哈勃常数展开了激烈的争论。按照哈勃本人测得的数值可以推算出，宇宙的年龄约为20亿岁，但是地球就有40亿岁，这显然是不可能的。很显然，宇宙应该比在它其中的星球诞生得更早。科学家们自20世纪70年代开始，不断地采用各种手段测算哈勃常数，并得出了不同的结果。但是人们从这些数值出发，推算出的宇宙年龄却是大相径庭的。

科学家们一方面围绕着哈勃常数展开争论，而另一方面，他们对某些星体年龄的测定却更为准确。现阶段，天文学家们已经测知，银河系中一些最古老的星系的年龄约为160亿岁。

如果是这样的话，大爆炸只能在160亿年以前发生，而根据科学家们最近用哈勃望远镜得到的一些观测结果分析，宇宙的年龄约为120亿岁。这个结论证明：宇宙确实比存在于它其中的古老星系更年轻。

如果测算结果是正确的，那么只能说明原先的假设出现了错误，宇宙可能不是从爆炸中诞生的。

宇宙的年纪这么"小"，再度让自己的身世在人们眼中变得神秘起来。

1999年9月，印度著名天文学家纳尔利卡尔等人对大爆炸理论发起挑战，并提出了一种新的宇宙起源理论。他们把自己的研究成果命名为"亚稳状态宇宙论"，这是纳尔利卡尔和另外3名科学家共同提出的新概念中最重要的观点。

他们认为，宇宙不是由一次大爆炸形成的，而是由若干次小规模爆炸共同形成的。这种新理论认为，宇宙在最初的时候是一个巨大的能量库，被称为"创物场"，而大爆炸理论所描述的是没有时间和空间的起点。

在这个能量场中，接二连三的爆炸逐渐形成了宇宙的雏形。此后小规模的爆炸还在不断地发生，导致局部空间的膨胀。局部膨胀时快时慢，综合在一起便形成了整个宇宙范围的膨胀。

以前，人们认为宇宙在时间上是无始无终的，在空间上是无穷无尽的，是无限的。但是在观测中人们发现，宇宙一直在膨胀，只不过是速度慢了下来，这就形成了一个全新的宇宙有限观，这一观点几乎将宇宙无限的旧观念完全代替了。宇宙学家根据观测，推算宇宙在一个小点上爆炸，先膨胀再收缩，到最后死亡消散，大约要经过800亿年。现在大约只过了160亿年，宇宙间的一切在以后的600亿年中将逐渐向中心一点集拢，当时空都到了尽头，宇宙也就不复存在了。就像超巨星在热核燃烧净尽，引力崩溃，所有物质瞬间向中心收缩，形成我们至今仍不可见的黑洞一样，成为存在而不可见的超物质，这也许就是宇宙死亡的模型。

黑洞！黑洞！

为了研究太空中看不见的光线，美国宇航局研制发射了高能的天文观察系统。在其发回的 X 射线宇宙照片中，天文学家发现了惊人的一幕：那些人们认为已经湮灭了的星体，依然能放射出比太阳这样的恒星体更为强烈的宇宙射线。这证明了长久以来人们的一个大胆设想：宇宙中确实存在着看不见的"黑洞"。

什么是黑洞呢？要解释这个问题，我们要先从万有引力谈起。

牛顿的万有引力定律认为，地球和宇宙间的一切天体，都具有强大的相互吸引力，它们能牢牢地吸引住附近的一切物体。比如地球的引力吸引着地表的物质，使之不能随意地飞离地球；人们想要把人造卫星送上围绕地球运行的轨道，至少要使发射的火箭有每秒钟 8 千米的速度。如若不然，因为地球的引力，人造卫星就会被拉回地面，我们称这个速度为第一宇宙速度；如果我们要把一只飞船送到火星上去，也就是说要让飞船摆脱地球引力的控制，那么发射的火箭就要把速度提到每秒 11 千米，这个速度叫作第二宇宙速度，又被称为天体的表面脱离速度。不同天体的表面脱离速度也不同，这与质量关系密切。比如说，月球的质量比地球小，表面脱离速度就比地球的表面脱离速度小很多；而太阳的质量比地球大许多倍，表面脱

离速度就会相应大许多。

那么，人们不禁又要问：有没有可能在宇宙中有这样一些天体，它们的表面脱离速度能超过每秒 30 万千米，比光速还要大？它自己的引力如此之大，以至于连它所发射的光都跑不出来？

1798 年，法国天文学家拉普拉斯从牛顿力学出发，预言了宇宙中可能存在引力如此之大的大天体。他认为"宇宙中最明亮的天体，很可能我们根本就看不到它"。他大胆地假设说，如果有一个天体的密度或质量很大，达到了一个限度，这时它很可能是不可见的。因为光速也低于它的表面脱离速度，也就是说光无法离开它而最终到达我们这里。他的预测其实就是一种早期的黑洞理论。

近代以来，爱因斯坦发表了广义相对论，越来越多的自然科学家从牛顿力学和广义相对论出发，得出了类似结论，纷纷预言黑洞的存在。依据牛顿的万有引力理论，科学家认为，一个球形的天体，一旦它的质量超过太阳质量的两倍，就可能引发"引力崩溃"。也就是说，它可能会向自己的中心引力坍缩，成为一个体积无限小、质量无限大的质点。依据爱因斯坦的广义相对论，德国科学家史瓦西计算出了一个可能具备无穷大引力的天体半径。他进一步阐述说，一个天体一旦半径达到了这个大小，就很可能有无限大的引力，任何物质都不能从它那儿逃脱出来，只能被它吸引进去。即便光线速度极快，也"难逃噩运"。这个有能力把一切吸引住的地方，人们无法看到它，因而称之为黑洞。

黑洞会吞噬地球吗

这不是没有可能。所有庞大星系的中央都存在着一个黑洞，我们所在的银河系也不例外。不仅如此，在 2000 年的时候，科学家们发现，银河系还存在着很多流动的黑洞，如果这些黑洞进入太阳系并向地球的方向进军，那我们的地球就难逃噩运了，所有科幻小说中所出现的地球大毁灭都将会变成现实。不过科学家们表示，这种可能性是很小的。至于这种情况究竟会不会发生，还需要科学家们的进一步研究。

当今科学家们更加确切地定义了黑洞，他们认为黑洞是广义相对论能够预言的一种特殊天体。这种天体具有一个封闭的边界称为"视界"，这是它最基本的特征。视界的封闭也是相对而言的，外界的物质和辐射可以进入视界，而视界内的一切都无法逃逸到外面去。更简单地说，黑洞不向外界发射和反射任何光线，人们根本没办法看到它，这就是黑洞之所以"黑"的原因；同时任何东西一旦进入其中，就再也出不来了。黑洞似乎永远都处于饥饿的状态，是个填不饱的"无底洞"，有人形象地把它叫作"星坟"。

人们已不再置疑是否有黑洞，那么黑洞里面的情况又是如何呢？由于目前对黑洞还没有直接的观测依据，科学家们只能从理论上推测。假如有一位无畏的科学家驾驶飞船向黑洞飞去，他最先感到的是巨大的吸引力。他要是从窗口望出去，就会看到一个平底锅似的圆盘在周围星光衬托下很显眼。走得更近，远方似乎有"地平线"，发出 X 射线，那似乎深不见底的黑洞便是被这"地平线"包围着。光线在黑洞附近变形，成为一个光环。航天员这时要返航已是不可能的了，双脚受到的巨大引力使得他向黑洞中心飞去。他如同坐在刑具台上，头和脚之间出现巨大的引力差，这巨大的引力差早在距"地平线"3000 英里（1 英里 =1.609 千米）之外的地方就把他撕碎了。

科学家一直在寻找能说明黑洞存在的证据。黑洞本身是不能被直接观测到的，但它有相当大的引力场，这就会影响附近天体的运动。于是人们找到了间接观测黑洞的方法，那就是由附近天体的运动来推测黑洞的存在。如果有物质落向黑洞，当它接近但还没有到达视界时，就会围绕着黑洞外围做高速旋转，运动轨迹呈盘状或喇叭状，而且这些物质在高速旋转时会因摩擦而产生高温，同时释放出强大的高能 X 射线。人们用仪器是可以探测到 X 射线的，所以这类高能辐射也成为科学家们寻找黑洞的重要线索。根据这一点，天文学家开始在浩瀚的宇宙中细细搜寻。终于，人们发现在天鹅座附近有奇特的强 X 射线源，这就是著名的"天鹅 X–1 射线源"，有一颗比太阳大 20 倍的亮星和它相互围绕着旋转。天文学家们估计，这个 X 射线源便是一个黑洞，而且这个黑洞大概拥有 8 倍于太阳的质量。人们还估计，在一个名叫 M87 的椭圆星系的核心，存在着一个质量巨大的黑洞，而它甚至有 90 亿倍于太阳的质量。

从这些结果出发，科学家们大胆地做了更深一步的设想。他们认为，在整个宇宙中，普遍存在着黑洞，而且组成宇宙的主要天体很有可能就是黑洞。他们还进一步预言，在银河系中心，很可能也存在着一个质量相当于 500 万个太阳质量的巨大黑洞。正是由于它巨大的引力，才将成千上万颗恒星吸引住，这些恒星和气体的运行速度极快，而且都围绕着银河系中心旋转，成为一个十分巨大的集合体，银河系由此而成。

那么，是什么原因导致宇宙中黑洞的形成呢？有人认为，恒星到了晚年，耗尽全部的核燃料，由于自身引力会发生坍缩。如果坍缩物质的质量比太阳质量大 3 倍，那么最终的坍缩产物就是黑洞。此类黑洞的质量一般不会很大，不超过太阳质量的 50 倍。另外还有人认为，由于在星系或球状星团的中心部分密集分布了很多恒星，以至于星与星之间极易发生大规模的碰撞，导致超大质量天体的坍缩，质量超过太阳 1 亿倍的黑洞就这样形成了。还有一种说法认为，也许是在宇宙大爆炸时，产生了极为强大的力量，一些物质被如此强的力量挤压得非常紧密，于是产生了"原生黑洞"。

一旦证实了黑洞的普遍存在，宇宙的神秘甚至超乎我们的想象。我们知道宇宙仍处于不断的扩张中，这是宇宙大爆炸的结果，爆炸中心的宇宙核仍是一切物质的来源。宇宙是否会在宇宙核的物质变得很稀薄时停止扩张？是否会因为各天体的自身引力而导致收缩？相对论的回答是肯定的，黑洞的存在部分地证实了相对论的判断。也许宇宙不会消失在一个黑洞中，却很可能会消失在几百万个黑洞中。因此，彻底地揭开黑洞之谜，还关系着人类对于宇宙归宿的追问。

宇宙中真的存在反物质吗

从中学时代我们就知道，世界是由物质组成的。但是，如今科学家提出了"反物质"的概念，对传统观点提出了挑战。那么，反物质是什么？宇宙中是否真的存在反物质呢？

反物质和物质是相对立的。它们是两个不同的概念。众所周知，物质构成了世界，而原子构成了物质，原子核位于原子的中心。原子核由质子和中子组成，带负电荷的电子围绕原子核旋转。原子核里的质子带正电荷，电子与质子所携带的电量相等，但一正一负。质子的质量是电子质量的 1840 倍，它们在质量上形成了强烈的不对称性。这引起了科学家的关注。因此，有一些科学家在 20 世纪初就认为二者相差悬殊，因而应该存在另外一种电量相等而符号相反的粒子。如，存在一个同质子质量相等但携带负电荷的粒子和另一个同电子质量相等但携带正电荷的粒子。这就是"反物质"概念的最初观点。

狄拉克是英国青年物理学家，他根据狭义相对论和量子力学原理，于 1928 年提出了这样一个设想：在自然界中，存在着带负电的电子，同时还存在着一种与电子一样但能量与电荷都为正的正电子。这种电子可以称为电子的"反粒子"。狄拉克认为，物质和反物质一旦相遇，就会互相吸引，并发生碰撞而"湮灭"，各自的质量也消失了，并释放出大量能量，这些能量以伽马射线的形式出现。在我们周围的物质世界中不可能有天然的反物质存在的原因就在于此。

狄拉克的这一设想，对科学界震动很大，科学家们认为这种设想极有道理，因而，他们极力寻找和制造反物质。

1932 年，美国物理学家安德森研究了一种来自遥远太空的宇宙射线。在研究过程中，他意外地发现了一种粒子，这种粒子的质量和电量都与电子完全相同，唯一不同的是在磁场中弯曲时，其方向与电子相反，也就是说它是正电子。这一发现论证了狄拉克的设想，并大大激励了人们的研究热情，他们纷纷投入到寻找反物质粒子的工作中。1955 年，在美国的伯克利，钱伯林和西格雷两位科学家利用高能质子同步加速器发现了反质子。西格雷等人于1957年又观察到了反中子。

欧洲一些物理学家于1978年8月，成功地分离了300个反质子达85小时，并成功地储存了这些反质子。1979年，美国新墨西哥州立大学的科学家进行了一个实验，在实验中，把一个有60层楼高的巨大氢气球，放到高空，气球在离地面35千米的高度上飞行了8个小时，捕获了28个反质子。关于反质子的发现层出不穷，这些发现激发了人们的兴趣。反中子和中子一样都不带电，但它们在磁性上存在差别。中子具有磁性且不断旋转，反中子也不断旋转，但其旋转方向与中子恰恰相反。顺着这个线索，物理学家们继续寻找下去，结果，发现了一大群新奇的粒子。到目前为止，已经发现了300多种基本粒子，这些基本粒子都是正反成对存在的，也就是说，任何粒子都可能存在着反粒子。

这样，用人工的方法把反质子、反中子和正电子组成反物质原子这一设想在理论上是成立的。在实践中人们利用粒子加速器人工制造出由一个反质子和一个反中子组成的反氘核，这个反氘核是人工制造出的第一类反原子核，它是美国布鲁克海文实验室研制成功的。由两个反质子和一个反中子组成的反氦-3核是第二类反原子核。苏联在塞普霍夫加速器上曾获得5个反氦-3核。而反原子是由正电子与这些反原子核相结合而得到的。1996年1月，欧洲核研究中心宣告德国物理学家奥勒特等利用该中心的设备合成得到第一类人工制造的反原子，即11个反氢原子。由于这一科研成果意义重大，欧洲核研究中心专门开会庆祝反原子的人工合成。物理学家们预言，技术上进一步的改进将会使大量生产反物质原子的设想成为可能。

对于在自然界中究竟有没有反物质的问题，人们观点各异。以往的一些理论认为，在宇宙中，正物质和反物质是对称的、同样多的。虽然，反物质在地球上只能出现在实验室里，且时间短暂，但是在茫茫宇宙中的某些部分却有可能存在一些星系，这些星系由反物质构成。在那些星体上，反物质的存在是极其正常的，而正物质却很少。物质与反物质在电磁性质上相反而其他方面均相同，那么，在宇宙总磁场影响下，它们各自向宇宙的相反方向集中，分别形成星系与反星系。

根据这种观点，宇宙应该一分为二，由正物质和反物质两部分构成。可以想象，由反物质构成的星系应该距离我们极其遥远。但是，至今我们也无法获得关于反星系分布的直接证据，因为由反物质组成的星系与正物质组成的星系发出的光谱完全相同，而我们今天的天文观测手段还较落后，没法将它们区分开来。

宇宙中应该存在一个反物质世界，这从理论上讲是行得通的，可事实上并不这么简单。自然的反粒子和反物质在地球上是不存在的。科学家们研究发现，核反应中产生的反粒子被大量正常粒子包围着，所以产生出来没多久就会和相应的正常粒子结合，两者结合后，反粒子便不存在了，它转化成了高能量的光子辐射。可人们至今还没有发现这种光子辐射。在我们地球上很难找到反物质，因为普通物质无处不在，而反物质一旦遇到它就会湮灭。事实上，反物质仍能以自然形态存在于地球以外的宇宙中。由于反物质发出的光与物质发出的光一样，所以人们无法从恒星发出的光来判断它是物质还是反物质。因此人们推断，完全可能有反物质构成的恒星存在于宇宙中，或者在距别的星球足够远的孤立空间中，甚至在银河系中。自然界是有对称性的，所以，其中必同时存在着由物质组成的星体和由反物质组成的星体。当然，物质和反物质不可能同处在一个星体中，因为二者碰到一起就要湮灭。

到底在宇宙中有没有自然存在的反物质，还有待于科学技术的进一步发展去证实。物理学家们努力搜寻反物质，希望能在宇宙中寻找到它们。

能不能直接观测太阳系以外宇宙中的反物质呢？可以，但目前只有一个办法，那就是研究宇宙射线。

在地面实验室中很难探测到宇宙射线中的反物质，因为有一个稠密的大气层在地球上空。穿越大气层时，宇宙射线会与大气碰撞而产生次级粒子，这些次级粒子又会与大气粒子碰撞产生更次级的粒子，这样几经反复，地面上测不到原始的宇宙射线，因此也无法确定宇宙射线中反物质存在的情况。为此，人们想方设法把探测器送上大气的最高层，并一直希望能将探测器送到太空。过去，人们多次用高空气球把高能反物质望远镜等探测器送到高空，探测宇宙射线中的正电子与反质子，但收获不大，从未发现过比反质子更重的反原子核。现在，随着航天技术的发展，到太空中去寻找反物质的愿望终于可以实现了。

1998年6月3日6时10分（北京时间），美国"发现"号航天飞机载着阿尔法磁谱仪，从肯尼迪航天中心发射升空。"发现"号航天飞机的成功发射，标志着探索宇宙反物质的重大科学实验的开始。值得一提的是，阿尔法磁谱仪主要由中国科学家参与研制。

阿尔法磁谱仪的英文名字是 Alpha Magnetic Spectrometer，简称 AMS，它主要由上下各 2 层的闪烁体、永磁体、紧贴永磁体内壁的反符合计数器、内层的 6 层硅微条探测器以及契伦科夫探测器等各种探测器组成。

在阿尔法磁谱仪中，由铷铁硼材料制成的永磁体是其主体结构，其重量约 2 千克，高 1 米，直径 1.2 米，长 0.8 米，是一个空心圆柱体，其中的磁场强度为 1400 高斯，能长期在太空中稳定工作。根据磁场反应的粒子电荷以及粒子的速度、轨迹、质量等信息，AMS 可以推断粒子的正与反。可以说，当今最先进的粒子物理传感器就是 AMS。

航天实验证明，阿尔法磁谱仪经受住了发射升空时的剧烈震动和严酷的太空工作环境的考验，运行状况良好，捕捉到许多带电粒子的踪迹，这些粒子是由次宇宙射线发出的。按照预定的计划，2001 年 2 月，阿尔法磁谱仪被装载到阿尔法国际空间站上，进行长达 3 年的反物质空间探测。

人们如此热切地探求反物质，其目的不仅在于要证实理论的正确与否，而更实际的则是在于获取巨大的能量。

任意半吨物质与半吨反物质相遇，则发生"湮灭"，并且会放出能量，这种能量将是燃烧 1 吨煤所放出的能量的 30 亿倍。只要用正、反物质各 1 吨发生"湮灭"，"湮灭"所产生的能量就可以解决全世界 1 年所需的能量。而且"湮灭"后不留残渣和任何有害气体。

因此，反物质是极干净的超级能源，同时更是最理想的宇宙航行能源。据计算，10 毫克的反质子只有一粒盐那么大，却可以产生相当于 200 吨化学液体燃料的推进能量。

通过这些能量，可以轻而易举地将巨型航天器送入太空。科学家们设想造一艘头部装一面巨大的凹面反射镜的光子巨船，要使飞船开动时，就将燃料库中的物质和反物质分别有控制地输送到凹面镜前，让它们在凹面镜前适当位置接触、"湮灭"，再转化为极其强烈的伽马射线，即光子流。这种光子流被凹面镜反射出去，产生巨大的反作用力，就像气体从火箭喷口喷出一样，推动飞船前进，实现星际航行。

尽管至今我们仍不能确定宇宙中有反物质，但我们也不能过早予以否定。因为距离我们 100 多亿光年的天体是人类已观测到的最遥远的天体，但这并不是宇宙的边缘，也许在更遥远的太空中会有反物质存在。

也可能确实有反物质存在于我们已经观测到的宇宙中，只是由于某种原因使我们无法看到这些反物质。

月球是外星人的宇宙站吗

1958 年，一份来自美国《天空与望远镜》的月刊报道称，有一些闪耀着白光的半球形的"月球圆盖形物体"出现在月球的表面上，这些物体的数目不确定，有的消失了，有的重新出现，有的还会移动位置，它们的平均直径为 250 米。

宇宙飞船"月球轨道"2 号在宁静海即月球上的平原 49 千米的上空拍摄到一组照片，发现月面上有方尖石。据美国科学专栏作家桑德森说："这些方尖石底座的宽度达到 15 米，高度在 12 ~ 22 米，甚至有的可能达到 40 米。"法国亚历山大·阿勃拉莫夫博士详细研究了这些方尖石的分布，他对方尖石的角度进行了计算，指出石头的布局就像一个埃及的三角形。他认为，这些东西在月球表面的分布类似于开罗附近吉泽金字塔的分布……方尖石上有许多因"侵蚀"产生的几何图形，这些产物不可能来源于自然界，人们在宁静海的方尖石照片上还发现了非常正规的长方形图案。

1969 年，人类登上月球后，地球人并没有发现月球上有生命迹象。不过，在分析研究了从月球带回的月岩标本后科学家却发表了假说。苏联天体物理学家米哈伊尔·瓦西尼和亚历山大·晓巴科夫提出："月球可能是外星的产物，15 亿年来，外星人一直把它作为宇宙站。月球是空心的，一个极为先进的文明在它荒凉而广漠的表面下存在着。"在美国阿波罗计划进行中，两名航天员回到指挥舱后，"无畏"号登陆舱突然坠毁在月球上。这时设立在离登陆舱坠落处 70 多千米外的地震仪，把这次持续 15 分钟的"震荡声"清晰地记录到了。"声音"由近及远，慢慢变弱，时间长达 30 分钟，仿佛是一只巨钟发出的悠扬声音。只有在空心的星球上才会出现这种现象。如果月球是实心的，那么"声音"延续的时间只能有 1 分钟。

"阿波罗"11 号航天员阿姆斯特朗在回答休斯敦指挥中心的问题时非常惊讶地说："这些东西大得惊人！天哪！简直令人难以相信。我要告诉你们，火山口的另一侧正排列着其他的宇宙飞船，它们在月球上，它们在注视着我们……"美国无线电爱好者抄报到这里，突然无线电信号中断，美国宇航局没有解释阿姆斯特朗到底看到了什么。

"阿波罗"15 号飞行期间，斯科特和欧文再一次登上了月球。沃登在月球上十分吃惊地听到，同时录音机也录到了一个很大的哨声，随着声调的变化，传出了一句重复多次的话，这句话由 20 个字组成，航天员同休斯敦指挥中心的一切通讯联系被这可能发自月球的语言切断了。这件事至今还是未解之谜。航天员柯林斯曾独自飞行在月球轨道上，他对一些见到的月面痕迹非常吃惊，但他一直保守着这个秘密，没有做出任何解释。某些科学家还根据许多稀奇古怪的现象纷纷推测"月球可能是外星人的宇宙站"，这一假说还有待进一步证明。

小行星会撞击地球吗

近年来，关于地球的命运有一个很敏感的话题，即小行星会撞击地球。的确，在茫茫宇宙之中，地球只是一个很不起眼的星球。既然宇宙中每时每刻都在发生星体碰撞，那么地球也就存在被撞击的可能。但是这里是人类的家园，就目前而言，我们舍此别无居所。因此人们自然会想到一个很令人担忧但不容回避的问题：地球的命运如何？小行星真的会撞击地球吗？

实际上，这并非杞人忧天。尽管各种星体在茫茫太空的运行都井然有序，大家"井水不犯河水"，按各自的轨道来回穿梭运行。但是，偌大的宇宙太空，天体运行中的"交通事故"经常发生。经研究，彗星和小行星对地球的威胁最大。太阳系的外部边缘是彗星的活动范围，这种活动范围时时急剧地倾向地球的轨道。这种情形就像一辆车在双向高速公路上行驶，不断有车辆迎面而过，也不断有人从旁边的快车道超车。不过与彗星相比，太阳系小行星对地球的威胁要大得多，毕竟彗星的物质构成还很稀薄。

1807 年，灶神星被发现以后，一直到 1815 年，8 年间再没有人发现过小行星，直到 1845 年发现了第 5 颗之后，每年都有新的发现，小行星的数量急剧增加。23 年后，小行星的数目突破 100 颗，数量达到 200 颗时只用了 29 年。又过了 33 年，小行星的数量已经达到 449 颗。截止到 1999 年 1 月初，已有 1 万多颗小行星被人类正式编号记录下来。据估计，有 50 多万颗小行星能通过天文望远镜用照相的方法记录下来。

小行星与大行星一样，都紧紧地围绕着太阳旋转，但它们大小不同，形状各异。小行星一般都不大，最大的谷神星直径只有 700 多千米。据统计，只有 100 多颗小行星直径大于 100 千米。有一两万颗小行星的直径都不到 1000 米，大多数小行星的直径仅有几米、几十米。此外，已发现有小卫星绕着部分行星运转。

1991 年 10 月，"伽利略"号探测器（其主要任务是探测木星）拍摄到大小约为 $19 \times 12 \times 11$ 千米 [3]、自转周期约 2.3 小时的第 951 号小行星加斯帕拉。其表面有几百个较小的陨击坑，这可能是当它在碰撞时，大陨击坑被强烈的大星震夷为平地。

"伽利略"号探测器还拍摄到一颗具有磁场的叫"艾达"的小行星，同时还发现了艾达的卫星也具有磁场。小行星艾达呈不规则的长条形状，大小约为 $56 \times 24 \times 21$ 千米 [3]，自转周期是 4.6 小时，其表面有许多撞击坑。距离艾达 1000 千米的小卫星直径为 1.5 千米。据分析，可能是一颗直径达 250 千米的母体分裂而形成的艾达小行星及其卫星，迄今它们仍保持着磁场。有趣的是，一年后"伽利略"号宇宙飞船观测到的 4179 号小行星，也是一对形状很不规则的小行星，其中最大的直径为 6.5 千米，其上均有许多陨石坑。

1997 年 6 月 27 日，美国"近地小行星会合"号空间探测器拍摄了一张距离小行星 2400 千米的照片，这颗小行星就是 253 号行星"玛蒂尔达"。它属于碳质小行星，大小为 $57 \times 53 \times 50$ 千米 [3]，其自转周期为 17.4 小时，表面反射率很低，有 4% 的入射阳光能被反射回去。玛蒂尔达表面上布满了陨石坑，陨石坑比小行星艾达上的陨石坑要大，有一个陨石坑的直径至少在 19 ~ 20 千米，相当于它本体直径的 2/5。

小行星通常是由下列物质构成的：石头、碳、金属、石与金属的结合。按它们所在的空间区域分，主要有以下 3 类：（1）位于火星与木星之间的小行星带。在该区域中，小行星围绕太阳运行，轨迹近似圆形。多数小行星，尤其是较大的小行星都位于这一区域。（2）特洛伊小行星群，包括两个小行星群，它们与木星在同一轨道上运行，其中一个小行星群在木星之前 60°，另一个小行星群在木星之后 60°。这些小行星的命名是用特洛伊战争中的英雄命名的。（3）绕太阳运行时穿过地球轨道且自身轨道明显伸长的一群小行星，它们的轨道不规则。这类小行星以古希腊与古罗马神话中的太阳神阿波罗命名。

在上述小行星中，只有阿波罗型的小行星对地球有危险。这些小行星通常每隔若干年穿越地球轨道一次，它们穿过地球运行轨道时，虽说距离地球相对比较远，但少数的近地小行星仍有可能与地球碰撞。它们主要是平均直径略超过 0.8 千米的石质小行星，直径从 6 ~ 39 千米不等。迄今已发现近 200 颗阿波罗型小行星，而且这个数字还在继续增长。

天文学家认为，可以排除直径小于数十米的近地小行星对地球构成威胁的可能，因为它们往往在与大气摩擦时产生巨大热量，在到达地面前就已经被燃烧殆尽。直径为 100 ~ 1000 米的小行星对地球构成了较大的威胁。直径 1000 米以上的中等小行星对地球的威胁最大，这是因为它们撞击地球的机会相对比较大，而且它们数量众多。撞击如果发生，会释放出极其巨大的能量，而且会使世界上 1/4 的人口死亡。假定一颗小行星撞上地球，它的密度为 3 克 / 厘米 ^{3}，平均速度为 20 千米 / 秒，直径为 1000 米，那么它所造成的冲击相当于数十亿吨黄色炸药的爆炸力，其能量为 1945 年在广岛上空爆炸的原子弹所释放能量的几百万倍。

事实上，从诞生伊始，地球便在漫长的年代里不断受到撞击。说起来人类应感谢这些撞击，因为正是由于这些撞击，地球才会有水或其他生命所需的有机物质出现。大约 45 亿年前，天文学家认为在一团旋转的气体和尘埃云中诞生了太阳系。岩石等物质凝聚为包括地球在内的行星。由于岩石在互相碰撞中释放出巨大的能量，地球最初像一个熔融的球体，热度很高，表面的水、二氧化碳、氨、甲烷等挥发性的物质都沸腾逸散了。随岩石逐渐减弱了撞击，地球慢慢冷却下来，地壳凝结成固体。这时太阳系边缘的寒冷的彗星，携带着水等有机物质撞击地球，于是生命开始了漫长的进化过程。

然而，这些不速之客的光临并非总给地球带来好运。古生物学家认为由于小行星或彗星撞击地球，地球进化史上曾发生了几次 50% 以上的物种灭绝事件。如 5.05 亿年前和 4.38 亿年前，海洋生物被灭绝；3.6 亿年前，海洋和陆地有机体被灭绝；6500 万年前，统治地球 1 亿多年的恐龙被灭绝。特别是恐龙的灭绝，由于距我们时间最近，一直最为人们关注。近来有越来越多的研究人员认为，小行星的撞击造成了这种庞然大物的灭绝。

如果说只能推测和想象上述撞击事件，那么发生在 20 世纪的险情则让我们有了真切的感受。100 年间，天文学家发现过许多次近地小行星与地球近距离"照面"的情形，真是"险象环生"。令天文学家们大吃一惊的是，1932年首次发现阿莫尔型小行星离地球最近时只有2200万千米。1989年，在"1989FC"小行星远离地球半年之后，曾引起一场轰动世界的风波，人人都以为小行星可能撞击地球，后来证实这只不过是新闻报道的失误，让人虚惊一场。1991年1月18日，人们发现"1991BA"小行星离地球的距离只是月球到地球距离的一半，仅17万千米，当时堪称"近地之冠"。"1997BR"小行星是中国天文学家发现的第一颗距地球距离小于7.5万千米的近地小行星，其运行轨道与地球轨道相切。像这样与地球轨道相切的近地小行星，是已知的对地球潜在威胁最大的小行星。2000年12月底，一颗小行星从伦敦上空"飞过"，吓得不少人直冒冷汗，当时这颗直径为46米的小行星距地球仅仅80万千米，如果它撞上地球，将会撞出一个1200米宽的大坑，后果不堪设想。

相对于这些有惊无险的事件，20世纪初的那次撞击更让我们感到了它的威力和可怕。1908年6月30日凌晨，一个来自太空的火球拖着长达800千米的尾巴在通古斯河谷上空爆炸，通古斯河谷位于贝加尔湖西北800千米处。大片森林被强烈的冲击波击倒，燃起一场冲天大火，浓烟积聚成的黑云许久不散。遥远的伦敦甚至也听到了爆炸声，约有1500只驯鹿葬身火海，所幸没有人死亡。后来人们发现在爆炸中心出现了一个巨大的"坑"，200多个直径1～50米的洞穴遍布在周围3000米的范围内，30～60千米范围内的树木全部倒下，树根齐刷刷地冲着爆炸中心。这一事件被称为"通古斯事件"。由于科学家们在现场没有找到陨石碎片，因此他们几十年来一直在苦苦探索。近年来，有一种为越来越多的人接受的解释是：一颗石质小行星从东北方向以30°角进入大气层，这颗直径30米的小行星的速度是15千米/秒，它的冲击波的震荡和压力化解了自己，当辐射能达到临界值时，发生的威力相当于1000多万吨TNT炸药的爆炸。让人庆幸的是，它发生在荒凉的西伯利亚地区，虽然当时它没有直接造成人员死亡，但却使周围牧民受到了辐射的损伤。在他们及其后代身上，出现了许多像广岛原子弹事件的受害者一样的怪病。

据科学家预测，21世纪里小行星与地球"照面"的机会将有7次，这7次都发生在距离小于300万千米的情况下。近来，英国天文学家已计算出一个位置，在这里，小行星带有可能接近地球。这个小行星带可能会增加碰撞地球的机会，而且都是灾难性的。报告说，在适当的条件下，这些天体可以在非常接近地球的轨道上运行。虽说并不能确定地球与小行星是否会发生大碰撞，但这种危险的确存在。也就是说，那些数百万年或数千万年才会有一次的碰撞事件的确可能存在，尽管概率很低，但不能排除这种可能性。

我们只有提前探测到潜在的有巨大杀伤力的小行星，才能避免悲剧的发生。为此世界各国制定了观测计划，都是针对近地小行星的。比如美国的"太空监测计划""近地小行星追踪计划"，中国的"施密特 CCD 小行星计划"等。再者，就是考虑如何拦截小行星或使其偏离原来的轨道而远离地球。形形色色的方案随之被提出来了。方案一为"打击"，有人提出可用一系列的钨弹排列起来打击小行星，或将数万发至数十万发钨弹用轻质纤维串在一起形成一个打击自投罗网的小行星的三维网络；方案二是"蒸发"，即在小行星轨道上引发使其汽化的核爆炸；方案三称"转向"，即通过发射火箭或利用核爆炸拦截或改变小行星运动方向。但以上 3 个方案产生的碎片极有可能会对地球造成更大的伤害。因此，方案四是利用太阳能让小行星"光荣妥协"。具体方案是：在小行星活动区域附近安置一面巨大的由超薄片制成的凹面镜，来搜集太阳能；然后利用第二面镜子将能量聚集到小行星上的某个区域，使其发热；在受热不均匀的情况下，小行星会自动转向。甚至有人提出，干脆利用地球上发射的超高能激光，直接推动小行星偏离其轨道。

另外，科学家们设想，或许有一天，人们可能要到小行星上去采集稀有金属，小行星自然就成了天然的航天中转站。

神秘的 UFO

长久以来，人们都自以为人类才是宇宙中唯一的生命，可是 UFO 的出现使人类开始重新考虑并关注其他星球是否存在生命的问题，以及这些生命是否与地球、人类之间存在着某种联系。一直以来，关于神秘的 UFO 的故事不断充斥在各种杂志、报刊和影视中，那么 UFO 是不是外星人的交通工具呢？它真的是天外来客吗？

UFO 是英文 Unidentified Flying Object 的缩写，中文意思为"不明飞行物"，它主要是指出现在地面附近或天空中的一种奇异的光或物体，也称"飞碟"。这个缩写最早是在美国 1947 年 6 月 24 日出现飞碟时一名记者在报纸上使用的，一直沿用至今。

最早记载不明飞行物出现的时间是在 1878 年 1 月，美国德克萨斯州的天空中突然出现了一个圆形物体，当地农民马丁发现了它，这条新闻同时登载在 150 家美国报纸上。1947 年 6 月 24 日，美国爱达荷州的企业家肯尼斯·阿诺德驾驶私人飞机飞经华盛顿时，发现雷尼尔山附近出现了 9 个以一种奇特的跳跃方式在空中高速前进的圆形物体。它们就像一种类似弯形的闪光物，更像是碟盘一类的器具。这些物体以大约 2000 千米 / 小时的速度疾飞而过，转眼就在天空中消失了……美国几乎所有的报纸都报道了这一事件，轰动了全世界。

随着 UFO 目击事件的日益增多，人类也尝试着想与之较量一番，但是在几次的较量都是以人类的失败而结束。1956 年 10 月 8 日，一个 UFO 出现在日本冲绳岛附近，适逢附近正在实弹演习的一架西方盟国的战斗机飞过，机警的战斗机炮手马上向它开炮。结果炮弹爆炸后，先下手的战斗机碎成残片，机毁人亡，而被攻击的 UFO 却安然无恙。1996 年 8 月的一天，美国西部某导弹基地附近也出现了一架长期滞留的 UFO。自作聪明的人类在对它拍完录像之后，立即启动基地几乎所有的导弹发射装置来攻击它。奇怪的现象又一次发生了，基地所有的装置在同一时刻瘫痪，而 UFO 依然安然无恙。更为特别的是一束神奇的射线击中了一套最先进的导弹发射装置，使它在顷刻间熔为一堆废铁！科学家们闻讯赶来，一致认为可能是一种类似于高脉冲的东西把这套先进的装置"化"为废铁的。

几次"以卵击石"的事件造成了巨大损失之后，专门研究 UFO 的科学家们开始对"妄自尊大"的人们提出忠告："与 UFO 相遇时，'先下手为强'是绝对不可取的；因为与 UFO 相比，人类的飞机与炮弹就像一个与坦克较量的弹弓。除了无谓的牺牲外，我们别无选择，只能静观其变。"

然而，人类并没有停止对 UFO 的研究。1967 年，由美国政府授权、美国空军协助，以哥诺兰大学著名物理学家爱德华·U·康顿博士为首，组成了歌诺兰大学调查委员会。他们全面分析鉴别了 1948 年以来美国空军搜集到的 12618 起 UFO 报告。18 个月以后，他们的研究结果被整理成了一份名为《不明飞行物体的科学研究》(亦称《蓝皮书计划》)。这份共有 2400 页、重达 9 磅的报告认为，由于 UFO 对国家安全并无具体威胁，所以不应再重视 UFO 的研究了。英国国防部在同时也开展了同样性质的研究，他们调查研究了 1967—1972 年间"闯入"英国境内的 1631 起 UFO 事件，认为除了极少数"未能查实"的不明飞行物以外，绝大部分只是高空气球、飞行器碎片、大气现象和飞机等物质。

罗勃·D.巴利是美国"20 世纪 UFO 研究会"的主席，也是研究 UFO 的权威人士。据他所知，美国军方目前掌握着一架 1962 年坠毁在美国墨西哥州某空军基地的 UFO 的最详尽的资料。这个 UFO 的直径有 15 米，它的主要原料是一种地球上找不到的金属，外形是典型的碟状飞船。飞碟的飞行速度在着陆时达到 150 千米 / 小时，但它的着陆装置未放下来。各种专家对写有文字内容的飞碟碎片进行了分析鉴定，但仍破解不了其中的奥秘。

　　按照巴利的说法，UFO 显然真实存在，但事情却另有蹊跷。2001 年 3 月 10 日，美国中情局首次大规模解密了 859 份秘密情报文件。这批在时间上从 1947 年至 1991 年、内容五花八门的秘密文件，包括了美国中情局从 20 世纪 40 年代末一直到近几年对 UFO 现象展开的研究。这 50 多年来的研究结果让人瞠目结舌，UFO 的存在并没有确凿证据，换句话说，也许根本就没有 UFO！

　　以美国侦察部为研究对象的历史学家海恩斯将 20 世纪 90 年代美国中情局所有关于 UFO 的秘密内参全部翻阅后，得出的结论是：在 1950— 1960 年间，所谓的 UFO 超过半数都是美军人员驾驶的侦察飞机。

　　他认为美国一直在撒一个弥天大谎。海恩斯主要由两个方面确定和推测美国政府的行为：一是当时苏联对美国领空的入侵造成了美国民众的恐慌，美政府假借 UFO 可以安抚民众；二是因为美国当时的 SR–71 和 A–12 是最机密的情报收集机，但它们总是在飞临敌方上空时受到致命的威胁。所以中情局就以 UFO 这枚"烟幕弹"来为其护航，这样就会麻痹被侦察国的防空警报系统，从而改变原来的被动状况，同时达到浑水摸鱼的效果。

　　无论 UFO 是否存在，全世界仍有约 1/3 的国家还在对不明飞行物进行持续的研究工作。希望有一天，科学家能够破解这一神秘现象。

外星人谜团

　　外星人在驾驶飞碟飞行于地球上空或者到地球上时，免不了发生事故，因而有些飞碟的残骸以及外星人的尸体，甚至是活外星人就落到了地球上。

　　1950 年，人们在美国新墨西哥州发现了几具外星人尸体。这是地球上的人类首次有记载的发现外星人尸体的事件。这年年底，在该州的一个空军基地，曾降落了一个不明飞行物。两三辆吉普车迅速朝那个不明飞行物驶去，那是一个非常典型的圆状飞碟。飞碟里走出一个乘员，上了一个军官的吉普车，接着就开往了该基地的指挥部。这个乘员在指挥部待了约一个小时就回到了飞碟上，不久飞碟垂直起飞离开了地球。这显然是一次面对面的直接接触，但是没有人出来证实这件事。直到40余年后，即1989年11月末，才有一位科学家出来承认此事。这位科学家曾参与外星人的尸体处理工作。他说，有4具外星人的尸体一直保存在俄亥俄州的空军基地里。当时在任的杜鲁门总统曾下令所有相关人员严守这一机密，并同意对外星人的尸体进行研究。

透露这条消息的科学家是斯通·弗里德曼，当年他直接参加了对外星宇宙飞船残骸及外星人尸体的处理工作。据他讲，这4个外星人个头很小，呈深灰色的皮肤满是皱纹，但头和眼睛都很大。他们的耳朵和鼻子深陷于脸内部，从手肘到手腕的那截手臂特别短。很明显，外星人与人类长得很不一样，看起来也很恐怖。

此后，美国又发现和收到了数具外星人尸体。1953年夏，在美国亚利桑那州，一个飞碟发生了故障，其中一部分碟体甚至陷在沙子里。美国军方派人赶到时，发现里面有5个外星人。这几个人和地球人长得比较像，只是胳膊特长，而且每只手只有4个手指，指间还有蹼，看起来像青蛙的蹼。其中一个还活着，但伤得很重，不久就死了。

另一艘坠毁于1962年的飞碟直径有17米，由一种在地球上找不到的金属制成。在飞碟残骸里发现两个类人的生命体，身体比地球人矮，只有1米左右，但头比地球人的头大，鼻子只有小小的突起，嘴唇很薄，还有一对没有耳郭的小耳朵。

据美国"20世纪不明飞行物研究会"主席巴利透露，目前，美国回收并冷藏处理的外星人尸体至少有30具，分别放在几个秘密的地方。

设在法国巴黎的"UFO报告真实性科学协会"主席狄盖瓦曾经在喜马拉雅山峰的冰雪中发现一个飞碟残骸和6个外星人的遗体。当时法国政府大力支持他们回收外星人遗体和飞碟残骸的工作，回收工作持续了数月才结束。从回收的外星人遗体看，它们身材矮小，只有1米左右，四肢瘦弱，但头和眼睛都比地球人大很多。他们还收集到许多金属残片，大的有2~3平方米，而这些金属在地球上仍没有找到。

回收飞碟和外星人尸体数量最多的首推美国，但由于这涉及科技和军事机密，美国政府总是千方百计地掩盖事情的真相。日本著名作家矢追纯一曾经付出了很大的精力拜访一些回收过外星人尸体的人员，从而掌握了大量相关资料，写成了《外星人尸体之谜》一书。该书受到世界飞碟研究界的高度重视。在这本书中，他详细叙述了自己在美国调查访问的情况。他认为这些年来美国回收飞碟和外星人尸体的事件有 46 起之多，现在存放在美国的外星人尸体仍有数十具，他们被冷冻在地下室的秘密器皿中，美国对外星人的尸体进行过解剖，等等。

由此似乎可以判断，外星人是存在的，然而他们到底来自何方呢？据参加解剖的人说，外星人的肺与地球人是一样的，由此断定，他们的"家乡"也是一个氮气多于氧气的地方。哪个星球有这种条件呢？目前尚未找到答案。

神奇的麦田怪圈

20 世纪 70 年代末，英国威尔特郡的农民在成熟的玉米和小麦地里收割庄稼的时候，发现许多庄稼遭到了破坏。从高处看，很多庄稼倒伏，并呈现出有规则的和对称的圆圈现象。

经新闻媒体报道后，英国的麦田怪圈引起了很多人的兴趣，到威尔特郡考察观光的游人络绎不绝。但是，因为这种奇观仅仅在收获季节前的几周内出现，而且是在尚未收获的田地里，所以并不是每一个到威尔特郡的人都能看到这种奇观。

科学家根据观察到的现象猜测，可能是一股小的台风导致了这一奇观。但后来却出现了包括三角形在内的其他几何图案，而小旋风的涡旋只能形成圆圈，因此，这个谜团又笼罩上了一层迷雾。这个据说容易出现外星人削平庄稼的地方竟然成了旅游热点，农田主也趁机向来参观的游客收取费用，发了一笔小财。但是这种奇异的现象到底是怎么发生的呢？热衷于此的人对此仍然好奇不已。

此后不久，在英国汉普郡的 Chilbolton 天文台附近的麦田里，人们再次发现了两个图案。其中之一是一个如同电影里常常虚拟的外星人形象的脸形，另一个是人类 1974 年 11 月向 M13 球状星云发射的信息修改后的图案。

自此以后，每年都有麦田怪圈在世界各地被发现，并且地域逐年扩大，形状逐年复杂，数量也逐年增多。

2000 年，一家俄罗斯电视台插放了一组画面，显示发生在俄罗斯南部斯塔夫洛波尔地区的一块成熟的大麦田里的四个有规则的对称的圆圈，似乎有人以顺时针的方向把圆圈中的庄稼削平。这 4 个圆圈中最大的直径长达 20 米，其余 3 个的直径分别为 3 ~ 5 米。另外，人们发现一个深 20 厘米的土洞，位于最大的圆圈的中心处，洞面光滑。

安全官员排除了是人力所为的可能，但是在现场也没有发现任何化学物质和辐射现象。这样，他们就猜测这个麦田怪圈是外星人造成的，而且推测"他们可能使用了与人类不同的起飞和着陆原理"。而当地的一些居民也声称，他们曾经看见了

所谓的外星人降落。据说这些外星人从降落到重新起飞离去只用了几秒钟时间，那么，外星人制造的那个深 20 厘米的土洞又是干什么用的呢？"公众"电视台将此解释为这是外星人用来"土壤取样"的。

这些麦田怪圈究竟是怎样形成的呢？这成了世界各国科学家和相关媒体关注的话题，并提出了各种推断和假说。大致可以分为两类：一种认为是大自然的杰作，一种则说是外星人所为。

支持前种说法的大都是考古学家、气象学家、物理学家、地质学家、动物学家和农学家等。

一些考古学家认为，可能在怪圈生成的地下埋藏有石器时代的圆形巨石建筑，或是青铜器时代的埋葬品呈圆形分布。这些地下的埋葬品和建筑可能影响到土壤结构，因而农作物也做出特定的反应。气象学家则提出，大量尘埃包含在陆地上生成的小型龙卷风中，在风的作用下，尘埃与空气剧烈摩擦产生静电荷。神秘的怪圈就是在带有静电荷的小型龙卷风的作用下产生的。一些气象学家提出了"球形闪电说"：球形闪电和其他因素即"等离子体旋流"共同形成了怪圈，此外，太阳表面黑子活动增强亦与怪圈有一定关系。日本科学家声称，根据"球形闪电说"，他们在实验室里利用球形闪电设备已成功地模拟了怪圈现象。还有一些地质学家认为由地球核心发出的大地射线导致了怪圈这一奇怪现象。植物会因这种射线发生有规则的倒伏，动物和人也会因此而得病。动物学家则提出，动物发情求偶的季节一般在 5～7 月，雄性动物围绕雌性动物打圈，从而制造出怪圈。那些有在田间做窝习性的动物如刺猬和一些鸟类也可能有类似的创作。农学家则称，田地之所以出现怪圈，是因为其土壤成分不一。霉菌病变及施肥分布的不均都有可能使农作物发生某种形状的倒伏，让人们误以为是一种奇异的现象。

除以上说法外，仍有许多人坚持认为，这些出现在各地的麦田怪圈是天外来客——外星人留下的。当他们乘坐飞碟光临地球时，飞碟刚好降落在麦田上，旋转的强烈气流造成了一个个怪圈。

正当持不同论调的人们争论不休时，1990 年，8 个法国青年向世界宣布，所谓的怪圈不是什么大自然的创作，而纯属某些人的恶作剧行为。

这一年的夏天，8 名法国青年出于对自然的热衷慕名来到英国，对麦田怪圈进行科学考察。在多次出现怪圈的麦田附近的山丘上，他们架设了高清晰度的夜视仪及敏感度很高的红外摄像机。7 月 24 日，在发现麦田里出现了 10 个怪圈、3 条直线之后，他们随即观看录像带，结果发现其中有一些模糊的影像。经分析，确认这些模糊的痕迹是人体物质的热辐射留下的。第二天夜里，摄像机里又出现了 6 个不太清晰的影像。

1991 年 9 月，英国名叫多格·鲍尔和戴维·柯莱的两名男子向公众宣布，是他们制造了麦田怪圈。利用一根弹簧、两块木板以及一个将其固定在棒球罩上的古怪器具，就可以制造这样的怪圈。研究怪圈的英国专家德尔加多闻讯后承认自己上当受骗，并指责这是十分肮脏的把戏。

麦田怪圈真的是某些人的恶作剧吗？但为什么所有怪圈的周围都没有留下任何人的足迹？一些人也曾守候在麦田边，希望当场捉住这些恶作剧者，但至今却什么也没有发现，而怪圈却不断地出现。由此看来，这个问题似乎并没有我们想象的那么简单。怪圈的神秘恶作剧者到底是谁呢？

太阳系地外生命探疑

地球是拥有生命的唯一天体吗？人类是孤独的吗？在广袤无垠的宇宙中，是否还有同样具有生命的天体？

自从人们知道了地球不是宇宙的中心，就开始猜测有地外文明的存在，也创造出了关于外星生命的神话传说。

随着现代天文学、生物学、无线电技术和航天技术的日益发展，更多的人开始接受这样的观点：宇宙中的天体数目如此庞大，其中不可能没有适合生命生存的另一个天体，不可能没有与我们地球人相似的、有智慧的、能创造自己文明的生物存在；甚至很有可能有些球外生物创造出的文明比我们地球上的人类文明更为先进，更为优秀。对地球外文明的研究早已不是人们所传说的神话故事，而成为一门严肃的科学。

人类对地外生命的研究由来已久，离地球较近的月球首先进入了人类的视野。早年有人猜想月球很可能是一个空心体，里面居住着外星人。其主要理论依据是因为当年阿波罗登月飞船在月球上登陆的时候，指令舱中的记录仪记录到的持续震荡波长达 15 分钟，这一结果使科学家感到极为惊异。

有学者认为，如果月球是实心体，那么在碰击后产生的震荡波至多维持 5 分钟。由此，便出现了月球可能是空心体的设想。但在仔细研究月岩标本后，科学家发现其中金属含量较高，而且其中的亲氧金属如铁等并没有被氧化。据此有人得出了一个大胆的假设：月球很可能是一个空心体，而且是外星人人工制造的。也有了诸如月球的内部可能是一个奇特的生态系统，也许居住着一些比人类更文明的"月球人"，那里可能是外星生命为了监视地球而设置的一个巨大的航天站等各种奇思妙想。但是这种种设想都被无情的事实推翻了，一切不过是人类依据科学观测所做出的主观猜想，也可以认为是半真半假的神话故事。

而在 19 世纪 30 年代，曾出现过一个"月亮骗局"的故事，影响极大，轰动一时。事情的经过是这样的：1835 年 8 月，美国新创办了《纽约太阳报》，该报为吸引读者打开销路，扩大销量，诚邀英国作家洛克为自己撰稿。当时英国天文学家约翰·赫歇耳正前往非洲南部的开普敦去观测研究南天星空。洛克便选中了这件事，用自己的生花妙笔杜撰出了一个神奇而又引人入胜的月亮的理性生物的故事。

他在故事中说，赫歇耳的望远镜在不久以前已能分辨出月球表面有约 18 英寸，即大小约 45 厘米的物体。用这样高分辨率的望远镜，他看见了月亮上有鲜花和紫松等树木，也有一个碧波千里的湖泊，还有一些类似野牛、齿鲸的大型动物。他还惊讶地看到了一种长有翅膀并且外貌有些像人的动物。文章这样写道："他们的姿势看上去充满了热情而且很有力度，因此我们推论这种生物是有理性的。"结果许多人对这一重大新闻深信不疑，人们奔走相告，该报一度成为当时最畅销的报纸。

天文学家们很快把这个骗局拆穿了。科学证明，如果要把月面上 45 厘米大小的物体分辨出来，光学望远镜的口径至少需要 570 米那么大，这么大的望远镜到今天人们仍没有能力造出来。同时，当时虽然还没有一位天文学家登上月球亲眼看到月球的样子，但由地面天文观测分析也能推知，月球上没有水，也没有大气，是一个死气沉沉的荒凉世界。

随着科学技术的发展，人类对地外生命的研究也变得更加科学。为了寻找地外生命，科学家们首先研究了地球人的进化过程。他们认为，地球人虽是万物之灵，具有很高的智慧，但起源也和地球上的动植物一样，是从地球上进化出来的。换言之，地球上的碳、氢、氧、氮等元素，先是发生了长期的化学变化和物理变化，后来又经历了复杂而漫长的生物演化过程，最后才演化出了人类。

科学实验也已经证明，人类生命的化学基础是蛋白质和核酸，而蛋白质又是由各种氨基酸构成的，氨基酸则是由复杂的有机分子组成的。在宇宙中，不仅碳、氢、氧、氮等元素广泛存在，而且在温度极低的星际空间也发现了几十种复杂的有机分子，在许多陨石中甚至还找到了十几种重要的氨基酸的存在。这就可以认定，只要地球外的星球环境适于生命体的存在，那么就很可能会发生大量的有机体演化。

当然，如果以我们地球生命的形成、演化历史作为标准，还需要很多条件才能从氨基酸逐渐演化成生命。如合适的温度，足够厚的大气层的保护，水的存在，液态的氨或甲烷的存在，足够长时间而且较为稳定的光和热。

在宇宙中，地球只是一个再平凡不过的行星，但对于人类来说，它是我们生命的摇篮，是最重要也是最熟悉的天体。地球是如此适合我们人类生活，有充足的水、空气中富含氧气、温度不冷不热，这与它距离太阳的位置等条件有关系。譬如水星和金星是离太阳最近的两颗行星，水星的白天热得如火，夜晚却冷得比冰还凉；厚厚的金星大气成分以二氧化碳为主，温室效应很明显，导致环境极为恶劣，任何生物根本就生存不下去。火星在地球轨道以外，虽说距离太阳并不是很远，但比起地球来，不但气候极其寒冷，而且根本没有水，生物在这种情况下也不可能生存下去。土星和木星上没有任何生命存在，这一点十几年前就被宇宙飞船的空间探测所证实了。位于太阳系边远空域的 3 颗大星是天王星、海王星和冥王星，科学家们通过空间探测以及各种地面观测知道，它们同样不具备适宜智慧生命生存的环境。到目前为止，所有的太阳系探测结果都表明，太阳系的行星中只有地球是适于像人类这种智慧生命生存繁衍的星球。

不过一些科学家，尤其是化学家认为，生命可能不需要以碳和水为基础。在高温情况下，生命的化学基础有可能是硅。另一种有理性的生命不一定有物质外壳，其存在形式可能是以能的形式。

由此看来，太阳系中是否存在有生命的星球，至今仍无定论。不过，随着科学技术日新月异的发展，人类探索太空的足迹将会出现在更多的星球上，到那时这个问题一定会大白于天下。

第二章　地球揭秘

地球是怎样诞生的

早在远古时代，人类就对地球充满了好奇。那时的人们认为自然界存在的一切都是由上天创造的，一切都是与生俱来的。西方的"上帝创世说"曾经在相当长一段时间内占据统治地位，人们都相信有一个超乎人力之上的上帝创造了一切。然而，随着认识水平的提高和科学技术的发展，人们已经渐渐不相信"上帝创世说"那样荒谬的答案了。

在关于地球起源的各种理论中，较早就产生且比较普遍被人接受的是星云说。科学家们认为，在距今约50亿年前，宇宙大爆炸后，太阳系星云收缩，形成了以太阳为中心的太阳系。约4亿年后，地球开始形成。大概在46亿年前，地球发展成现在的大小和形状。其后可能又过了15亿年，地球上的环境才适宜早期的生物生存。

另外，法国生物学家布丰在18世纪就创造了"彗星碰撞说"。他认为彗星落到太阳上，把太阳打下一块碎片，碎片冷却以后形成了地球，即地球是由彗星碰撞太阳所形成的。这一学说打破了神学的禁锢，曾一度引起人们的注意。此后，其他科学家继承和发展了布丰的学说，将地球形成原因的研究又向前推进了一步。

然而，1920 年，英国天文学家阿瑟·斯坦莱·爱丁顿却指出，从太阳或其他恒星上分离下来的物质都很热，以至于它们扩散到宇宙空间前还来不及冷却就消散掉了。即使在某种未知的过程中凝聚成了行星，运行的轨道也不会像现在太阳系中的轨道那样有规律。1936 年，美国天文学家莱曼·斯皮特泽又证实了这一理论。

1944 年，德国科学家卡尔·夫兰垂·克·冯·韦茨萨克对以往的"星云假说"进行了进一步发展，他认为是旋转的星云逐渐收缩形成了行星。如果把星云中的电磁作用考虑进去，就可以解释角动量是以什么形式由太阳转移到行星上去的。

随着人们在该领域研究的不断深入，目前科学家们提出的有关地球起源的学说已多达十余种。除以上两种外，主要还有以下几种学说：

①陨星说

1755 年，康德在《宇宙发展史概论》中提出了该学说，他认为太阳系最初是一团由尘与气形成的冷云，并不停地旋转。今天的天文学家利用现代望远镜，看到遥远星际间漂浮着暗黑的尘云，这种云看起来就像康德想象中的太阳系旋转云。

②双星说

此学说认为行星都是由除太阳之外的另一颗恒星产生的。假定太阳最先产生，还没有行星。后来太空中有另一个星球从太阳附近掠过，把一块物质扯了出来。掠过的星球继续飞行，而那些被扯出来的物质则凝聚成了太阳系的行星。

③行星平面说

该学说认为所有的行星都在一个平面上绕太阳转，原始的星云盘产生了太阳系。

随着人们认识水平的提高和科技水平的进步，人类对地球的形成的认识将越来越深入和趋向统一。我们有理由相信，揭开地球起源之谜并不是一件遥远的事情。

地球未来大揭秘

据日本东京技术学院的一项研究，在 10 亿年之后地球的海洋将会完全干涸，地球表面一切生物都会灭绝，地球将会有与火星一样的命运。

在研究报告中这项研究的责任人、东京技术学院地球及自然科学教授村山成德指出，大地板块与海洋正逐渐向地幔处下沉。地幔位于地球高热核心（地核）的外层，是地壳中的疏松岩石。村山教授说："依据当前水分消失速度加快的情形来看，约在今后 10 亿年内，地球表面的水将会消失殆尽。"

村山说，这项研究报告是建立在测量地表下温度的实验以及 2000 项以计算沉积岩生成时间为目的的学术工作的基础之上所得出的有关结论。他指出，由于地心逐渐冷却，使地表下 100 千米深的岩浆降温收缩，每年被抽进地壳的水超过 11 亿吨，但重新被释放出来的只有 2.3 亿吨。

报告指出，大量海水自 7.5 亿年前就已经开始从外围向地幔方向流动，导致今天大陆露出水面。报告还称，这样就为为何大部分大陆在 7.5 亿年前还在海底沉睡带来了新的解释。

倘若上述理论正确，那么关于那段时期大气中氧的含量急速增加的原因就可以得到进一步的解释了。报告称，生活在石头上的制氧浮游生物，因为大陆露出水面而在空气中暴露，把大量氧气释放进大气层，不同的生命形态也逐渐被充沛的氧气所孕育。

但是村山指出，自此地面的水量不断减少，这种情形意味着最终这个星球上的生物将会成为历史。

村山指出，在每一个拥有水源的星球上存活的生命体，都将会一遍又一遍地上演在水分完全消失后的"灭绝"的历史，无可避免。他指出，在火星上早已发生过这种情况。科学家们推测火星上曾经有河流流动，但一直找不到水源消失的原因。

不过，村山所指出的地球终会"干涸"的预言并不可以说明地球人类将会面临所谓的"世界末日"。第一，对人类而言 10 亿年实在太漫长了，漫长到令世人没有办法去想象；第二，以地球人类的智慧，相较于 10 亿年而言，在不到弹指一挥间人类即能找到在地球以外的新的定居点。人类目前所掌握的空间技术就已经对这一蓝图进行勾画。因此，哪怕真有那么一天地球不再适合人类居住，人类也早就在其他的地方繁衍、进化了。

地球上的水来自何处

从太空中看地球，它是一个大部分为蓝色的圆球，那些蓝色的部分便是水。在太阳系中，地球是唯一拥有液态水的天体。

地球上有多少水？联合国统计资料显示，地球上总共有约138.6亿立方米的水。

长久以来，人们对地球上水的来源问题一直争论不休。对此，有两种完全相反的看法，一种观点认为水是从天上（降水）掉下来的；另一种观点认为，雨雪是地面上的水蒸发后才到了天上的。

有些科学家说，太阳风导致了水的产生，地球水是太阳风带来的，是太阳风的杰作。首先提出这一观点的科学家是托维利，他认为太阳风是太阳外层大气向外逸散出来的粒子流，电子和氢原子核——质子是其主要成分。根据计算，托维利得出这样一个结论：从地球形成到今天，地球已从太阳风中吸收的氢的总量达$1.70×1023$克。我们知道，氢和氧结合就会产生水，如果把这些氢全部和地球上的氧结合，就可产生$1.53×1024$克的水，现在地球水的总量与这个数字是较为接近的。更重要的是，地球水中的氢与氘含量之比为6700∶1，这同太阳表面的氢氘比也是十分接近的。因此托维利认为，根据这些计算和成分对比，可以充分说明地球水来自太阳风。

研究地球物质成分和内部构造的科学家认为，地球上的水其实是从地球内部挤压出来的，地球表面原本是没有水的。水最早是从星云物质中带来的，在地球形成时，通过地球的演化，后来不断从地球深处释放出来。几乎在每次火山喷发时总会喷出大量气体，水蒸气要占到75%以上。地下深处的岩浆中有水分，即使是由岩浆凝固结晶而成的火成岩，水也以结晶水的形式存在其中。

但是，随着人们对火山现象研究的深入，上述观点被推翻。人们发现同火山活动有关的水，是地球现有水循环的一部分，并不是什么从深部释放出来的"新生水"。

科学家克莱因分析了世界各火山活动区与火山有关的热水中的氚，证明它们与当地的地面水是相同的，从而确认它们是渗入地下的地面水，在火山热力的作用下重新变为水蒸气上升。

后来，科学家根据对某些地区火山热力所导致的氚进行分析，发现人工爆炸能够导致氚含量的升高，这就进一步说明其实是新近渗入地下的雨水变成了火山热水。这些研究成果使那些主张地球水来自"娘胎"的研究者修正了对火山水的看法。

水的来源并无定论，美国艾奥瓦州立大学的弗兰克等科学家还提出了一个引人注目的新理论：太空中由冰组成的彗星才是地球上水的来源。

原来，科学家发现，大气中水蒸气分子在太阳紫外线的作用下，会分解成氢原子和氧原子。氢原子向外飘扬，当它到达 80 ~ 100 千米气体稀薄的高热层中时，氢原子的运动速度会超过宇宙速度，能摆脱地球引力离开大气层从而进入太空。这样一来，地球表面的水就流失到了太空。人们经过计算发现，飞离地球表面的水量差不多等同于进入地球表面的水量。可是，有一个奇怪的现象似乎不符合这种说法，那就是地质学家发现，2 万年来，世界海洋的水位涨高了大约 100 米。地球表面水面为什么不断增高呢？这至今还是个谜。

自 1918 年以来，弗兰克等人通过对从人造卫星发回的几千幅地球大气紫外辐射图像进行仔细研究，发现总有一些小黑斑出现在圆盘形状的地球图像上。每个小黑斑面积约有 2000 平方千米，存在 2 ~ 3 分钟。经过仔细研究和检测分析后，弗兰克等人发现这些黑斑是因为一些肉眼看不见的由冰块组成的小彗星撞进地球大气层融化成水蒸气造成的。这些小彗星频繁地坠入大气层，每 5 分钟大约有 20 颗平均直径为 10 米的这种冰球进入大气层，每颗融化后能变成 100 吨左右的水，地球因此每年可增加约 10 亿吨水。如果地球从形成到今天大约有 46.5 亿年的历史，照此计算，这种冰球一共为地球提供了 460 亿吨水，比现在地球水体总量还多。

关于地球水的来源有许多各不相同的认识，各有各的道理，但真相究竟如何，还有待科学家们收集更多的客观证据，以揭开这个谜。

巨雹是怎样形成的

从春末到夏季，是冰雹经常出现的季节。但是按常理来说，只有在冬天那种寒冷的天气里才会结冰，可为什么在炎热的夏天也能形成冰？这实在令人费解。

中国面积辽阔，各地的气候条件各具特点，有些地方就常常发生冰雹灾害。冰

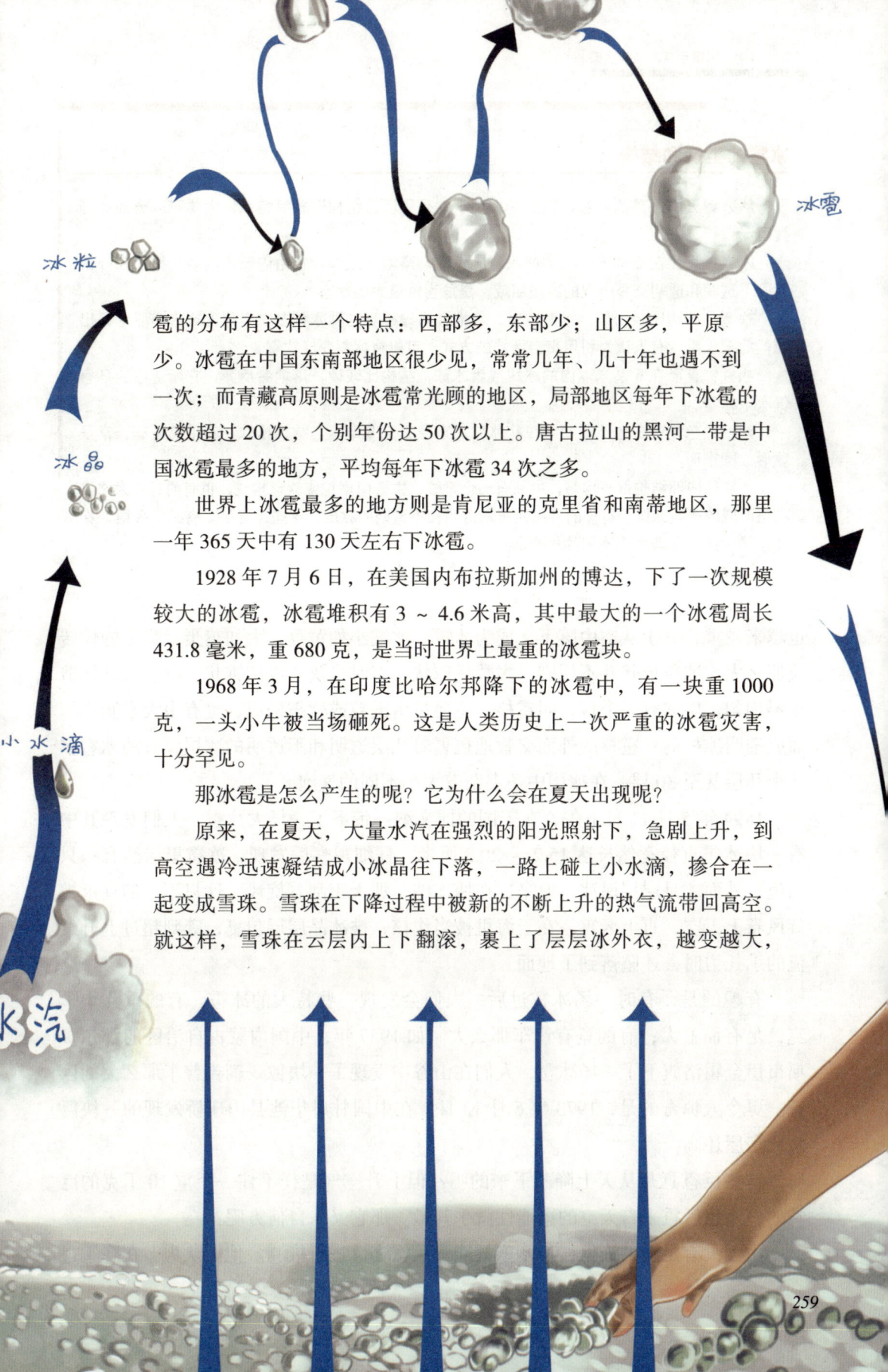

冰粒

冰晶

小水滴

水汽

冰雹

雹的分布有这样一个特点：西部多，东部少；山区多，平原少。冰雹在中国东南部地区很少见，常常几年、几十年也遇不到一次；而青藏高原则是冰雹常光顾的地区，局部地区每年下冰雹的次数超过 20 次，个别年份达 50 次以上。唐古拉山的黑河一带是中国冰雹最多的地方，平均每年下冰雹 34 次之多。

世界上冰雹最多的地方则是肯尼亚的克里省和南蒂地区，那里一年 365 天中有 130 天左右下冰雹。

1928 年 7 月 6 日，在美国内布拉斯加州的博达，下了一次规模较大的冰雹，冰雹堆积有 3 ～ 4.6 米高，其中最大的一个冰雹周长431.8 毫米，重 680 克，是当时世界上最重的冰雹块。

1968 年 3 月，在印度比哈尔邦降下的冰雹中，有一块重 1000克，一头小牛被当场砸死。这是人类历史上一次严重的冰雹灾害，十分罕见。

那冰雹是怎么产生的呢？它为什么会在夏天出现呢？

原来，在夏天，大量水汽在强烈的阳光照射下，急剧上升，到高空遇冷迅速凝结成小冰晶往下落，一路上碰上小水滴，掺合在一起变成雪珠。雪珠在下降过程中被新的不断上升的热气流带回高空。就这样，雪珠在云层内上下翻滚，裹上了层层冰外衣，越变越大，

259

冰雹的类型和结构

从冰雹云中降落的冰雹，按照其大小、软硬程度、结构形式等特点，大体可以分为4种类型：

冰雹：直径在5毫米以上的冰块，比较硬，落地会反弹。它由内部不透明的核心和外部层层不透明和透明交替出现的冰层组成，是危害性最大的冰雹。

软雹：结构比较松散，重量较轻，着地容易破碎。这种冰雹多在高纬度或者高原地区出现，危害较小。有人认为利用高空爆炸的方式，可以将冰雹变成软雹。

冰丸：直径在5毫米以内的冰块或者冰球，结构比较硬，落地会反弹，它所造成的危害仅次于冰雹。

霰：白色或乳白色不透明颗粒状冰球，直径2～5毫米，结构松软，着地易破碎，常呈球形或圆锥形。

冰雹的内部结构很不均匀，中间有一个雹核，主要由霰粒或软雹构成，也有的是由大水滴冻结而成的透明冰核。雹核的外面包裹着透明和不透明的冰层，这些冰层最多有三十多层，在各冰层中还夹杂着大小不同的气泡。

也越来越重，终于从空中落下，成为冰雹。冰雹小如黄豆，大如鸡蛋，最大的像砖块那么大。冰雹形状并不规则，多数呈球状，有时呈块状或圆锥状。冰雹内部构造很不均匀，中间有一个核，叫雹核，主要是由霰粒或软雹构成，也有由大水滴冻结而成透明冰核的。雹核的外面交替地包裹着几层透明和不透明的冰层，有的冰雹多达十几层甚至30层，在冰层中还夹杂着大小不同的气泡。

1894年5月11日下午，在美国的博文纳一带下了一场大冰雹。人们发现其中有一块冰雹直径竟然长达15.2～20.3厘米。仔细观察后发现，冰雹里居然有一只乌龟，外面才是层层厚冰。原来，在博文纳，那天正刮着旋风，这只不幸的乌龟被旋风卷上天空，直上云霄，在云海里被当作核，被冰晶层层包裹，等到超过上升气流的承托力时，才坠落到了地面。

有趣的是，有时一场冰雹过后，人们会发现一些特大的冰雹，有的重几十千克，足有面盆大；有的竟有汽车那么大。如1957年，中国内蒙古自治区的鄂尔多斯市伊金霍洛旗下了一场冰雹，人们在山谷中发现了一块像一辆吉普车那么大的巨雹。更令人惊奇的是，1973年6月13日，在中国甘肃华池县山庄桥发现的一块巨雹比房屋还高。

这些巨雹真是从天上降落下来的吗？但上升空气是托不住一个重10千克的巨雹的，所以巨雹来自天空的可能性微乎其微。那它又来自何方呢？

由于没有足够的证据，科学家只能对巨雹之谜进行推测。他们认为，在降雹过程中，冰雹云后部受到干冷空气的侵袭，结果降落到地面的雨滴仍保持着冷却性，随风飘下的雨滴聚集在某一冷的物体侧面上，边冻结，边增厚，形成棱形的巨雹。因此，它的原料来自于天上，成品却是在地面上加工形成的。这种推测有一定的道理，但目前也只是推测。

巨雹究竟是怎么回事？我们只能寄希望于气象学家的研究。相信有一天，这个谜会被解开。

海上怪火之谜

不知你有没有听说过海火现象，但在现实生活中，确实多次出现过海火现象。

1933 年 3 月 3 日凌晨，日本发生三陆海啸时，人们看到，当波浪从釜石湾口附近的灯塔涌进海湾中央时，三四个像草帽般的圆形发光物在浪头底下出现，它们色泽青紫，横排着前进，像探照灯那样向四面八方照去，光亮可以使人看到波浪中的破船碎块。一会儿，这圆形发光物被互相撞击的浪花搅碎，然后发光物就消失了。

1975 年 9 月 2 日傍晚，在江苏省近海朗家沙一带，海面上有微微的光亮随着波浪的起伏跳跃，就像燃烧的火焰那样不断跳动，这种现象一直到天亮才逐渐消失。第二天夜晚，再次出现亮光，而且更加光亮。以后逐日加强，到第 7 天，人们看到有很多泡沫在海面上涌现，当渔船驶过时，激起的水流异常明亮，水中还有珍珠般闪闪发光的颗粒，好像灯光照耀一般。几个小时以后，这里有地震发生。1976 年 7 月 28 日唐山大地震的前一天晚上，在北戴河、秦皇岛一带的海面上，人们也曾看到过这种发光现象。在秦皇岛的码头，人们看到有一条火龙似的明亮光带在海的中间。

1985 年 6 月的一天，天空晴朗，太平洋洋面平静如镜，满载货物的 50 艘巴西船正在航行。突然，船队发现一片大火在前边的海面上忽然燃起，凶猛的火向船队扑来。全体船员奋力协作，终使船队逃脱厄运，才没有发生大的损失。可是令人不解的是，在浩渺无际的海面上，在没有其他船只、人员和任何燃火物的情况下，大火是怎么突然燃起的呢？

1986 年和 1987 年，在大西洋和印度洋的海面上美国船队和日本船队也分别同类似的海上怪火相遇。

联合国曾组织有关地质学家和海洋专家调查过海火现象。调查报告有以下 3 种解释：第一，由于有难以计数的可燃发光微生物群在海底聚集，随着生殖繁衍其群体日益增多乃至涌出水面，再加上光照和空气中的氧气等条件，怪火就可能酿成；第二，由于恰是可燃气体如沼气等的气源在海底，气源膨胀后可燃气体从水面冲出，与空气摩擦燃着成为怪火；第三，由于海洋波涛汹涌，巨浪互相撞击，如条件合适，水中氢氧元素便会被分开，在强光的照耀下，怪火便会发生。

一些学者认为，怪火的出现与地震关系紧密。美国科学家曾对圆柱形的花岗岩、煤、玄武岩、大理石岩等多种岩石试样进行压缩破裂试验，结果发现当有足够大的压力时，这些试样便会爆炸性地碎裂，在几毫秒内会有一股电子流释放出。周围的气体分子正是在这股电子流的激发下发出微弱的光亮。这些样品若被放在水中，水也会因它碎裂时产生的电子流发出亮光。因此，当发生强烈地震时，很多的岩石破裂，破裂过程中释放的电子流足以产生让人感到炫目的光亮。

但怪火现象极为复杂，可能是因为不同的原因造成的，所以海火也具有不同的特征。但海火现象确实存在，且其形成机制我们尚未完全弄清，有待继续探索。

龙卷风成因探秘

在美国俄克拉荷马州阿得莫尔市曾经发生过这样一件怪事：两匹马拉着一辆大车在路上行走，车夫坐在车上，由于天气闷热，他打起了瞌睡，突然一声巨响把他惊醒。睁眼一看，两匹马和一根车辕都已经无影无踪了，而自己和车子却是安然无恙。

俄克拉荷马州的一对夫妇也遭到过这种厄运。在 1950 年的一个晴朗的夏日，他们躺在床上休息。一声刺耳的巨响将他们惊醒，他们俩起来看一看什么也没有发现，以为这声音是梦中听到的，于是重新又躺了下来。但是，他们忽然发现他们的床已被弄到荒无人烟的旷野，周围没有房子，没有任何建筑物，也没有牲畜。只有一只椅子还留在他们的旁边，折叠好的衣服仍好端端地摆在上面！人们事后才得知，这件怪事的罪魁祸首是龙卷风。

龙卷风是云层底部下垂的漏斗状的云柱及其伴随的非常强烈的旋风。文献上记载的下降银币雨、青蛙雨、黄豆雨、铁雨、虾雨，还有血淋淋的牛头从天而降等现象，都是龙卷风把地面或水中的物体吸上天空，带到远处，随雨降落造成的。龙卷风中心气压极低，中心附近气压梯度极大，产生强大的吮吸作用。当漏斗伸到陆地表面时，把大量沙尘等物质吸到空中，形成尘柱，称陆龙卷；当漏斗伸到海面时，便吸起高大的水柱，称水龙卷或海龙卷。龙卷风的袭击突然而猛烈，产生的风是地面上最强的。

在强烈龙卷风的袭击下，房子屋顶会像滑翔翼般飞起来。一旦屋顶被卷走后，房子的其他部分也会跟着崩解。龙卷风的强大气流还能把上万吨的车厢卷入空中，把上千吨的轮船由海面抛到岸上。在美国，龙卷风每年造成的死亡人数仅次于雷电。它对建筑的破坏也相当严重，经常是毁灭性的。1925年3月18日，一次有名的"三州旋风"遍及美国密苏里、伊利诺伊和印第安纳三个州，损失达4000万美元，死亡695人，重伤2027人；1967年3月26日，上海地区出现的一次强龙卷，毁坏房屋1万多间，拔起或扭折22座抗风力为12级大风两倍的高压电线铁塔；1970年5月27日，一个龙卷风在湖南形成后经过沣水，在沣水的江心卷起的水柱有30米高、几十平方米大，河底的水都被吸干了。

龙卷风在世界各地都曾出现过，中国龙卷风不多见，而在美国、英国、新西兰、澳大利亚、意大利、日本出现的次数却很多。龙卷风在美国又叫旋风，是常见的自然现象。1879年5月30日下午4时，在堪萨斯州北方的上空有两块又黑又浓的乌云合并在一起，15分钟后在云层下端产生了旋涡。旋涡迅速增长，变成一根顶天立地的巨大风柱，在3个小时内像一条孽龙似的在整个州内胡作非为，所到之处无一幸免。龙卷风旋涡竟然将一座新造的75米长的铁路桥从石桥墩上"拔"起，把它扭了几扭然后抛到水中。事后专家们认为，这次龙卷风旋涡壁气流的速度已高于音速，威力巨大。

把高于音速的龙卷风比喻为一个魔术师一点儿也不为过。1896年，美国圣路易市发生过一次龙卷风，使一根松树棍竟轻易穿透了一块一厘米左右的钢板。在美

国明尼苏达州，1919 年也发生了一次龙卷风，使一根细草茎刺穿一块厚木板，而一片三叶草的叶子竟像模子一样，被深深嵌入了泥墙中。更让人不解的是一次龙卷风将坐在家中的一对夫妇和他们的大儿子和小儿子吹到一条沟里，而她的次子则被刮走不见影踪，直到第二天才在另一个城市被找到。尽管他吓得魂不附体，但丝毫未受损伤。令人奇怪的是，他不是顺着风向被吹走的，而是逆着风被吹到那个市的。

尽管人们早就知道龙卷风是在很强的热力不稳定的大气中形成的，但对它形成的物理机制，至今仍没有确切的了解。有的学者提出了内引力 - 热过程的龙卷成因新理论，可是用它也无法解说冬季和夜间没有强对流或雷电云时发生的龙卷风。龙卷风有时席卷一切，而有时在它中心范围内的东西却完好无损；有时它可将一匹骏马吹到数千米以外，而有时却只吹断一根树干；有时把一只鸡的一侧鸡毛拔完，而另一侧鸡毛却完好无缺，龙卷风造成的这些奇怪现象的原因至今都不清楚。

龙卷风的风速究竟有多大？没有人真正知道，因为龙卷风发生至消散的时间短，只有几分钟，最多几个小时。作用面积很小，一般直径只有 25 ~ 100 米，在极少数的情况下直径才达到 1000 米以上，以至于现有的探测仪器没有足够的灵敏度来对龙卷风进行准确的观测。相对来说，多普勒雷达是比较有效和常用的一种观测仪器。多普勒雷达对准龙卷风发出微波束，微波信号被龙卷风中的碎屑和雨点反射后再被雷达接收。如果龙卷风远离雷达而去，反射回的微波信号频率将向低频方向移动；反之，如果龙卷风越来越接近雷达，则反射回的信号将向高频方向移动。这种现象被称为多普勒频移。接收到信号后，雷达操作人员就可以通过分析频移数据，计算出龙卷风的速度和移动方向。为了制服龙卷风、预测龙卷风，人们正努力探索龙卷风形成的规律，以解开这个自然之谜。

球形闪电之谜

夏天，雷电交加的晚上雷声隆隆，火花在天空中闪亮，一道道明亮刺眼的闪电划破寂静的夜空。闪电是人们司空见惯的一种自然现象。专家计算过，全世界平均每秒钟就要发生 100 次闪电。人们常常见到的闪电大多是分权的枝条状而非平直的线条状，科学家对此有着不同的解释。

荷兰科学家曼努埃尔·艾里亚斯解释说，大气放电过程中存在两种媒介，即中性气体和一个充斥着电离气体的"通道"，"通道"在一定的时机会成为一个导体，放电时电流进行自由的流动，而电离气体和中性气体由于界限的不稳定就会出现交融，因而出现了分岔的枝条状现象。

科学家还解释说，分枝现象是否出现取决于电场的强度。如果电场强度大，也有可能使阴极和阳极气体迅速形成"枝繁叶茂"的闪电现象。

除了树枝状的闪电以外，还有一种球形闪电也是多年来科学家研究探索的焦点之一。几乎所有的报道都表明，球状闪电出现在雷暴天气，且尾随于一次普通闪电之后。它出现时常飘浮在离地面不远的空中，接触地面后常反弹起来，而被接触的物质通常会被烧焦，目前，国内外有很多关于球形闪电的报道。

10多年前，出现在德国的球状闪电却很奇特。人们看到一个大火球自天而降，击在一棵大树顶上，当即分散成10多个小火球，纷纷落地，消失了，犹如天女散花一样。

在苏联的一个农庄，两个孩子在牛棚的屋檐下躲雨。突然，屋前的白杨树上滚落下一个橙黄色的火球，直向他们逼来。慌乱中一个孩子踢了它一脚，轰隆一声，奇怪的火球爆炸了，两个孩子被震倒在地，但没有受伤。事后，人们才知道那个火球是罕见的球状闪电。

在美国一个叫龙尼昂威尔的小城里曾发生过一件怪事：一位主妇清楚地记得，她放进冰箱的食品是生的，可是在她从市场回到家里，打开电冰箱一看，发现所有的食品都成了熟食。后来，经过科学家的研究才明白，这是球状闪电开的玩笑。不知怎么搞的，它钻到电冰箱里把冰箱变成了电炉，奇怪的是，冰箱竟没有损坏！

一位名叫德莱金格的奥地利医生，在钱包被盗的当天晚上，被请去为一个遭雷击的人看病，他发现那个人的脚上印着两个"b"字，同自己丢失的钱包上的"b"字大小相同，结果钱包就在这个人的口袋里。

1962年7月22日傍晚，我国科学工作者在泰山顶上对雷暴进行研究时，亲眼看见了一次奇怪的球状闪电。随着一声巨响，在窗外冒雨工作的科学工作者发现一个直径约15厘米的红色火球从西边窗户的缝中窜入室内，大约几秒钟后，又从烟囱里飘出。在离开烟囱口的瞬间，发生了爆炸，火球也消失了。桌子上的热水瓶、油灯都被震碎，烟囱也被震坏。火球所经过的床单上，留下了10厘米长的焦痕。

1979年1月6日，在我国吉林市，有人曾经看到一个落地球状闪电在气象站办公室转了数圈，然后又腾空而起，往东方飞去。它像个大探照灯，一路照得通亮，最后落入松花江里消失了。

1981年7月9日，随着一声惊雷，人们看到两个橘红色的大火球，带着刺耳的呼啸声，从乌云中滚滚而下，坠落在上海浦东高桥汽车站。两个火球在地面相撞，发生一声巨响，消失了。

1993年9月16日晚大约19时45分，江苏省滨海县城天气异常闷热，气压很低，突然一条红火龙从该县东坎镇东村东园组的村东向西飞来，飞到杨某家上空

时，变为一只火球窜进屋内，紧接着一声巨响，一人遭雷击身亡，身上衣服头发均被烧光，还有二人被击昏在地，身上多处烧伤，后经抢救脱险。

球状闪电这种罕见的自然现象给充满好奇心的人类带来了无尽的遐想。古人在很长一段时间只能借想象来解释它。把它描绘成骑着火团的矮精灵，或者是口吐火焰、兴风作浪的怪物。

在19世纪初，科学家们开始了对球状闪电的漫长的探索。球状闪电虽然罕见，但两个世纪来，人们还是得到了大量的直观资料，其中包括一些科学家的目击纪录。球状闪电是一种奇特的闪电，但它的形成原因至今尚未弄清。有人认为它是一团涡旋状的高温等离子体；有人认为它本身就是一种特殊形式的大气放电等。

最新的科学进展导致了一些科学家将分形理论引入球状闪电的研究，提出分形球状闪电模型：在普通闪电的一次放电瞬间产生的颗粒极小的高温微尘与周围介质碰撞并粘结成一种错综复杂的网状结构——一种分子形结构。它有相对稳定的形状，但密度极小，绝大部分体积是空隙。正是这些空隙储存了球形闪电的能量，它是一种化学能，可能通过一个链式的化学反应来释放能量。

从人类已掌握的自然规律出发，科学家们已提出了几十种模型，他们都能不同程度地解释球状闪电的一部分性质。然而，因为不能在实验室中对球状闪电直接研究，无法获得充分的数据，而目击报告中许多现象又似乎矛盾重重，所以，能得到普遍认可的模型至今还没出现。200 年已经过去，自然界仍在炫耀它天才的创造，它里面究竟隐藏着什么奥秘？相信总有一天人类能够解开这其中的谜团。

神奇的极光

那是在 1950 年的一个夜晚，淡红和淡绿色的光弧在莫斯科北方的夜空上闪耀，所有在那晚见过北极光的人至今都能回想起当时的盛况。它时而像在空中舞动的彩带，时而像在空中燃烧的火焰，时而像悬在天边的巨伞。它绚丽多姿，不断变幻着自己的颜色，一会儿红，一会儿蓝，一会儿绿，一会儿紫，就这样轻盈地在夜空中飘荡了好几个小时。

而这一美丽的奇景也曾在中国的黑龙江漠河、呼玛一带出现过。1957 年 3 月 2 日夜晚 7 点左右，忽然一团灿烂的红霞腾起，瞬间化为一条弧形光带，停留在夜空中长达 45 分钟之久。同年，中国北纬 40° 以北的广大地区也出现了同样的现象。其实，极光是非常罕见的自然现象，中国历史上有记载的极光现象，公元前 30 年至 1975 年只有 53 次。

1960 年，在苏联的彼得格勒也出现过罕见的北极光。那晚，北极光异常强烈，光弧发出白、红、绿的光辉，升上高空，越来越耀眼，直上万里。

在极光刚开始出现在夜空时，人们先是看到一条中等亮度的均匀的光弧以直线或稍弯曲的形状横过天空伸展开去（长度达几百千米，甚至几千千米，宽十多千米或几十千米）。光弧的上端离地 950 千米左右，而下端则离地 100 千米左右。它往返扫动的速度达每秒几十千米，只需几分钟其高度就可以增加到 1000 倍。

1988 年 8 月 25 日 21 时，在中国黑龙江省漠河县、呼中区、新林区又出现了极光。刚开始时，在地平线上出现了一个亮点。紧接着，它沿着 W 形的曲线以近似螺旋的轨迹上升。亮点在不断地升高、移动，面积也在不断地扩大，而亮点的尾部留下了像火烧云似的美丽光带。在这时亮点开始出现了一个淡蓝色的圆底盘，接着，圆底盘从淡蓝色变成了乳白色。亮点射下一束扇状的光面，闪了几下便消失了。西方低空中的光带向上扩展所形成的淡蓝色的云团正在这个时候，就像一个倒放着的烟斗。这条橙黄色带和淡蓝色的云团持续了 40 分钟左右才逐渐消失。

然而，这绚丽壮观的极光却有极强的破坏力。极光给通讯、交通都会带来严重的影响，它能干扰电离层，影响短波无线电信号的传播。在极光强烈活动的影响下，远在美国阿拉斯加的出租车司机竟然可以收到来自本土东部的新泽西州调度员的命令。极光的不断变化也可能会使电话线、输油管道和输电线等细长的导体中产生感应电流，使输油管道被严重腐蚀。1972 年，在美国的缅因州至得克萨斯州的一条高压输电线跳闸，加拿大哥伦比亚的一台 23 万伏变压器被炸毁，这一切突发事件的"主谋罪犯"就是奇特而瑰丽的极光。千百年来，人们一直在研究、寻找极光形成的真正原因。很早以前就有人观察到了这一大奇景，可对于它的"横空出世"，至今还是没有人能够给出科学的解释。

在古代，极光被爱斯基摩人误认为是火炬；而又有一些人把极光描绘成上帝神灵点的灯，鬼神用它引导死者的灵魂上天堂；而在罗马，极光被说成是黎明女神奥罗拉在夜空中翩翩飞舞，迎接黎明的到来。

苏联科学家罗蒙诺索夫曾经做过这样一个实验：在一个接近真空的球内制造人工放电现象。结果在空气极其稀薄的玻璃球内，随着放电，不断发现闪光。他得出结论：极光是空气稀薄的高空大气层里的大气放电所造成的。后来，这个实验被不断地重复验证，结果是完全相同的。极光是一种放电现象的观点得到证实。但极光仍然有很多谜。比如，高空空气发光是怎样引起的？为什么极光就像万花筒一样可以变幻成千奇百怪的形状，并且在不断变化中从来都是不相同的？极光为什么多发生在两极？

后来科学研究证实，极光的产生来源于太阳的活动。太阳不断放出光和热，它的表面和内部都在不断地进行着各种各样的化学元素的核反应，产生出强大的含大量带电粒子的带电微粒流；这些带电微粒射向空间，会和地球外 80 ~ 120 千米高空的稀薄气体的分子发生碰撞，由于这个速度太快，因而就会发出光来。太阳活动高潮的周期性大约是 11 年 1 次。在高峰期，太阳黑子会呈旋涡状出现，且很大很多。这时的极光因为太阳异常也会比平时更瑰奇壮丽。由此可看出，太阳活动控制着极光活动的频率。有人发现，当一个"大黑子"出现在太阳中心的子午线时，在 20 ~ 40 小时后，极光就会在地球上露脸。因此，是太阳发出的电造就了极光。

极光现象为什么只出现在南北两极呢？因为地球就像是一个以南北两极为地磁两极的大磁石，而从太阳处来的粒子流就是指南针，它飞向两极的运动方式是螺旋形的。事实上，磁极不能控制所有的带电粒子流，在太阳非常强烈地喷发带电粒子流的年份里，人们也能在两极地区以外的一些地方观察到极光。不同气体可分成如氧、氮、氯、氖等，空气成分非常复杂，而这些成分在带电微粒流的作用下，产生不同色彩的光，所以极光才能如此美丽多姿。

有人从地球磁层的角度去研究极光。地球磁层把地球紧紧包住，就如同地球的"保护网"，使地球不受很大的太阳风辐射粒子的侵袭。可是这张"保护网"在南北极上空就不如别的地方密实，这里有许多大的"间隙"，因此一部分太阳风辐射粒子就乘机进入地球磁层。这一点从卫星上看得分外清楚：当太阳耀斑开始爆发时，有些电子就加速沿磁力线从极区进入地球大气层。这就在两极上空形成一个恒定的环形光晕，即极光椭圆环。极光椭圆环并不是一成不变的，其大、小、亮、暗都随着带电粒子的涌入量而变化。由于南北极上空有那些"间隙"，所以极光只出现在两极地区的上空。

现在还有一个疑问是，太阳风进入星际空间的行动是连续的，太阳风会进入地球极区"通道"，但为什么南、北极的极光并不是时刻可见呢？难道说太阳风所经过的那些"间隙"中还设有"关卡"吗？关于这一点，有一个很合理的假设：太阳风带电粒子进入这些"间隙"后，并不是一下子就爆发的。地球磁力线有一种能力，可以把这些带电粒子先藏起来，只有在一些特定因素如太阳黑子强烈活动的影响下，地球磁力线才把带电粒子放出来，于是就有了极光。

可是，这些假设都不能解释地面附近出现的极光现象。有人说这些地面极光是地面附近的静电放电所致，因此，极光会出现在离地面 1 ~ 3 米的地方。

又因为许多彗星明亮的尾巴与极光有很多相似的地方，这使人很自然地将这两种现象联系起来。除此之外，还有很多观点，但都未能得到普遍认可。科学家们对太阳风的研究监测还在紧张地进行，他们希望通过观察确定太阳风的各种参数是如何变化的，来最终确定极光的成因。

海市蜃楼

19 世纪时，欧洲的许多探险队进入非洲撒哈拉大沙漠进行探险。探险队进入沙漠后，所携带的饮用水一天比一天少。有一天，他们忽然发现在前方不远的地方有一个很大的湖泊，湖水在刺眼的烈日照耀下波光粼粼，湖边还映着大树的倒影。探险队员看到这一幅景象，喜出望外，欢呼雀跃地拿着水桶兴奋地向湖边跑去。但跑了很久，也未能靠近那片湖泊。

英国探险家李温士敦在非洲卡拉哈里沙漠旅行时也曾被这种现象欺骗过。当时，他正在沙漠中行走，忽然发现前面出现一个湖泊，干渴难耐的他于是朝湖的方向奔去，结果可想而知，他根本无法接近那片湖泊。

20 世纪 80 年代人们在叙利亚沙漠地区还见到过更奇怪的景观。当时，雨季刚过，夏季即将来临。火红的太阳还悬在天空中，乌云飘过后，天空洒下一阵急雨。这时在天际突然出现一弯彩虹，与虹影相辉映的是，在它下面隐现出一座市镇，蓝色的湖水、绿色的树木、白色的房屋。这些奇景是怎么回事呢？

古代人将这些奇异的现象称为"海市蜃楼"。传说蜃是一种会吐一股股气柱的蛟龙，它吐出的气柱仿佛海上"城市"中的幢幢楼台亭阁，远远看去，若有若无。

其实，海市蜃楼是光在密度分布不均匀的空气中传播时发生全反射而产生的。

在沙漠中，由于强烈的太阳光照射在沙地上，接近地面的空气被迅速加热，因此其密度比上层空气的密度小，折射率也就小。从远处物体射向地面的光线，进入折射率小的热空气层时被折射，入射角逐渐增大，也可能发生全反射，人们逆着反射光线看去，就会看到远处物体的倒影，仿佛是从水面反射出来一样。沙漠中的行者就常常被这种景象所迷惑。

在海面上也会出现这样的奇景。夏季，海上的上层空气在阳光的强烈照射下，空气密度小，而贴近海面的空气受较冷的海水影响变得较冷，空气密度大，就出现下层空气凉而密、上层空气暖而稀的差异。从两层密度悬殊的空气穿越而过的光线由于短距离内温度相差 7 ~ 8℃时，在平直的海面上或海岸，就会出现风景、岛屿、人群和帆船等平时难得一见的奇景。这是为什么呢？其实，岛屿等虽然位于地平线下，但岛屿等反射出来的光线会在密度大的气层射向密度稀的气层时发生全反射，又折回到下层密度大的空气层中来。上层密度小的空气层会使远处的物体形象经过折射后投进人们的眼中，而人的视觉总是感到物像是来自直线方向的，从而出现"海市蜃楼"的奇景。

蜃景与地理位置、地球物理条件以及那些地方在特定时间的气象特点有密切联系，不仅能在海上、沙漠中产生，柏油马路上偶尔也会看到。柏油马路因路面颜色深，夏天在灼热阳光下吸收能力强，同样会在路面上空形成上层的空气冷、密度大，而下层空气热、密度小的分布特征，所以也会形成蜃景。

对于这种奇异的景象，长久以来，人们迷惑不解，以致闹出了不少笑话。

1798年，拿破仑率领大军攻打埃及，军队在沙漠中行进时，茫茫沙漠中突然出现一个大湖，顷刻间又消失了。不久又出现一片棕榈树林，转眼间又变成荒草的叶子。士兵们被弄糊涂了，以为世界末日来临，纷纷跪下祈求上帝来拯救自己。

第一次世界大战时，在一次会战中，德军潜艇已达美国东海岸之外，从潜望镜内向海上窥探的艇长却惊讶地发现纽约市就在自己头上，他以为自己指挥的潜艇走错了航线，进入美国海域，赶紧下令撤退。

臭氧层真的会消失殆尽吗

我们头上20 ~ 48千米处，是环绕着地球的臭氧层。空气里的大部分氧分子（O_2）由两个氧原子组成，而每个臭氧分子（O_3）内包含3个氧原子。

阳光对于臭氧的形成起到了重要的作用。阳光里的紫外线在穿过大气层的过程中使普通的氧分子分解。自由的氧气单原子与邻近的氧分子（O_2）结合，就形成了臭氧分子（O_3）。

臭氧层的臭氧浓度极低，如果将延伸30千米的臭氧分子集中到一起压缩为固体层的话，厚度仅为3毫米。

在地面附近也会存在臭氧。阳光会与汽车尾气或工厂排出的烟中的化学物质发生反应生成臭氧。地面附近的臭氧含量会在闷热的烟雾天里达到警戒水平。吸进臭氧分子对身体是有害的，因为臭氧分子会对肺部形成伤害。练习长跑的人如果过多地吸入含有臭氧分子的污染的空气，会感到肺部疼痛，呼吸困难。生长在公路两侧的树木和其他植物往往会因为臭氧污染而生长缓慢。

但是我们头上几十千米处的臭氧层不但不会对我们的健康构成威胁，相反还保卫了我们人类的健康。臭氧会吸收来自宇宙中的紫外线：紫外线会使我们的皮肤颜色变深；如果接受过多的紫外线照射，我们的皮肤会被灼伤，甚至患上皮肤癌。

从20世纪70年代起，科学家们一直关注臭氧层的变化。他们发现氯氟烃（CFCs）会破坏臭氧层，而氯氟烃是一种温室气体，被广泛地应用于冰箱、空调和气溶胶罐中。每次使用发胶、摩丝、空气清新剂时，或者当冰箱和空调被送去维修或报废时，都会有部分氯氟烃气体泄漏进入空气。

科学家认为，氯氟烃气体在空气中会慢慢地向上飘，最终进入臭氧层。在太阳辐射的作用下，氯氟烃会放出氯原子。氯原子会夺去臭氧中的一个氧原子，使臭氧变成普通的氧气分子，从而使臭氧层遭到破坏。如果这种反应不停地进行下去，臭氧层终究有一天会从地球上永远消失！

在1985年的时候，一位英国科学家公布了一个重大的发现：南极洲的上空出现了一个巨大的臭氧层空洞。这个臭氧层空洞的面积相当于整个美国的大小，每年春天都会出现。当季节改变，风向发生变化时，周围的臭氧分子会被吹过来填补这个臭氧层空洞，但与此同时周围地区的臭氧水平就会显著下降。1992 年冬天，欧洲和加拿大部分地区上空的臭氧含量下降了 20%。

研究人员在南极洲的上空还同时发现了大量含氯的一氧化物，这是一种在氯气分解臭氧反应过程中释放出的化学物质。由此可见，日常生活里广泛应用的氯氟烃的确是一大隐患。

据估计，臭氧含量每下降 1%，到达地面的紫外线就会上升 2%，同时皮肤癌的发病率会上升 3%～6%。紫外线对人体的免疫系统也会造成伤害，使人们更容易患上疟疾一类的疾病。此外，紫外线还会破坏植物细胞，使植物生长受阻。

科学家们还担心臭氧层变薄会导致全球范围内的气候变化，而此后的一系列结果将不堪设想。臭氧层有保温作用，而随着臭氧层逐渐变薄，臭氧层附近的空气温度下降，会导致全球风模式的变化，从而导致气候变化。随之而来的可能是长期干旱、庄稼歉收、粮食短缺，甚至大饥荒。

据科学家计算，即使全世界人民都行动起来，采取一切可行的措施阻止破坏臭氧层的活动，使臭氧水平恢复到从前的水平也需要多年的努力。

厄尔尼诺现象

厄尔尼诺在 20 世纪频频光顾地球，给人类造成了极大的危害。每次发生厄尔尼诺现象时，都会造成或大或小的灾难。为了解厄尔尼诺的形成，气象学家进行了细致而广泛的研究，但是，至今仍众说纷纭，尚无定论。

1982—1983 年，在全球范围内发生了严重的厄尔尼诺事件。在这次厄尔尼诺事件中，许多地方都遭受了灾难。特大飓风袭击了夏威夷群岛，多处房倒屋塌；印度尼西亚、澳大利亚出现严重干旱和森林火灾；巴西北旱南涝；北美洲大陆热浪与暴雨交替出现，当地居民处于"水深火热"之中；欧洲酷暑难熬；非洲由于干旱发生了灾荒；中国北旱南涝，冬天到来时，以严寒著称的东北地区气候温暖，一向温暖的华南、西南地区却奇冷无比。

1986—1987 年，厄尔尼诺再次横行全球。巴西东北部、美国、南亚及非洲北部发生了严重干旱；秘鲁、苏丹、孟加拉国暴雨成灾；时速高达 320 千米的强烈飓风袭击了加勒比海。

20 世纪 90 年代，厄尔尼诺像常客一样频频光顾地球，几乎一年一次。这一时期，全世界连续发生 4 次厄尔尼诺事件，分别是 1991 年 5 月至 1992 年 8 月、1993

年 4 月至 1994 年 1 月、1994 年 10 月至 1995 年 6 月、1997 年 4 月至 1998 年 7 月。这种情况是前所未有的。其中，1997 年的厄尔尼诺现象最为强烈，危害也最大。厄尔尼诺导致澳大利亚发生了山林火灾，相当于两个英格兰面积的地区被烧得一干二净；非洲暴发洪水，淹死牛群，毁坏庄稼；美国南部遭到了龙卷风的猛烈袭击，海浪侵蚀了整个西海岸。这些灾害导致超过 7000 人死亡，并造成超过 100 亿美元的经济损失。

　　厄尔尼诺现象最早是被南美洲秘鲁和厄瓜多尔沿岸的居民发现的。当时，每到圣诞节前后，世界著名的秘鲁渔场鱼产量就会锐减。这种奇怪的现象引起了人们的注意，经过长期观察，人们发现，原来南美西海岸附近海域的海水温度，每到圣诞节前后就会升高。生活在这一带的浮游生物和鱼类适应了冷水环境，水温升高会导致鱼类大量死亡，渔场因此而减产。由于科技的落后，当时的人不明白海面水温为什么会升高，以为是"圣婴"降临了，"圣婴"在西班牙语中的发音刚好是"厄尔尼诺"。厄尔尼诺最初仅仅是指秘鲁沿岸海水温度异常变化的现象，而不像现在这样是灾难的代名词。

世界各国的科学家联合起来为厄尔尼诺做出了一个基本的定义：如果赤道东段和中段一带太平洋大范围的海水水温异常升高，持续时间超过 3 个月，月平均海表温度上升 0.5℃，就称为一次"厄尔尼诺事件"。

厄尔尼诺究竟是怎样发生的呢？毫无疑问，海水异常升温即便不是引发厄尔尼诺的关键因素，也会加剧厄尔尼诺现象。这样一来，弄清海水异常升温的原因就变得非常必要了。科学家们对此进行了广泛的研究，较为成熟的有以下 3 种观点。

第一，地球内部因子论。科学家认为，既然海底火山爆发、海底地震等都可能引发厄尔尼诺现象，那就应从地球内部找原因，是地球内部的变化导致了厄尔尼诺的发生。

第二，天文因子论。附着在地表的海水和大气随地球快速向东旋转，有时，地球自转会突然减慢，出现"刹车效应"，在惯性力的作用下，赤道地区自东向西的海水和气流减弱，于是便发生了一次厄尔尼诺事件。

第三，大气因子论。目前大多数人都持这种观点。由于信风的影响，赤道太平洋形成了海温和水位东低西高的形势，与此同时，在赤道太平洋东侧的下沉气流和西侧的上升气流的影响下，信风会加强，一旦信风减弱，太平洋西侧的海水就会向东回流，太平洋位于赤道东段和中段的水温会异常升高，这也就导致了厄尔尼诺事件的发生。

除此之外，人们不禁会发出这样的疑问：厄尔尼诺现象是孤立的吗？其他地球自然灾害和它有没有关系呢？我们已经知道，它本身会对海洋渔业造成危害。而事实则更为严重，自 20 世纪 60 年代以来，全球范围内的厄尔尼诺现象已发生了 11 次，而且每一次都伴随着其他或大或小的自然灾害。人们由此受到启发，尽力寻找各种看似毫不相干的自然灾害与厄尔尼诺之间的联系。

为了解答上述问题，科学家们对厄尔尼诺现象进行了跟踪研究。气象学家已证实，世界上一些地区气候异常及气象灾害，如洪涝、干旱、森林大火、沙尘暴等，确实是由厄尔尼诺引起的。因为厄尔尼诺发生时，海洋表面温度大大升高，热带太平洋海表热力异常，干扰了地球大气的正常环流，导致全球气候异常，自然灾害频繁，地球陆地生态系统因此受到破坏。人们最初以为厄尔尼诺只是个"小捣蛋"，但随着研究的深入，人们不得不遗憾地承认它其实是个"大元凶"，许多灾难都由它引发。因此，海洋学家和气象学家非常关注这样一个问题，那就是能否利用海洋中各种要素的变化规律，来预测厄尔尼诺的发生。

在过去的几十年中，随着科技的发展和科学家经验的积累，厄尔尼诺研究的进展十分迅速。美国国家大气和海洋管理局的科学家麦克说过这么一句话："厄尔尼诺现象自从1982—1983年以后有了彻底的改变。1997—1998年的厄尔尼诺规模极大，远远超过了1982—1983年那次，可是前一次直到接近尾声时，我们才知道发生了厄尔尼诺。而在1997—1998年的厄尔尼诺现象中，每天都发生了些什么，我们一清二楚。"科学家们利用了两件新武器——装有仪器的卫星和浮标，才做到了这一点。有了这些仪器，科学家便能对海洋的"风吹草动"了如指掌。

1997年9月，科学家们依据气象监测卫星收集到的大量数据做出了图像，发现了一项异常情况：一片广阔水域的水面竟然比正常情况高出33厘米。温暖的热带海水在肆虐的贸易风（也叫信风）的推动下剧烈运动造就了这一奇景。它是一次正在进行中的剧烈的厄尔尼诺现象的反映。果然，在随后的几个月中，全球各个地区几乎都受到了厄尔尼诺的袭击。这次预测也表明，在短短10多年里，人类分析预测厄尔尼诺现象的能力已大大提高。

随着对厄尔尼诺研究的加深，科学家们力图找出过去几十年内厄尔尼诺频繁发生和破坏力加大的原因。

在20世纪的百年中，厄尔尼诺经常发生，其中有两个厄尔尼诺多发时代。第一次是在20世纪二三十年代，美国南部地区出现周期性干旱，俄克拉荷马和北德克萨斯的数百家农场毁于这场灾难。20世纪八九十年代是第二个厄尔尼诺多发期，其影响比以前更广泛，也更恶劣。

有人认为，自然界气候变化的规律性重复，导致了20世纪最后20年中厄尔尼诺现象频繁发生。但由于20世纪70年代之前一直没有关于厄尔尼诺现象的记录数据，所以无法确定这种观点是否正确，同时也无法确定厄尔尼诺的发生周期。

也有人认为，厄尔尼诺之所以频繁发生，是因为太平洋变暖的缘故。这种看法也有一定的道理。

科学家们为了更好地搜集厄尔尼诺的资料，以记录和预测它的发生，部署了一些强有力的新工具。1998年，美国航空航天局戈达德空间飞行中心将一台十分先进的加强型克雷超级计算机用于处理有关厄尔尼诺的资料。克雷机最大的优点是可以尽可能多地利用资料，改进预报模型，全面处理有关厄尔尼诺的浮标和卫星数据。在上海天文台，中国科学院也利用前所未有的先进空间天文学手段，预测到了即将发生的厄尔尼诺现象。

今天，人类利用先进的科技，越来越多地了解了厄尔尼诺现象，但大自然依然不愿对我们坦露所有真相，许多疑团还是没有解开。我们已经清楚，大洋暖水流大范围运动是厄尔尼诺现象和反厄尔尼诺现象的主因。南太平洋中有逆时针大洋环流，北太平洋则有顺时针大洋环流，这些与暖水流运动有什么联系？厄尔尼诺带来的暖水来自何方？其热源又在哪里？

大自然给我们留下了一个又一个谜团，要解开它，只能依靠人类的聪明才智和刻苦努力。厄尔尼诺之谜总有一天会被解开，到时候，人们不再只是被动地接受，而是能反客为主，利用各种方式控制它，引导它向有利于人类的方向发展。

神秘的"多个太阳"

在"后羿射日"的古老神话中，天空曾出现过 10 个太阳。虽然这只是一个美丽的传说，但天空中出现多个"太阳"却是有史书记载的。

相传赵匡胤陈桥兵变时，天上就出现了两个太阳。赵匡胤借此天体异象发动兵变，黄袍加身，创下了宋朝百年基业。

1933 年 8 月 24 日上午 9 时 45 分，在中国四川省峨眉山的上空，太阳的左面和右面，分别有一个太阳，人们对此惊奇不已。

1934 年 1 月 22 日和 23 日，上午 11 时至下午 4 时，古城西安也出现了 3 个太阳并排在天空的奇景。

1965 年 5 月 7 日 16 时 25 分和 6 月 2 日 6 时，在南京浦口盘诚集的上空，连续两次出现了 3 个太阳并排在空中的景观。

彼得堡学者洛维茨在 1970 年夏季曾见到这样的奇观：有两个虹彩的光圈在太阳的周围。一个大，一个小。在它们的上面和下面各有一个发出亮光的半弧，就像两个宽大的牛角与光圈上下相连。一条与地平线平行的白色光带从太阳和虹彩光圈中间穿过，在蓝天上环绕。有两个光彩夺目的幻日出现在白色光带与小光圈交叉的地方。幻日面向太阳的一侧为红色，而背离太阳的一侧则拉着一条很长的发光的尾部。在白色光带上能看见 3 个同样的光斑正对着太阳。在太阳上面的小圆环上第 6 个耀眼的斑点在不停地闪烁着。这一复杂的光晕现象在天空中持续了 5 个小时之久。

太阳系中只有一个太阳，这是不容置疑的事实，那这种"多个太阳"现象到底是怎么回事呢？

幻日是一种自然界的光学现象。原来，地球上空被浓厚的大气包围，其中也有水蒸气和小冰晶。它们在一定的条件下，可变成非常小的柱状或片状的雨滴或水汽，从高空徐徐下降，因受日光或月光的照射而产生折射。因日光是由红、橙、黄、绿、蓝、靛、紫七种色光组成，由于不同色光的折射率不同，被柱状或汽状的雨滴或冰晶折射后，偏转的角度也不同，这样形成的内红外紫的彩色光环，叫晕。由于水滴的形状、大小不同便产生两种不同的晕，其中汽状水滴所形成的是光较强的内晕，最小偏向角约为 22°；而穿过汽状水滴所形成的是半径较大的彩色光环，这就是外晕，其最小偏向角约为 46°。只有在满足最小偏向角的条件下观察，才能形成晕。

在天空出现的半透明薄云里面，有许多飘浮在空中的六角形柱状的冰晶体，偶尔它们会整整齐齐地垂直排列在空中。当太阳光照射在这一根根六角形冰柱上，就会发生非常规律的折射现象。

在冬季，当高空的水滴凝结成细小的六棱形冰柱时，如果太阳光从侧面进入冰柱，而且能满足最小偏向角的条件，在内、外晕之间，靠近太阳两旁，与当地太阳同一高度的地方就会出现幻日景象。出现幻日的多少、暗明、大小随着高空小冰柱的分布情况而异。光学原理造成了这一让世人惊奇不已的自然现象，其实真正的太阳只有一个，其余的都是虚幻的影子罢了。

第三章 动植物探奇

动物为何冬眠

冬眠是一些不耐寒动物度过不利季节的一种习性。许多动物都会冬眠，每年的霜降前后，气温逐渐降低，池塘里的蛙鸣消失了，刺猬、仓鼠等也进入了洞穴开始了它们的长睡。进入冬眠的动物在体温、呼吸以及心率等方面都要发生改变，新陈代谢会降到最低。而且热血动物和冷血动物的冬眠也不尽相同：在冬眠的时候，冷血动物体温的升降是一种被动的形式，完全由外部的环境来决定；而热血动物则是有目的地对体温加以控制，调节到冬眠时的最佳温度后才开始冬眠。而当它们苏醒的时候，制造热量的器官会充分地调动起来，在几小时内把温度恢复到原来的水平。

研究人员经过研究发现，刺猬在冬眠的时候会把身体蜷缩起来，不吃不喝。呼吸变得极其微弱，心跳缓慢，每分钟只跳 10 ～ 20 次，一只清醒的刺猬放到水里几分钟就会淹死，而冬眠的刺猬半小时也淹不死。黄鼠在冬眠的 130 多天中总共放出的热量才 29 焦耳，而在冬眠过后的 13 天中却能放出 2420 焦耳的热量。

动物在冬眠的时候，白细胞还会大大地减少。通过对土拨鼠的实验发现，平时土拨鼠 1 立方毫米的血液中含有的白细胞数是 12180 个，而冬眠时平均只有 5950 个。

科学家们对动物冬眠时制造热量、补偿体温消耗和保持恒温的复杂生理现象非常感兴趣，做了许多的研究，但迄今为止，有关动物冬眠诱因和生理机制还是众说纷纭，莫衷一是。

有的科学家认为，外界的刺激是导致动物冬眠的原因。外界的刺激主要有温度下降和食物不足两个方面。有人对蜜蜂做过这样的实验，当气温在 7℃ ～ 9℃ 的时候，蜜蜂的翅膀和足就停止了活动，但轻轻地触动还是能微微抖动的；当气温降到 4 ～ 6℃ 的时候，就完全进入了麻痹的状态；如果再降低温度，蜜蜂就会进入更深的睡眠状态。

由此可见，动物的冬眠和温度的关系密切。实验中还发现，笼养的小囊鼠在供食充足的情况下，冬季的时候不会进入冬眠的状态。

但是有人提出，人工降温并不能保证所有的冬眠动物都能进入冬眠的状态；不少冬眠动物在进入冬季的时候就会自动地停止进食或拒绝进食，并不是由于食物不足的原因。以此来反对上述的观点。

还有的科学家提出了生物钟学说，认为是生物的节律控制了每年冬眠动物的代谢变化，恒温动物的冬眠变温现象是进化生态的一种次生性的退化，是和动物迁徙、冬季储藏食物相似的一种生态的适应，是在进化中已固定下来的一种生物节律。但是这种学说缺少事实性的根据。

科学家们发现在冬眠动物的体内存在一种诱发冬眠的物质。在对黄鼠进行的实验中，科学家在人工条件下冬眠的黄鼠身上抽取出血液，然后注射到活蹦乱跳的生活在夏季的黄鼠体内，这些黄鼠很快进入了冬眠状态。目前在冬眠动物的血液中还有3种颗粒无法鉴定。与正常的黄鼠相比，冬眠黄鼠的血液红细胞较结实，不容易分解，一种还呈褶皱状。而且进入冬眠时间长的动物的血液比刚进入冬眠的动物的血液诱发冬眠的作用更强烈。诱发动物冬眠的物质存在于血清中。

我们知道，通常不同动物之间会发生物质的排异反应，但令人奇怪的是，将正在冬眠的旱獭的血清注射到清醒的黄鼠的体内，黄鼠不仅不会发生排异的反应，反而会呼呼大睡。科学家们还发现，在冬眠动物的体内不仅存在诱发冬眠的物质，还存在和冬眠物质相对抗的另一种物质。这种物质可以维持动物的正常活动和清醒状态，它和冬眠物质相结合形成复合体，当冬眠物质超过抗冬眠物质的时候，动物才会冬眠。

由此看来，动物何时开始冬眠，不仅取决于诱发的物质，还取决于诱发物质和抗诱发物质的比例。科学家推断，冬眠动物可能全年都在"制造"诱发物质，而抗诱发物质是在进入冬眠之后才产生的。该物质产生之后就会不断地上升，直到春天开始的时候才会开始下降。当它在血清中的浓度高于诱发物质的浓度时，动物就会从冬眠的状态苏醒过来。但是，对于冬眠诱发物质和抗冬眠物质到底性质如何、为什么会引起动物生理发生这么大的变化，科学家们还是不了解。

1983年，科学家从松鼠的脑中提取到了一种抗代谢的激素。把这种激素注射到没有冬眠习惯的小鼠的体内，发现小鼠的代谢率会明显地降低，体温也会降低到10℃左右，看来激素可能也是诱发动物冬眠的一个因素。最近，又有科学家想从细胞膜的角度来探讨动物冬眠的机理。但是细胞膜的变化和神经传导是如何联系的，这对于动物的冬眠是否具有关键性的作用还有待研究。

到现在为止，人们还没有完全地揭开动物冬眠的秘密。科学家们还在继续探索。让我们踏着前人的足迹，透过历史的帷幕，在奇妙的大自然里去大胆地探索寻觅吧，谜底终究会有揭开的一天。

动物肢体再生的奥秘

　　动物世界是一个弱肉强食、适者生存的世界。大自然中的竞争如此激烈，使得动物在进化过程中逐渐具备了各自的防御本领。其中有一部分动物为了自卫，可以瞬间舍弃自己的一部分肢体，掩护自己逃生，过不了多久，它们的肢体又会重新长出来。这让人惊叹不已。

　　动物世界中的肢体再生之王当属海绵，它有着无与伦比的再生本领。若把海绵切成许许多多的碎块，非但不会损伤它们的生命，相反，在海中它们中的每一块都能逐渐长大形成一个新海绵，各自独立生活。即使把捣烂过筛的海绵混合起来，只要条件良好，它们重新组成的小海绵的个体也只需要几天的时间即可成活。

　　海星也分身有术。海星是养殖业的大敌，因为它吃贻贝、牡蛎、杂色蛤等养殖场的饲养物。养殖工人把海星捉起来，碾成粉末后再投入大海，结果每一块海星碎块都繁殖出了新的海星。这令养殖工人大为光火。

　　还有海参，遇到敌人时，它倾肠倒肚，把内脏抛给敌人，过不了多久，只剩躯壳的它又再造出一副内脏。再生，成了海参逃命的重要工具。

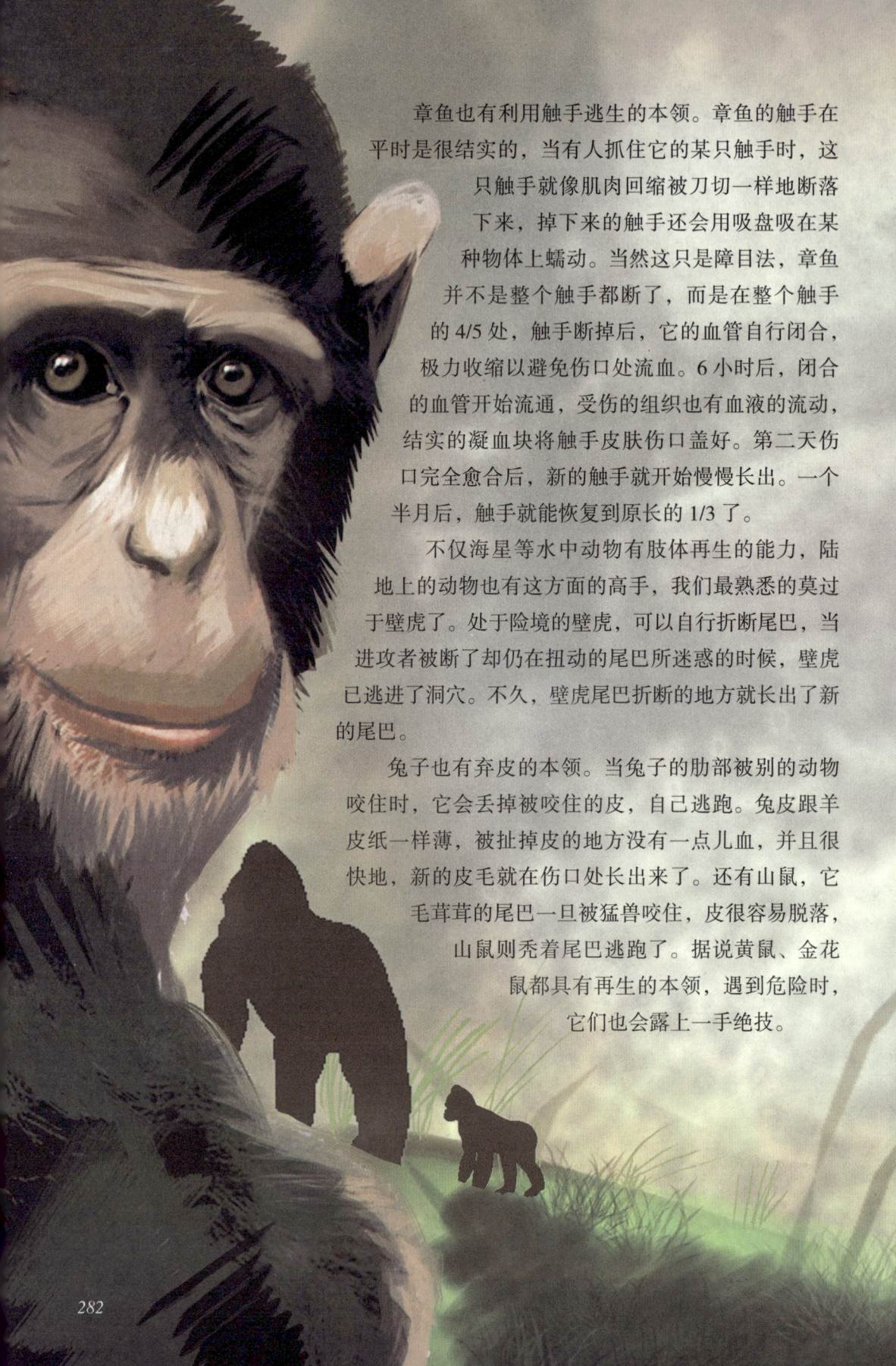

章鱼也有利用触手逃生的本领。章鱼的触手在平时是很结实的，当有人抓住它的某只触手时，这只触手就像肌肉回缩被刀切一样地断落下来，掉下来的触手还会用吸盘吸在某种物体上蠕动。当然这只是障目法，章鱼并不是整个触手都断了，而是在整个触手的4/5处，触手断掉后，它的血管自行闭合，极力收缩以避免伤口处流血。6小时后，闭合的血管开始流通，受伤的组织也有血液的流动，结实的凝血块将触手皮肤伤口盖好。第二天伤口完全愈合后，新的触手就开始慢慢长出。一个半月后，触手就能恢复到原长的1/3了。

不仅海星等水中动物有肢体再生的能力，陆地上的动物也有这方面的高手，我们最熟悉的莫过于壁虎了。处于险境的壁虎，可以自行折断尾巴，当进攻者被断了却仍在扭动的尾巴所迷惑的时候，壁虎已逃进了洞穴。不久，壁虎尾巴折断的地方就长出了新的尾巴。

兔子也有弃皮的本领。当兔子的肋部被别的动物咬住时，它会丢掉被咬住的皮，自己逃跑。兔皮跟羊皮纸一样薄，被扯掉皮的地方没有一点儿血，并且很快地，新的皮毛就在伤口处长出来了。还有山鼠，它毛茸茸的尾巴一旦被猛兽咬住，皮很容易脱落，山鼠则秃着尾巴逃跑了。据说黄鼠、金花鼠都具有再生的本领，遇到危险时，它们也会露上一手绝技。

动物的这种"丢卒保车"般的再生本领实在令人羡慕。那么人的断肢能否重新长出来呢？研究动物的再生能力，无疑对人类有很大的启发。

在美国，贝克尔在研究中发现了一种生物电势：蝾螈的肢体被截断了，在未复原时，有一种生物电势产生了，残肢末端的细胞通过电流获得信息，开始分裂，形成新的组织，最后新的肢体长出来了。研究表明，青蛙之所以不能再生失去的肢体就是因为体内没有这种电流产生。老鼠前腿的下部被切断，并让电流从此断裂处通过。实验的结果让人震惊，老鼠失去的肢体开始复原了。

我们是否揭开了动物再生的秘密呢？答案是否定的，因为现在还没有充足的实验证据，而且并非所有的有再生能力的动物都遵从这一理论。但是，可以肯定地说，不久的将来，我们一定能揭开动物再生之谜，那时人类肢体的再生将不再是梦想。

动物治病之谜

古书中早就有过类似记载："熊食菖蒲叶，可治胃病；龟食薄荷以解蛇毒；野猪食荠苨，可治箭毒；野兔食马莲叶子，可治腹泻。"春天来临时，生活在北美洲的一种熊冬眠醒后，为了迅速恢复冬眠带来的疲倦，就会去寻找一种能引起轻微腹泻的植物果实。更有意思的是，当幼獾的皮肤生病后，母獾会带它们去洗温泉，以利于皮肤早日痊愈。许多动物都有自疗行为，这些行为都出于它们生存的本能。人类是从动物进化而来，所以，原始人类依然保留着动物自疗的本能，并且通过观察动物自我治疗，而获得许多启示，学会了应用某些天然药物的本领。

在乌干达的达基巴拉森林里生活着一群黑猩猩，它们有时候会吃一种茜草科植物的叶子，而当地人也常用这种植物来治疗胃病。动物学家还发现非洲热带雨

林中的黑猩猩也会自疗。每当它们食欲不振、大便不畅时，它们就会去嚼一种苦扁树的枝叶，然后再吐掉残渣。这种植物中的苦汁是治疗胃肠不适的良药。在坦桑尼亚的贡贝国家自然公园，黑猩猩有时会吞食一种向日葵科植物的嫩叶。药物学家进一步研究发现，这种植物中有一种特殊的药物成分，能治疗寄生虫和细菌引起的疾病。

生活在南美洲亚马孙河两岸的一群吼猴，当雄性吼猴数量偏少，不能保持群猴雄雌性别平衡时，雌性吼猴就会吞食一种草，此后生下的小猴中，雄性的比例就会占优势。科学家们检验了这种草，原来这种植物中含有某些药物成分，能使雌猴阴道的酸碱度发生改变，因此有可能影响后代的性别。

一位英国生态学家在野外考察时发现，怀孕的母象会吞食一种紫草树的叶子，母象吃了这种叶子后，没过几天便产下了一头活泼可爱的小象。原来这些叶子中含有催产的成分。

动物的自疗行为虽然只是一种本能，但是人类从动物的这些行为中受到了许多启发，从而把最原始的医疗活动发展为现今的医药学，这不能不说是人类的进步啊！

鲸集体自杀之谜

1976 年的一天，突然有 250 头鲸出现在佛罗里达州的海滩上。当潮水退下时，这些被搁浅在海滩上的鲸无法动弹，很快就会死掉。美国海岸警卫队员们和数百名自愿救鲸者进入冰冷的海中，企图阻止那些鲸自杀；有的人用消防水管在鲸身上喷水，想以此延续它们的生命；有的人甚至开来起重机，试图把鲸拖回大海，由于鲸重量过大，反而把起重机拖翻了。

鲸冲上海滩集体自杀的现象在许多地方都发生过，没有人驱赶，没有人捕捞，鲸为什么要自杀呢？这真是令人费解。

对于鲸集体自杀的原因，大多数人认为是由于某种原因干扰了鲸对方向的判断，从而使其"误入歧途"。

鲸并不是靠它的眼睛辨别方向的，这一点同海豚相似。鲸的眼睛与它的身材是极不相称的，一头巨鲸的眼睛只有一个小西瓜那样大，而且一般只能看到 17 米以内的物体，看到的距离还没有自己的身体那么远。但鲸具有一种天生的高灵敏度的回声测距本领。它们发射出的超声波频率范围极广，这种超声波遇到障碍后会立即反射回来，形成回声。鲸就根据这种超声波的往返时间来准确地判断自己与障碍物的距离，定位非常准确，误差很小。

由于鲸具有这个特点，如果非自然原因影响了鲸的回声定位系统，就有可能使

鲸找不到方向。学者们对制造鲸自杀惨案的"凶手"进行了追捕，并且找到了几个"嫌疑犯"。

1975 年 7 月，在美国佛罗里达州发生了一群鲁莽的逆戟鲸在洛捷赫特基海滩集体搁浅的事件，动物学家发现鲸的内耳中有许多圆形的昆虫。研究人员因此认为，耳内寄生虫破坏了鲸的回声定位系统，可能是一些鲸搁浅、不能正确收听回声而犯致命错误的原因。

此外，那些污染海水的化学物质也有可能会扰乱鲸的回声定位系统，所以环境污染也可能是鲸搁浅的原因之一。另一些科学家通过解剖数头冲进海滩搁浅的自杀鲸后发现，绝大多数死鲸的气腔两面红肿病变，因此科学家们认为，可能是由于鲸定位系统发生病变使它丧失了定向、定位的能力，导致其搁浅海滩。鲸的恋群性特征表明，只要有一只鲸冲进海滩而搁浅，那么其余的就会奋不顾身地跟上去，造成接二连三的搁浅，最终形成集体自杀的惨剧。

伦敦大学生物系的西蒙德斯教授和美国拉斯帕尔马斯大学兽医系的胡德拉教授却认为，军舰发动机的噪声以及水下爆炸等才是鲸集体自杀的真正原因。因为他们在将一系列鲸集体自杀事件进行分析之后，发现了其中的巧合。

这种观点认为，在海洋深处定向、定标的发达的定位系统是每头健康的鲸都拥有的，而那些军舰声呐和回声探测仪所发出的声波及水下爆炸的噪声，破坏了鲸的回声定位系统，从而导致鲸集体冲上海滩自杀。

美国海军曾进行过一系列实验，实验中产生了巨大的海底噪声，结果 24 小时之内，有 16 头鲸在巴哈马群岛群体触礁。哈佛医学院和伍兹霍尔海洋研究所对在该事件中死亡的两只鲸部分取样后进行了研究分析。鲸类听觉及解剖学专家通过研究发现，鲸的一些对强烈压力都很敏感的部位出现了损伤，如内耳出血，并伴有大脑、听觉系统和喉部的损伤。在其中一具鲸尸中，甚至连接耳鼓鼓膜的韧带都断裂了，这显然是由于受到了强烈的肢体冲撞而造成的。触礁事件之前的 10 年里，该地区的鲸类科学研究报告中都没有发现有类似状况的鲸。

为此，国际爱护动物基金会的海洋生物学家表示："我们希望通过不杀害或威胁海洋哺乳动物的其他方式进行研究，尽管我们很清楚海军所致力的研究对国家安全至关重要。"许多环保组织则对低频活动声呐表示关注。

对鲸自杀之谜，科学家们做了种种推测后，普遍认为是人类社会的某种原因导致的悲剧。但联想到其他动物群体中一些难解的现象，鲸的集体自杀也许是其"社会"中的一次集体行动。

海豚的语言系统为何如此发达

很长一段时间以来，语言被看作是人类的特有功能。殊不知，鸟有鸟语，兽有兽语，很多其他动物也有自己的语言，它们能用特有的信号在同类之间传递信息。被誉为"水下智者"的海豚就有非常发达的语言系统。为此，科学家们进行了大量的研究工作。

海豚是生活在水里的哺乳动物，和鲸、鼠海豚一起被称为鲸豚类动物，海豚的身体外形已经和它的陆生祖先大不相同了，它已经完全适应了海中生活。它的体形变成了流线型，减少了游泳时的阻力；脖子短而硬，有利于高速游泳；前肢演化成胸鳍，后肢完全消失；鼻孔移到了头顶，能在水面上自由地呼吸；肌肉发达的尾部是强有力的推进器。

海豚是非常聪明的动物，它有与人类大脑相似的沟回，记忆力极强。它虽然视力不佳，但是耳朵却有"看"东西的超常本领。它能通过头骨，特别是下颌骨来接收和传导声音，然后它的"骨头接收器"再把声音传至内耳。不仅如此，海豚的智慧还表现在它能模仿人类的简单的音节和听懂人类的语言方面。海豚如果接受一段时间的训练，就可以和人交谈，能按人发出的指示进行表演。

科学家们在研究中发现，海豚的声讯系统非常复杂。法国著名生物学家布斯耐尔教授有一个有趣的发现，即用木棒击水可以引来海豚。

这个现象是在非洲发现的。那里的渔民有一种特殊的捕鱼工具，那就是海豚。他们先在岸边支网，然后一个人用木棒在水中用力击水，发出很大的"啪啪啪"声。用不了一刻钟，在远处地平线上便会出现一排小黑点。当这排小黑点慢慢游近后，你会发现，原来它们是由一群海豚组成的。随着海豚越来越接近岸边，大批的鱼儿被它们驱赶到了岸边。成群的鱼儿为了逃命，惊恐万状地跃出水面，正好落入渔民的网中。通过这种有趣的捕鱼方式，渔民们轻轻松松就捕到了大量的鲜鱼。

此后，在美国佛罗里达海岸，布斯耐尔本人在众多的海洋生物学家面前亲自演示了这种捕鱼方法，现场所有的人无不惊得目瞪口呆，甚至有人以为他是在施魔法呢！

许多人都很奇怪，那么这种情景是如何出现的呢？经过大量的研究和分析，研究人员终于有了答案。原来，木棒击水的声音很像海豚喜欢吃的一种鱼发出的声音，因此渔民用棒击水时海豚误认为发现了食物。非洲渔民正是巧妙地利用了海豚的这种特性才轻易地捕捉到大量的鲜鱼。

在日本的渔场里，经常有海豚成群结队地闯入渔场并袭击鱼群。尽管渔民们怨声不断，但由于海豚是一种受国家保护的海洋动物，各国都严禁捕捞、伤害海豚，以免破坏生态平衡。那么，怎样可以做到既不伤害海豚又保护鱼群呢？日本一个渔业研究所的科学家制造了一种塑料的、身长4米的人造虎鲸。他们在虎鲸肚子里装了一部录有虎鲸叫声的声波发射机，不停地进行播放。由于虎鲸是海豚的天敌，因此海豚一听到虎鲸的叫声，便会惊恐地离开渔场逃命去了。

除了十分完善的声讯系统以外，生物学家还发现海豚拥有丰富的"词汇"。它能发出一系列像哨声一样的声信号作为它的通信信号。美国科学家研究发现，大西洋海豚和太平洋海豚一共能发出32种不同的叫声，其中9种是两者通用的，另外大西洋海豚经常使用的有8种，太平洋海豚经常使用的有7种。海洋学家们认为，不仅同种海豚之间可以利用声波信号进行通信联络和交流，而且不同种的海豚之间也可以通过这种信号进行对话。

海豚这种海洋动物如此聪明，那么它是否也具有与人类的语言表达能力相似的能力呢？为此，美国生物学家厄尔·默奇森曾做了一个试验：厄尔训练了一只雌海豚，名叫凯伊。他为凯伊准备了20个问题，然后，将两个圆球放在凯伊面前，它推红圆球表示有，推蓝圆球表示没有。厄尔把一些大小各异、形状不同的物体放入水中，问凯伊："那里是否有东西？"凯伊经过一番探测，很快给出了正确的回答。

接着，厄尔就物体的形状提出问题："这个物体是圆的吗？"结果，不论什么形状，凯伊都能给出准确无误的答案。厄尔想考一个有难度的问题，于是他在水中悄悄放入一块三角铁，不料凯伊早就察觉出来，立即做出了正确回答。

不仅如此，海豚学习语言的能力也很强。美国学者贡·利里教授曾做过一个这样的实验：他将1～10的数词用英语教给海豚。几星期后，海豚竟能模仿人的声音将这些数词说出来。更令人惊奇的是，它的同伴竟然也会说！原来，海豚能在几秒钟之内把所学的知识教给同伴，而它的同伴学会这些知识也只需要几秒钟的时间。

目前，对海豚这种聪明的海洋动物的研究仍在大量地进行。语言能力是区别人与动物的标志之一。海豚具有如此发达的语言系统，因而很多科学家推测，聪明的海豚可能与人类存在某种联系。

蝙蝠夜间"导航"的诀窍

蝙蝠会在深夜出现在牛棚里，牛棚里伸手不见五指，但蝙蝠却可以避开所有的柱子、房梁和酣睡的牲畜。事实上，蝙蝠并没有特别的夜间视觉，在黑夜里，如果只凭双眼辨别环境的话，蝙蝠会和人一样到处乱撞。

蝙蝠有一种在黑暗中认路的方法，它们靠听力辨别周围的环境。

蝙蝠通常会在日落之后外出觅食。白天里，它们大都待在自己的巢穴里，要么倒挂在岩洞里，要么在树上，甚至是待在阁楼的屋顶。

蝙蝠会花很长时间来为夜晚的宴会做准备，它们"梳妆打扮"，用爪子梳理毛发，用舌头把翅膀舔干净，还会在梳妆的间隙打个盹，休息一下。

夜幕降临时，蝙蝠就开始拍着翅膀出门寻找食物了。有的蝙蝠专吃水果。热带的吸血蝙蝠靠吸食鸟类、牲畜和其他动物的血液为生。但是大多数蝙蝠以各种小虫子为食。蝙蝠喜欢在夜间捕食是因为黑暗能让它们避开天敌，并且能使它们宽大无毛的翅膀避免被阳光灼伤。

蝙蝠利用声音在黑暗中为自己导航，这与潜艇上发出声波用来测量水深的声呐相似。蝙蝠用嘴或鼻子发送声音脉冲，这些脉冲遇到物体反射回来，传进蝙蝠的耳朵里，蝙蝠就知道障碍物的轮廓了，这个过程叫作回声定位法，蝙蝠就是用这种方法来确定位置并捕获猎物的。蝙蝠的大耳朵形状古怪，但它却是接收回声、辨别方向的得力工具。

即使是在凌晨三点钟误闯进你家的客厅，蝙蝠也不会在黑暗中到处乱撞。声波遇到沙发、椅子和电视都会发生反射。而对于开着的窗户，声波就会传播到户外去，没有反射。这样，蝙蝠就知道如何离开了。

　　蝙蝠发出的声波遇到小物体也会发生反射。一旦有晚餐（比如一只苍蝇）在屋子里转悠，蝙蝠一定会发现它。

　　在寻找食物时，通常蝙蝠会用声波扫描整个屋子，发射稳定频率的声波脉冲，比如说每秒 10 次。如果声波遇到苍蝇发生反射，回波中每秒内的脉冲数就会增加，达到每秒 20 多次。这些信息可以告诉蝙蝠，苍蝇在什么位置、正在向着什么方向飞。然后蝙蝠会瞄准猎物，向其进攻。

　　蝙蝠越接近猎物，它发出声波脉冲的频率就越高，每秒钟多达 200 次。如果没能一次捕获猎物的话，会在附近盘旋，准备下一次捕猎。

　　蝙蝠是捕猎能手，整个捕猎过程可以在半秒钟之内完成。蝙蝠可以在半个小时之内吃掉相当于自己体重 1/4 重量的食物，其中有些像蚂蚁这样的昆虫几乎没什么重量。所以，有些蝙蝠可以在一个小时内捕获 1200 多只昆虫，也就是说平均每 3 秒钟一只。

　　蝙蝠探测物体的能力极强，使用回声定位的方法，蝙蝠可以辨认出头发丝粗细的电线，然后敏捷地绕开。

　　蝙蝠是人类的好朋友，消灭了大量害虫，对创造美好的生活环境功不可没。

猫从高处坠落不死的奥秘

一位纽约城的兽医在他的笔记中曾经记载过一只名叫塞布丽娜的猫，这只猫从32层楼上跌落到地面，却没有摔死，只是摔断了牙齿并受了些轻伤，然后喵喵叫着走开了。

塞布丽娜的故事听起来让人惊奇，却并不稀罕。如果人从这么高的地方跌落下来，后果一定很严重，不但颅骨和背骨会破裂，身体内脏也会出血。人从几层楼的高度跳下，生还的概率就不大了。

从人和其他的动物都会毙命的高度坠下，猫却有可能生还。也许它们被送去兽医院时浑身是血，牙齿摔掉了好几颗，甚至肋骨骨折，但它们仍然可以活下来。看起来，猫是在经历了生死考验之后戏剧般地活了过来。这种事情发生的多了，人们便慢慢开始怀疑，猫是不是真的有九条命。

当然，猫只有一条命，但是它们的确很耐摔，为什么呢？其一，它们比我们人类体重轻很多，所以它们掉在地上受到的冲击也小很多。但这并不是它们的唯一优势。猫与同等大小的动物相比，比如狗和兔子，也更不容易被摔死。

如果猫是四脚朝天从高处落下的，那么它会在最短的时间内扭转身体，以确保落地时四肢着地。它们内耳里的一个器官具有强大的平衡功能，它能够迅速地判断出身体的位置，并帮助身体及时调整姿态，就像是随身携带了陀螺仪。着地时，冲击力会由四条腿吸收。而且猫的四条腿在着陆时会弯曲，

这样冲击力就不会直直地沿着骨骼传播，还会分散到肌肉和关节之间，这就更加降低了骨折的概率。

关于猫摔不死的现象还有更加离奇的事实：从高处跌落的猫比从低处跌落的猫更容易生还。在纽约，有些兽医发现，从 2 ~ 6 层跌落的猫的死亡率是 10%，而从 7 ~ 32 层跌落的猫的死亡率却是 5%。

这又是为什么呢？物体在下落的过程中会加速，所有下落物体（不考虑质量）降落速度每秒钟增加 35 千米 / 小时，也就是说，在几秒钟之内，猫的坠落速度就会从 0 增加至 160 千米 / 小时。

在真空中，两个从高处坠落的物体将同时落地——无论这两个物体质量差别多大。但是在有空气的环境中，由于物体在下落的过程中受到空气阻力，它的降落速度会达到一个终止速度，这个终止速度的大小取决于降落物体的质量和面积，也就是说要看这个物体的质量是不是分散在一块很大的面积上。

在实际情况下，一个平均身材的人从 6 层楼的高处坠落到地面时的速度大约是 190 千米 / 小时，而一只普通大小的猫从相同的高度落下，着陆时的速度仅为 96 千米 / 小时。

除此之外，猫还有一个令人意想不到的优势：下降的过程中，一旦达到终止速度，猫就会稍微放松。如果是短程的降落，可能在到达地面之前还不会达到终止速度。如果是从很高的地方坠落，猫就有足够的时间伸展四肢，直到达到终止速度。此时，猫的身体伸展开来，就像是降落伞。

我们都知道降落伞的功用。上升气体作用在猫身体上的面积大了，阻力也就更大了，于是速度也就降低了，这正是塞布丽娜从 32 层楼上坠落却大难不死的原因。

希腊毒蛇"朝圣"之谜

世界上虔诚的教徒千千万，有谁听过毒蛇也朝圣，且坚定执着之心丝毫不逊于人类呢？

传说在很久以前，希腊有一个美丽的小岛，人们安居乐业，过着自由自在的生活。突然有一天祸从天降，一帮强盗袭击了这个岛，并不怀好意地将年轻漂亮的修女关押起来。圣母显然明白这帮强盗的歹意，为使纯贞的修女们免遭强暴，于是就把她们都变成了毒蛇。眼看着美女变成了毒蛇，强盗们吓得落荒而逃，可是毒蛇却再也不能变回到美貌的女子了。为了报答圣母的恩德，每年在希腊人纪念上帝和圣母的日子里，它们都会不约而同地到这个小岛朝圣。它们从居住地爬出来，一直爬到这个小岛上的两座教堂，最后停靠在教堂的圣像下面，像是受谁指挥似的，在这里盘结 10 多天后，才渐渐离去。这种毒蛇带有剧毒，被它咬了，毒性会扩散全身致死，但它们却似乎颇通人性，世代与小岛居民和平共处，从不伤害这里的居民。岛上的居民也敢触摸它们，或将它们缠绕于身上，据说这样可以治病，保佑岁岁平安。

然而，让人百思不得其解的是毒蛇朝圣的日子，为什么都选在希腊的重要节日，而它们又是怎么知道纪念上帝和圣母的日子的呢？难道教堂会在这几日发出吸引它们的特殊气味引诱它们前来？更奇怪的是前来朝圣的毒蛇头上，都有一个跟十字架极为相似的标记，难道它们会发出同类能识别的声音，让同类成群结伴来此朝圣？据说这种朝圣现象已持续了 100 多年，毒蛇也会言传身教，教育自己的后代继续去朝圣吗？

但对于蛇类成群结队聚居到一起还是有据可查的，人们发现在发情期，成千上万的蛇会涌向某一特定的地点互相纠结在一起进行争夺和完成传宗接代的工作，希腊岛上的"毒蛇朝圣"据说也是这种"恋爱盛会"的变体。

企鹅为什么不会飞翔

企鹅生活在南极洲，因其憨厚模样而深得人们的喜爱。企鹅的头又黑又亮，与脖子、背部的颜色一样，可是胸腹部却是白色的，企鹅身上黑白两色相映成趣，仿佛是一位穿着燕尾服的绅士。它们的尾部可以用来支撑身体。它们常常昂首伫立，俨然是南极的主人，企盼着远方的客人，因而被称为企鹅。

全世界大约有 18 种企鹅，其中数量最多的是帝企鹅和阿德利企鹅，它们主要居住在南极大陆上。帝企鹅直立时身高可达 1.2 米，最大者体重达 45 千克，因此被称为帝企鹅，意思是企鹅之王。帝企鹅也是世界上最大的海鸟。相比之下，阿德利企鹅的身高不超过 30 厘米，体重只有 6 千克左右，非常矮小。

企鹅对爱情比较专一，但是只在繁殖期它们才成对地待在一起。繁殖期间，它们通过叫声和动作辨认对方。有人用十多年的时间对企鹅进行观察，发现 82% 的企鹅一直维持原配。但是，有 1/4 的雄企鹅在繁殖季节里死去，因为它们无法找到自己的配偶。有时，企鹅也会重新寻觅配偶，但这种情况只发生在一些很特殊的情况下，例如丧偶等。有时，两只雌企鹅会大打出手，只是为了争夺一只雄企鹅，而被争夺的雄企鹅只与获胜的一方交配。

雌企鹅产下蛋后，雄企鹅会和它一起欢快地"歌唱"，周围的企鹅也会一起"唱歌"向它们表示祝贺。在产蛋期间，雌企鹅长期无法进食。在孵蛋期间，雌企鹅会暂时离巢觅食，雄企鹅则担当孵蛋的重任。一般间隔两个星期，雌企鹅和雄企鹅会交替执行孵蛋的任务。就这样轮流孵蛋，直到幼雏出世。也有些企鹅只由一方孵蛋，但这样会非常累。因为企鹅的孵化期很长，少则一个多月，多则两三个月，在这么长的时间里，企鹅要在狂风和严寒中不吃不动地孵蛋，直到孵出小企鹅。因此孵蛋者的体重会减少 40%，形容枯槁。

小企鹅出世后，必须靠亲鸟喂养，半年后才能独立生活。企鹅抚养幼雏有两种方式：一种是由企鹅父母共同抚养，像在孵化期一样，雌企鹅和雄企鹅轮流交替工作，一方守护巢穴，另一方出去觅食；第二种则是企鹅父母把小企鹅交由几只老企鹅来抚养，就像父母将孩子送到爷爷奶奶那里一样。尽管如此，小企鹅的成活率却很低，有 3/4 的小企鹅会夭折。有的失去幼崽的企鹅父母会从别的父母那里抢夺小企鹅来喂养，甚至不惜用武力，于是一场不可避免的恶斗就发生了。

企鹅有很多特殊的本领。首先是认路本领。科学家曾经做过一个实验，用一个封闭的盒子装上几只企鹅，运到很远的地方后，放出这些企鹅。令人惊奇的是，这几只企鹅竟然能返回原来的繁殖地，它们没有依靠任何标志，而且是沿着最短的路线回到故乡。科学家们对它们的这种本领极感兴趣，但至今无人知道其中的奥秘。第二是企鹅父母能准确地认出自己的亲生小企鹅。原来，小企鹅之间的气味和鸣声有非常微妙的差异，根据这些差异，企鹅父母们能准确地认出自己的幼崽，令人惊讶的是，它们几乎没出过差错。另外，企鹅还有很强的时间观念。每年，它们在同一时间返回自己从前的繁殖地，并能精确地计算出幼崽的出生时间。往往等它们算好时间从大海返回后，幼崽刚好出世。当然，企鹅的生物钟也会有失误的时候，即使这样，它们记忆时间的能力也已经十分令人惊叹了。

企鹅是南极洲鸟类中最大的宗族。企鹅的头和喙与鸟类都是一样的，还有两只翅膀，不过不能飞翔。但是，在海里它却能像鱼一样欢快地遨游，速度高达每小时 18 千米。

经过长期演化，企鹅的双翅变成了鳍翅，像船桨一样短小而扁平，已经失去了飞翔的能力。它的两只脚非常靠近尾部，短而且粗壮，因此平时只能跳跃着行走，或者借助嘴巴和鳍脚爬行。遇到危险时，企鹅会连滚带爬

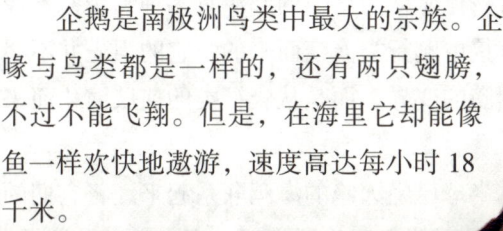

地行动，显得十分可笑。

虽然至今未能发现 4500 万年前的企鹅化石，但是古生物学研究表明，企鹅应该出现在 5000 万年前的第三纪，但是，无法寻找到新的证据。谈及企鹅的起源，大家都很关心的是究竟企鹅的祖先会不会飞翔？还是后来在漫长的进化中，企鹅才变得不会飞的呢？

企鹅的许多特征都表明它的祖先会飞翔，尽管企鹅的鳍翅变得又短又平，像桨一样，但仍属飞翼，这种结构是腕和掌骨联合在一起形成的，非常适合飞羽和翮羽的附着，而这种结构是飞翔时所必需的。虽然企鹅的翮羽早就退化了，但支撑翮羽的结构依然存在。不仅如此，企鹅和飞翔鸟的胸骨特征也很相似。比如企鹅的胸骨处明显的有龙骨突起，飞翔肌肉就是附着在这里的。

科学家们指出，企鹅还有一个突出的特征能证明它的祖先会飞，这就是它的身上存在着尾踪骨。鸟类的祖先是由蜥蜴进化而来的，它们继承了一个长尾巴，这个长尾巴是由脊椎骨组成的。进化过程中，在流体动力和运动的作用下，鸟的尾骨逐渐萎缩，最终仅用于支持呈扇形排列的尾羽，成为一块小小的骨节，这就是尾踪骨。从最早的始祖鸟到现代的飞翔鸟，都存在着这块尾踪骨。而且，飞翔鸟由于在飞行中调节肌肉的活动及协调身体的动作时，要求非常迅速，因此，小脑非常发达。而企鹅的小脑也相当复杂而且发达，这也可以作为它的祖先会飞的一个证据。此外，同翅膀发达的飞翔鸟一样，企鹅也是把喙插在翅下睡觉的，而不会飞的鸟一般不会有这种姿势，这也说明企鹅和飞翔鸟之间必然存在某种联系。也有许多科学家对上述观点持否定态度，科学家孟兹比尔认为鸟类的起源有多种，企鹅不像其他鸟类是从鸟类祖先进化来的，它是直接由爬行类演变而来的，它的祖先并不会飞翔。也就是说企鹅的鳍翅不是所谓的翅膀的变异，而是从爬行类的前肢演化而来的，它并没有经过飞翔的阶段。

近年来，科学家将南半球的企鹅和北半球已经灭绝的海鸦联系起来，将它们的构造进行对比后发现，在企鹅和美洲沿岸发现的海鸦化石之间一定有着某些联系。海鸦化石距今有 3000 万年，而且都不会飞行，所以有的学者提出企鹅起源于北大西洋的海鸦。企鹅的骨骼体形有许多地方与海鸦十分相似，尤其表现在适应水面游泳和潜水方面。但仍存在一个问题，就是没有确切的证据判断它们之间的亲缘关系，因为它们位于两个不同的半球，而且它们的化石几乎出现在同一个时代。

在南极洲，古生物学家曾发现一个高约 1 米、体重约 9 千克的化石，与现在的企鹅非常相似，而且具有两栖动物的特征，或许这个化石就是企鹅的祖先。

无论以上何种解释，都由于缺乏足够的证据而得不到人们的一致认可。目前，动物学家们仍无法完整地解释企鹅的祖先是否会飞翔。

珊瑚褪色之谜

澳大利亚悉尼大学生物科学院的古尔贝格教授，根据自己 15 年来对珊瑚礁进行的调查研究，向人类提出了一个严正警告：美丽的珊瑚正出现白化现象，假如海水的温度再比夏天的水温升高一度，那么大部分珊瑚都会白化并随之死去。

在澳大利亚的布里斯班港，那里的珊瑚五光十色，非常壮观。红的、粉的、紫的、绿的、黄的……五颜六色的珊瑚有的像一座蜂巢，有的像孔雀开屏，有的像一丛鹿角。龙虾、海蟹、海龟、海鳗以及各种贝类都喜欢在珊瑚丛中漫游繁衍。这种美丽的生物把整个海底打扮得美丽异常。可是大约 100 年后，五彩斑斓的珊瑚将从我们这个星球上彻底消失。珊瑚为什么会失去色彩，患上"白化病"呢？

珊瑚礁在地球上所占的位置非常重要。作为海洋生态生物链中的一环，珊瑚如果消失，那么所有依赖其生存的生物都会受到影响，最后很可能发展到威胁整个海洋生物系统。科学家们迫切需要搞清楚珊瑚失去色彩的原因。

原来，海洋中生活着一种叫作珊瑚虫的生物。这种腔肠动物附着在海底的礁石上，与一些五颜六色的藻类共生。藻类通过光合作用生成营养物质，并将其提供给珊瑚，这同时也是珊瑚形成外骨骼的原料和美丽颜色的来源。比如，与绿藻共生的珊瑚就呈现出漂亮的绿色。作为交换，珊瑚虫提供生活的场所给共生的藻类。假如与珊瑚虫共生的藻类弃珊瑚虫而去，珊瑚虫就会因为失去营养物质的来源而死去。而失去共生藻类的颜色点缀，珊瑚当然也就会变成白色了。

一位研究生态气候学的专家加西亚说："珊瑚出现白化病，都是由于海水温度升高引起的。"由于目前大气中二氧化碳含量过高，地球气候越来越暖，而海水温度也随之升高，就迫使与珊瑚共生的藻类不得不离开珊瑚虫。

人类要想制止珊瑚白化现象的蔓延，就必须控制海水温度的升高，降低空气中二氧化碳的含量。为了不让地球成为一个无色的星球，让我们所有的人都从点滴做起，去爱护和保护整个地球家园的生态平衡。

植物不老之谜

在我们生活的这个地球上，植物可以说是品种繁多，且寿命长久。在植物王国里，年龄超过 100 岁的树木还真不少。比如，苹果树可以活 100 ~ 200 年，梨树能活 300 年左右，枣树可以活 400 年，榆树可以活 500 年，樟树可以活 800 年以上，松树的寿命则在 1000 年左右。有人说，雪松能活 2000 年，银杏能活 3000 年，红桧能活 4000 年。世界上最长寿的植物是水杉，可以活到 4000 年以上。

由此可见，植物长寿的现象是普遍存在的。在世界各地，年龄达数百、数千岁的老树到处可见，而在动物界，即使是被视为长寿象征的乌龟，顶多不过能活几百岁，"千年王八万年龟"只是一种夸张的说法。那么为什么植物的寿命远比动物的长呢？

从生命的起源来看，植物和动物完全是一个祖宗的，但其后代经过千万年的漫长岁月，怎么会产生这样大的差异呢？植物长寿的原因究竟是什么？我们人类能够从中获得哪些启迪呢？

带着这些问题，科学家们对植物和动物进行了广泛的研究和比较，结果发现，不论人类还是其他动物，只要是相同的物种，都会以大致相同的速度生长；性成熟，产子，随年龄的增长而老化，最后以大致相同的寿命结束一生。但是，植物却能够在一生中的某个阶段休眠一段时间，比如冬天停止代谢，春天再开始生长。从同一棵树上同时掉落到地面的多粒种子，有的第二年立刻发芽，有的则躲在地下休眠数年乃至数十年后才发芽，有些种子甚至经过几百年之后才发芽。差别之大，令人惊叹。

为了形象地说明这个道理，不妨举一个具体的例子。在春天，撒下牵牛花种子，到了夏天，人们在田野里、小路旁便会看到许多盛开的牵牛花。入秋之后，这些花朵便会立即枯萎。因此在一般情况下，牵牛花的寿命只有半年。如果把发芽的牵牛花置于阴暗之处，使它照不到光线，它在刚刚长出双子叶还没有抽蔓时就开花结果，进而枯萎。这时，它的寿命只有短短几个星期而已。与此相反，如果把牵牛花移入温室，一到夜晚便点起电灯，那么它将始终不会开花，而是一个劲儿地伸蔓长叶，持续生长好几年。这样，牵牛花的寿命就被延长了。

由此看来，牵牛花好像可以"随意"改变一生的长度，没有固定的寿命。

此外，植物和动物在繁殖后代方面也有着根本不同的机理。动物的繁殖离不开精子和卵子的结合，即使是"克隆"也需要有卵细胞或者胚胎细胞的参与。而植物却不是这样，它可以借助自身细胞（单细胞）不停地分裂来繁殖，不断地创造出新的植物个体。因此，植物能够永葆青春，永不死亡。

科学家早已通过实验证明了植物单细胞繁殖的特性。1963年，英国植物学家史基瓦德切下一小块胡萝卜放在培养液中，不久，胡萝卜块中有不少细胞游离出来，他便将这些细胞放到培养基上。很快，令人惊奇的现象出现了：细胞开始繁殖，在试管中长成了整个的胡萝卜。

在这个实验中，史基瓦德第一次证明了构成植物体的每一个细胞都具有重新发育成新个体的能力，而人或者其他动物都不具有这种功能。

可不能小看植物的这个本领！因为具有这一超常的本领，植物才能够适应各种恶劣的环境，顽强地生存下来。

有时，火灾会将漫山遍野的植物烧成一片惨状，但到了第二年的春天，烧焦的树干上又奇迹般地出现稀稀疏疏的新绿。"野火烧不尽，春风吹又生"这句古诗不就是最好的注脚吗！

另外，包括人类在内的一切动物个体都具有特定的形状和外貌，以便显示物种特征，而同一种类的植物在形状和外貌上却有很大差异。同样是落叶松，如果生长在不同的地方，可能完全是两个模样。即使是生长在同一地方的相同种类的两棵树，形体也可能相去甚远。

研究植物长寿之谜对于延长人类的生命有着重
要价值。几乎每个人都怀有"不会衰老而永远活着"的欲
望，但这只是一个无法实现的梦。与 19 世纪相比，人们的平均寿
命已经提高了 20 ~ 30 岁。人虽然不可能长生不老，但在目前的基础上延长生命还
是大有潜力的。

从生命的起源来看，植物与动物有相同的祖先，但后来为什么会有如此大的
差别呢？植物长寿的原因究竟是什么呢？也许当植物长寿之谜被最终解开之际，
人类也就真正掌握了延长自身寿命的秘诀了吧！

为什么果实成熟之后会变甜

你知道吗？植物的果实成熟后，会向周围的动物发出信息："嘿，看看我！看
这边！对，说的就是你！"果实在生长的过程中不但会变甜，而且还会改变颜色，
这也有助于吸引动物的注意力。

植物的果实为什么对动物这么感兴趣呢？动物为什么又会被果实吸引呢？还
是让我们先来看看果实是什么吧。

果实是植物的子房，与人类女性身上的卵巢具有同样功用。女性身体里只有
两个卵巢，可是植物身上却可以密密麻麻地长出成百上千个子房。见过深秋的苹
果树吧？每根枝条上都挂满了红彤彤的苹果。

苹果花朵里的子房包含了胚珠。胚珠就是植物的卵细胞了。胚珠授粉之后，
会长成种子。与此同时，包着胚珠的子房就发育成果肉。每个苹果中央都有棕色
的种子，每粒种子里都包含着可以用来孕育下一代的信息。

地球上的生命，无论是动物还是植物，都拥有一个共同的使命：繁衍生息。
所有的生物都希望它们的种族能够长盛不衰，希望它们自己特有的基因可以一代
代传递下去，并不断壮大规模。但如果你是一株蓝莓，长在无人光顾的偏僻角落，
你怎么才能把自己的种子传播到另一个草场去？答案是利用动物。四只脚的动物
能跑，带翅膀的动物会飞，它们可以将种子带到邻近的草场甚至更远的地方。你
需要做的只是为自己的种子包装一下，让动物们乐意为你传播种子。

时间就是生命，四处传播未发育成熟的种子是毫无意义的。因此，植物聪明
地利用了动物的感官——视觉、嗅觉、味觉，使它们在种子成熟了之后再来拿。

以草莓为例，在种子成熟之前，草莓是绿色的，躲在绿色的叶子下，很难被动物发现。即使有黑熊发现了草莓果实，好奇地尝上一颗，又硬又涩的味道也会让它头也不回地走开。这样其余的种子就保存下来了。

一旦种子成熟了，草莓就会变成鲜红色，在绿色叶子的对比下格外显眼。除此之外，它还会变软，变甜，成为一种使动物们垂涎三尺的水果。草莓是如何实现这个转变的呢？草莓会在种子成熟之后分泌出一种催化酶，这种酶可以分解果实纤维，让它变得软嫩多汁。有些水果可以生成催熟酶，促使淀粉和葡萄糖转变成蔗糖和果糖。有些果实则从自身植株体内吸取糖分。

可想而知，遇到这么可口的食物，动物们一定狼吞虎咽起来了。它们在迁徙途中吞下带有种子的果实，然后把它们带到远方。种子随着动物的粪便排出，在他乡安家落户。如果恰巧环境适宜，它们就在这里生根发芽，繁衍生息。

果实在成熟后变甜是生物界中动物与植物间共同进化的典型例子。植物想出了巧妙的方法利用爱吃甜食的动物为自己繁殖后代。

"巨菜谷"的蔬菜肥硕之谜

大千世界，无奇不有，美国阿拉斯加州安哥罗东北部的麦坦纳加山谷和俄罗斯濒临太平洋的萨哈林岛（库页岛）是两个神奇的地方。据一本科学杂志介绍，这两个地方的蔬菜长得硕大异常：土豆长得像篮球那么大，一个白萝卜重达20多千克，胡萝卜有20厘米粗、约35厘米长，卷心菜平均有30千克重，豌豆和大豆能长到2米高，牧草也高得可以没过骑马者的头顶。由于这两个地方所有的植物都长得非常高大，所以被人称作"巨菜谷"。

为什么这两个地方的植物可以长得这么巨大呢？这也是科学家迫切想弄清楚的问题。从"巨菜谷"被发现的那天起，科学家们就开始了对这一反常现象的研究。一开始，有人怀疑这不过是一些特殊品种的蔬菜，但经考察研究，却发现并非如此，这些都是一些普通蔬菜。因为科学家曾做过实验，将外地的蔬菜籽拿到这两个地方，只要经过几代繁衍，也会长得出奇的高大，但是如果把那里的植物移往他处，不出两年就退化成和普通植物一样。这种离奇的现象让科学家们百思不得其解。

为了解开这个谜团，科学家们做了更为深入细致的研究，也提出了各自不同的解释。有的科学家认为，这是由于这两个地方都处在高纬度地带，夏季日照时间长，所以这里的植物能够吸收到特别充分的阳光照耀，这就刺激了它们的生长激素，导致它们变态性地生长。但是，这种解释是经不起仔细推敲的。因为，还有很多地方和这两个地方处于相同的纬度，但在这些地方却并未发现有如此高大的同类植物。因此，又有科学家提出观点认为，这种奇怪现象是由于悬殊的日夜温差起作用的结果，骤冷骤热的日夜温差破坏了植物的生长系统，使得它们疯狂生长。但这种解释和前一种观点有同样的漏洞，即它也同样无法解释为什么有类似气候条件的其他地方却没有这一奇异现象。

这种现象让我们想起了中国古代晏子的那句名言："橘生淮南则为橘，生于淮北则为枳。"难道真的是水土的原因吗？于是科学家们的关注点从植物研究转到土壤研究。有科学家提出了这样一个假设，认为这可能是富饶的土质或者土中有什么特别的刺激生长的物质起作用的结果。为了验证这种假设，科学家们对这两个地方的土壤进行了实地化验，但化验的结果却显示这两个地方的土质并没有什么特殊性。

以上几种观点都有自己的破绽，所以有些科学家认为起作用的并不是一种原因，而是上述各种条件的综合。其他地方虽然和这两处地方处于同一纬度，但却由于不具备如此巧合的几方面条件，所以生长不出这样高大的蔬菜和植物。这种观点比起前几种观点要完善得多，但是又一个问题出现了：它无法解释为什么萨哈林荞麦在欧洲第一年可以照样长得巨大。种种假设都被人们考察的结果无情地否定了，关于这个问题的研究似乎无法再深入下去了，因此一直没有取得什么实质性的进展。

近些年，一些生物学家注意到有一种寄生在植物幼芽上的细菌会分泌一种赤霉素，这种植物激素具有促使植物神速生长的奇效。这个发现给长期被这个问题困扰的科学家带来了一线曙光。他们据此认为，这两个地方的巨型植物的出现，可能是某种适宜于当地环境的微生物的功劳。于是他们又开始了对这种特殊的微生物的寻找工作。但直到今天，仍然没有查清究竟是哪种微生物在起作用。

如果说"巨菜谷"还牵涉到植物种子的话，那么在我国有一个地方，竟不用播种也能收获油菜籽。这块不种自收的神奇"福地"在湖北省兴山县。兴山县香溪的附近，有一块面积约为200平方千米的土地，当地人每年冬天将山坡上的杂草灌木砍倒，春天时用火将草木烧掉，待几场春雨过后，地里就会自己长出碧绿的油菜来。到了4月中旬油菜花开季节，只见漫山遍野一片金黄，当地人对这种不种自收的现象自然是乐不可支。

据当地老农说，这里有20多个村庄，每户人家每年都可收野生油菜籽60多千克，基本上可满足当地人的生活用油。1935年当地山洪暴发，坡上的树都被连根拔走了，可第二年春天这里依然到处是野生的油菜。

不少科学家曾到此做过考察，也做过种种解释，但始终没有一种理论能确切地解释这里出现的奇迹。这些地方的植物为什么能不种自收、不劳而获呢？至今仍是无法揭开的谜，这一探索或许还要继续下去。

大树"自杀"之谜

自然界中有很多未解之谜。例如，大量的海豚和鲸曾经集体自杀，究竟是什么原因至今未被世人所知。

据报道，一只印度大象因踩伤一个小孩而跳河自杀。在我国东北的大兴安岭林区，有一种老鼠看到自己偷来的粮食被人挖走，就会爬到树上，找一个三角形的树杈，把脖子伸进去，四肢下垂，"畏罪"自杀。这些动物自杀已经让人惊奇不已，但更令人惊讶的是植物也会自杀！

生长在非洲赤道地区的一种"自焚树"，阳光照射1小时左右，这种大树就会连枝带叶化成一堆灰烬。

在我国天山山脉中部有一种白藓树，一到冬末春初就会第一个破土、开花，而夏天到来时，正当硕果累累的时候，这种树就会自焚身亡。

大树为什么会自焚？原来，白藓树的叶片中有一种叫作"醚"的物质。由于夏季干旱炎热，气温较高，当气温超过燃点时，就会发生自燃现象，从而导致整棵树被焚。

还有一种树更为奇特。在毛里求斯岛上有一种棕榈树，寿命长达100年。当末日来临之时，它会在一天之内散落全部的花朵和树叶，然后干枯而亡。由于这个原因，人们为其取名"自杀树"。这种百年老树为什么要"自杀"呢？人们百思不得其解，还有待科学家们去探究其原因。